Data Science Management

Data Science Management

Vom ersten Konzept bis zur Governance datengetriebener Organisationen

Marcel Hebing, Martin Manhembué

Marcel Hebing, Martin Manhembué

Lektorat: Alexandra Follenius
Korrektorat: Sibylle Feldmann, *www.richtiger-text.de*
Satz: III-satz, *www.drei-satz.de*
Herstellung: Stefanie Weidner
Umschlaggestaltung: Karen Montgomery, Michael Oréal, *www.oreal.de*
Druck und Bindung: mediaprint solutions GmbH, 33100 Paderborn

Bibliografische Information der Deutschen Nationalbibliothek
Die Deutsche Nationalbibliothek verzeichnet diese Publikation in der Deutschen Nationalbibliografie; detaillierte bibliografische Daten sind im Internet über *http://dnb.d-nb.de* abrufbar.

ISBN:
Print 978-3-96009-214-8
PDF 978-3-96010-808-5
ePub 978-3-96010-809-2

1. Auflage 2024

Wieblinger Weg 17
69123 Heidelberg

Hinweis:
Dieses Buch wurde mit mineralölfreien Farben auf PEFC-zertifiziertem Papier aus nachhaltiger Waldwirtschaft gedruckt. Der Umwelt zuliebe verzichten wir zusätzlich auf die Einschweißfolie. Hergestellt in Deutschland.

Schreiben Sie uns:
Falls Sie Anregungen, Wünsche und Kommentare haben, lassen Sie es uns wissen: *kommentar@oreilly.de*.

5 4 3 2 1 0

Inhalt

Einleitung: Ein Handbuch zum Management von Data Science

Ein typisches Szenario: Ein mittelständisches Unternehmen mit Milliardenumsatz vollzieht die digitale Transformation. Die Zukunft des Unternehmens liegt in einer effektiven und effizienten Nutzung von Daten, das ist allen Beteiligten klar. Erste Schritte werden unternommen, es wird investiert, Ziele werden gesteckt, und es vergehen einige Monate. Doch dann kommt der Prozess ins Stocken.

In den Abteilungen des Unternehmens finden sich bereits Menschen, die Datenanalysen durchführen. Dies sind Menschen mit einem Studium in Betriebswirtschaftslehre oder Wirtschaftsinformatik. Es soll wohl auch einen promovierten Physiker geben, der sehr gut in Statistik ist. Man hat vor einiger Zeit alle Mitarbeitenden mit entsprechenden Kompetenzen zusammengezogen und in der IT-Abteilung gebündelt. Die dortige Leitung weiß aber nicht so recht, welche Ziele verfolgt werden sollen, die das Unternehmen voranbringen könnten. Die Verortung in diese Abteilung scheint zwar nicht verkehrt, da man sich auf kurzem Dienstweg Zugang zu Datenbanken und anderen IT-Ressourcen verschaffen kann, aber es bleibt unklar, woran man nun konkret arbeiten soll. Es gibt viele Ideen, aber keine konkreten Projekte, die wertstiftende Ergebnisse liefern.

Das Management des Unternehmens wird langsam unruhig, hatte man doch schon vor Monaten eine Strategie verabschiedet, die das Unternehmen in eine datengetriebene Zukunft führen sollte. Nach einigen Gesprächen mit der IT-Abteilung kristallisiert sich heraus, dass sich Ziele und Mission der Datenanalystinnen und -analysten sowie der Data Scientists klar an der Strategie des Unternehmens orientieren müssen. Da die Entwicklung von Strategien zum Bereich der Geschäftsführung gehören, werden die Data Scientists organisatorisch hier verortet. Die Sprache, die Art der Kommunikation und das hierarchische Gefälle ändern sich schlagartig. Es wird klar, wohin es langfristig gehen soll. Doch leider bleibt über Wochen unklar, was konkret umgesetzt werden soll. Die Reiseziele kennen nun zwar alle, aber das Transportmittel bleibt ungewiss.

Das Unternehmen hat nun also eine Strategie, kompetente Mitarbeitende, eine technische Infrastruktur und sicherlich auch schon umfangreiche Datenschätze aus den operativen Systemen der Fachabteilungen – und doch führen die Bemühungen nicht zu den gewünschten Erfolgen. Es fehlt etwas, das die verschiedenen Komponenten zusammenhält und gleichzeitig entsprechende Prozesse in Gang bringt und antreibt.

Zum einen fehlt es an einer klaren Rolle für die Steuerung dieses Prozesses, die weder vom Topmanagement noch von der Leitung der IT-Abteilung oder einer anderen Fachabteilung wahrgenommen werden kann. Zum anderen fehlt ein Management- und Prozessmodell, um entsprechende Datenanalyseprojekte auch über längere Zeiträume hinweg planen und kalkulieren zu können – es werden zwar viele kleine Projekte angefangen, konnten bisher aber nie in größere, nachhaltige und gewinnbringende Anwendungen überführt werden.

Und es fehlt noch eine Zutat, die im Englischen oft als *Secret Sauce* bezeichnet wird: eine Kultur, die datengetriebene Entscheidungen ermöglicht und Mitarbeitende kollaborativ an Datenanalysen arbeiten lässt.

Das hier dargestellte Beispiel ist zwar fiktiv, basiert aber auf den Erfahrungen, die wir in den letzten zehn Jahren in verschiedenen Rollen als Berater, Data Scientists, Projektmanager und Professoren in der Zusammenarbeit mit Technologie-Start-ups, klassischem deutschem Mittelstand, öffentlich finanzierten Forschungsinstituten und Großkonzernen mit vielen Subunternehmen sammeln durften. Es ließen sich immer wieder zwei Hürden identifizieren, an denen viele Projekte scheitern: das Fehlen einer dezidierten Rolle für das Management von Data-Science-Projekten und unterschiedliche Vorstellungen davon, wie solche Projekte organisatorisch zu gestalten sind.

Für wen ist dieses Buch besonders geeignet?

Um Unternehmen für die oben geschilderten Herausforderungen zu wappnen, haben wir das Konzept für dieses Buch entwickelt. Hier lernen Sie und lernt ihr, was Daten sind und wie man mit ihnen umgeht, wie Datenanalysen durchgeführt werden und welche Werkzeuge hierfür heutzutage infrage kommen. Wir schauen uns den Prozess der Datenwertschöpfung von Anfang bis Ende an und analysieren, wie mit Daten ein Mehrwert für das Unternehmen generiert werden kann. Dabei nehmen wir Sie und euch mit auf eine Reise durch die Datenmodellierung und -verarbeitung und zeigen Best-Practice-Ansätze. Schließlich präsentieren wir Wege, wie man Data-Science-Projekte organisieren kann und als Unternehmen in diesem Bereich erfolgreich wird und bleibt. Zusammengefasst, bietet dieses Buch Folgendes:

- eine Einführung in das Management von Data-Science-Projekten aller Größenordnungen bis hin zur Data Science Governance von Unternehmen,
- einen umfassenden Überblick über konkrete Vorgehen in Data-Science-Projekten,
- einen Einblick in die Schritte zur Automatisierung und Operationalisierung für produktive Data-Science-Anwendungen,
- ein Schritt-für-Schritt-Vorgehen im Data-Science-Lifecycle sowie
- Techniken für den Umgang mit Daten und Stakeholdern für eine erfolgreiche Datenmodellierung.

Wir wollen mit diesem Buch Individuen und Unternehmen in die Lage versetzen, zu verstehen, was Data Science ausmacht und welcher Methoden man sich bedienen kann, um die Komplexität zu managen. Dabei steht für uns im Vordergrund, die Methoden aus dem Bereich Data Science einzuführen, aber nicht erschöpfend zu diskutieren. Für einen umfassenden Überblick über den Bereich Data Science und mögliche Anwendungsfelder empfehlen wir »Data Science für Unternehmen« von Foster Provost und Tom Fawcett (mitp 2017). Entsprechendes statistisches Grundwissen vorausgesetzt, gibt es außerdem sehr gute praktische Einführungen, beispielsweise *Datenanalyse mit Python* von Wes McKinney (O'Reilly 2023) oder *Praxiseinstieg Machine Learning mit Scikit-Learn, Keras und TensorFlow* von Aurélien Géron (O'Reilly 2023). Wir wollen die Grundzüge dieser Methoden unseren Leserinnen und Lesern allerdings nahebringen, damit sie ein breites Wissen über die Arbeitsweise von Data Scientists entwickeln können. Gleichwohl wollen wir dafür werben und Verständnis dafür aufbauen, dass Data Science nicht als Monolith in Unternehmen funktioniert, sondern aktiv in bestehende Strukturen eingebettet werden muss, um zu den Zielen und dem Erfolg des Unternehmens beizutragen.

Die wertstiftende Auswertung von Daten betrifft viele Menschen in Unternehmen, da immer mehr datengetriebene Entscheidungen getroffen werden. Dasselbe gilt für die Unternehmen: Immer mehr Unternehmen analysieren ihre Daten. Das Besondere an unserem Buch ist die deutsche Sprache, die das Buch auch für Menschen in kleinen und mittelständischen Unternehmen interessant macht, die bei englischsprachigen Büchern eventuell eine zu große Sprachbarriere sehen. Ganz konkret richtet sich das Buch an:

- Entscheidungsträgerinnen und Entscheidungsträger sowie Managerinnen und Manager, die Data Science in ihrem Unternehmen einführen wollen,
- Verantwortliche für Projekte und Product Owner im Umfeld von Data Science, Big Data und Data Analytics,
- IT-Verantwortliche, die den Data-Science-Bereich ausbauen und stärken wollen,
- Data Scientists, die sich über statistische und technische Fähigkeiten hinaus fortbilden wollen,
- Studierende in den Bereichen Data Science, Statistik, Wirtschaftsinformatik, BWL, VWL, Digital Business usw. sowie an
- alle interessierten Menschen, die sich weiterbilden möchten.

Was ist Data-Science-Management?

Data Science ist eine interdisziplinäre Wissenschaft, die sich bei den Theorien und Methoden anderer Disziplinen wie Mathematik und Statistik, Computerwissenschaften bzw. Informatik sowie entsprechenden Domainwissenschaften und beim Branchenwissen (also beispielsweise der Betriebswirtschaftslehre im Kontext von Business Analytics) bedient. Das Ziel von Data Science ist es, Entscheidungsprozesse mit Daten bzw. Datenanalysen zu unterstützen.

In Abbildung E-1 ist die Interdisziplinarität visualisiert. Diese bringt es mit sich, dass sich Data-Science-Teams aus Personen mit sehr unterschiedlichen fachlichen Hintergründen zusammensetzen können und mit verschiedenen Stakeholder-Gruppen (beispielsweise anderen Fachabteilungen oder diversen Kundengruppen) zusammenarbeiten.

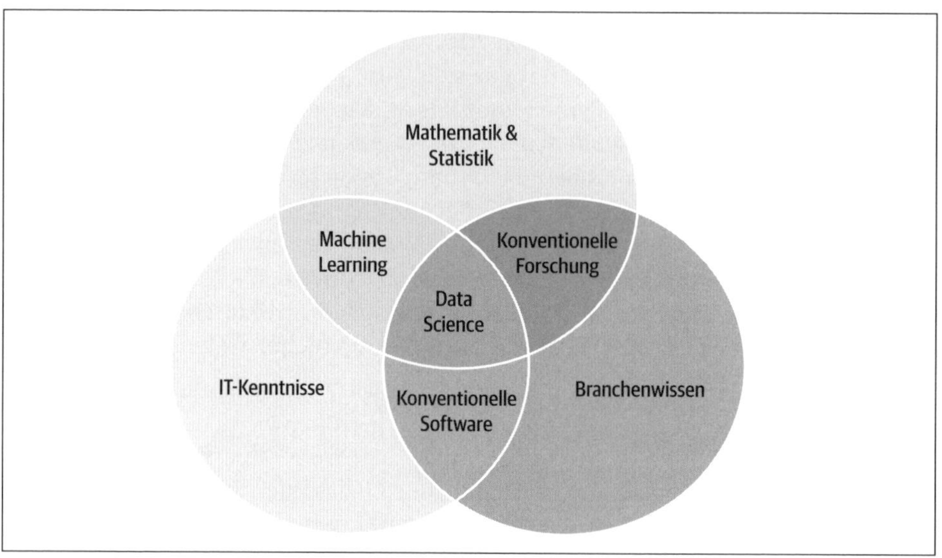

Abbildung E-1: Venn-Diagramm der Fähigkeiten und Disziplinen, die Data Science ausmachen, in Anlehnung an Drew Conway[1]

Das Venn-Diagramm nach Conway zeigt eine Schwäche: Es fehlt die soziale Komponente, die als Kitt zwischen den Disziplinen dient. Interdisziplinarität kann nur funktionieren, wenn Kommunikation stattfindet und es Strukturen gibt, die diese ordnen. Es bedarf also des Managements des Zusammenspiels zwischen Menschen mit ihren unterschiedlichen fachlichen Hintergründen und methodischen Vorgehensweisen.

Sowohl Data Science als auch Data-Science-Management sind sehr junge Bereiche, daher gibt es zahlreiche Ansätze einer Definition. In der Infobox unten finden Sie eine Definition von Data-Science-Management, die wir in diesem Buch mit Leben füllen werden.

Definition von Data-Science-Management

Data-Science-Management (DSM) umfasst Methoden und Theorien zur Organisation und Steuerung von Prozessen, Projekten und Anwendungen, in denen Wissen aus Daten extrahiert wird, um Entscheidungsprozesse zu unterstützen, Produkte zu entwickeln und Ergebnisse zu kommunizieren, die einen Mehrwert erzeugen.

1 Abgerufen unter: *http://drewconway.com/zia/2013/3/26/the-data-science-venn-diagram*

In einem typischen Fall von Data-Science-Management steht am Anfang in einem Unternehmen eine Geschäftsidee oder eine Herausforderung. Diese soll datenbasiert bearbeitet werden. Data-Science-Management hilft dabei, den Prozess der Wissensgenerierung durch Anwendung von Methoden aus dem Data-Science-Umfeld und dem klassischen sowie dem agilen Management (siehe Teil II, *Data-Science-Management*) zu strukturieren, zu initiieren, zu steuern und zum Abschluss oder zur Implementierung zu führen. Dabei gibt es einerseits Data-Science-Projekte, die im klassischen Sinne eines Projekts ein definiertes Ziel und Begrenzungen in Bezug auf den zeitlichen Umfang, die finanziellen Ressourcen und die personelle Aufstellung nach DIN 69901[2] haben. Ergebnisse dieser Projekte können beispielsweise eine Projektpräsentation, ein digitales Produkt, wie eine Software oder App, oder schlicht eine Information oder Wissen sein.

Andererseits betrachten wir in diesem Buch solche Vorhaben, die ein langfristiges Engagement zur Folge haben, wie etwa die Entwicklung und das Betreiben einer Software oder das kontinuierliche Anbieten eines datengetriebenen Service.

Data-Science-Management hat viele Gemeinsamkeiten mit dem Prozessmanagement und umfasst daher auch Aspekte wie das Coachen und Unterstützen von Teams (siehe Abschnitt »Coaching und Mentoring von Data Scientists« auf Seite 171), die strategische Ausrichtung von Produkten, Portfolios oder des gesamten Unternehmens (siehe Abschnitt »Wettbewerbsvorteile durch Data Science« auf Seite 236), die Optimierung von Prozessen, das Schaffen und Einhalten von Standards (siehe Abschnitt »Governance, Compliance und rechtliche Aspekte« auf Seite 261) bis hin zur Entwicklung und Pflege einer Organisationskultur (siehe Kapitel 23, *Digitale Kompetenzen und Data-Science-Kultur*), die auf datengetriebenen Entscheidungen basiert.

Warum brauchen Unternehmen Data-Science-Management?

»*The world's most valuable resource is no longer oil, but data*«[3] ist ein oft benutztes Zitat, das seine Bedeutung nicht eingebüßt hat. In den 20er-Jahren des 21. Jahrhunderts befinden wir uns weiterhin in einer Phase des exponentiellen Anstiegs des Datenvolumens. Allein aus diesem Grund setzen viele Firmen auf Spezialisten und Expertinnen im Umgang mit Daten.[4] Denn allein die Menge der Daten erfordert ein strukturiertes und organisiertes Vorgehen, damit diese adäquat verarbeitet und ein Mehrwert generiert werden kann.

---

2 Deutsches Institut für Normung e. V., *https://www.beuth.de/de/publikation/din-taschenbuch-472/325349267*

3 *The Economist:* »The world's most valuable resource is no longer oil, but data«, *https://www.economist.com/leaders/2017/05/06/the-worlds-most-valuable-resource-is-no-longer-oil-but-data*

4 Den Umfang und die Variation der Methoden, Ansätze und Technologien im Umgang mit Daten betrachten wir in Teil I, *Data-Science-Grundlagen*, im Detail.

Gleichzeitig ist die Menge an Daten allein noch kein Erfolgskriterium. Denn genauso wie Öl sind Daten in Rohform erst einmal von geringem Wert. Erst durch eine Veredlung entfalten beide ihr Potenzial. Bei den Daten ist das die Gewinnung von Informationen und Wissen. Denn für Unternehmen und Individuen sind erst diese tatsächlich wertstiftend. Das liegt insbesondere an der wachsenden Bedeutung der Wissens- bzw. Informationsgesellschaft als viertem (quartärem) Wirtschaftssektor neben Rohstoffgewinnung (primär), Rohstoffverarbeitung (sekundär) und Dienstleistung (tertiär), die wir am Ende der Einleitung erläutern. Durch die Auswertung von Daten wollen die Menschen in den Unternehmen Entscheidungen, die bislang häufig durch Intuition getroffen wurden, daten- und evidenzbasiert treffen. Aufgrund des Wissensvorsprungs können sie einen Wettbewerbsvorteil nutzen und sich wirtschaftlich besser für die Zukunft aufstellen. Zugespitzt könnte man sogar sagen, dass viele Unternehmen zukünftig nur bestehen können, wenn sie datengetriebene Entscheidungen treffen.

Wenn Unternehmen und Individuen dieser Entwicklung folgen wollen, müssen sie technologisch und methodisch in der Lage sein, Daten zu verarbeiten, um daraus Informationen und Wissen zu generieren. Ein Wissenschaftsbereich, der sich insbesondere hiermit beschäftigt, ist die Data Science.

Im Jahr 2012 wurde im Harvard Business Review ein Artikel mit dem Titel »Data Scientist: The Sexiest Job of the 21st Century« veröffentlicht.[5] Darin wird das Argument von Hal Varian, Chefökonom bei Google, aufgegriffen, das er drei Jahre zuvor äußerte:

»The sexy job in the next 10 years will be statisticians. People think I'm joking, but who would've guessed that computer engineers would've been the sexy job of the 1990s?«

Sowohl das Zitat als auch der Artikel betiteln Jobs und Berufe, die im jungen 21. Jahrhundert große Aufmerksamkeit erfahren haben. Diese wollen wir unter dem Begriff Data Science subsumieren. Wir werden im Folgenden noch darauf eingehen, welche Rollen und Aufgaben es in diesem Feld gibt. Über allem steht die Erfassung von Komplexität in Daten, die Verdichtung von Information und die wissensinduzierende Kommunikation. Der Artikel und das Zitat von Hal Varian können mindestens als ein Beschleuniger für einen bislang exponentiellen Anstieg an Data Scientists weltweit angesehen werden.[6]

Bereits vor dem Entstehen des Zitats von Hal Varian und dem Artikel gab es Menschen, die sich Data Science verschrieben haben. Eine spannende Überlegung ist an dieser Stelle, ob die folgende Phase ab etwa 2010 davon geprägt war, dass Unternehmen unter Einfluss des Phänomens der *Fear of Missing Out* (FOMO) Data Scientists einstellten, oder ob die Unternehmen händeringend nach Data Scientists suchten, die die Use Cases endlich umsetzen würden. Die Frage bleibt also: Was war zuerst da, der Hype um Data Scientists oder die Real World Problems in den Unternehmen?

---

5 T. H. Davenport und DJ Patil. »Data Scientist: The Sexiest Job of the 21st Century«. *Harvard Business Review*, *https://hbr.org/2012/10/data-scientist-the-sexiest-job-of-the-21st-century*

6 Stitch Data, *https://www.stitchdata.com/resources/the-state-of-data-science/*

Wir finden für diese Frage bislang kaum eine evidenzbasierte Antwort. Jedoch können wir festhalten, dass es anekdotische Evidenz gibt, dass Data Scientists in einigen Arbeitsumgebungen noch heute nicht optimal eingesetzt werden. Das liegt daran, dass die Unternehmen teilweise wenig vorbereitet sind, Data Scientists mit dem auszustatten, was sie benötigen, um wirksam zu sein. Zumindest gibt es einen Hinweis darauf, dass Data-Science-Projekte zu einem großen Teil scheitern: Atwal[7] berichtet, dass nur 22 % der Data-Science-Projekte hohe Einnahmen generieren. Bei Projekten mit Bezug zu Big Data sind es gar 60 bis 85 %, die gänzlich scheitern.

In diesem Spannungsfeld betrachten wir Data-Science-Management. Wenn wir auf der einen Seite einen hohen Bedarf an Menschen haben, die aus Daten Informationen und Wissen generieren sollen, und mehr Unternehmen Data Scientists anstellen, wir aber auf der anderen Seite eine Situation haben, in der die meisten Data-Science-Projekte scheitern, benötigen wir einen Rahmen, der die Herausforderungen solcher Projekte aufzeigt und Lösungen entwickelt. Mit Data-Science-Management fassen wir Werkzeuge, Methoden, Prozesse und Denkweisen zusammen, die dabei helfen sollen, Data Science plan-, steuer- und messbar zu machen.

Wie arbeitet man mit diesem Buch?

Dieses Buch ist in vier thematische Schwerpunkte unterteilt: Data-Science-Projekte, Data-Science-Management, Infrastrukturen und Architekturen für Data Science und sowie Data Science Governance. Inhaltlich fokussieren sich die Buchteile entweder auf technologisch-anwendungsbezogene oder management- und organisationsorientierte Ansätze. Abbildung E-2 gibt Ihnen einen Überblick über Ausrichtung und Inhalte der einzelnen Teile.

Die Teile I bis IV bauen aufeinander auf, wobei sich insbesondere die ersten beiden Teile den Grundlagen des Data-Science-Managements von Projekten widmen. Für Menschen, die erste Ideen in Richtung Data Science haben und starten wollen, und für die, die wenig bis keine Vorkenntnisse haben, ist dies der ideale Startpunkt in das Buch und damit in die Thematik. Erfahrene Data Scientists und Menschen aus Unternehmen, die bereits erste Data-Science-Projekte umgesetzt haben und nun einzelne Aspekte vertiefen wollen, können direkt ab Teil III, *Infrastruktur und Architektur*, einsteigen.

In Teil I, *Data-Science-Grundlagen*, geht es um die methodischen Voraussetzungen, um relevante, erfolgskritische Aspekte und um die Ressourcen für ein Data-Science-Projekt. Wir schauen uns Prozessmodelle bzw. Data-Science-Lifecycles an und führen damit eine Vorgehensweise zur Umsetzung von Data-Science-Projekten ein. Entlang des Data-Science-Lifecycle vertiefen wir in diesem Teil die Themen Designen von Projekten, Datenerhebung und -verarbeitung, Analyse und Analysemethoden,

7 H. Atawal (2020). *Practical DataOps: Delivering Agile Data Science at Scale*. Apress, *https://link.springer.com/book/10.1007/978-1-4842-5104-1*

Möglichkeiten zur Dokumentation und die zielgerichtete inhaltliche Evaluation sowie die Bemessung der Wirkung.

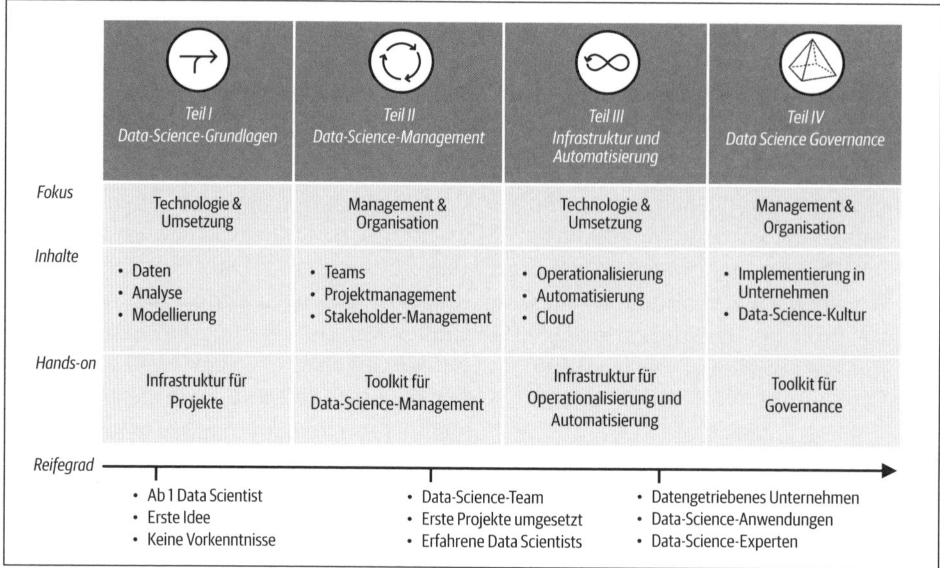

Abbildung E-2: Dieses Buch ist in vier Teile gegliedert. Je weiter man nach rechts geht, umso eher passen die Themen zu einem Unternehmen mit einem hohen Data-Science-Reifegrad.

Am Ende eines Buchteils teilen wir in einem Hands-on-Teil praktische Erfahrungen mit Tools und Methoden, die es ermöglichen sollen, die theoretischen Grundlagen möglichst schnell in die Praxis umsetzen zu können. Im Hands-on-Kapitel von Teil I stellen wir ein Analysebeispiel vor. Wir schauen uns die Entwicklung der Selbstständigen in Deutschland seit 1957 an und werden dabei insbesondere auf Fragen der Datenqualität und der Kommunikation mit Daten noch einmal anhand des Beispiels genauer eingehen.

In Teil II, *Data-Science-Management*, befassen wir uns mit den Aspekten der Organisation von Data-Science-Projekten und den Teams, die diese durchführen. Wir blicken hier insbesondere auf die Grundlagen und auf Möglichkeiten zum bestmöglichen Management. Einerseits schlagen wir Ansätze vor, die es den Data-Science-Teams ermöglichen, effizient miteinander zu arbeiten und zu kommunizieren. Dies soll eine Arbeitsatmosphäre schaffen, die den Data Scientists umfangreiche Gestaltungsmöglichkeiten bietet und zu einer wertstiftenden Umgebung führt. Andererseits beleuchten wir die Kommunikation mit den Fachbereichen und anderen Stakeholdern in Hinblick auf die Optimierung des Prozesses von einer Geschäftsidee oder einem Businessproblem hin zu einer datengetriebenen Lösung. Zudem befassen wir uns ausführlich mit der Rolle des Data-Science-Managers (Managerin und Manager) und wie diese durch modernes Leadership einen Mehrwert für die Teams und das Unternehmen erbringen können.

Im Hands-on-Kapitel von Teil II stellen wir ein Toolset aus Boards, Canvases, Checklisten und anderem vor, das sich für uns in der Praxis bewährt hat.

In Teil III, *Infrastruktur und Architektur*, widmen wir uns der Frage, wie eine nachhaltige Umgebung für die Entwicklung und den Betrieb von Data-Science-Anwendungen aussieht. Das heißt, wir verlassen teilweise die Ebene der terminierten Projekte und kommen in den Bereich der produktiven Anwendungen. Hierzu betrachten wir die technologischen Voraussetzungen sowie die agile Softwareentwicklung, um Algorithmen in einen fortlaufenden Betrieb zu bringen. Ein besonderer Fokus liegt auf dem Konzept der *Machine Learning Operations* (MLOps) für den Betrieb solcher Systeme.

Im Hands-on-Kapitel zu Teil III schauen wir uns visuelle Tools an, die bei der Konzeption und Modellierung von verschiedenen Aspekten einer Dateninfrastruktur helfen. Dies umfasst unter anderem die Modellierung von (sozialen) Prozessen, in die ein Data-Science-Projekt eingebettet ist, die Darstellung der Datenbank oder die Struktur der Software.

Teil IV, *Data Science Governance und Data-driven Culture*, behandelt – flankierend zu den technischen Aspekten des vorangegangenen Buchteils – die Voraussetzungen, die sich aus den Veränderungen in der Arbeitswelt ergeben, und die Herausforderungen bei der Implementierung von Data Science in Unternehmen. Schließlich gehen wir auf eine gelebte Data-Science-Kultur als aus unserer Sicht den höchsten Reifegrad für Unternehmen ein und betrachten die Erfolgsfaktoren vom Individuum bis zur Implementierung von Data Science im Unternehmen.

Im Hands-on-Kapitel von Teils IV betrachten wir Werkzeuge, um die Steuerung und Governance im Unternehmen methodisch zu begleiten. Hierzu zählen weitere Canvases zur Erarbeitung von digitalen Geschäftsmodellen und ein Datenstrategie-Designkit. Eine wiederverwendbare Tabelle mit einem Überblick über Schlüsselfaktoren für erfolgreiches Data Science in Unternehmen rundet das Buch schließlich ab.

Begleitend zu diesem Buch bieten die Autoren Zusatzmaterial wie Videos, Podcasts und Blogposts an: *https://datasciencemanagement.de/*

Wie alles begann oder: der Aufstieg der Digital Economy

Die Arbeitswelt und die Arbeitsbedingungen unterliegen einem ständigen Wandel. Im Zuge der industriellen Revolutionen der vergangenen drei Jahrhunderte haben sich Tätigkeiten geändert, und das soziale Umfeld der Arbeitenden wurde teils erheblich schlechter. In anderen Zeiten haben wir durch soziale Gesetzgebung und Streiks eine Verbesserung der Arbeitsverhältnisse gesehen. Vor diesem Hintergrund müssen wir auch die Entwicklungen der letzten etwa drei Jahrzehnte in den Blick nehmen und uns die Fragen stellen:

- Was hat sich verändert?
- Warum hat es sich verändert?
- Welche Auswirkungen hat das auf die Menschen und Unternehmen?

Mit diesen Fragen im Hinterkopf betrachten wir im Folgenden den Aufstieg der New Economy, wie diese das Wirtschaftssystem und die Arbeitsplätze verändert und welche Veränderungen in den nächsten Jahren denkbar sind. Mit diesem Hintergrundwissen sind wir in der Lage, besser zu verstehen, warum Data Science als Teil dieser Entwicklungen gemanagt werden muss und wie wir das umsetzen können.

Die Entwicklung der Wirtschaftssysteme weltweit unterlag bis dato mindestens drei großen industriellen Revolutionen (siehe Abbildung E-3). Häufig wird noch die vierte industrielle Revolution genannt. Allerdings ist diese bereits zuvor ausgerufen worden, man postulierte also, dass dies eine industrielle Revolution darstellen wird. Die anderen wurden erst im Nachhinein historisch betrachtet beschrieben und stellen damit einen mehr oder minder abgrenzbaren Zeitraum dar.

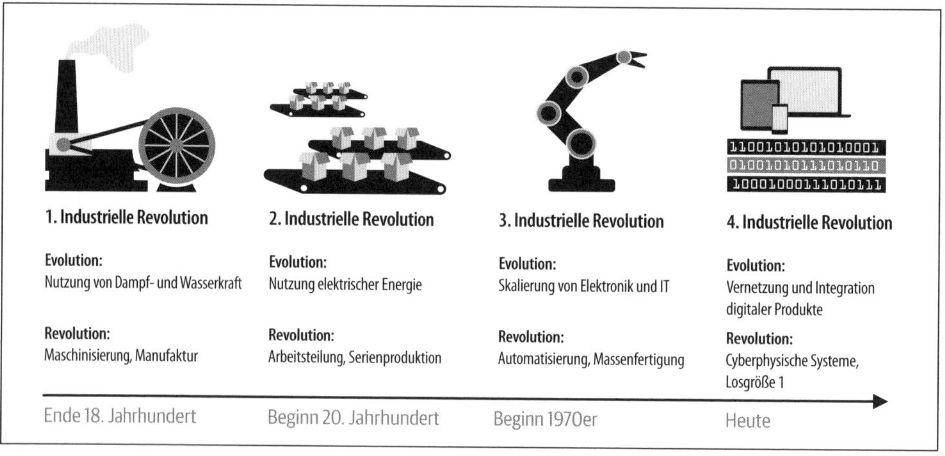

Abbildung E-3: Phasen der industriellen Revolution mit deren evolutionären und revolutionären Eigenschaften

Die erste industrielle Revolution fand ihren Anfang in Großbritannien zur Mitte des 18. Jahrhunderts. Ihr ging eine lange Zeit in Frieden voraus. Immer mehr Menschen wurden geboren, und damit war viel Arbeitskraft vorhanden, die Insellage bot einen geschlossenen Handelsraum, es gab reiche Kohlevorkommen, und die Seenähe erlaubte einen transatlantischen Handel. Ein aufkommender Erfinder- und Gründergeist führte beispielsweise zur Entwicklung der Spinning Jenny (ein Webstuhl), zu Dampfmaschine, Glühbirne, Benzinmotor und Fotografie. Von Großbritannien ausgehend breitete sich die Industrialisierung und Maschinisierung auf ganz Europa aus. Obwohl die Gesamtbevölkerung einen enormen Zuwachs an Wohlstand und eine Verbesserung der Lebensumstände erfuhr, litt die Arbeiterschaft unter 16-Stunden-Tagen[8] und widrigen Lebensumständen.

8 Geschichte der Gewerkschaften – Ausbeutung und Massenelend, *https://www.gewerkschaftsgeschichte.de/industrielle-revolution-ausbeutung-und-massenelend.html*

Die zweite industrielle Revolution, die etwa zwischen 1870 und 1880 begann, war geprägt von einer zunehmenden Verzahnung von Forschung und Industrie. Die Unternehmen betrieben selbst Forschung und erzielten dadurch Durchbrüche in chemischen und physikalischen Prozessen. Somit sind die chemische Industrie, die Elektrotechnik und der Maschinenbau prägend für diese Zeit. Telefone, Telegrafen und der Ausbau der Eisenbahn waren außerdem Treiber der Globalisierung. In den USA bildeten sich mit dem Taylorismus und dem Fordismus Produktions- bzw. Managementtechniken heraus, die eine Arbeitsteilung, das Aufteilen in Prozessschritte und eine Effizienzsteigerung mit sich brachten. Sie führten auch dazu, dass die Arbeitsbedingungen verbessert wurden und Industriearbeiterinnen und -arbeiter mehr verdienten. Autos aus der Massenproduktion, die teilweise exportiert wurden, verstärkten den Trend zur Globalisierung. Der internationale Handel ermöglichte eine Diversifizierung des Angebots und neue Absatzmärkte. Die Schattenseiten waren allerdings Imperialismus, Ressourcenausbeutung und Kolonialisierung, beispielsweise in afrikanischen Ländern.

Die in unserer Betrachtung dritte industrielle Revolution wird auch als digitale Revolution oder mikroelektronische Revolution bezeichnet, die ohne die beiden vorherigen nicht möglich gewesen wäre. Wir können ihren Beginn etwa in den 1980er-Jahren des vergangenen Jahrhunderts verorten. Noch viel stärker als die erste und zweite industrielle Revolution hat die digitale Revolution global und zeitgleich stattgefunden. Dies lag unter anderem an der Vernetzung der Akteure und des Handels und damit der schnellen Übermittlung von Informationen, was zu Innovationen und neuen Technologien führte.

Bereits vor den 1980er-Jahren wurden allerdings wichtige Schritte unternommen, die der Digitalisierung zuzuordnen sind. Dokumente und Informationen wurden digitalisiert, indem man die Informationen in Zuständen darstellte. Man hatte die Möglichkeit, eine Zahl in Einsen und Nullen abzubilden: 1 für »Strom an« und 0 für »Strom aus«. Im englischsprachigen Raum bezeichnet man dies als *Digitization*. Etwas später war es möglich, komplexe Berechnungen und ganze Prozesse als Einsen und Nullen darzustellen. Dies nennt man auch *Digitalisation*. Hiermit war es möglich, die Automatisierung von Prozessen weiter voranzutreiben.

Ein wichtiger Teil der digitalen Revolution war die Weiterentwicklung des Internets, das bis dato weitestgehend vom Militär und den Universitäten genutzt wurde. Berners-Lee und Cailliau entwickelten am Forschungszentrum CERN in Genf Hypertext-Protokolle (das HTTP), Links und Webbrowser. Auf diese Weise entwickelten sie das World Wide Web, das wir heute kennen. Nur durch diese technische Innovation, die Digitalisierung eines Prozesses, konnte die digitale Transformation stattfinden. Mit dem Web 2.0, das im Jahr 2004 erstmals in Fachartikeln erwähnt wird, also dem interaktiven und kollaborativen Internet, wurden Nutzerinnen und Nutzer weltweit Informationen verfügbar gemacht und Kommunikationswege eröffnet. Dies war der Anfang von Social Media, dem Internet of Things, Cloud-Services und damit auch der digitalen Transformation.

Neuer Wirtschaftssektor: Informationen

In der Volkswirtschaftslehre gliedert man die Wirtschaft üblicherweise in Sektoren.

- Der Primärsektor umfasst dabei die sogenannte *Urproduktion*. Das ist im Wesentlichen die Landwirtschaft.
- Der Sekundärsektor ist die Industrie und das Gewerbe. Hierzu zählen beispielsweise die Produktion von Automobilen, das Baugewerbe und die Lebensmittelverarbeitung.
- Im Tertiärsektor werden die Dienstleistungen zusammengefasst, die beispielsweise vom Staat erbracht werden. Aber auch Banken, Versicherungen, Handel und der öffentliche Verkehr gehören dazu.

Bereits 1961 hat Jean Gottmann einen weiteren Wirtschaftssektor definiert, der bis dato nicht existierte. Die Rede ist hier vom Quartärsektor bzw. dem Informationssektor. Dieser Sektor zeichnet sich durch Tätigkeiten aus dem Dienstleistungssektor bzw. dem tertiären Sektor und wohl auch durch Tätigkeiten aus dem industriellen Sektor, dem sekundären Sektor, aus, die besonders hohe intellektuelle Ansprüche und einen hohen Grad an Vorbildung und Ausbildung voraussetzen. Zudem wird hier eine große Bereitschaft vorausgesetzt, Verantwortung zu übernehmen. Der Informationssektor umfasst insbesondere die Bereiche, die mit der Datenerzeugung, Datenverarbeitung und damit auch der Generierung von Wissen beschäftigt sind. Das Geschäftsmodell in diesem Bereich ist also häufig wissens- bzw. datenbasiert. Hierzu zählen

- die Beratung, also die großen Kanzleien und Steuerberatungsunternehmen sowie natürlich die Unternehmensberatungen,
- alle IT-Dienstleister wie etwa AWS oder Microsoft,
- die Unternehmen aus der Kommunikationstechnik,
- die Hochtechnologie mit Robotik, maschinellem Lernen, Digitalisierung usw.

Im Jahr 1983 brachte die Zeitschrift Time ein Heft mit dem Titel »The New Economy«[9] heraus. Das stellt vermutlich den Startpunkt für die Beschreibung dieser neuen Art des Wirtschaftens mit Informationen dar (siehe Infobox). Die New Economy basiert auf Informationen und Dienstleistungen. Die Dienstleistungen, die dabei im Fokus stehen, bestehen eher aus immateriellen Wirtschaftsgütern, wie zum Beispiel Informationen und Wissen. Der Trend zur Nutzung von Daten, der einen ersten Höhepunkt in den 1990er-Jahren fand, erfasste die gesamte US-Wirtschaft und wurde zu einem globalen Phänomen.

Die wirtschaftliche Bedeutung wurde zum Teil durch die Etablierung und Nutzung der Computer erreicht, um die sich eine ganze Industrie aus Mikrochips- und Halbleiterherstellung aufbaute. Dieser neue Industriezweig umfasste aber auch die Produktion der Endgeräte und die Softwareentwicklung. Durch neue Sensoren und

9 C. P. A. Monday. »The New Economy«. *Time Magazine*, 1983.

Analysemethoden bot sich die Möglichkeit, Prozesse und Tätigkeiten messbar und dadurch besser steuerbar zu machen, was zu einer Effizienzsteigerung führte. Das Internet bot zudem neuen Raum für Kommunikation, Werbung und Produkte. Die Einführung der Technologiebörse NASDAQ als Alternative zum NYSE[10] war ein weiteres Puzzleteil für massive Investitionen in die Tech-Branche. Dies ging so weit, dass diese stark überbewertet wurde, in der sogenannten Dotcom-Blase Anfang der Nullerjahren einen herben Rückschlag erlitt und riesige Vermögenswerte und damit auch Vertrauen in den Markt vernichtete.

Der Aufstieg der digitalen Ökonomie war dadurch jedoch nicht gestoppt. Bis heute sehen wir, dass Tech-Giganten, insbesondere aus den USA[11], unseren Alltag prägen. Die wertvollsten Unternehmen stammen heutzutage nicht mehr nur aus der Automobilindustrie, der Rohstofferzeugung oder der Energieträgergewinnung, sondern auch aus der digitalen Ökonomie. Einige sind der Meinung, dass die digitale Ökonomie (*New Economy*) die Grundregeln der klassischen Volkswirtschaftslehre aus den Angeln hebt. Diese vermögensbasierte Ökonomie setzt darauf, dass man allem einen Wert beimessen kann, beispielsweise durch Geld oder Aktien. In der »Old Economy« mussten hingegen Waren und Dienstleistungen einen tatsächlichen (materiellen) Wert haben. Die Unternehmen, die der digitalen Ökonomie zugeordnet werden, haben teilweise über Jahre hinweg rote Zahlen geschrieben, wurden nur durch Investorengeld gehalten und trotzdem im Milliardenbereich bewertet, obwohl sie zum Großteil aus immateriellen Werten bestanden. Viele dieser Unternehmen revolutionierten jedoch unser Leben und veränderten die Art, wie wir konsumieren und kommunizieren. Herausragende Beispiele hierfür sind:

- Social Media, z. B. Facebook, WeChat oder Twitter (X)
- Onlinehandel, z. B. Amazon oder Alibaba
- Onlinebezahldienste, z. B. PayPal
- Onlinemedien, z. B. YouTube oder Netflix
- Onlinewerbung, z. B. Google
- Sharing Economy, z. B. Uber oder Airbnb
- Onlinedating, z. B. Tinder

An dem Erfolg dieser Dienste (Software) ist die Zugänglichkeit über Endgeräte (Hardware) maßgeblich beteiligt. Unternehmen wie Microsoft oder Apple gehören auch deshalb zu den wertvollsten Unternehmen der Welt, weil sie Personal Computer und Smartphones herstellen. Insbesondere bei Smartphones gibt es noch weitere global agierende Unternehmen wie Samsung oder Huawei, die den Markt prägen. Die Software dieser Geräte basiert wiederum auf den Betriebssystemen von Apple und Google.

10 NASDAQ ist ein Kursindex und eine elektronische Börse, die historisch eher Technologieunternehmen abbildet. Sie gilt als Konkurrent zur deutlich älteren NYSE (New York Stock Exchange) an der Wall Street, die die größte Wertpapierbörse der Welt ist.

11 Diese Entwicklung fand auch in anderen Ländern statt, zuvorderst China. Allerdings haben chinesische Technologieanbieter in Europa und den USA eine bedeutend kleinere Rolle als US-amerikanische Unternehmen – mit Ausnahme von TikTok.

Wie schon bei den industriellen Revolutionen zuvor hat der Aufstieg der digitalen Ökonomie in der digitalen Revolution zu vielen Veränderungen für Menschen und Unternehmen geführt. Es besteht, auch durch die voranschreitende Globalisierung, der Druck, sich zu verändern und digitaler zu werden. Das gilt sowohl für Menschen als auch für Unternehmen. Mittelständische Unternehmen handeln häufig über die deutschen Grenzen hinweg und stehen somit in globaler Konkurrenz. Deshalb ist es eine große Aufgabe, die Unternehmen in und durch die digitale Transformation zu führen und den Menschen entsprechende Fähigkeiten zu vermitteln. Dieses Buch handelt davon, wie dies in Bezug auf Data Science gelingen kann.

Danksagung

Data Science ist ein Teamsport. Jede Entdeckung, jede Innovation in diesem dynamischen Feld ist das Ergebnis von Zusammenarbeit, gegenseitiger Inspiration und dem gemeinsamen Bestreben, das Unbekannte zu erforschen und zu verstehen. Ähnlich wie im Sport, wo das Zusammenspiel verschiedener Talente und Fähigkeiten zum Erfolg führt, baut auch Data Science auf der Synergie von Fachwissen, Kreativität und technischem Know-how auf.

Als Autorenduo dieses Werks möchten wir uns deshalb ganz herzlich bei allen bedanken, die zum Gelingen dieses Buches beigetragen haben. Besonderer Dank gilt den vielen fleißigen und fachkundigen Korrekturleserinnen und -lesern und Fachgutachterinnen und Fachgutachtern, die ihre Zeit und Expertise großzügig zur Verfügung gestellt haben, um sowohl Teile als auch das gesamte Manuskript kritisch zu prüfen und zu verfeinern: Robert Bölke, Marcus Fraaß, Martin Habedank, Kevin Loncsarszky, Fabian Payer, Anne-Kristin Polster, Svenja Rohr, Sarah Stemmler, Martin Szugat, Ramon Wartala und Arif Weider.

Ein besonderer Dank gebührt unserer Lektorin Alexandra Follenius, deren tiefgreifendes Verständnis und unermüdliche Geduld das Rückgrat dieses Projekts bildeten. Ihre Fähigkeit, sowohl die großen Linien als auch die feinsten Details im Blick zu behalten, hat maßgeblich dazu beigetragen, die Qualität und Klarheit unseres Werks zu steigern.

Nicht zuletzt möchten wir unseren Familien und Freunden unseren tiefsten Dank aussprechen. Ihr habt uns durch eure Unterstützung, euer Verständnis und eure Geduld während der vielen Stunden, die wir in dieses Projekt investiert haben, beigestanden. All das ist nur durch euch möglich.

TEIL I

Data-Science-Grundlagen

Um ein Data-Science-Team effizient und effektiv leiten zu können, braucht es ein grundlegendes Verständnis davon, mit welchen Tätigkeiten und Herausforderungen ein solches Team in der täglichen Arbeit konfrontiert ist und wie es diese üblicherweise lösen wird. Und auch wenn Sie keine Teamleitung abstreben, sondern beispielsweise als Auftraggeber mit einem externen Partner zusammenarbeiten, wird Ihnen dieses Verständnis dabei helfen, das Projekt zu planen, Herausforderungen und Lösungsansätze zu bewerten, ein gemeinsames Verständnis im Team zu schaffen und, alles in allem, das Projekt zu einem erfolgreichen Abschluss zu führen.

KAPITEL 1

Eine Einführung in Data Science aus Projektsicht

In einem Data-Science-Projekt wollen wir Daten und Analysen nutzen, um einen Mehrwert für uns, unser Unternehmen oder unsere Kunden zu schaffen. Wichtig ist dabei, dass nicht alles, was mit Daten zu tun hat, automatisch Data Science ist. Die operative Nutzung von Daten, beispielsweise in der Buchhaltung, der Inventarliste oder im CRM-System, muss zunächst einmal nichts mit Data Science zu tun haben, sondern kann einfach nur der Abwicklung operativer Prozesse dienen. Data Science kommt ins Spiel, sobald wir einen zusätzlichen Mehrwert durch die Analyse dieser Daten schaffen wollen. Bei Bedarf können wir darüber hinaus zusätzliche Daten erheben, um komplexere Fragestellungen zu beantworten. Dabei stellt sich die Frage, welche Arten von Mehrwert wir mit Daten und Analysen erzeugen können. Wir gehen davon aus, dass wir Data Science in einem Unternehmen einsetzen möchten. Dann können wir grundsätzlich drei Einsatzarten unterscheiden:

Prozessoptimierung: Wir nutzen Data Science, um die Prozesse und Abläufe in unserem Unternehmen zu verbessern. Dabei kann jeder Funktionsbereich (Buchhaltung, Personalwesen, Marketing usw.) davon profitieren, wenn bessere Informationen zur Verfügung stehen. Dies kann je nach Anwendungsfall zu Kosteneinsparungen, besseren Entscheidungen oder schnelleren Prozessabläufen führen.

Datenbasierte Produkte und Geschäftsmodelle: Daneben können wir Data Science einsetzen, um unsere Produkte zu verbessern oder neue Produkte zu entwickeln. Entscheidend ist hierbei, dass die Verwendung von Data Science ein Teil des Mehrwerts wird, den wir unserer Kundschaft bieten. Manche Unternehmen entwickeln Daten und Analyseergebnisse selbst zu Produkten, andere ergänzen bestehende Produkte und machen beispielsweise eine Glühbirne »smart«.

Letztlich können auch Daten selbst ein Produkt sein, wenn die Daten einen Mehrwert für andere haben, beispielsweise die Immobilienpreise einer Region. Dies funktioniert allerdings in der Praxis nur für relativ wenige Anbieter. Die meisten setzen auf datenbasierte Produkte und Geschäftsmodelle.

Strategische Entscheidungen: Bei strategischen Entscheidungen geht es um einmalige Entscheidungen mit wichtigen Konsequenzen. Die Entscheidungen sind so schwerwiegend, dass es sich lohnt, ein Datenanalyseprojekt hierfür aufzusetzen.

Folglich ergibt sich der Mehrwert von Data Science bei der Prozessoptimierung eher durch eine Vielzahl vergleichbarer Entscheidungsprobleme, auf die entsprechend optimiert werden kann. In der Strategie hingegen geht es mehr um Einzelfallentscheidungen, bei denen die Analysen stärker in die Tiefe gehen. In der Praxis kann es dabei aber auch zu einem fließenden Übergang kommen, wie wir weiter unten im Zusammenhang mit dem Analytics Continuum sehen werden.

In der Literatur (Beispiel: Valliappa Lakshmanan. *Data Science on the Google Cloud Plattform*, O'Reilly 2022) sehen wir manchmal die Unterscheidung, dass einmalige strategische Entscheidungen als »Datenanalysen« bezeichnet werden und die Optimierung von Prozessen (mit potenziell automatisierten Analysen und Entscheidungen) als »Data Science«. Für unsere Einführung zu Data Science wollen wir den Begriff »Data Science« jedoch bewusst weiter fassen und auch einmalige Analyseprojekte einbeziehen, vor allem weil es sich hierbei eher um eine theoretische Abgrenzung handelt, die unserer Erfahrung nach nicht zur Praxis von Data-Science-Projekten und deren Management passt.

Verlauf eines Data-Science-Projekts (Prozessmodell)

In Data-Science-Projekten lassen sich gewisse wiederkehrende Abläufe identifizieren, die eigentlich immer vorkommen, sinnvollerweise in einer gewissen Reihenfolge ablaufen sollten und entsprechend als *Prozessmodell* dargestellt werden können. Das Prozessmodell, das den folgenden Darstellungen zugrunde liegt, besteht aus fünf Prozessschritten, die einerseits ein existenzieller Teil jedes Data-Science-Projekts sind, andererseits aber auch spezifische Anforderungen an das Team und dessen Kompetenzen stellen (siehe Abbildung 1-1). Das Modul wurde als Teil von Beratungsprojekten der Impact Distillery[1] entwickelt und basiert insbesondere auf dem *Generic Longitudinal Business Process Model*[2] (GLBPM) sowie dem Prozessmodell von Mischa Seiter[3].

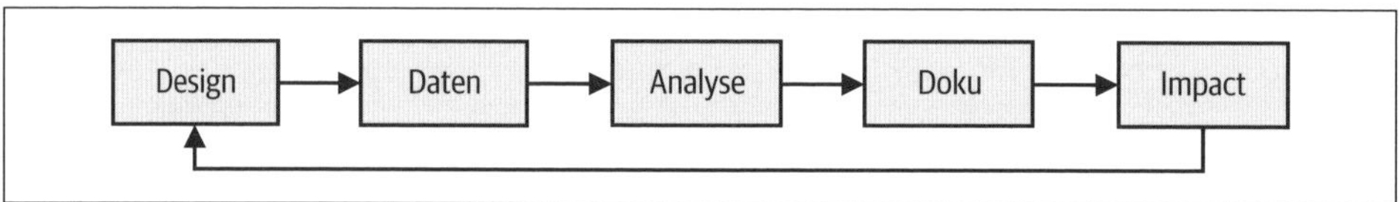

Abbildung 1-1: Prozessmodell der Impact Distillery (https://www.impactdistillery.com/de/digitale-transformation/datengetriebene-organisationskultur/)

Die fünf Schritte unseres Modells umfassen die konzeptionelle Planung (Design) des Projekts, die Arbeitsschritte, um eine belastbare Datengrundlage zu schaffen, die eigentliche Analyse der Daten, die Dokumentation der Ergebnisse und deren Umset-

---

1 *https://www.impactdistillery.com/*

2 I. Barkow, W. Block, J. Greenfield, A. Gregory, M. Hebing, L. Hoyle, W. Zenk-Möltgen. »Generic Longitudinal Business Process Model«. *DDI Working Paper Series – Longitudinal Best Practices*, No. 5, 2013, *https://ddialliance.org/sites/default/files/GenericLongitudinalBusinessProcessModel.pdf*

3 M. Seiter (2019). *Business Analytics: Wie Sie Daten für die Steuerung von Unternehmen nutzen*. Vahlen.

zung in praktische Maßnahmen (Impact). Außerdem setzt das Modell ein iteratives Vorgehen voraus – sobald ein solches Projekt abgeschlossen ist, stehen für gewöhnlich neue Fragestellungen im Raum, die den Ausgangspunkt für ein neues Data-Science-Projekt bilden. Die fünf Schritte wollen wir uns im Folgenden einzeln anschauen:

- **Design:** Die Designphase legt den Grundstein für das Projekt. Idealerweise starten Projekte, weil es einen praktischen Bedarf (ein Businessproblem) gibt, der aber noch zu unspezifisch ist. Ein erster Arbeitsschritt ist nun, diesen Bedarf bzw. diese Problemstellung in eine Forschungsfrage zu übersetzen, die dann im Fokus aller folgenden Arbeitsschritte stehen wird. Basierend auf der Forschungsfrage kann jetzt auch ein Zeitplan für das Projekt entwickelt und können die notwendigen Ressourcen kalkuliert werden, die insbesondere die Beschaffung von Daten, eine technische Infrastruktur und personelle Ressourcen umfasst.
- **Daten:** In der zweiten Phase (siehe Kapitel 3, *Datenbeschaffung und -aufbereitung*) geht es um den Aufbau einer entsprechenden Datenbasis für die Bearbeitung der Forschungsfrage. Wenn nicht schon entsprechende Daten verfügbar sind, müssen gegebenenfalls neue Daten erhoben werden. In jedem Fall müssen diese Daten aufbereitet, qualitätsgesichert und für die weitere Nutzung bereitgestellt werden.
- **Analyse:** Die Auswahl der entsprechenden Analysemethoden orientiert sich dann sowohl an der Forschungsfrage als auch an der Struktur der Daten und gegebenenfalls auch an bereits durchgeführten Vorstudien. Im Abschnitt »Von einfachen Analysen zur Automatisierung (Analytics Continuum)« auf Seite 32 werden Sie das Analytics Continuum kennenlernen, das uns eine Entscheidungshilfe für die Auswahl von Analysemethoden in den aufeinander aufbauenden Phasen eines Data-Science-Projekts bietet. Dabei werden wir uns sowohl Methoden der klassischen Statistik als auch neuerer Machine-Learning-Algorithmen bis hin zu neuronalen Netzen ansehen.
- **Dokumentation:** Damit die Ergebnisse der Analysen dann praktisch genutzt werden können, müssen sie dokumentiert und kommuniziert werden. Dabei geht es zum einen um eine technische Dokumentation, um Daten und Methoden später nachnutzen zu können. Und zum anderen sollen die Ergebnisse ansprechend und leicht nachvollziehbar für ein nicht technisches Publikum aufbereitet werden, beispielsweise als Report oder interaktives Dashboard (siehe den Abschnitt »Reporting« auf Seite 83). Inhaltlich sind dabei nicht nur die vorteilhaften Ergebnisse zu berichten, sondern es sollte auch explizit auf mögliche Limitationen der jeweiligen Arbeit eingegangen werden. Gleichzeitig sollten die Inhalte aber für die jeweiligen Leserinnen und Leser verständlich präsentiert und erzählt werden (siehe dazu auch den Abschnitt »Storytelling und visuelle Kommunikation mit Daten« auf Seite 85).
- **Impact:** Mit Impact meinen wir alle praktischen Maßnahmen, die einen Mehrwert für den jeweiligen Auftraggeber bringen und damit die Kosten für ein Data-Science-Projekt rechtfertigen. Dieser Mehrwert kann monetär leicht messbar (z.B. wenn eine Steigerung der Verkaufszahlen gelingt) oder auch schwerer zu

greifen sein (z.B. wenn es um eine Steigerung der Kundenzufriedenheit geht). In jedem Fall ist es sinnvoll, die entsprechenden Maßnahmen zu evaluieren, um zu überprüfen, ob sie auch die gewünschte Wirkung haben, oder um gegebenenfalls nachzusteuern.

Literaturempfehlung

M. Seiter (2019). *Business Analytics: Wie Sie Daten für die Steuerung von Unternehmen nutzen.* Vahlen.

Von einfachen Analysen zur Automatisierung (Analytics Continuum)

Während die vorgestellten fünf Phasen unseres Prozessmodells gut geeignet sind, um einzelne Projekte zu strukturieren, werden wir in der Praxis selten nach einem einzelnen Projekt wieder aufhören, mit Daten zu arbeiten. Vielmehr werden die fünf Phasen in aufeinander aufbauenden Iterationen immer wieder neu durchlaufen, weswegen man auch von einem *Data-Science-Lifecycle* spricht. Aus fast jedem Data-Science-Projekt wird sich eine neue Fragestellung ergeben, die wir in einer neuen Iteration bearbeiten können. Dies können sowohl die Evaluation der Maßnahmen sein als auch eine weiterführende Analyse, beispielsweise wenn wir einen spannenden Zusammenhang in unseren Daten gefunden haben und uns nun fragen, ob wir diesen vielleicht auch für Vorhersagen nutzen können. Schließlich ist es möglich, sich in späteren Iterationen bis zu einer Automatisierung der Maßnahmen vorzuarbeiten (siehe Kapitel 15, *Automatisierung und Operationalisierung im kybernetischen Regelkreis*).

Auf dieser Ebene bietet uns das Analytics Continuum[4] von Gartner eine Struktur, anhand der wir uns im Laufe der Zeit und über verschiedene Iterationen hinweg von einfachen beschreibenden Analysen bis hin zu komplexen Automatisierungsprojekten bewegen können (siehe Abbildung 1-2).

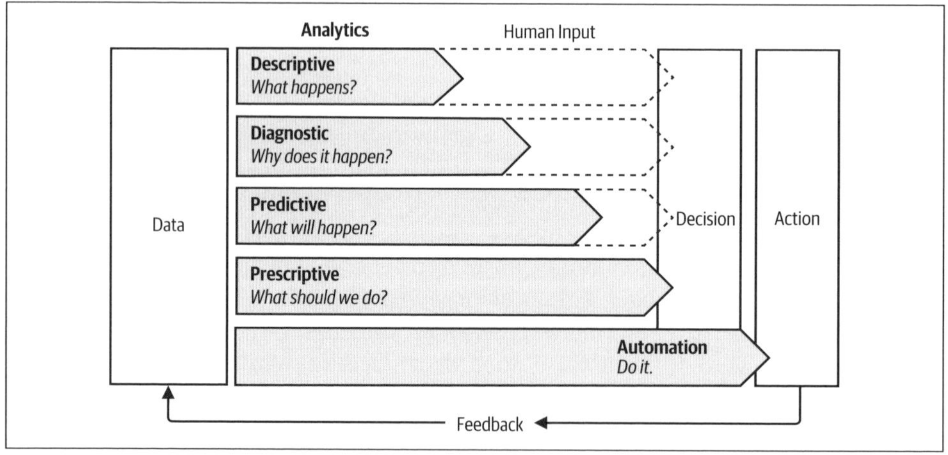

Abbildung 1-2: Analytics Continuum nach Gartner (eigene Darstellung)

4 *https://www.gartner.com/en/newsroom/press-releases/2014-10-21-gartner-says-advanced-analytics-is-a-top-business-priority*

Schauen wir uns die fünf Ebenen des Analytics Continuum im Detail an:

Beschreibende Analysen (Descriptive)

Am Anfang eines Projekts brauchen wir einen guten Überblick über den Status quo, also das, was gerade passiert. Dabei reichen meist einfache deskriptive Analysen und Visualisierungen aus, um schnell die aktuelle Lage einschätzen zu können, gegebenenfalls auch im Vergleich mit historischen Daten. Ein einfaches Beispiel ist das Inventarverzeichnis in einem Lager. Basierend darauf können wir uns einen Überblick darüber verschaffen, welche Produkte, Produktkategorien, Marken oder Ähnliches wir aktuell vorrätig haben.

Diagnostische Analysen (Diagnostic)

Als Nächstes werden wir uns fragen, wie es zum aktuellen Zustand gekommen ist. Wenn beispielsweise ein Produkt im Lager nicht mehr vorhanden ist, liegt das daran, dass dieses Produkt nicht mehr verfügbar ist? Oder daran, dass die Nachfrage so groß ist, dass wir in der Lieferung kaum hinterherkommen? Im Bereich der diagnostischen Analysen interessieren wir uns besonders für kausale Beziehungen. Was ist die Ursache für bestimmte Phänomene?

Vorhersagende Analysen (Predictive)

Wenn wir die Ursachen verstanden haben, können wir versuchen, darauf aufbauend Vorhersagen zu treffen. Wenn wir merken, dass die Nachfrage nach einem bestimmten Produkt gerade sehr hoch ist, wollen wir beispielsweise wissen, wie groß die Nachfrage voraussichtlich im nächsten Monat sein wird, um entsprechende Vorkehrungen treffen zu können.

Vorschreibende Analysen (Prescriptive)

Nachdem wir nun eine Vorstellung davon haben, wie viele Produkte im kommenden Monat nachgefragt werden könnten, stellt sich als Nächstes die Frage, wie viele wir davon nachbestellen sollten. Dies ist etwas anderes als die reine Menge der Nachfrage, denn nun müssen wir zusätzliche Faktoren miteinbeziehen: Wie lange ist die zu erwartende Lieferdauer? Wie viel Platz haben wir im Lager zur Verfügung? Wie haltbar ist das Produkt? Wir wollen nun eine Handlungsempfehlung formulieren, haben es dabei aber schnell mit einem Optimierungsproblem zu tun, wenn wir die angedeuteten Fragen miteinbeziehen. Ist beispielsweise nur begrenzt Platz im Lager, müssen wir vielleicht zwischen mehreren Produkten abwägen, die aktuell stark nachgefragt sind.

Automatisierung (Automation)

Wenn sich unsere Vorhersagen und Handlungsempfehlungen über längere Zeit bewährt haben, werden wir in Erwägung ziehen, diese zu automatisieren. Wir können also beispielsweise in der Software der Lagerhaltung ein Programm einbauen, das automatisch nachbestellt, sobald ein Produkt knapp wird, und dabei die Ergebnisse der vorherigen Phase nutzen, um die richtigen Mengen zu kalkulieren.

Ein häufig anzutreffender konzeptioneller Fehler, den wir immer wieder in Diskussionen um den Einsatz von Data Science sehen, ist ein vorschneller Fokus auf die letzten Phasen, insbesondere auf die Automatisierung von Prozessen. Eine wesentliche Erkenntnis aus der langjährigen Arbeit mit dem Analytics Continuum ist, dass wir die ersten Phasen nie überspringen können. Wir werden uns immer erst mal einen Überblick über den Status quo verschaffen müssen, verstehen, wie dieser zustande gekommen ist, und erste Vorhersagen testen. Erst dann können wir uns an die Entwicklung von Empfehlungssystemen oder die Automatisierung von Prozessen machen.

Im dritten Teil des Buchs werden wir dann sehen, dass insbesondere mit zunehmender Automatisierung der Prozessabläufe (egal ob bei der Auswertung der Daten oder auch bei der Umsetzung in Maßnahmen) eine Anpassung des Prozessmodells Sinn ergeben wird. Sie werden dazu in Kapitel 15, *Automatisierung und Operationalisierung im kybernetischen Regelkreis*, den kybernetischen Regelkreis als Modell und Werkzeug zur Strukturierung von automatisierten Prozessen kennenlernen.

Welche Kompetenzen brauchen wir in einem Data-Science-Projekt?

Data Science wird gern als inter- oder transdisziplinäre Wissenschaft bezeichnet. Das bedeutet, dass Data Science ganz wesentlich auf einer Reihe anderer Disziplinen aufbaut. Conway (2010[5]) nennt dabei Programmierkenntnisse (Softwareentwicklung), Mathematik und Statistik sowie fundiertes Wissen um das jeweilige Anwendungsfeld (im Folgenden als Domain Knowledge bezeichnet) als die drei wesentlichen Fundamente für den Bereich Data Science. Wir möchten diese drei Bereiche noch um einen vierten Bereich ergänzen, der sich auf soziale Normen und Kommunikationsfähigkeit bezieht (die soziale Dimension).

Statistik und Mathematik

Aus der Statistik übernimmt Data Science sowohl Methoden, um ein initiales Verständnis für die jeweiligen Daten zu gewinnen (deskriptive Statistik), als auch vielfältige Methoden zur Berechnung von abstrakten Modellen. Während bei der klassischen Statistik der Fokus der Modellbildung mehr auf dem Erklären von Zusammenhängen liegt, konzentriert sich die Modellbildung bei Data Science vorrangig auf die Vorhersage von Ereignissen. Beispiele für Vorhersagen können von der Wettervorhersage über die Erzeugung von Kaufempfehlungen in Onlineshops bis zur Automatisierung des Nachkaufs in einem Warenlager reichen. Ein fundiertes statistisches Grundwissen bleibt auch in Zeiten zunehmend automatisierter Analysetools unerlässlich, denn wir müssen weiterhin hinterfragen, ob die Ergebnisse verlässlich und anwendbar für unsere jeweiligen Fragestellungen sind.

Softwareentwicklung

Neben dem Fokus auf Vorhersagen ist die Bereitstellung und Analyse der Daten im Bereich Data Science deutlich rechenintensiver als in der klassischen Statistik, was die Softwareentwicklung ins Spiel bringt. Der Begriff *Big Data* bezieht

5 *http://drewconway.com/zia/2013/3/26/the-data-science-venn-diagram*

sich nicht nur auf das reine Speichervolumen der Daten, sondern schließt insbesondere auch Vielfältigkeit, teilweise Korrektheit und letztlich die Geschwindigkeit der Entstehung neuer Daten mit ein – alles Faktoren, die neben der eigentlichen Analyse der Daten wachsende Anforderungen an die (automatisierte) Aufbereitung der Daten stellen. Gleichzeitig müssen viele der Methoden aus der Statistik an die neuen Gegebenheiten angepasst werden, beispielsweise weil deren Berechnung über verschiedene Teilsysteme verteilt werden muss.

Fachexpertise
Es wird gern als Faustregel genommen, dass in einem Data-Science-Projekt nur ca. 20% der Arbeitszeit auf die eigentliche Arbeit an den Modellen entfällt und ca. 80% auf die Aufbereitung der Daten. Diese 80% erfordern neben dem bereits dargestellten technischen Wissen auch ein gutes Verständnis des jeweiligen Anwendungsfalls. Von Data Scientists wird daher erwartet, dass sie entsprechendes Vorwissen im jeweiligen Fachgebiet bzw. der jeweiligen Domäne mitbringen.

Soziale Dimension
Die Zusammenarbeit und Kommunikation mit Stakeholdern ist ein wesentlicher Teil der Arbeit in Data-Science-Teams. Es geht nicht nur darum, ein möglichst gutes Modell zu entwickeln, die Ergebnisse müssen auch angemessen präsentiert und kommuniziert werden. Darüber hinaus sehen wir in den letzten Jahren, dass sich Data Scientists zunehmend mit sozialen Aspekten der Verwendung ihrer Arbeit auseinandersetzen müssen. Insbesondere wenn es sich um personenbezogene Daten handelt, hat die Einführung der Datenschutzgrundverordnung (DSGVO) neue Maßstäbe gesetzt. Aber auch bei anderen Datenquellen sind rechtliche Aspekte nicht zu vernachlässigen, beispielsweise das Urheberrecht oder Firmengeheimnisse (siehe Kapitel 22, *Sicherheit und Datenschutz*).

Abbildung 1-3 gibt einen Überblick über die vier Bereiche und zeigt auch noch einmal zusätzliche Schnittstellen zwischen diesen auf. So können wir beispielsweise die klassische (empirische) Forschung an der Schnittstelle von Statistik und Fachwissen verorten. Klassische Unternehmensberatung findet häufig an der Schnittstelle von sozialer Dimension und fachlicher Expertise statt, insbesondere in Hinblick auf betriebliche Abläufe. Fragen der Nutzerfreundlichkeit (*Usability*), aber auch des Datenschutzes lassen sich insbesondere zwischen Programmierung und sozialer Dimension verorten. Und die Entwicklung von Machine-Learning-Algorithmen erfordert sowohl fundiertes mathematisches Wissen als auch Programmiererfahrung. Entsprechend werden wir bei einer genaueren Betrachtung dessen, was Data Science eigentlich ist, auch immer wieder Aspekte dieser verschiedenen Schnittstellen finden. Wie schon gesagt, Data Science ist eine interdisziplinäre Wissenschaft, und entsprechend gibt es viele angrenzende Bereiche, von denen wir gute Theorien und bewährte Tools übernehmen können.

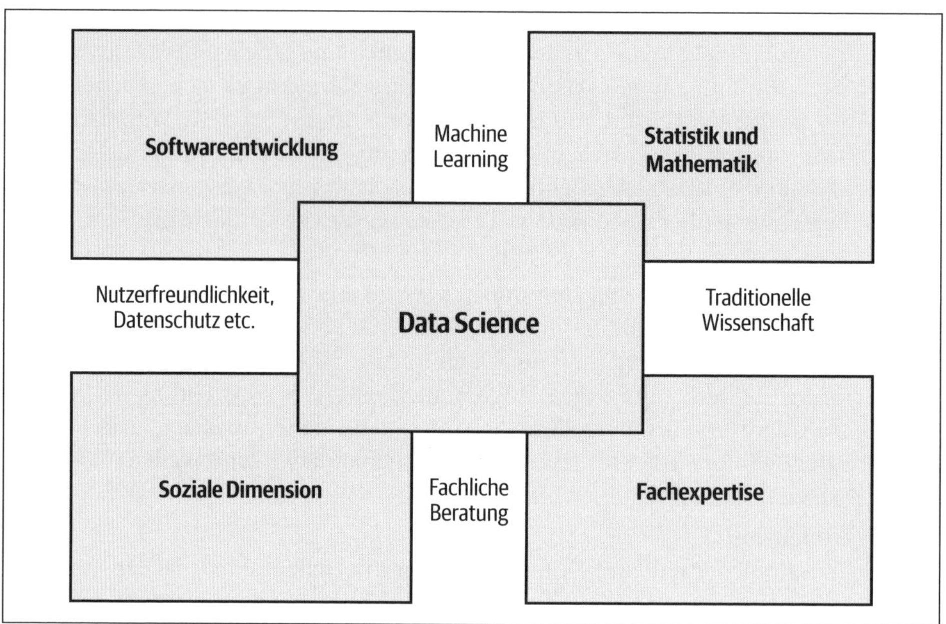

Abbildung 1-3: Data Science als interdisziplinäre Wissenschaft

KAPITEL 2

Wie wir über Daten sprechen

Für die meisten Analysemethoden müssen Daten in einer Struktur vorliegen, die der jeweilige Algorithmus weiterverarbeiten kann. Wir dürfen allerdings nicht erwarten, dass die Ursprungsdaten bereits diese Vorgaben erfüllen, daher müssen wir mehr oder weniger umfangreiche Transformationen durchführen, bevor die Daten für die eigentliche Analyse genutzt werden können.

Das angestrebte Format wird in den meisten Fällen einer Tabelle bzw. einem Datensatz entsprechen, in der oder dem die Zeilen die jeweiligen Entitäten (z.B. Kunden eines Unternehmens oder Produkte im Lager) repräsentieren und die Spalten Attribute (im Machine Learning auch Features genannt) abbilden. Die Attribute innerhalb einer Spalte müssen immer einen konstanten Datentyp haben. In einer Kundendatenbank können dies beispielsweise eine Kundennummer (numerisch), der Name (als Text), das Geschlecht (mit vordefinierten Codes) und das Geburtsdatum in einem standardisierten Datumsformat sein (siehe Tabelle 2-1).

Tabelle 2-1: Ausschnitt aus der Kundendatenbank unseres Webshops

id	first_name	last_name	sex	birth-date
373	Pascal	Gründer	m	1989-03-21
374	Antonia	Sach	f	1990-07-19
375	Helene	Mai	f	1985-01-05

Strukturierte Daten

Strukturierte Daten sind hochgradig organisiert und folgen dabei klar definierten Strukturen. So können sich beispielsweise Programme beim Zugriff auf solche Daten darauf verlassen, dass die maßgeblichen Strukturvorgaben eingehalten wurden. Folglich wird der Aufwand reduziert, solche Datenquellen anzubinden, und gleichzeitig werden die Verlässlichkeit und damit auch die Qualität erhöht.

Was es heißt, mit strukturierten Daten zu arbeiten, können wir uns am Beispiel einer relationalen Datenbank anschauen. Relationale Datenbanken bestehen letztlich aus Tabellen, die über Schlüsselbeziehungen miteinander verknüpft werden können.

Warum »relational«?

In einer relationalen Datenbank werden die Tabellen als Relationen bezeichnet. Das Wort »relational« bezieht sich also nicht darauf, dass es in einer solchen Datenbank eine Vielzahl von Tabellen geben kann, die »in Relation« zueinander stehen, sondern bezeichnet eben die einzelnen Tabellen selbst. Dies kommt daher, dass sich relationale Datenbanken auf die relationale Algebra als den Teil der Mathematik beziehen, der sich wiederum mit Operationen auf Tabellen beschäftigt.

In einer relationalen Datenbank sind zunächst einmal die Tabellen selbst hochgradig strukturiert. Eine Tabelle steht immer für eine bestimmte Entität (z.B. eine Tabelle für Kundinnen und Kunden, eine Tabelle für Aufträge und eine Tabelle für Rechnungen). Eine Zeile repräsentiert stets genau einen Fall (eine Kundin bzw. einen Kunden). Und jede Spalte bekommt bereits vorab einen Datentyp zugewiesen, der dann konsequent eingehalten werden muss (in einer numerischen Spalte können dann beispielsweise keine Textangaben gespeichert werden).

Des Weiteren sollte jede Entität eindeutig identifizierbar sein. Kundinnen und Kunden bekommen beispielsweise eine Kundennummer zur Identifikation zugewiesen, die in der Datenbank als Primärschlüssel (*Primary Key*) bezeichnet wird. Dieser Schlüssel kann auch von anderen Tabellen verwendet werden, um einzelne Kundinnen und Kunden zu identifizieren. Dazu trägt man beispielsweise die Kundennummer als Fremdschlüssel (*Foreign Key*) in der Rechnungstabelle ein.

Semistrukturierte Daten

Im Gegensatz zu strukturierten Daten wird bei semistrukturierten Daten weniger oder gar nicht geprüft, ob eine vorgegebene Struktur eingehalten wird. Während in einer relationalen Datenbank beispielsweise technisch verhindert wird, dass wir in einer numerischen Spalte den Wert »zwölf« statt 12 als Zahl eintragen, würden Datenbanken oder Tabellen, die semistrukturierte Daten zulassen, hiermit zunächst einmal kein Problem haben. Es dürfte allerdings schnell klar sein, dass wir uns damit potenziell viele Baustellen für die Prüfung und Aufbereitung der Daten einhandeln.

Ihre teilweise Strukturiertheit erlangen semistrukturierte Daten meist durch eine Kombination von hierarchischen Datenstrukturen und Key-Value-Beziehungen. Wie diese dann abgebildet werden, hängt von der jeweiligen technischen Implementierung ab, beispielsweise als XML- (*Extensible Markup Language*) oder JSON-Datei (*JavaScript Object Notation*), dargestellt in Abbildung 2-1. Als Ergänzung zu den relationalen Datenbanken aus dem vorherigen Abschnitt kommen dabei häufig NoSQL-Datenbanken zum Einsatz, die meist auf weniger strukturierten Datenstrukturen aufbauen. Auf diese Unterscheidung werden wir in Kapitel 8, *Aspekte einer Basisinfrastruktur*, weiter eingehen.

Eine große Stärke von Formaten wie JSON und XML liegt darin, dass sie hierarchische Strukturen sehr gut abbilden können. Wenn es beispielsweise um den Austausch von Daten geht, können so komplexe Strukturen in einer Datei bzw. in einem Objekt übergeben werden, die eine relationale Datenbank dagegen über viele Tabellen verteilen müsste. Daher haben sich insbesondere JSON und XML als Austauschformate für technische Schnittstellen (sogenannte APIs, mehr dazu im Abschnitt »Microservices und Application Programming Interfaces (APIs)« auf Seite 215) bewährt.

```
{
    "Kameras": {
        "Digitalkameras": [
            "Systemkameras",
            "Kompaktkameras",
            "Spiegelreflexkameras",
            "Mittelformatkameras",
            "Digitale Sucherkameras"
        ],
        "Analogkameras": [
            "Analoge Sucherkameras",
            "Sofortbildkameras",
            "Einweg-Kameras",
            "Analoge Kompaktkameras"
        ]
    },
    "Objektive": [
        "Objektive für Systemkameras",
        "DSLR Objektive",
        "Objektive für Mittelformat",
        "Objektivadapter",
        "Objektivfilter",
        "Objektive für Sucherkameras"
    ]
}
```

Abbildung 2-1: Ausschnitt aus dem Produktangebot unseres Webshops im JSON-Format. JSON ist insbesondere für hierarchische Daten geeignet, wie hier die verschachtelten Produktkategorien.

Das Internet als Datenquelle

Das Internet gewinnt seit Jahren als Datenquelle an Bedeutung. Dabei beziehen wir uns hier sowohl auf Daten, die durch das Internet erzeugt werden (beispielsweise wenn soziale Netzwerke als Datenquelle herangezogen werden), als auch auf Daten, die gegebenenfalls in einem anderen Kontext erhoben wurden, aber über das Internet bereitgestellt werden – entweder als direkter Download des gesamten Datensatzes oder über eine sogenannte API (*Application Programming Interface*), also eine Schnittstelle. Gerade bei APIs finden wir jedoch selten Angebote, die die oben beschriebenen strukturierten Datensätze in tabellarischer Form bereitstellen. Vielmehr bieten diese meist hierarchische Datenformate wie XML (*eXtensible Markup Language*) oder JSON (*JavaScript Object Notation*).

Auch HTML (*HyperText Markup Language*), in der Webseiten für die Darstellung im Browser bereitgestellt werden, ist eine Sonderform von XML, also ein hierarchisches Datenformat, das wir entsprechend auslesen können. Um die Inhalte von Webseiten für Analysen zugänglich zu machen, werden diese beispielsweise über einen Web Scraper automatisch abgerufen und gespeichert und anschließend von einem Computerprogramm (Parser) ausgelesen.

Unstrukturierte Daten

Was dann, nach strukturierten und semistrukturierten Daten, noch übrig bleibt, bezeichnen wir als unstrukturierte Daten. Im Bereich Data Science sind für uns zwei Kategorien von besonderer Bedeutung: unstrukturierte Textdaten (beispielsweise E-Mails[1] oder Bücher) und Multimedia (beispielsweise Fotos oder Videos).

Textdaten können zwar einfach eingelesen werden, jedoch ist es für Computer eine große Herausforderung, Informationen aus menschlicher Sprache zu extrahieren. Viele Anwendungsfälle, insbesondere aus dem Kontext der sogenannten *künstlichen Intelligenz* (KI), beschäftigen sich mit der Verarbeitung von natürlichsprachlichem Text (NLP = *Natural Language Processing*), beispielsweise um diesen zu übersetzen oder dessen Inhalt verstehen zu können.

Ganz ohne KI können wir reguläre Ausdrücke nutzen, um Strukturen in einem Text zu beschreiben, beispielsweise um unterschiedliche Schreibweisen eines Namens, Adressen oder Telefonnummern zu finden. So können wir beispielsweise E-Mail-Adressen aus einem Text extrahieren, indem wir das Muster einer E-Mail-Adresse definieren. Vereinfacht gesagt, könnte dieses Muster wie folgt lauten: Beginnt mit fast beliebigen Zeichen, dann ein @-Zeichen, dann wieder fast beliebige Zeichen, dann ein Punkt, dann noch einmal ein paar Buchstaben. Dieses Muster können wir dann als regulären Ausdruck darstellen.

Bei Multimedia-Daten wie Fotos, Videos oder Audio kommen wir schnell in den Bereich von Big Data, weil wir es hier häufig mit sowohl großen Datenbeständen als auch großen Dateigrößen zu tun haben. Aktuelle Anwendungen konzentrieren sich vor allem auf das Erkennen und Wiedererkennen von Mustern, beispielsweise die Identifikation von Wörtern in Audio oder die Erkennung von Gesichtern in Bildern. Im Vergleich zur Arbeit mit (semi-)strukturierten Daten brauchen wir eine um ein Vielfaches höhere Rechenleistung und komplexere Algorithmen, um auch nur einfache inhaltliche Muster in Bildern zu erkennen.

Skalenniveaus und besondere Datenformate

Bei den strukturierten Daten haben wir bereits gesehen, dass die Attribute (also die Spalten der Tabellen) jeweils einen eindeutig definierten Datentyp haben müssen. In den meisten Fällen wird es sich hierbei entweder um numerische Werte oder um

1 Wir beziehen uns hier auf den Text der E-Mail. Eine E-Mail beinhaltet aber auch immer semistrukturierte Daten im Kopf der E-Mail, beispielsweise Sender, Empfänger oder Datum.

Text handeln, wobei wir unterschiedliche Datentypen insbesondere danach unterscheiden können, welche Möglichkeiten der Analyse sie erlauben. Dies wird auch als Skalenniveau bezeichnet. Im Wesentlichen unterscheiden wir dabei vier Stufen, wobei die Stufen aufeinander aufbauen und wir mit jeder neuen Stufe zusätzliche Analysemöglichkeiten erhalten:

Nominalskalierte Attribute

Nominalskalierte Attribute können nur nach dem Prinzip von *gleich* und *ungleich* verglichen werden. Beispiele sind Länder oder Produkte. Nominalskalierte Attribute erlauben die wenigsten Methoden der Auswertung. In den meisten Fällen wird man sich auf einfache Häufigkeitsauszählungen konzentrieren und dabei beispielsweise schauen, welche Ausprägung eines Attributs am häufigsten genannt wurde (der sogenannte *Modus*).

Ordinalskalierte Attribute

Ordinalskalierte Attribute haben zusätzlich die Eigenschaft, dass ihnen eine inhärente Logik zugrunde liegt, aus der sich ergibt, in welche Reihenfolge die Ausprägungen sinnvollerweise gehören. Wir können hier also neben der Gleichheit bzw. Ungleichheit auch noch Größer-kleiner-Vergleiche anstellen. Beispiele sind Prioritäten, die man sich für Aufgaben setzt, oder Bewertungen (z.B. 3 von 5 Sternen) auf Webseiten, bei denen wir sofort wissen, dass vier Sterne besser sind als drei Sterne. Durch die Reihenfolge kommen zusätzliche Analysemöglichkeiten hinzu, beispielsweise können wir nun den Median berechnen, also diejenige Ausprägung, von der aus betrachtet mindestens die Hälfte aller Fälle eine größere oder gleiche Ausprägung haben.

Intervallskalierte Attribute

Intervallskalierte Attribute können nicht nur in einer bestimmten Reihenfolge sortiert werden, sie haben auch vergleichbare Abstände zwischen den einzelnen Ausprägungen. Bei Zeitangaben können wir beispielsweise nicht nur sagen, dass das Jahr 2000 nach dem Jahr 1990 kam, sondern auch den Abstand benennen, in diesem Fall liegen dazwischen also zehn Jahre. Wegen der vergleichbaren Abstände ist es bei Intervallskalen möglich, den Mittelwert einer Zahlenreihe zu berechnen.

Ratioskalen

Bei Ratioskalen kommt ein eindeutiger Nullpunkt hinzu, der jedoch auch inhaltlich als Nullpunkt interpretierbar sein muss. Ob dies der Fall ist, lässt sich am einfachsten prüfen, indem man eine Aussage mit einer Multiplikation bildet. Schauen wir uns dies wieder am Beispiel der Jahresangaben an: Es ergibt keinen Sinn, zu sagen, dass das Jahr 2000 »doppelt so viel« ist wie das Jahr 1000 – hierbei handelt es sich also nur um ein intervallskaliertes Attribut. Hingegen ist es eine sinnvolle Aussage, wenn wir sagen, dass ein Film von 180 Minuten Länge doppelt so lange dauert wie ein Film von 90 Minuten. Dauer hat einen sinnvollen Nullpunkt.

Nachfolgend gibt Tabelle 2-2 noch einmal einen Überblick über die vier Skalenniveaus und deren wesentliche Eigenschaften.

Welches Skalenniveau erreicht wird, liegt häufig nicht nur in der Natur der Sache, über die wir Daten erheben, sondern ergibt sich auch durch die verwendeten Instrumente und Einheiten. Wenn wir die Temperatur in Celsius messen, erreichen wir hierbei nur das Intervallskalenniveau. Eine Messung in Kelvin hat hingegen einen absoluten Nullpunkt, entspricht also einer Ratioskala. Ebenso können wir in einem Fragebogen nach dem Alter einer Person in Jahren fragen (Ratioskala), nach dem Geburtsjahr (Intervallskala) oder nach bestimmten Altersgruppen (z.B. minderjährig, volljährig, vor dem Rentenalter, Rentenalter – dann hätten wir nur noch Ordinalskalenniveau).

Tabelle 2-2: Die vier Skalenniveaus mit Beispielen und ihren messbaren Eigenschaften

		Messbare Eigenschaften			
Skala	**Beispiel**	**Häufigkeit**	**Rangfolge**	**Vergleichbare Abstände**	**Natürlicher Nullpunkt**
Nominal	Geschlecht	X			
Ordinal	Bildungsniveau	X	X		
Intervall	IQ-Test	X	X	X	
Verhältnis	Alter	X	X	X	X

Neben dem Skalenniveau müssen wir bei der technischen Speicherung der Daten außerdem darauf achten, ob sich durch die jeweiligen Maßeinheiten bestimmte Anforderungen an die Speicherung und die weitere Verarbeitung stellen. Präzise Zeitangaben erfordern beispielsweise nicht nur Präzision (beispielsweise bis in den Millisekundenbereich hinein). Wir brauchen vor allem auch eine Information über die Zeitzone, auf die sich die Angabe bezieht, sonst können wir sie bestenfalls noch tagesgenau interpretieren. Ebenso gibt es verschiedene Referenzsysteme für räumliche Angaben, beispielsweise um einen bestimmten Punkt auf der Ebene präzise bestimmen zu können.

Verschiedene Aspekte der Qualität von Daten

Wie gut unsere Datenanalysen sein werden, hängt ganz wesentlich von der Qualität der zugrunde liegenden Daten ab. Dabei lassen sich drei Dimensionen unterscheiden, anhand deren die Qualität von Daten beurteilt werden kann:

1. **Stichprobenqualität:** Enthält unser Datensatz eine angemessene Sammlung von Entitäten, die zu unserer Analysefrage passen? Als Referenz gilt dabei die Grundgesamtheit, also die Summe aller Entitäten, für die wir uns interessieren. Die Stichprobe kann dabei beispielsweise zu klein sein, um aussagekräftige Aussagen ableiten zu können, oder durch die Erhebungsmethode verzerrt worden sein. Im Abschnitt »Grundgesamtheiten und Stichproben« auf Seite 61 gehen wir noch genauer auf diese Thematik ein.
2. **Qualität der Messung:** Dabei geht es um die Attribute in unserem Datensatz: Wurden diese korrekt und präzise gemessen? Mögliche Fehlerquellen sind feh-

lende Werte, falsche Codierungen, inkonsistente Werte, fehlerhafte Messungen und Ähnliches. Abbildung 2-2 gibt einen Überblick über typische Probleme bei der Messung und Abbildung von Informationen in Daten.

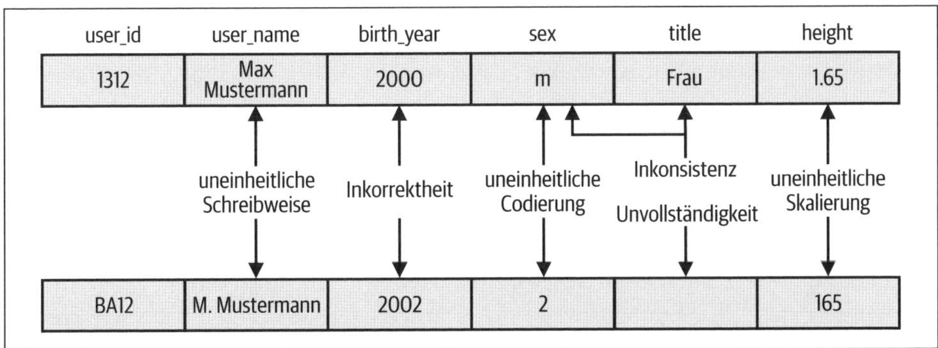

Abbildung 2-2: Typische Qualitätsprobleme bei der Abbildung von Informationen in Daten

3. **Vertrauen in die Datenquelle:** Dieser Aspekt kommt in klassischen Statistiklehrbüchern häufig zu kurz. Denn selbst wenn wir sauber arbeiten, also eine zufällige Stichprobe ziehen und die Attribute korrekt messen, stellt ein Datensatz natürlich immer nur einen sehr kleinen Ausschnitt aus der Realität dar. Je nachdem, wie dieser Ausschnitt gewählt wird, setzt man bereits eine gewisse Agenda für mögliche Analysen. Das Wort Agenda wurde hier bewusst gewählt, denn letztlich geht dieser Punkt in Richtung des Agenda-Settings, wie wir es aus den Kommunikationswissenschaften kennen. So wird es vermutlich niemanden überraschen, dass zwei Studien zu unterschiedlichen Ergebnissen kommen, wenn zum einen eine Tierschutzorganisation und zum anderen ein Ölunternehmen jeweils eine wissenschaftliche Studie zur Entwicklung der Artenvielfalt in den Meeren herausgeben.

Literaturempfehlung

K. Hildebrand, M. Gebauer und M. Mielke. (2021). *Daten- und Informationsqualität: Die Grundlage der Digitalisierung.* Springer Vieweg.

Big Data und Smart Data

Wer die mediale Berichterstattung zu Themen wie Big Data verfolgt, dem wird vielleicht auffallen, dass es hierbei kaum noch um diese technischen Aspekte (beispielsweise den Umfang der Daten) geht, sondern viel häufiger um soziale und gesellschaftliche Fragen der möglichen Anwendung oder auch Regulierung der Datennutzung, auf die wir später im Abschnitt »Ethische Aspekte und Corporate Responsibility« auf Seite 263 eingehen. Im Folgenden wollen wir uns hingegen auf die technischen Aspekte konzentrieren.

Wenn man den Begriff *Big Data* recherchiert, wird man häufig auf eine Liste von Eigenschaften beginnend mit dem Anfangsbuchstaben V treffen, die wesentliche Charakteristika von Big Data beschreiben sollen. Jedoch variiert die Anzahl der Vs je nach Liste gerne mal zwischen drei und acht Eigenschaften. Die drei Vs, über die dabei die größte Einigkeit besteht (Quelle beispielsweise: *https://www.gartner.com/en/information-technology/glossary/big-data*), sind:

1. **Volume:** Big Data zeichnet sich durch die schiere Größe bzw. das Volumen aus, das in jedem Fall so groß ist, dass es die Speicherkapazitäten eines normalen Arbeitsplatzrechners um ein Vielfaches übersteigt. Wir können also Big Data niemals einfach bei uns am Rechner in einem Statistikprogramm öffnen, sondern brauchen in jedem Fall verteilte Serveranlagen und spezielle Algorithmen, selbst um die einfachsten Häufigkeitsauszählungen durchführen zu können.
2. **Velocity:** Daten werden sowohl sehr schnell generiert als auch transportiert. Ein aktuelles Beispiel sind selbstfahrende Autos, die mit verschiedensten Kameras und anderen Sensoren ausgestattet werden. Hier kann davon ausgegangen werden, dass all diese Sensoren bereits in wenigen Minuten 1 Terabyte an Daten sammeln können, was der Größe einer aktuell handelsüblichen Festplatte entspricht.[2]
3. **Variety:** Die Daten stammen aus einer Vielzahl von Quellen. Um beim Beispiel des autonomen Fahrens zu bleiben, können hier Bilddaten, Abstandsdaten, GPS-Daten und Ähnliches erfasst und kombiniert werden. Dies stellt uns bereits vor der Analyse der Daten vor die Herausforderung, diese in eine konsistente Datenbasis zu integrieren.

Daneben werden oftmals weitere Vs aufgeführt, die allerdings nicht mehr eine Besonderheit von Big Data sind, sondern auch für kleinere Datenbestände gelten. Die Daten sollen beispielsweise eine angemessene Qualität bzw. Echtheit haben (*Veracity*), Mehrwert bieten (*Value*) oder visualisierbar sein (*Visualization*).

In der Praxis hat sich gezeigt, dass die schiere Masse an Daten nicht notwendigerweise zu guten Ergebnissen führt. Daher wurde dem Begriff *Big Data* zunehmend der Begriff *Smart Data* gegenübergestellt. Bei Letzterem geht es um bereits aufbereitete Datenbestände (beispielsweise mithilfe von Algorithmen aus Big Data abgeleitet), die für einen bestimmten Anwendungsfall direkt genutzt werden können und einen Mehrwert generieren.

2 Quelle: *https://www.bloomberg.com/news/articles/2021-09-17/carmakers-look-to-satellites-for-future-of-self-driving-vehicles*

KAPITEL 3

Datenbeschaffung und -aufbereitung

Mit dem Grundverständnis über Daten aus dem vorherigen Kapitel wollen wir uns nun genauer anschauen, woher wir Daten bekommen können und wie wir diese für die eigentliche Datenanalyse vor- bzw. aufbereiten. Ein typisches Vorgehen ist dabei, zunächst einmal passende Datenquellen auszuwählen, anschließend den Zugriff auf die Daten zu ermöglichen, dabei gegebenenfalls mehrere Datenquellen zusammenzuführen, die Qualität der Daten zu prüfen und die Daten dann für die Analyse bzw. Entwicklung von Modellen aufzubereiten. Das Thema Datenqualität haben wir uns bereits im vorherigen Kapitel angeschaut, auf die verbleibenden Punkte wollen wir im Folgenden eingehen.

Datenquellen und Datenerhebung

Bei der Suche nach Datenquellen stehen wir häufig vor der Frage, ob wir bereits bestehende Datenbestände nutzen können (was meist weniger Arbeit macht) oder neue Daten erheben sollen (was zwar mehr Arbeit macht, uns aber gegebenenfalls auch mehr Möglichkeiten gibt, die Erhebung an unsere Bedürfnisse anzupassen). Formal unterscheiden wir dabei drei Arten von Datenquellen:

1. **Primärdaten** sind Daten, die wir selbst erheben. Wir haben dabei die größtmögliche Freiheit in der Gestaltung der Erhebungsinstrumente und der Gestaltung unserer Stichprobe. Gleichzeitig bedeutet dies aber meist auch einen recht großen Arbeitsaufwand. Ein Beispiel für eine Primärdatenerhebung ist die Befragung von Kundinnen und Kunden. Hierbei werden wir zunächst den Fragebogen inhaltlich konzipieren, dann beispielsweise als Online-Survey implementieren, an die Kundinnen und Kunden verschicken, an die Beantwortung erinnern, die Daten speichern, aufbereiten und dann analysieren müssen.
2. **Sekundärdaten** liegen bereits in Rohform oder in einer nur leicht aufbereiteten Form vor. Wir sparen uns also die ersten Schritte aus dem vorherigen Beispiel. So können wir beispielsweise bei einem Webshop gegebenenfalls direkt auf eine Datenbank mit Daten über unsere Kundinnen und Kunden zugreifen (wobei die rechtlichen Rahmenbedingungen zu berücksichtigen sind). Damit sparen wir uns die Arbeit, ein Instrument zu entwickeln oder die Daten zu erheben, müssen

aber weiterhin die Daten aufbereiten und analysieren. Die Arbeitsersparnis bei der Erhebung erkaufen wir uns allerdings gegebenenfalls damit, dass wir auf möglicherweise fehlende Attribute bei der Analyse verzichten müssen.

3. **Tertiärdaten** bezeichnen Daten, die nicht nur bereits erhoben wurden, sondern auch schon aufbereitet und aggregiert, also zusammengefasst bzw. in Statistiken übersetzt sind. Der Webshop aus dem vorherigen Beispiel könnte beispielsweise ein integriertes Dashboard mit vorgefertigten Analysen haben. Alternativ können wir auch in Angebote wie das Statistische Jahrbuch (*https://www.destatis.de/*) schauen, um vorgefertigte Tabellen als Referenz für eigene Analysen zu nutzen. Weil Tertiärdaten oft schon sehr schnell und mit wenig Arbeitsaufwand zur Verfügung stehen, können sie häufig einen guten Einstieg in ein Thema bieten. Andererseits muss verwendet werden, was angeboten wird. Wenn die Tertiärdaten nicht zu unserer Fragestellung passen, müssen wir gegebenenfalls auf Sekundär- oder Primärdaten ausweichen, was den Aufwand erhöht.

Datenzugriff ist nicht nur eine technische Angelegenheit

Bei der Nutzung bestehender Daten, insbesondere in einem Unternehmen, sind verschiedene Faktoren zu beachten, die über den rein technischen Zugriff auf die Daten hinausgehen. Im Folgenden schauen wir uns drei Aspekte an: den Kontext, den Inhalt und die (technische) Schnittstelle:

Kontext

Der Kontext einer Datenquelle bringt insbesondere rechtliche Fragestellungen mit sich. So genießen Datenbanken in Deutschland urheberrechtlichen Schutz, wir müssen also vor der Nutzung klären, ob wir überhaupt die entsprechenden Nutzungsrechte haben. Die Datenschutzgrundverordnung (DSGVO) regelt zudem insbesondere Aspekte des Umgangs mit personenbezogenen Daten. Daneben sind je nach Anwendungsfall weitere rechtliche Regelungen zu beachten. Und darüber hinaus können unternehmensinterne Sicherheitsaspekte den Zugriff einschränken, beispielsweise wenn es um Firmengeheimnisse geht. Im Zweifelsfall empfiehlt es sich, vor dem Zugriff auf Daten den Datenschutzbeauftragten im eigenen Haus zu konsultieren (siehe Kapitel 22, *Sicherheit und Datenschutz*).

Inhalt

In Bezug auf den Inhalt der Daten sollten wir zunächst klären, ob diese zu unserer Problem- bzw. Fragestellung passen. Um den Inhalt der Daten verstehen zu können, sollte eine entsprechende Dokumentation vorliegen, die Informationen über den Gegenstand der Daten (Entitäten, Stichprobe), die erhobenen Attribute und die Erhebungsmethode enthalten sollte. Im Kontext vieler Data-Science-Anwendungen ist darüber hinaus die Aktualität der Daten bzw. die Aktualisierungsstrategie von besonderer Bedeutung – mit welcher Frequenz sollten wir sinnvollerweise neue Daten ziehen, um unsere Analysen und Anwendungen aktuell zu halten?

Schnittstelle

In Hinblick auf die technischen Aspekte des Zugriffs ist zunächst zu klären, auf welchem Weg wir auf die Daten zugreifen. Beispielsweise könnte die Bereitstellung über ein *Application Programming Interface* (API) erfolgen, oder wir bekommen direkten Zugriff auf eine relationale Datenbank, auf der wir Anfragen mithilfe der *Structured Query Language* (SQL) stellen können. Gerade beim Zugriff über eine API stellt sich als Nächstes die Frage nach dem zu erwartenden Datenformat (beispielsweise als CSV- oder JSON-Datei). In den meisten Fällen werden wir auch eine entsprechende Authentifizierung gegenüber dem System benötigen, mit der wir uns ausweisen können und über die konfiguriert wird, wie und auf welche Daten wir zugreifen dürfen.

Integration und Aufbereitung verschiedener Datenquellen

Sobald uns die entsprechenden Datensätze vorliegen bzw. wir Zugriff auf geeignete Quellen haben, werden wir uns einen Überblick über die Daten verschaffen wollen. Im Abschnitt »Explorative Datenanalyse (EDA)« auf Seite 58 werden wir hierzu verschiedene Optionen kennenlernen, die sich größtenteils der Methoden der deskriptiven Statistik bedienen.

Unser Ziel wird es als Nächstes sein, in unserem System einen Datensatz für unsere Analysen zu erstellen. Nun hängt es wiederum von unseren Datenquellen ab, welche Aufbereitungsschritte wir benötigen. Sind die Daten über verschiedene Quellen hinweg verteilt, müssen sie zunächst integriert werden. Aus dem Kontext der Data-Warehouse-Systeme kommend, hat sich hierbei das Akronym ETL etabliert, das für *Extract, Transform, Load* steht. Die Daten werden dabei aus dem Ursprungssystem extrahiert (E), anschließend für den Import in das Zielsystem transformiert (T), also an die dort benötigte Datenstruktur angepasst, und abschließend in das Zielsystem geladen (L).

Sind die Daten im Zielsystem angekommen, ist eine erneute explorative Analyse sinnvoll, um den Inhalt der Daten besser zu verstehen. Dieses Mal konzentrieren wir uns vor allem auf zwei Aspekte: die Qualität der Daten und die Möglichkeiten der weiteren Transformation dieser Daten. Wir haben bereits im Abschnitt »Datenqualität und verwandte Herausforderungen« auf Seite 75 über Fragen der Datenqualität gesprochen. Einige dieser Aspekte (beispielsweise die Vertrauenswürdigkeit der Datenquelle) sollten bereits geklärt sein. An dieser Stelle geht es jetzt primär um den Inhalt der Daten, also beispielsweise fehlende Werte oder Inkonsistenzen als mögliche Fehlerquellen. Daneben suchen wir nach Notwendigkeiten und Möglichkeiten, wie wir unsere Daten in weiteren Transformationsschritten für geplante Analysemethoden optimieren können. Dies kann beispielsweise beinhalten, dass Attribute für ausgewählte Methoden in einer bestimmten Form codiert sein sollten oder dass wir verschiedene Attribute in neue Attribute überführen. Im Abschnitt »Feature Engineering« auf Seite 48 werden Sie eine umfangreiche Auswahl möglicher Transformationen kennenlernen.

Abschließend ist es sinnvoll, den so entstandenen Analysedatensatz noch einmal zu prüfen (siehe auch Abschnitt »Datenqualität und verwandte Herausforderungen« auf Seite 75) und diesen für die weitere Verwendung zu speichern oder vielleicht sogar zu publizieren, also für weiterführende Analysen zugänglich zu machen.

Trainings- und Testdaten für das Training von Machine-Learning-Algorithmen

Sollten wir für unser Projekt den Einsatz von Machine Learning planen, werden wir nach der Integration der Daten in eine zentrale Datenbasis mit großer Wahrscheinlichkeit noch einen zusätzlichen Arbeitsschritt einschieben: das Aufteilen der Daten in Trainings- und Testdaten. Dieser Arbeitsschritt ist besonders wichtig, wenn das Ziel unserer Arbeit eine Vorhersage (*Prediction*) ist.

Ohne getrennte Testdaten lässt sich die Qualität unserer Vorhersagen nicht prüfen. Wenn wir einen Algorithmus darauf trainieren, eine bestimmte Zielgröße im Datensatz vorherzusagen, kann es schnell passieren, dass der Algorithmus sich »zu gut« an den Datensatz anpasst und dabei leider auch Zusammenhänge in seine Vorhersagelogik aufnimmt, die nicht auf neue Daten übertragbar sind (sogenanntes *Overfitting*, siehe dazu den Abschnitt »Datenqualität und verwandte Herausforderungen« auf Seite 75). Um dies prüfen zu können, trennen wir noch vor dem Beginn jeglicher Analysen, Transformationen oder dem Training von Modellen einen Testdatensatz ab, den wir erst ganz am Ende zurate ziehen werden, um zu prüfen, wie gut unsere Vorhersagen (basierend auf dem Trainingsdatensatz) auf dem Testdatensatz funktionieren. Aus diesem Vorgehen ergibt sich auch der Ausdruck des »überwachten Lernens« eines Algorithmus. Natürlich ist es ebenfalls problematisch, wenn ein Modell die Daten nur unzureichend beschreibt (sogenanntes *Underfitting*). Während Overfitting und Underfitting aus technischer Perspektive gleich schwer wiegen, fällt das Overfitting aus psychologischen bzw. organisatorischen Gründen mehr ins Gewicht. Denn beim Underfitting sind wir uns bewusst, dass das Modell die Daten nur unzureichend beschreibt, wohingegen wir beim Overfitting wegen der fälschlicherweise sehr guten Kennzahlen einem Modell vorschnell vertrauen könnten.

In der Praxis hat es sich bewährt, die Daten in einem Verhältnis von 80:20 aufzuteilen, um dann 80 % der Daten für das Training des Modells zu verwenden und anschließend das Modell mithilfe der verbleibenden 20 % Testdaten zu evaluieren. Je nach Umfang der Daten und dem Anwendungsfall finden wir in der Praxis auch andere Verhältnisse, die normalerweise im Bereich zwischen 90:10 und 70:30 bleiben.

Feature Engineering

Welche Transformationen der Daten Sinn ergeben, um deren Aussagekraft für verschiedene Analysemethoden zu erhöhen, kann mit dem Inhalt der Daten oder mit den geplanten Analysemethoden, vor allem aber mit der Codierung bzw. dem Skalenniveau (siehe Abschnitt »Skalenniveaus und besondere Datenformate« auf Seite

40) der jeweiligen Attribute zusammenhängen. Als *Feature Engineering* bezeichnen wir dabei den Prozess, aus den Rohdaten entsprechende Eigenschaften (*Features*) unseres Untersuchungsgegenstands zu extrahieren, sodass diese Eigenschaften (manchmal auch Merkmale genannt) möglichst gut für die weitere Analyse dargestellt werden. Im Folgenden wollen wir uns eine Reihe möglicher Transformationen anschauen, um auch die Notwendigkeit und die Möglichkeiten des Feature Engineering zu verdeutlichen. Dabei orientieren wir uns an den auf Seite 40 vorgestellten Skalenniveaus.

Nominal- oder ordinalskalierte Attribute (zusammenfassend als kategoriale Attribute bezeichnet) müssen in fast jedem Fall in numerische Werte umgewandelt werden, für die meisten Analysemethoden sogar in binäre Attribute aufgebrochen werden. Aus einem Attribut »Bundesland« mit 16 möglichen Ausprägungen werden dann 16 einzelne Attribute, und zwar jeweils mit der Ausprägung 0 oder 1. Dieses Vorgehen bezeichnet man als *One-hot Encoding*, weil von den neu erzeugten Attributen immer nur eines den Wert 1 hat, also »hot« ist.

Für numerische Werte gibt es eine Vielzahl möglicher Transformationen. Zunächst einmal kann es in bestimmten Situationen sinnvoll sein, Extremwerte (sogenannte Ausreißer) vor der Analyse aus dem Datensatz zu entfernen. Des Weiteren können wir den Wertebereich bzw. die Skalierung eines Attributs im Rahmen der Standardisierung bzw. Normalisierung so anpassen, dass die Werte schließlich den Mittelwert 0 und eine Standardabweichung von 1 aufweisen. Solche Transformationen sind für Analysemethoden wichtig, bei denen der Wertebereich bzw. die Skalierung einer Variablen direkten Einfluss auf das Ergebnis hat. Dies ist beispielsweise bei vielen Methoden der Clusteranalyse (siehe dazu den Abschnitt »Unsupervised Learning« auf Seite 77) der Fall.

Des Weiteren können wir numerische Attribute mithilfe nicht linearer Transformationen, wie beispielsweise der Unterteilung nach Quartilen, für die Analyse vorbereiten. Dies ist insbesondere dann sinnvoll, wenn wir es mit Attributen zu tun haben, deren Einfluss auf die Zielgröße (*Target*) eben auch nicht linear ist. Ein Beispiel für einen nicht linearen Zusammenhang ist die Körpergröße in Abhängigkeit vom Lebensalter. Wir wachsen in den ersten etwa 20 Lebensjahren sehr deutlich, während wir mit über 30 potenziell leicht schrumpfen. Würden wir den Zusammenhang von Alter und Lebensgröße hingegen linear modellieren, würde dies implizieren, dass wir zwischen 30 und 40 genauso viel wachsen wie zwischen 10 und 20 – was offensichtlich nicht der Fall ist.

Ein großes Risiko für Analysen können fehlende Werte sein. Methoden wie die Regressionsanalyse verlieren alle Zeilen in einem Datensatz, die auch nur einen einzigen fehlenden Wert in Bezug auf die Regressionsanalyse haben. Wenn wir beispielsweise bei einer Befragung 100 Personen interviewt haben, die Hälfte davon aber keine Angaben zu ihrem Alter machten, könnte eine entsprechende Regressionsanalyse unter Einbeziehung des Alterns nur noch die anderen 50 Befragten berücksichtigen – selbst wenn andere brauchbare Informationen vorliegen –, und die Vorhersagekraft würde entsprechend leiden. In solchen Fällen kann es Sinn ergeben, fehlende Werte (beispielsweise beim Alter) zu schätzen. Dabei gibt es sehr einfache Formen der Schätzung (beispielsweise das Auffüllen mit dem Mittelwert des jeweiligen Attributs) oder auch komplexere Methoden (beispielsweise das Schätzen mithilfe einer weiteren Regressionsanalyse).

Literaturempfehlung

A. Zheng und A. Casari (2019). *Merkmalskonstruktion für Machine Learning: Prinzipien und Techniken der Datenaufbereitung*. O'Reilly.

KAPITEL 4

Deskriptive Analysen

In Anlehnung an das Analytics Continuum (siehe Abschnitt »Von einfachen Analysen zur Automatisierung (Analytics Continuum)« auf Seite 32) wollen wir uns im Folgenden verschiedene Analysemöglichkeiten sortiert nach der Komplexität der Modelle anschauen. Dabei geht es nacheinander um deskriptive Analysen, Modelle der klassischen Statistik und das maschinelle Lernen.

Am Anfang eines Data-Science-Projekts stehen immer deskriptive Analysen. Wir werden häufig mit Datensätzen arbeiten, die Hunderte bis Milliarden von Zeilen haben (oder noch viel mehr). Dabei kann es schnell mühselig bis unmöglich werden, alle Ausprägungen einzeln anzuschauen. Wir müssen die Inhalte aggregieren, also zusammenfassen, um schnell einen Überblick bekommen zu können. In diesem Kapitel wollen wir uns verschiedene Möglichkeiten anschauen, wie wir Variablen aggregieren und dies auch grafisch visualisieren können. Eine der einfachsten und häufigsten Formen der Aggregierung ist die Häufigkeitsauszählung, bei der wir aufsummieren, wie häufig bestimmte Werte vorkommen. Dann können wir z.B. sehen, welches Wort in einem Buch am häufigsten vorkommt oder welches Lied im letzten Jahr am häufigsten gehört wurde. Diese Häufigkeiten können wir sowohl absolut als auch relativ, also beispielsweise in Prozent, darstellen.

Darüber hinaus können wir verschiedene statistische Kennzahlen nutzen, um die Eigenschaften einer Häufigkeitsverteilung besser darstellen und schneller erfassen zu können. Im Folgenden wollen wir uns Kennzahlen anschauen, die sowohl die Verteilung einer einzelnen Variablen beschreiben (univariate Kennzahlen) als auch zwei Variablen miteinander in Beziehung setzen können (bivariate Kennzahlen). Anschließend geht es dann noch um visuelle Tools, die uns schnell erste Einblicke in die Daten geben können, beispielsweise unter dem Stichwort »explorative Datenanalyse« (EDA).

Univariate Basisstatistiken und Kennzahlen

Welche statistischen Kennzahlen wir für eine ausgewählte Variable unseres Datensatzes verwenden können, hängt wesentlich vom Skalenniveau (siehe Abschnitt »Skalenniveaus und besondere Datenformate« auf Seite 40) der Variablen ab. Kurz gesagt: Je höher das Skalenniveau, desto mehr Kennzahlen stehen uns zur Verfügung.

Fangen wir mit den sogenannten *Lagemaßen* an. Lagemaße identifizieren typische oder auffällige Werte in einer Reihe von Werten. Eine solche Reihe von Werten (beispielsweise Geschlecht, Alter oder Bundesland des Wohnorts einer Gruppe von Menschen) bezeichnen wir als Verteilung. Die wichtigsten Lagemaße sind Modus, Median und Mittelwert:

Modus

Eine erste interessante Kennzahl ist der Wert, der am häufigsten vorkommt und den wir als *Modus* bezeichnen. Haben wir beispielsweise eine Liste von 1.000 Befragten mit Angaben darüber, in welchem Bundesland sie wohnen, dann ist das Bundesland, das am häufigsten genannt wurde, der Modus. Bei nominalskalierten Werten wie Bundesländern oder Religionszugehörigkeit ist der Modus das Lagemaß der Wahl.

Bei intervallskalierten Variablen (beispielsweise dem Alter) kann es hingegen passieren, dass wir so viele verschiedene Ausprägungen haben, dass die Berechnung des Modus nicht sinnvoll ist. Wenn wir präzise genug messen, wird irgendwann jeder Messwert genug Nachkommastellen haben, um einmalig zu sein. Dann hat alles die gleiche Häufigkeit, nämlich 1, und der Modus lässt sich nicht mehr ermitteln. In diesen Fällen können wir entweder Gruppen bilden (beispielsweise finden wir in Befragungen häufig Fragen nach Altersgruppen, wie »alle jünger als 18«, »18, aber jünger als 25« usw.), um den Modus sinnvoll berechnen zu können, oder wir nutzen eine der folgenden Optionen.

Median

Sobald wir es mit ordinalskalierten Variablen zu tun haben, also die möglichen Ausprägungen in eine sinnvolle Reihenfolge gebracht werden können, ergibt sich mit dem *Median* eine neue Möglichkeit. Leicht vereinfacht gesagt, ist der Median der Wert, der in der Mitte steht, wenn alle Angaben sortiert aufgelistet werden. Wenn wir die Liste [5, 1, 9, 2, 10, 1, 9] sortieren, erhalten wir [1, 1, 2, 5, 9, 9, 10]. Bei der sortierten Darstellung steht die 5 genau in der Mitte, ist also der Median dieser Verteilung.[1] Der Median ist das Mittel der Wahl, wenn wir beispielsweise in unserer Befragung den höchsten bisher erreichten Bildungsabschluss als Variable haben. Dieser lässt sich gut sortieren, wir könnten dann also beispielsweise herausfinden, dass der Median hier beim Abitur liegt, was bedeuten würde, dass mindestens die Hälfte der Befragten das Abitur oder einen höheren Bildungsabschluss erreicht haben.

Mittelwert

Bei intervallskalierten Variablen können wir den *Mittelwert* berechnen, indem wir alle Elemente einer Variablen addieren und durch die Anzahl der Elemente teilen. Der Mittelwert von [2, 4, 5, 6] wäre dann: (2 + 4 + 5 + 6) / 4 = 4,25. Der

---

1 Wir haben hier der Einfachheit halber mit einer Liste mit einer ungeraden Anzahl an Elementen gearbeitet. Bei einer geraden Anzahl an Elementen liegt die Mitte der Verteilung zwischen zwei Werten, die gegebenenfalls unterschiedlich sein können. Je nachdem, was sinnvoller ist, wird man entweder mit einem der beiden Werte (Unter- und Obermedian) arbeiten oder einen Mittelwert aus den beiden Werten berechnen.

Mittelwert ist vermutlich das bekannteste und beliebteste Lagemaß. Dennoch gibt es viele Fälle, in denen wir auf andere Lagemaße zurückgreifen müssen, und zwar nicht nur aus Gründen des Skalenniveaus.

Der Mittelwert ist sehr anfällig gegenüber Ausreißern, also besonders großen oder kleinen Ausprägungen. Haben wir beispielsweise eine Variable mit den Ausprägungen [1, 2, 4, 5, 1000], stellt die 1000 einen deutlichen Ausreißer dar. Der Mittelwert würde entsprechend bei 202,4 liegen, wohingegen der Median (also das Mittel der sortierten Ausprägungen) gerade einmal 4 betragen würde. Welche der beiden Lagemaße in einem solchen Fall besser ist, kann nicht generell beantwortet werden und hängt stark vom Anwendungsfall ab. Sicher ist aber, dass die Berechnung beider Lagemaße hier einen Mehrwert bringt und eine starke Abweichung ein guter Indikator dafür ist, dass wir hier vielleicht noch einmal genauer hinschauen sollten.

Neben den Lagemaßen können wir Streuungsmaße verwenden, um Verteilungen beschreiben zu können. Das einfachste Streuungsmaß ist die *Spannweite*, also die Differenz zwischen kleinstem und größtem Wert. So hätten wir auch im Beispiel aus dem letzten Absatz schnell gesehen, dass die Spannweite zwischen 1 und 1000 mit einem Wert von 999 sehr groß ist. Somit ist die Spannweite zwar einfach zu erklären und zu berechnen, ist aber ähnlich dem Mittelwert sehr anfällig für Ausreißer und schlecht geeignet, um die Werte in der Mitte der Verteilung zu beschreiben. Daher verwenden wir in den meisten Fällen die Varianz als Kennzahl, die deutlich stabiler ist. Die Varianz ist ein Maß für die Streuung der Werte um ihren Mittelwert herum. Bei einer kleinen Varianz liegen die Werte tendenziell sehr nah am Mittelwert. Je größer die Varianz, desto breiter streuen die Werte.

Bivariate Darstellungen und Korrelationen

Die Lage- und Streuungsmaße, die wir uns bisher angeschaut haben, bezogen sich immer auf genau eine Tabellenspalte, stellen also *univariate* Analysen dar. Wir werden uns aber im Folgenden besonders für den Zusammenhang zwischen zwei oder mehreren Variablen interessieren. Hier starten wir mit den *bivariaten* Analysen (also dem Zusammenhang zweier Variablen), und im nächsten Kapitel zur klassischen Statistik werden wir auch Methoden kennenlernen, bei denen potenziell beliebig viele Variablen zusammen analysiert werden können.

Hier können wir wieder mit einfachen Häufigkeitsauszählungen beginnen, nur dass wir nun nicht die Häufigkeit für die Ausprägungen einer Variablen nehmen, sondern Kombinationen der Ausprägungen aus zwei (oder später auch mehr) Variablen in sogenannten *Kreuztabellen*. Diese können je nach Fragestellung unterschiedlich dargestellt werden, beispielsweise indem wir relative Werte (also Prozente) nicht für die gesamte Tabelle berechnen, sondern nur innerhalb der einzelnen Spalten oder Zeilen. So ergeben sich bedingte Wahrscheinlichkeiten, die beispielsweise zur Verdeutlichung einfacher kausaler Aussagen dienen können. Wie bei den einfachen Häufigkeitsauszählungen können wir Kreuztabellen sowohl als Grundlage für visuelle Darstellungen als auch zur Berechnung von Kennzahlen nutzen.

Ein Beispiel für eine Kreuztabelle sehen Sie in Tabelle 4-1. Sie stellt die Umsätze unterschiedlicher Produkte unseres Webshops nach Region dar. Dabei wurden Spaltenprozente berechnet, die jeweils die Bedeutung eines Produkts im Verhältnis zu allen anderen Produkten für die jeweilige Region angeben. Die größten Umsätze wurden dabei in allen Regionen mit Produkt 10 erzielt. Eine Tatsache, die noch schneller ersichtlich wird, wenn wir diese Kreuztabellen im nächsten Abschnitt als Heatmap visualisieren (siehe Abbildung 4-4).

Tabelle 4-1: Eine Kreuztabelle mit den Umsätzen unterschiedlicher Produkte nach Region

Produkt	Deutschland	Europa (ohne DE)	Rest der Welt
product_0	14.07%	10.59%	10.91%
product_1	6.97%	5.23%	4.99%
product_2	10.58%	11.04%	9.96%
product_3	14.12%	11.55%	13.12%
product_4	2.92%	0.49%	1.60%
product_5	14.07%	11.44%	12.08%
product_6	10.83%	8.98%	11.87%
product_7	3.85%	6.74%	4.08%
product_8	3.49%	6.11%	5.21%
product_9	3.97%	6.30%	6.79%
product_10	15.15%	21.52%	19.39%
	100.00%	100.00%	100.00%

Während uns Kreuztabellen einen detaillierten Überblick darüber geben, wie die Werte zweier Variablen zusammenhängen, bilden *Korrelationsmaße* einen schnell anwendbaren Indikator, um herauszufinden, ob zwei Variablen überhaupt miteinander zusammenhängen. Korrelationen können lineare Zusammenhänge abbilden: Bei einer Korrelation von 0 ist kein linearer Zusammenhang zu finden, während eine Korrelation von 1 einem perfekten linearen Zusammenhang entspricht – bei einer grafischen Darstellung liegen alle Punkte auf einer Linie. Das Grundprinzip der Korrelation besagt: Je größer der Wert einer Variablen ist, desto größer (positive Korrelation) oder kleiner (negative Korrelation) fällt der Wert der anderen Variablen aus. Dies gibt uns einen Anhaltspunkt dazu, dass es sich lohnen könnte, das Verhältnis dieser beiden Variablen genauer anzuschauen.

Visualisierung von Daten

Häufig ist es einfacher, Zusammenhänge in einer visuellen Darstellung als in Zahlen und Tabellen zu »sehen«. Dabei gestaltet sich der Übergang von Häufigkeitsauszählungen und Kreuztabellen zu einfachen grafischen Darstellungen ziemlich einfach. In den meisten Programmen von Excel bis zu den Jupyter Notebooks (siehe Kapitel 8, *Aspekte einer Basisinfrastruktur*) können wir die grafische Darstellung, beispielsweise einer Kreuztabelle, mit wenigen Klicks oder kurzen Befehlen umsetzen. Im Folgenden geben wir einen kurzen Überblick über die verschiedenen Darstellungsformen.

Balkendiagramme (auch Säulendiagramm oder Bar Chart genannt) ermöglichen die Darstellung von kategorialen Variablen, auch im Vergleich zueinander. Einfache Häufigkeitsauszählungen lassen sich direkt als Balkendiagramm darstellen. Bei Kreuztabellen, also zweidimensionalen Auszählungen, müssen wir dann zusätzlich entscheiden, wie wir die zweite Dimension darstellen wollen, beispielsweise gestapelt, nebeneinander oder mithilfe von Farben, um die optische Zuordnung zu vereinfachen.

Das Balkendiagramm in Abbildung 4-1 zeigt die Umsätze unseres Webshops im Vergleich nach Regionen an. Dabei wird deutlich, dass der größte Umsatz in der EU außerhalb Deutschlands gemacht wird. Gleichzeitig sind solche Abbildungen aber auch immer mit etwas Vorsicht zu interpretieren, weil hier Regionen sehr unterschiedlicher Größe verglichen werden.

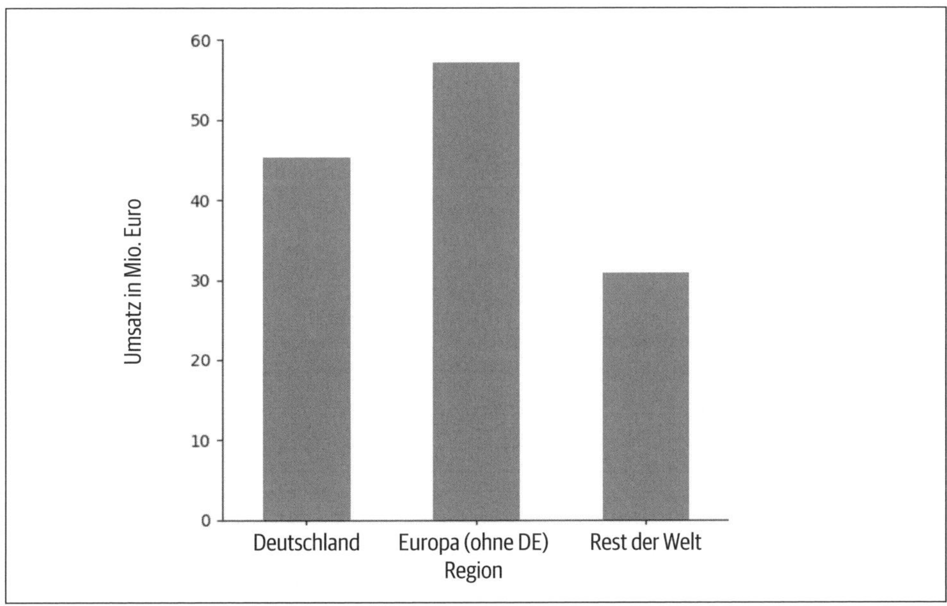

Abbildung 4-1: Balkendiagramm: Umsatz des Webshops im letzten Monat

Liniendiagramme wie in Abbildung 4-2 sind besonders nützlich für die Darstellung von Entwicklungen im Zeitverlauf. Mithilfe mehrerer Linien können dabei die Entwicklungen verschiedener Kategorien bzw. Entitäten verglichen werden. So sehen wir beispielsweise im Vorfeld großer Wahlen meist in Liniendiagrammen, wie sich die Vorhersagewerte der einzelnen Parteien im Zeitverlauf entwickeln. Ebenso wird die Entwicklung von Aktienkursen eigentlich immer als Liniendiagramm dargestellt.

Das Liniendiagramm in Abbildung 4-2 stellt die Entwicklung der Verkaufszahlen im Zeitverlauf dar. Dabei wird zusätzlich deutlich, dass sich die Umsätze nicht konstant entwickeln, sondern beispielsweise in Deutschland deutlich zunehmen.

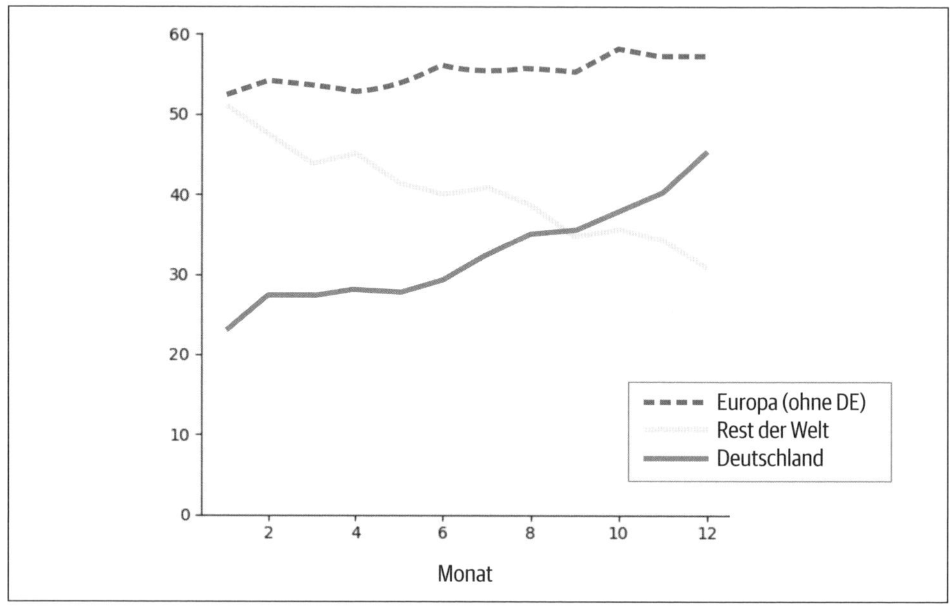

Abbildung 4-2: Liniendiagramm: Umsatzentwicklung im letzten Jahr

Der Vergleich von zwei numerischen Werten kann zunächst über ein **Streudiagramm** (auch Punktwolke oder Scatterplot genannt) erfolgen. Ein Beispiel sehen Sie in Abbildung 4-3. Leider können solche Darstellungen bei großen Datensätzen auch sehr schnell unübersichtlich werden, sodass wir dann gegebenenfalls weitere Hilfsmittel wie die Regressionsanalyse (siehe Abschnitt »Die Regressionsanalyse als Beispiel für ein erklärendes Modell« auf Seite 63) brauchen, um Zusammenhänge in Streudiagrammen schneller sichtbar zu machen. Alternativ können Transparenzeffekte hilfreich sein, um selbst in dichten Punktwolken noch Tendenzen erkennen zu können.

Das Streudiagramm in Abbildung 4-3 untersucht den Zusammenhang von Preis und Absatzzahlen. Hierbei deutet sich an, dass Produkte mit einem höheren Preis weniger nachgefragt werden. Dies werden wir später noch einmal genauer anschauen.

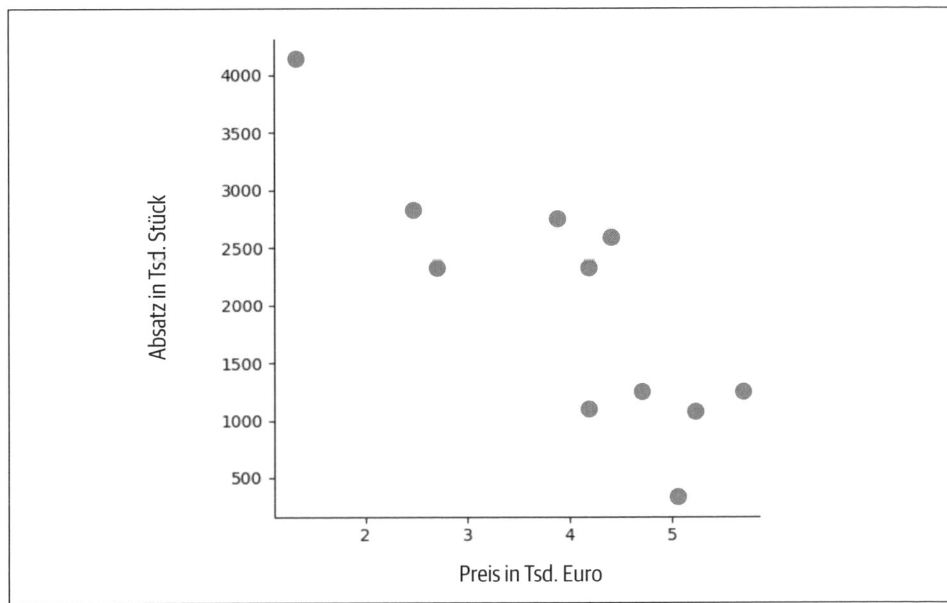

Abbildung 4-3: Streudiagramm: Zusammenhang von Preis und Absatz

Eigenschaften von Flächen, beispielsweise auf einer Landkarte, können als **Heatmap** farblich sichtbar gemacht werden. Ein Beispiel hierfür ist die Landkarte der Wettervorhersage, auf der besonders warme Regionen meist eher rötlich und kalte Regionen eher bläulich dargestellt werden, wobei beispielsweise in warmen Regionen das Rot umso dunkler wird, je höher die Temperatur in der Vorhersage ist. Heatmaps sind aber nicht auf Landkarten beschränkt, sondern können auch bei Tabellen eine schnelle und effektive Lösung sein, um besonders auffällige Werte kenntlich zu machen. Tools wie Excel oder Google Sheets bieten dabei Funktionen für die automatische Formatierung von Zellen, die letztlich genau dies ermöglichen.

Die Heatmap in Abbildung 4-4 vergleicht den Anteil jedes Produkts am Umsatz in der jeweiligen Region. Die Daten haben Sie bereits im vorherigen Abschnitt als Kreuztabelle kennengelernt (siehe Tabelle 4-1 auf Seite 54).

Der praktischen Erfahrung nach können mit den bisher dargestellten vier Optionen (Balkendiagramm, Liniendiagramm, Streudiagramm und Heatmap) etwa 99% aller Anwendungsfälle in der explorativen und deskriptiven Datenanalyse visualisiert werden. Dennoch stehen uns neben diesen vier Optionen noch weitere zur Verfügung, die in Kombination mit anderen grafischen Darstellungsformen (beispielsweise Piktogrammen) zu einer großen Anzahl an Visualisierungsmöglichkeiten kombiniert werden können.

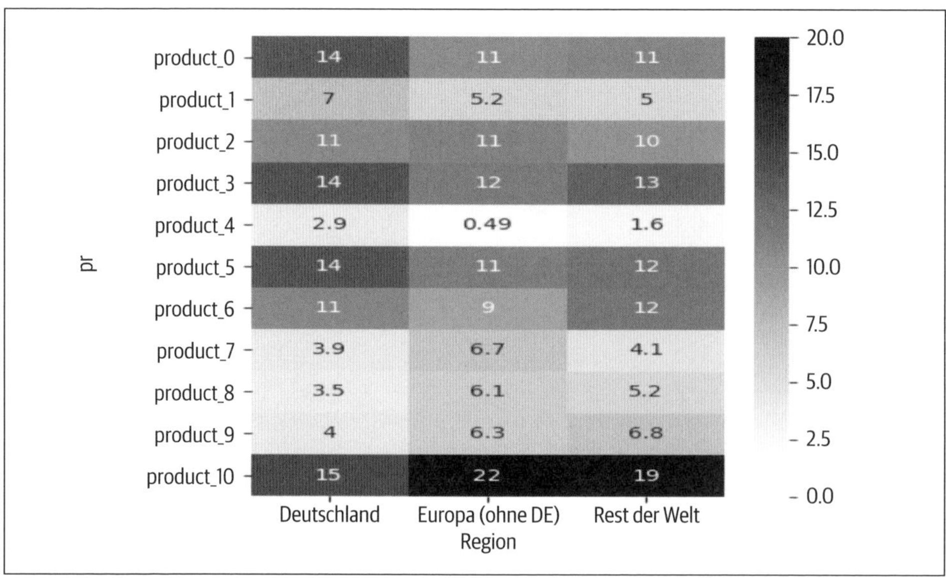

Abbildung 4-4: Heatmap: Anteil eines Produkts am Umsatz nach Region in Prozent

Literaturempfehlung

C. N. Nussbaumer-Knaflic (2017). *Storytelling mit Daten: die Grundlagen der effektiven Kommunikation und Visualisierung mit Daten.* Vahlen.

Explorative Datenanalyse (EDA)

Die bisher dargestellten deskriptiven Analyse- und Darstellungsformen bieten insbesondere am Anfang der Analysearbeiten einen besonderen Mehrwert, um sich einen ersten Überblick über die Daten verschaffen zu können. Dieser Überblick dient uns als Grundlage, um interessante Zusammenhänge später weiter konkretisieren zu können. In diesem Kontext spricht man auch von der *explorativen Datenanalyse* (EDA). Die Darstellungsformen in der explorativen Datenanalyse sollten möglichst einfach zu erzeugen, anzupassen und zu vergleichen sein. Sie sind primär für Datenanalystinnen und -analysten bestimmt und enthalten daher nur wenige Kontextinformationen. Das wird später wichtig, wenn wir visuelle Darstellungen für die Kommunikation nach außen auswählen. Diese müssen wir dann noch einmal gezielt für die jeweiligen Zielgruppen aufbereiten (dazu mehr in Abschnitt »Storytelling und visuelle Kommunikation mit Daten« auf Seite 85).

Für den Moment geht es darum, möglichst einfach die verschiedenen Darstellungsformen generieren und gegenüberstellen zu können. Dabei gibt es eine Reihe von Werkzeugen, die uns helfen können. Diese lassen sich in zwei Grundtypen unterteilen: Einige Werkzeuge erzeugen automatisierte Reports, die anderen bieten einfach bedienbare interaktive Oberflächen.

ydata-profiling ist beispielsweise ein leicht nutzbares Python-Paket, um einen einfachen Datensatz (also eine zweidimensionale Tabelle) in einem automatisch generierten Report zusammenzufassen. Der Report wird als HTML-Datei gespeichert und kann entsprechend in jedem Browser geöffnet werden. Er enthält univariate Statistiken, Kennzahlen und visuelle Darstellungen zu allen Variablen in einem Datensatz. Auffälligkeiten bei der Berechnung der Kennzahlen werden als Warnungen am Anfang des Reports hervorgehoben. Am Ende gibt es eine Auswahl von bivariaten Darstellungen, also vergleichenden Darstellungen von jeweils zwei Variablen. Auf diese Weise können wir uns, nur mit dem Report, bereits einen guten Überblick über einen Datensatz verschaffen. Business-Intelligence-Tools wie *Tableau* oder *PowerBI* helfen hingegen, vergleichsweise schnell interaktive Dashboards erzeugen zu können.

KAPITEL 5

Modellbildung in der klassischen Statistik

Als komplexeres Analysemodell nach der deskriptiven Analyse wollen wir uns in diesem und dem folgenden Kapitel mit Methoden aus den Bereichen der klassischen Statistik und des Machine Learning beschäftigen. Dabei werden Sie sehen, dass es Überlappungen bei den Methoden gibt, sich die Zielsetzung der Anwendungen aber unterscheidet.

Die *klassische Statistik* wird vor allem eingesetzt, um von (kleineren) Stichproben Rückschlüsse auf die jeweiligen Grundgesamtheiten ziehen zu können, man spricht dabei von der *induktiven* oder *schließenden Statistik*. So kann es beispielsweise für bestimmte Zwecke in einem Unternehmen reichen, 100 oder 1.000 Kundinnen und Kunden zu befragen, auch wenn eigentlich über eine Million Kunden vorhanden sind. Im *Machine Learning* geht es dagegen vor allem um sehr individuelle Vorhersagen. Wenn diese eine Million Kunden in einem Onlineshop einkauft und wir so ihre Shopping-Präferenzen erfassen können, können wir Machine Learning einsetzen, um jedem einzelnen Kunden individuelle Kaufvorschläge zu unterbreiten. Hier geht die Richtung der Vorhersage also in die genau entgegengesetzte Richtung – vom Großen zum Kleinen.

In diesem Kapitel wollen wir uns zunächst mit der klassischen Statistik beschäftigen, um im darauffolgenden Kapitel auf das Machine Learning einzugehen. Wie aber einleitend bereits erwähnt wurde, finden viele Methoden (beispielsweise die Clusteranalyse) in beiden Bereichen Anwendung. Die Darstellung der Methoden wurde dabei so zugeordnet, wie es didaktisch mehr Sinn ergibt. Am Ende der beiden Kapitel wollen wir noch einmal auf die Überlappungen eingehen.

Grundgesamtheiten und Stichproben

In der Statistik arbeiten wir fast immer mit Stichproben, also mit einem Ausschnitt der Realität, den wir als Grundlage dafür nehmen, Aussagen über die entsprechende Grundgesamtheit zu treffen. Dabei spielen Annahmen eine wichtige Rolle, die wir treffen, um Ergebnisse aus den Stichproben auf die Grundgesamtheit hochzurechnen. Die wohl wichtigste Annahme ist in den meisten Fällen, dass wir es mit einer Zufallsstichprobe zu tun haben. Wir gehen davon aus, dass die Elemente in unserer

Stichprobe zufällig aus der Grundgesamtheit gezogen wurden und bei der Ziehung keine Verzerrungen durch Merkmale stattgefunden haben, die für uns relevant sind.

Das klassische Beispiel in Statistiklehrbüchern ist ein Glas mit farbigen Bällen. Wenn wir wissen, dass in dem Glas 100 Bälle sind und wir 10 Stück zufällig ziehen, können wir einfache Hochrechnungen anstellen. Ziehen wir beispielsweise 5 rote und 5 blaue Bälle, liegt die Überlegung nahe, dass in dem Glas mit den 100 Bällen das Verhältnis zwischen den Farben ebenfalls ausgeglichen ist, also 50 rote und 50 blaue Bälle enthalten sind. Diese Überlegung ist aber nur gerechtfertigt, wenn wir von der Annahme ausgehen können, dass beide Farben die gleiche Ziehungswahrscheinlichkeit hatten, die Ziehung also zufällig war. Wüssten wir im Gegensatz dazu, dass rote Bälle viel kleiner und daher schwerer zu greifen sind, wäre die Annahme der Zufallsstichprobe und damit unsere Hochrechnung nicht mehr gerechtfertigt.

In der Praxis gestaltet sich die Umsetzung dieser Annahme sehr unterschiedlich. Wenn wir an einem Fließband die Fehlerquote der erzeugten Produkte messen wollen, können wir hier recht einfach eine Zufallsstichprobe ziehen, beispielsweise indem wir von einem Zufallsgenerator zufällige Zahlen erzeugen lassen und dann immer das soundsovielte Bauteil inspizieren.

Sehr viel komplizierter gestaltet sich eine zufällige Ziehung, wenn es um Menschen geht. Wollen wir beispielsweise 1.000 Menschen in Deutschland zufällig ziehen, kommen wir aus praktischen Gründen schnell an unsere Grenzen: Würden wir beispielsweise 1.000 Menschen vormittags am Kudamm in Berlin ansprechen, wäre unsere Stichprobe gleich in mehreren Dimensionen verzerrt: Es ist nicht zufällig, wer sich gewöhnlich am Kudamm aufhält, die Uhrzeit bewirkt eine Verzerrung, weil es stark von der Lebenssituation abhängen wird, ob man sich überhaupt vormittags draußen aufhält, und die Stimmung und die Persönlichkeitseigenschaften der Menschen werden einen wesentlichen Einfluss darauf haben, ob sie überhaupt bereit sind, sich mit uns zu unterhalten.

In der Statistik (und in dem zuletzt beschriebenen Fall vor allem auch in den Sozialwissenschaften) haben sich daher verschiedene Methoden etabliert, wie wir entweder Verzerrungen bereits bei der Stichprobenziehung vorbeugen oder im Nachhinein auszugleichen versuchen. Als vorbeugende Maßnahme können wir beispielsweise im Vorfeld Quoten dafür setzen, wie viel Prozent unserer Befragten ein bestimmtes Geschlecht haben, einer bestimmten Altersgruppe angehören oder einen bestimmten Kleidungsstil haben sollen. Gleichzeitig könnten wir versuchen, an mehreren Orten und zu verschiedenen Uhrzeiten Personen anzusprechen. Sollten wir andersherum bereits eine Stichprobe haben, können wir im Nachhinein zusätzliche Datenquellen, beispielsweise aus der offiziellen Statistik, als Referenz hinzuziehen, um die Personen in unserer Stichprobe bei der Berechnung von Statistiken entsprechend zu gewichten. Dabei bekommen Personengruppen, die in der Stichprobe unterrepräsentiert sind, einen höheren Gewichtungsfaktor, um dies auszugleichen.

Eines der wesentlichen Ziele der klassischen Statistik ist es also, von einer Stichprobe ausgehend Rückschlüsse auf die jeweilige Grundgesamtheit zu ziehen. Entsprechend wird dieser Bereich der Statistik als *schließende Statistik* bezeichnet (alternative Bezeichnungen: *induktive Statistik* oder *Inferenzstatistik*). Im Folgenden betrachten wir die Regressionsanalyse als wesentlichen Vertreter genauer.

Die Regressionsanalyse als Beispiel für ein erklärendes Modell

In der einfachsten Form der Regressionsanalyse, der *einfachen linearen Regression*, werden Werte einer Variablen durch die Werte einer anderen Variablen beschrieben. Im Gegensatz zur Korrelation, die nur die Stärke eines linearen Zusammenhangs misst, wollen wir nun berechnen, wie sich einzelne Werte durch andere Werte erklären bzw. vorhersagen lassen. Im einfachsten Fall können wir uns das so vorstellen, dass wir eine Linie durch eine Punktwolke legen, die deren Verlauf möglichst gut erklären soll (siehe Abbildung 5-1). Beispielsweise kann versucht werden, die Körpergröße eines Kindes durch sein Alter und sein Geschlecht zu erklären. Die Körpergröße wäre dann die zu erklärende bzw. abhängige Variable, Alter und Geschlecht wären erklärende bzw. unabhängige Variablen.

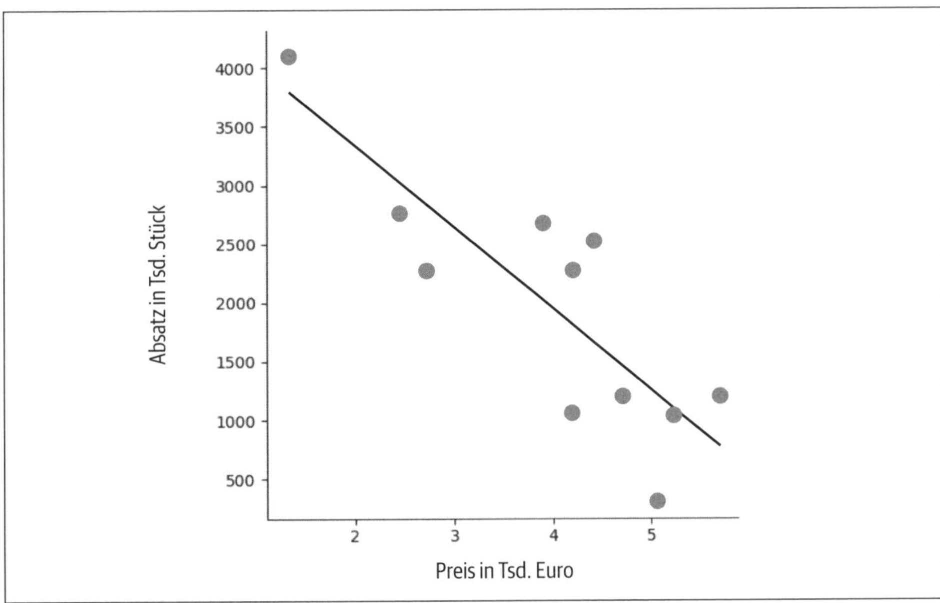

Abbildung 5-1: Wir bleiben bei dem Zusammenhang von Preis und Absatz, wie wir ihn bereits in Abbildung 4-1 auf Seite 55 gesehen haben. Die neue Version der Punktwolke zeigt zusätzlich eine Regressionsgerade, die basierend auf den einzelnen Werten berechnet wurde. Sie zeigt einen deutlich negativen Zusammenhang: je größer der Preis, desto geringer der Absatz.

Wofür ist die Regressionsanalyse gut? Die Regressionsanalyse hat ein sehr großes Erklärungspotenzial, vor allem für Anwendungsfälle, bei denen ein Minimum an Kausalität zu erwarten ist. Sie ist in der Ökonomie sehr beliebt, wo sich beispielsweise das Einkommen einer Person (als abhängige Variable) durch Faktoren wie Alter,

Ausbildung, Branche, Geschlecht, Migrationsgeschichte oder Ähnliches (als unabhängige Variablen) erklären lässt. Wie wir im folgenden Abschnitt sehen werden, sind die Möglichkeiten der Regressionsanalyse dabei nicht auf eine unabhängige Variable je Modell beschränkt. Stattdessen können verschiedene unabhängige Variablen in einem Modell kombiniert werden.

Außerdem sind wir mit Regressionsanalysen nicht auf die Erklärung bestehender Ereignisse beschränkt, sondern können diese auch nutzen, um neue Werte vorherzusagen und Prognosen für die Zukunft zu berechnen.

Wie funktioniert eine Regressionsanalyse aus mathematischer Sicht?

Auch wenn in diesem Buch zugunsten der Lesbarkeit weitestgehend auf mathematische Formeln und Herleitungen verzichtet wird, lohnt es sich im Fall der Regressionsanalyse, einen Blick auf die zugrunde liegenden mathematischen Zusammenhänge zu werfen. Dies soll einerseits verdeutlichen, wie vielfältig und flexibel die Regressionsanalyse angewendet werden kann, und andererseits wollen wir ein Grundverständnis dafür schaffen, was es eigentlich bedeutet, ein statistisches Modell der Realität aufzustellen.

Andere Algorithmen als die Regressionsanalyse (in späteren Kapiteln beispielsweise die Clusteranalyse oder die Dimensionsreduktion) basieren zwar auf anderen mathematischen Regeln, folgen aber in den meisten Fällen der gleichen Logik: Wir nehmen bestehende Daten und einen Algorithmus, um damit ein abstraktes mathematisches Modell der Realität zu entwickeln. Dieses abstrakte Modell kann in vielen Fällen als Erklärung vorliegender Werte genutzt werden, vor allem aber auch zur Vorhersage von neuen Werten. So können wir beispielsweise von einer Stichprobe auf eine Grundgesamtheit »hochrechnen« oder basierend auf historischen Daten Vorhersagen für die Zukunft bilden.

Die Formel der einfachen linearen Regression lautet wie folgt:

$$y = \beta_0 + \beta_1 x$$

Dabei stellt y die abhängige bzw. erklärte Variable dar. Diese soll mithilfe einer unabhängigen bzw. erklärenden Variablen x beschrieben werden. Die beiden Werte y und x sind im Ausgangsdatensatz vorhanden. Entscheidend ist nun, mit welchem Wert β_1 die Variable x multipliziert, um die Steigung der Gerade richtig abzubilden. β_0 stellt dann den Wert dar, an dem die Linie die y-Achse schneidet. Eine simple mathematische Formel: Gibt es genau zwei Punkte, also zwei Kombinationen von x und y, ist die Berechnung von β_0 und β_1 einfach, da sich zwei Punkte leicht zu einer Linie verbinden lassen.

Zu einem statistischen Problem wird das Ganze erst, wenn die Daten noch einen dritten Punkt enthalten, der nicht genau auf der gezogenen Linie liegt. Die drei Punkte im Raum ergeben ein Dreieck, vorhergesagt werden soll aber weiterhin eine Gerade – und das gegebenenfalls auch nicht nur für zwei oder drei Punkte, sondern theoretisch für viele Punkte. Wir müssen uns also von der Vorstellung verabschieden, eine perfekte Lösung zu finden.

Um das Problem aus mathematischer Sicht greifbar zu machen, wird das Modell um einen Fehlerterm ε ergänzt.

$$y = \beta_0 + \beta_1 x + \varepsilon$$

Mit ε lässt sich ausdrücken, wie weit der dritte Punkt in Bezug auf die y-Achse von der Linie entfernt liegt. Bei den ersten beiden Punkten wird $\varepsilon = 0$ sein, weil wir die Linie ja genau durch diese beiden Punkte gelegt haben, also gibt es hier auch keine Abweichung.

Wünschenswert ist natürlich keine Lösung, die für zwei Punkte perfekt passt und für alle anderen Punkte entsprechend schlecht ist, sondern eine Lösung, die für alle Punkte möglichst gut passt, auch wenn sie dann vielleicht für keinen einzelnen Punkt perfekt passen mag. Daraus ergibt sich ein Optimierungsproblem. Optimierungsprobleme werden uns in den folgenden Kapiteln immer wieder und in verschiedensten Formen begegnen.

Um die Gleichung so zu optimieren, dass wir eine möglichst gut passende Linie finden, wir also optimale Werte für β_0 und β_1 finden, müssen wir uns auf den Fehlerterm ε konzentrieren. Denn die optimale Linie sollte ja möglichst wenig von den einzelnen Punkten abweichen. Die naheliegendste Lösung an dieser Stelle wäre vermutlich, zu sagen, dass die Summe aller Fehler möglichst klein sein sollte.

In der Praxis (und es lässt sich auch mathematisch herleiten) zeigt sich jedoch, dass die optimale Linie nicht dadurch beschrieben wird, dass die Summe der Fehler möglichst klein gehalten wird, sondern auf die Summe der *quadrierten* Fehler optimiert werden muss. Man spricht dann von der Kleinste-Quadrate-Methode (bzw. *Ordinary Least Squares*). Diese ist gegenüber den einfachen Abständen deutlich stabiler.

Es gibt zwei wesentliche Möglichkeiten, ein solches Optimierungsmodell zu lösen. Zum einen lässt sich eine Formel heranziehen, die mithilfe ausreichender Daten und den Regeln der Matrizenrechnung mathematisch lösbar ist. Dieses Vorgehen passt jedoch nicht für alle Algorithmen, die wir im Laufe dieses Kapitels kennenlernen werden. Und sie passt ebenfalls nicht, wenn Datensätze sehr groß werden oder kontinuierlich neue Daten nachkommen, die schrittweise in die Optimierung einfließen sollen. In diesen Fällen werden rechenintensive Verfahren genutzt, die sich iterativ an optimale Lösungen annähern. Diese Verfahren gab es bereits in der klassischen Statistik, sie haben aber durch den zunehmenden Einsatz von Machine-Learning-Methoden ganz neue Bedeutung gewonnen.

Die Flexibilität der Regressionsanalyse

Was wir bisher beschrieben haben, mag nach ziemlich viel Aufwand dafür klingen, dass wir letztlich nur eine Linie durch eine Punktwolke legen. Das beschriebene Vorgehen lässt sich aber vielfältig erweitern. Zunächst einmal sind wir nicht nur auf eine erklärende Variable x beschränkt, sondern können theoretisch beliebig viele Variablen in einer multiplen Regression aufnehmen, solange ausreichend Daten für die Optimierung zur Verfügung stehen. In der folgenden Formel wurde die Gleichung um zwei weitere erklärende Variablen x_2 und x_3 ergänzt, die wiederum durch entsprechende Parameter β_1 und β_2 beschrieben werden sollen:

$$y = \beta_0 + \beta_1 x_1 + \beta_2 x_2 + \beta_3 x_3 + \varepsilon$$

So lässt sich beispielsweise erklären, wie eine abhängige Variable von mehreren unabhängigen Variablen erklärt wird, wobei wir diese Zusammenhänge nicht isoliert betrachten, sondern kombiniert. Auf diese Weise kann ermittelt werden, welche der unabhängigen Variablen den stärksten Einfluss auf die abhängige Variable hat. Allerdings hat das auch seine Grenzen: So dürfen in einer Regressionsanalyse nicht zwei oder mehrere unabhängige Variablen aufgenommen werden, die hochgradig korreliert sind, weil der Algorithmus dann nicht differenzieren kann, auf welche der Variablen ein möglicher Einfluss zurückzuführen ist. Wenn wir beispielsweise die Körpergröße eines Kindes vorhersagen wollen und das Alter und die Jahrgangsstufe als erklärende Variablen aufnehmen, sind Alter und Jahrgangsstufe hochgradig korreliert. Statistisch sprechen wir hier von der sogenannten Multikollinearität.

Etwas greifbarer und umfassender einsetzbar ist das *Konzept des Drittvariablenproblems*: Wir untersuchen den Zusammenhang zwischen zwei Variablen und müssen uns fragen, welche Rolle eine dritte Variable dabei spielt. In unserem konkreten Beispiel könnte man z. B. sagen, dass das Alter eines Schulkindes eine gute unabhängige Variable ist, sowohl um die Jahrgangsstufe in der Schule als auch die Körpergröße vorherzusagen. Wenn man das Alter weiß, ergibt es hingegen wenig Sinn, die Körpergröße durch die Jahrgangsstufe zu erklären, weil hier keine kausale Beziehung zu erwarten ist. Ebenso könnte man die Jahrgangsstufe durch die Körpergröße erklären, was aber ebenfalls nur bedingt sinnvoll ist, weil ja beide Variablen besser auf das Alter zurückgeführt werden können.

Es gibt verschiedene Möglichkeiten, das Modell der Regressionsanalyse flexibel zu gestalten. Die größte Flexibilität in der Gestaltung einer Regressionsanalyse liegt in der Datenaufbereitung. Bisher konnten wir nur lineare Zusammenhänge abbilden. Diese Einschränkung können wir sehr einfach auflösen, indem wir unabhängige Variablen potenzieren. Beziehen wir, wie in der folgenden Formel dargestellt, eine unabhängige Variable in der zweiten Potenz (x^2) mit ein, können wir einen Verlauf mit einer einfachen Kurve abbilden. Ein Beispiel hierfür ist wieder die Körpergröße im Laufe eines Lebens: Wir wachsen zunächst stark, dann flacht die Kurve im Erwachsenenalter ab, und im Alter schrumpfen wir etwas. Solchen Verläufen kann man sich über nicht lineare Funktionen annähern. Je mehr höhere Potenzen der Ausgangsvariablen einbezogen werden, desto komplexere Kurvenverläufe lassen sich theoretisch abbilden (was nicht ganz risikofrei ist, siehe Abschnitt »Datenqualität und verwandte Herausforderungen« auf Seite 75):

$$y = \beta_0 + \beta_1 x + \beta_2 x^2 + \varepsilon$$

Dabei sind wir aber nicht auf das Potenzieren von Variablen beschränkt, sondern können quasi beliebige mathematische Operationen anwenden. Bei der Arbeit mit

Einkommensdaten, wo wir sehr viele niedrige und sehr wenige extrem hohe Werte vorfinden, kann beispielsweise der Logarithmus helfen, die extremen Eigenschaften einer solchen Verteilung besser darzustellen, und damit wesentlich zur Qualität des finalen Modells beitragen.

Des Weiteren gibt es Anpassungen, um mit linearen Modellen nicht nur numerische abhängige Variablen beschreiben zu können, sondern beispielsweise auch binäre oder kategoriale Variablen. Die entsprechenden Anpassungen werden unter dem Konzept der verallgemeinerten linearen Modelle zusammengefasst. Die vermutlich am meisten genutzte Form ist die Logit-Analyse als Form der logistischen Regression, die in der einfachen Version die Vorhersage von binären Variablen ermöglicht (Beispiel: Kauft eine Kundin ein bestimmtes Produkt, ja oder nein?).

Spezielle Anwendungsfälle: Zeitreihenanalyse und Vorhersagen

Ein spezieller Anwendungsfall, der insbesondere in Unternehmen von großer Bedeutung bei Vorhersagen ist, ist die *Zeitreihenanalyse*. Hiermit können Entwicklungen im Zeitverlauf beschrieben, erklärt und gegebenenfalls vorhergesagt werden. Dabei sehen wir, dass zeitliche Entwicklungen besondere Eigenschaften haben.

Die Datenstruktur für Zeitreihenanalysen ist etwas anders als bei den bisherigen Beispielen. Wir haben es häufig nur mit wenigen Entitäten oder stark aggregierten Entitäten zu tun, beispielsweise können wir uns eine Zeitreihe nur für die Verkaufszahlen von einem Produkt anschauen oder dieses mit einem zweiten Produkt bzw. den durchschnittlichen Verkaufszahlen aller unserer Produkte vergleichen. In jedem Fall werden für die Entitäten Daten bzw. Messungen zu unterschiedlichen Zeitpunkten benötigt, idealerweise in gleichmäßigen Intervallen. Analysiert werden können also z. B. die wöchentlichen Verkaufszahlen zu einem Produkt in den letzten drei Jahren. Oder vielleicht interessiert uns die Entwicklung einer Aktie, jeweils mit dem Wert am Ende eines Tages.

Zunächst einmal kann eine Entwicklung einem bestimmten Trend unterliegen. Beispielsweise kann es bei unserem neuen Produkt nach Verkaufsstart so aussehen, dass die Verkaufszahlen konstant steigen. Dies können wir mit einer Regressionsanalyse abbilden, wenn wir bei der Erklärung eines Zeitpunkts jeweils den davorliegenden Zeitpunkt nehmen und dann die zu erwartende Zunahme der Verkaufszahlen berechnen.

Die Verkaufszahlen werden aber nicht unendlich steigen, sondern vermutlich ab einem bestimmten Punkt einer gewissen Sättigung unterliegen, wenn es nicht sogar zu einer Abnahme der Verkaufszahlen kommt, beispielsweise sobald ein neues Konkurrenzprodukt auf den Markt kommt. Solche nicht linearen Entwicklungen lassen sich, wie im letzten Abschnitt gesehen, ebenfalls in einer Regression abbilden, indem man beispielsweise die Zeit in unterschiedlichen Potenzen in die Berechnung des Modells einbezieht.

Darüber hinaus kann es gerade beim Verkauf von Produkten zu saisonalen Effekten kommen. Eignet sich das Produkt beispielsweise gut als Geschenk, sind im Dezember erhöhte Verkaufszahlen zu erwarten. Biergärten haben ihre besten Zeiten im Sommer, Skigebiete hingegen im Winter. Dies lässt sich wiederum in die Regressionsanalyse einbeziehen, beispielsweise indem man für einen Wert in einem bestimmten Monat den Wert aus dem gleichen Monat im Vorjahr als unabhängige Variable miteinbezieht.

In Abbildung 5-2 sehen wir typische Elemente, in die wir eine Zeitreihe zerlegen können.

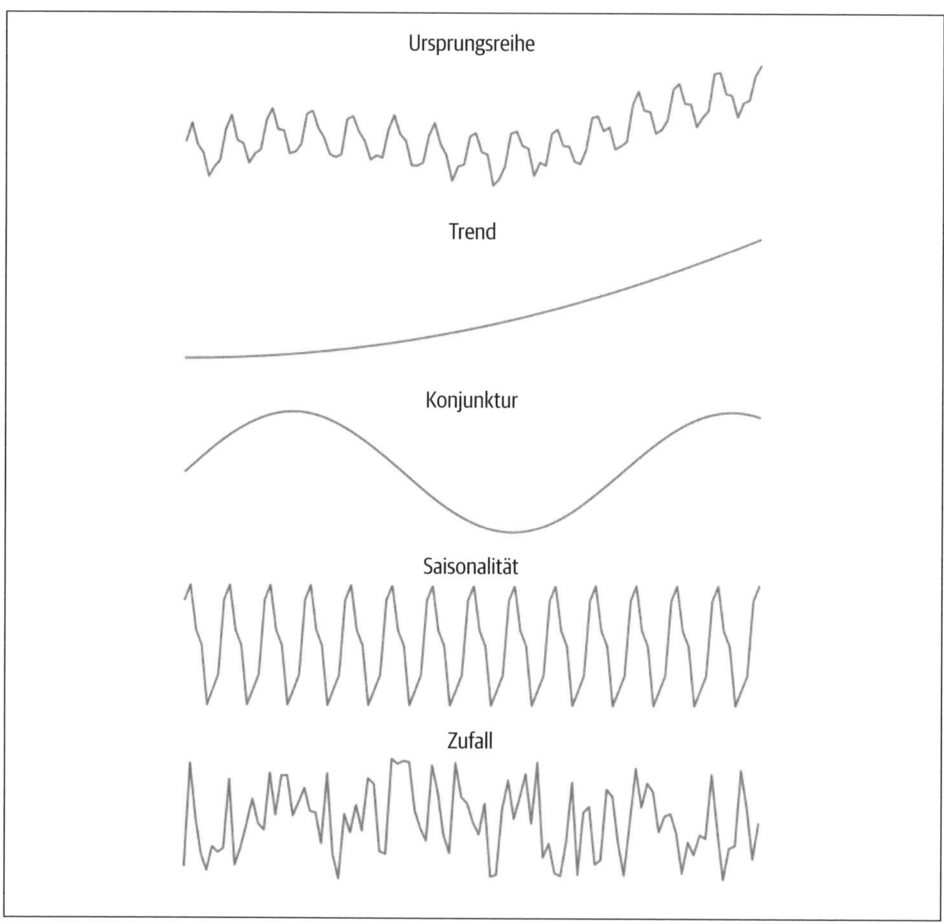

Abbildung 5-2: Bei der Zeitreihenanalyse werden Daten im Zeitverlauf hinsichtlich verschiedener Aspekte analysiert und zerlegt. Häufig können dabei langfristige Trends, die Konjunktur und saisonale Effekte identifiziert werden, wie in der Grafik dargestellt ist. Werden diese Effekte aus der Ursprungsreihe herausgerechnet, sollten idealerweise nur noch zufallsverteilte Werte übrig bleiben.

Die Ergebnisse einer Zeitreihenanalyse werden sehr gern für die Vorhersage genutzt – etwa um abschätzen zu können, wie die Verkaufszahlen eines Produkts im kommenden Weihnachtsgeschäft aussehen werden, um die Produktion entsprechend vorbereiten zu können. In der klassischen Statistik wird die Zeitreihenanalyse häufig zur Beschreibung von großen Entwicklungen eingesetzt. Daneben gewinnen in den letzten Jahren sehr viel individueller und größer angelegte Vorhersageprojekte an Bedeutung. Möchten beispielsweise die Betreibenden eines Webshops für individuelle Kundinnen Vorhersagen treffen und Kaufempfehlungen abgeben, werden sie mit der klassischen Zeitreihenanalyse oder einfachen Regressionsmodellen schnell an ihre Grenzen stoßen. Im Bereich des Machine Learning finden sich bessere Methoden, was allerdings nicht heißen soll, dass hier nicht auch auf die Grundkonzepte von Methoden wie der Regressionsanalyse zurückgegriffen wird. Vielmehr werden diese Methoden nun für sehr viel größere Datenmengen und rechenintensive Anwendungsfälle angepasst.

KAPITEL 6

Vorhersagen im Machine Learning

Im Machine Learning treffen sich zwei Disziplinen. Aus der Statistik kommen die Konzepte und Algorithmen zur Berechnung von Modellen bzw. zur Schätzung von Parametern. Aus der Informatik bzw. den Computerwissenschaften kommen technische Infrastrukturen und Programmierung, um solche Algorithmen auch bei großen bzw. verteilten Datenquellen – zunehmend automatisiert – einzusetzen.

Der Aspekt der Automatisierung ist dabei aus der Informatikperspektive besonders interessant. Bereits vor dem Einsatz von Machine Learning war die Informatik in der Lage, Prozesse und Entscheidungen zu automatisieren. Beispielsweise konnte man im System der Lagerhaltung ein Programm einbauen, das automatisch Produkte nachbestellt, wenn diese im Lager knapp wurden. Doch was bedeutet »knapp«? Hier brauchte es Werte, die von den Programmierern im Programm vorgeben werden mussten. Vielleicht konnten auch die Verantwortlichen in der Lagerhaltung diese Werte selbst eintragen, aber in jedem Fall waren menschliche Entscheidungen und manuelle Eingaben notwendig.

Machine Learning bietet nun die Möglichkeit, genau diese Schritte mithilfe statistischer Methoden und Modelle zu automatisieren. So können Daten der vergangenen und aktuellen Lagerbestände, Zu-/Abgänge und gegebenenfalls Engpässe oder unverkäufliche Restposten vom Algorithmus genutzt werden, um automatisch zu definieren, wann ein Produkt im Lager »knapp« wird und nachbestellt werden sollte.

Abbildung 6-1 stellt diese Entwicklung abstrakt dar. Während klassische Programmiererinnen und Programmierer in solchen Fällen ein Programm schreiben, das für den jeweiligen Anwendungsfall Eingabedaten in Ausgabedaten überführt, geben Data Scientists dem Programm einen Trainingsdatensatz mit Ein- und Ausgabedaten vor, und der Machine-Learning-Algorithmus entwickelt die Parameter, um entsprechende Transformationen bzw. Berechnungen in Zukunft selbst durchführen zu können.

Der hier dargestellte Fall, ebenso wie die Beispiele zur Regressionsanalyse im vorherigen Kapitel, gehen davon aus, dass wir Trainingsdaten haben, in denen sowohl die unabhängigen Variablen als auch die abhängige Variable enthalten sind. Weil der abhängigen Variablen eine Zielgröße vorgegeben wird, auf der ein Algorithmus trainiert und vor allem auch getestet werden kann, bezeichnen wir dies als überwachtes Lernen (engl. *Supervised Learning*).

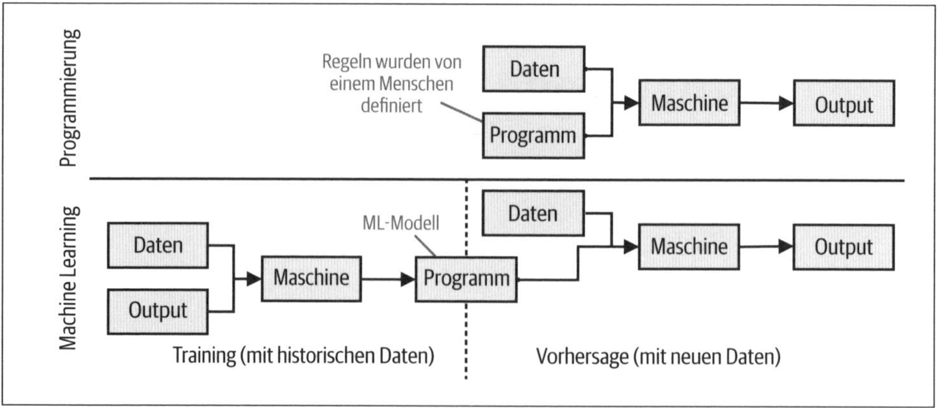

Abbildung 6-1: Bei der klassischen Programmierung definieren Programmierer die Regeln, nach denen ein Programm Entscheidungen trifft. Beim Machine Learning findet der Algorithmus entsprechende Regeln in historischen Daten.

Alternativ gibt es Verfahren, die keine abhängige Variable als Zielgröße benötigen, sondern selbst neue Werte finden können, beispielsweise um Werte oder Entitäten zusammenzufassen. Im Marketing ist beispielsweise die Clusteranalyse sehr beliebt, um Kundensegmente zu identifizieren. Dabei gibt es keine fixen Vorgaben, die der Algorithmus nutzen kann, um beispielsweise eine Kundin einem bestimmten Cluster bzw. Segment zuzuordnen. Entsprechend fehlen auch Kontrollwerte, um den Algorithmus zu prüfen. Wir sprechen daher von unüberwachtem Lernen (engl. *Unsupervised Learning*).

Begriffswechsel im Machine Learning

Im Machine Learning wurden für vieles, was wir aus der klassischen Statistik bereits kennen, neue Begriffe etabliert. Insbesondere sprechen wir nun nicht mehr von Variablen, sondern von Attributen, wobei die abhängige Variable als *Target* bezeichnet wird und die unabhängigen Variablen als *Features*. Entsprechend finden wir dann auch das *Feature Engineering* als Form der Datenaufbereitung, um die Attribute im Datensatz für die Berechnungen des Algorithmus vorzubereiten.

Im Folgenden wollen wir uns eine Auswahl an Algorithmen aus beiden Bereichen, also aus dem Supervised und dem Unsupervised Learning, anschauen. Für Data-Science-Managerinnen und -Manager ist es dabei vor allem wichtig, einen Überblick über mögliche Tools zu erhalten, weshalb wir nicht zu tief in technische Details gehen wollen. Weiterhin sei vorab angemerkt, dass wir hier die aus unserer Sicht wesentlichen Klassen von Algorithmen vorstellen. In den letzten Jahren gab es eine deutliche Tendenz im Bereich Data Science, bereits bestehende Algorithmen entweder für bestimmte Anwendungsfälle zu optimieren oder miteinander zu kombinieren, woraus eine kaum noch zu überblickende Vielfalt an Algorithmen entstanden ist.

Dabei zeigt sich aber immer wieder, dass diese Spezialisierungen zwar in einzelnen Anwendungsfällen ihre Berechtigung haben mögen, wir uns aber meist auf die grundlegenden Algorithmen konzentrieren können. Zudem belegen mehr und mehr Studien, dass es im Zweifelsfall wichtiger ist, hochwertige und gut aufbereitete Daten zu haben, als den Algorithmus bis ins letzte Detail zu optimieren. Ein Standardalgorithmus wird mit hochwertigen Daten in der Regel bessere Ergebnisse erzielen als ein perfekt ausgewählter Algorithmus mit schlechten Daten.

Literaturempfehlung

A. Géron (2023). *Praxiseinstieg Machine Learning mit Scikit-Learn, Keras und TensorFlow: Konzepte, Tools und Techniken für intelligente Systeme.* O'Reilly.

Supervised Learning

Methoden des Supervised Learning lassen sich zunächst in zwei Kategorien einteilen: Methoden wie die Regressionsanalyse oder Entscheidungsbäume entwickeln zunächst ein abstraktes Modell, das für die Vorhersage neuer Werte genutzt werden kann. Sie werden daher als modellbasierte Methoden bezeichnet. Im Gegensatz dazu suchen instanzbasierte Methoden wie *K*-Nearest-Neighbors nach möglichst ähnlichen Fällen in der bestehenden Datenbasis, die als Grundlage für eine Vorhersage dienen können. Etwas vereinfacht gesagt, brauchen modellbasierte Methoden länger im Training, sind dafür aber schneller in der Erzeugung von Vorhersagen, sobald sie einmal trainiert sind. Im Folgenden schauen wir uns die drei angesprochenen Beispiele genauer an.

Regressionsanalyse

Die Regressionsanalyse haben Sie ja bereits im letzten Kapitel kennengelernt. Und wie schon angedeutet, findet sie auch im Bereich des Machine Learning häufig Anwendung, jedoch in abgewandelter Form. Da wir in der klassischen Statistik stärker auf die Erklärungskraft unserer Modelle schauen, ist unser Ziel hier, mit möglichst wenig erklärenden Variablen auszukommen, um das Modell verständlich und die Aussagekraft pro Variable hochzuhalten. Um diese korrekt interpretieren zu können, achten wir auf mögliche Fehlerquellen wie Multikollinearität (also stark korrelierte unabhängige Variablen).

Im Machine Learning geht es uns eher um zuverlässige Vorhersagen als um ein gutes Verständnis der Zusammenhänge. Probleme wie Multikollinearität (die Tatsache, dass auch erklärende Variablen untereinander stark korreliert sein könnten) interessieren uns dabei nicht, solange die Vorhersagekraft des Modells nicht darunter leidet. Daher sehen wir in der Praxis, dass Regressionsanalysen in der klassischen Statistik selten mehr als zehn unabhängige Variablen einbeziehen, während im Machine Learning nach ausgiebigem Feature Engineering schnell über 1.000 unabhängige Variablen (jetzt Features genannt) in ein Modell einfließen können.

Einen weiteren Unterschied im Einsatz finden wir bei der Optimierung der Parameter. Im Machine Learning wird fast immer auf Algorithmen gesetzt, die auf eine iterative Annäherung an die optimalen Parameter setzen, insbesondere wenn es sich um Anwendungsfälle mit sehr großen Datenmengen oder sich häufig aktualisierenden Daten handelt. Bei kleineren Datensätzen hingegen lassen sich mithilfe der Matrizenrechnung die Koeffizienten einer Regression direkt ausrechnen, wie wir es in der klassischen Statistik sehen.

Entscheidungsbäume

Neben Regressionsanalysen haben in den letzten Jahren Entscheidungsbäume (*Decision Trees*) zunehmend an Beliebtheit unter Data Scientists gewonnen. In der einfachsten Form sucht ein Entscheidungsbaum nach dem Feature, das das größte Potenzial hat, um die Stichprobe hinsichtlich der Zielgröße in zwei Gruppen aufzuteilen.

So können wir beispielsweise danach suchen, wer die potenzielle Kunden für ein neues Autozubehör sind, und dabei feststellen, dass zunächst einmal die Unterscheidung nach Alter das wesentliche Merkmal ist. Personen unter 18 werden nur selten danach suchen, die Zielgruppe besteht hier aus Personen ab 18. Innerhalb dieser Gruppe kann dann beispielsweise als Nächstes unterschieden werden, ob die Person bereits den Führerschein hat, und vielleicht ist dann das Geschlecht ein wesentliches Unterscheidungsmerkmal. So können wir einen zunehmend differenzierten Entscheidungsbaum aufbauen.

Ein einfacher Entscheidungsbaum kann visuell dargestellt werden, weswegen er sich auch gut für erste deskriptive und analytische Einblicke eignet. Für komplexere Anwendungsfälle können Entscheidungsbäume sehr gut kombiniert werden, beispielsweise indem Entscheidungsbäume über Teilpopulationen berechnet und dann zusammengeführt werden – so besteht ein *Random Forest* aus mehreren unkorrelierten Entscheidungsbäumen. Diese Methoden ergeben in der Praxis sehr zuverlässige und robuste Algorithmen, die unter Data Scientists zunehmend beliebt werden.

K-Nearest-Neighbors

Eine wesentliche Gemeinsamkeit der bisherigen Algorithmen war, dass sie ein abstraktes Modell entwickeln, aus dem neue Werte abgeleitet werden können, beispielsweise anhand der Kriterien im Entscheidungsbaum oder anhand der Formel der Regressionsanalyse. Es gibt jedoch auch Algorithmen, die ganz ohne Modell auskommen. *K*-Nearest-Neighbors ist der bekannteste Vertreter dieser Kategorie. Dabei werden für einen neuen Fall, für den es die Zielgröße vorherzusagen gilt, nach einem oder mehreren (das *K* im Namen steht für die variable Anzahl) möglichst ähnlichen Fällen in den Trainingsdaten gesucht, um dann beispielsweise den Mittelwert der Zielgrößen dieser Fälle als Vorhersagewert zu nehmen. Da es um die Suche nach ähnlichen Fällen (= Instanzen) geht, wird *K*-Nearest-Neighbors auch als instanzbasierter Algorithmus bezeichnet.

Hier sehen wir gut, wie unterschiedlich die Algorithmen in der Implementierung sein können. Um mit *K*-Nearest-Neighbors eine Vorhersage treffen zu können, entfällt vollständig der Aufwand, zunächst ein Modell berechnen zu müssen. Dafür wird die einzelne Vorhersage immer deutlich aufwendiger sein als bei den modellbasierten Algorithmen, denn *K*-Nearest-Neighbors muss für jede Vorhersage den gesamten bestehenden Datenbestand nach möglichst ähnlichen Fällen durchsuchen, während die Anwendung eines fertigen Modells vom Aufwand her kaum ins Gewicht fällt. Andererseits ist *K*-Nearest-Neighbors extrem flexibel nutzbar und kann jederzeit auf der aktuellen Datengrundlage aufbauen. Ob wir lieber mit einem modell- oder einem instanzbasierten Algorithmus arbeiten wollen, hängt letztlich primär vom Anwendungsfall ab.

Datenqualität und verwandte Herausforderungen

In der praktischen Anwendung stellen uns Machine-Learning-Algorithmen vor verschiedene Herausforderungen. Zunächst einmal hängt die Qualität unserer Vorhersagen, wie wir bereits erwähnt haben, ganz wesentlich von der Qualität unserer Daten ab. Eine gute Datenqualität ist aber alles andere als selbstverständlich und erfordert häufig eine umfassende Planung, angefangen von der Datenquelle über mögliche Maßnahmen der Qualitätssicherung bis zum Feature Engineering, angepasst für einen spezifischen Algorithmus.

Sobald wir dann den Algorithmus trainieren, werden wir sehen, dass wir eigentlich immer zwischen zwei Extremen schwanken: Entweder der Algorithmus passt sich den Daten zu schlecht an (*Underfitting*), oder er passt sich den Daten zu gut an (*Overfitting*). Typische Verlaufskurven für diese Phänomene sehen Sie in Abbildung 6-2. Das zweite Phänomen mag auf den ersten Blick kontraintuitiv sein: Wie kann ein Algorithmus »zu gut« sein?

Das Problem wird deutlich, sobald wir den Algorithmus auf neue, bisher komplett unbekannte Fälle anwenden. Dann stellen wir oftmals fest, dass der Algorithmus bei der Bildung des Modells in den Trainingsdaten Zusammenhänge gefunden hat, die sich in der Realität nicht wiederfinden. Wenn der Algorithmus dann versucht, diese Zusammenhänge auf neue Fälle anzuwenden, läuft er ins Leere. So kann es beispielsweise bei einer Klassifikationsaufgabe passieren, dass der Algorithmus beim Training 99% aller Fälle korrekt vorhergesagt hat, bei der Anwendung auf neue Fälle jedoch nur noch eine Trefferquote von beispielsweise 70% hat (also nur noch 70% der Werte korrekt vorhergesagt werden). Dann sprechen wir von Overfitting, weil der Algorithmus sich eben zu gut an die Trainingsdaten angepasst hat und damit der Realität nicht mehr gerecht wird.

Es gibt verschiedene Möglichkeiten, um ein Overfitting zu vermeiden. Beispielsweise können wir größere Trainingsdatensätze verwenden, soweit uns diese zur Verfügung stehen. Alternativ lässt sich Overfitting aber erfahrungsgemäß auch reduzieren, indem wir weniger Features einbeziehen. Und nicht zuletzt bieten viele Algorithmen die Möglichkeit, über sogenannte *Strafterme* das Overfitting beim Training der Algorithmen zu vermeiden. Es gibt also sowohl auf der Seite der Datenaufbereitung als auch auf der Seite des Algorithmus Stellschrauben zum Umgehen des Overfittings.

Doch unabhängig davon, welche dieser Lösungen wir wählen, brauchen wir eine Referenz, um festzustellen, ob unser Vorgehen auch funktioniert. Wie schon im Abschnitt »Trainings- und Testdaten für das Training von Machine-Learning-Algorithmen« auf Seite 48 dargestellt, splitten wir unsere Ausgangsdaten noch vor dem Feature Engineering oder dem Training des Algorithmus in zwei Teile: die Trainings- und die Testdaten.

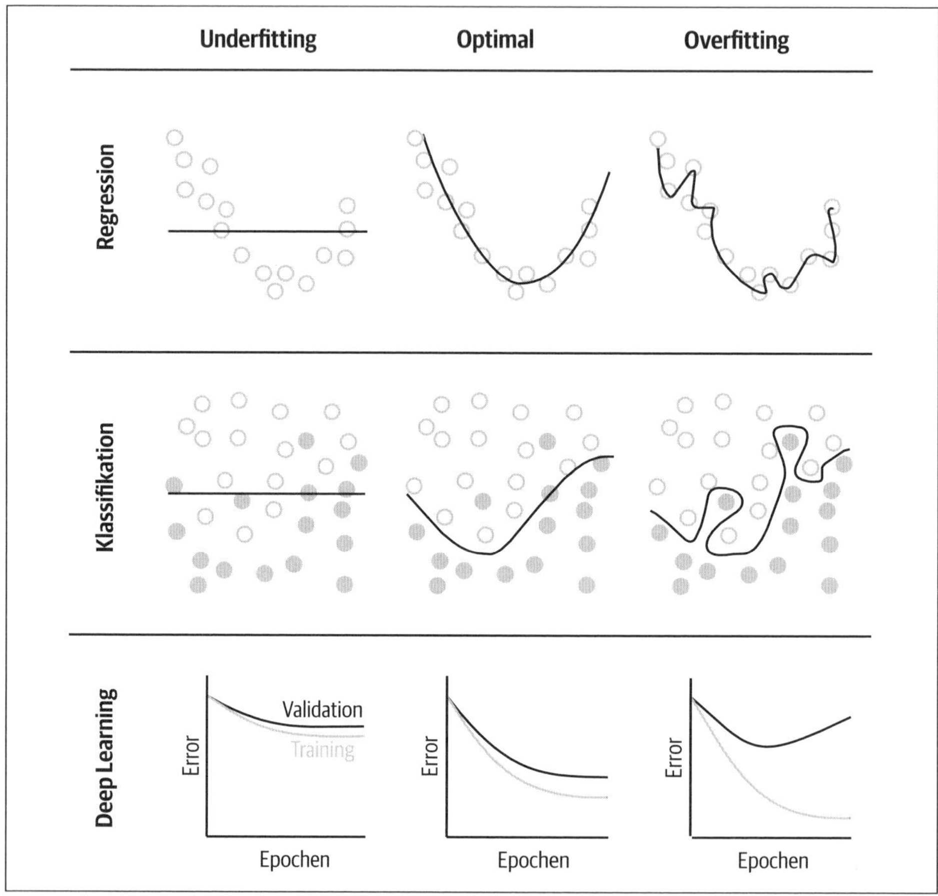

Abbildung 6-2: Beim Under- und beim Overfitting wird das Modell zu schlecht bzw. zu gut an die Trainingsdaten angepasst, was sich in beiden Fällen negativ bei der Vorhersage für neue Werte auswirkt. (Eigene Darstellung, basierend auf: Solanes & Radua 2022[1])

Dieses Vorgehen hat sich so sehr bewährt, dass immer differenziertere Systeme dafür entwickelt wurden. Beispielsweise wird in der sogenannten *Cross Validation* der Trainingsdatensatz in Teilstichproben unterteilt, die wiederum zu unterschiedlichen

1 A. Solanes, J. Radua. »Advances in Using MRI to Estimate the Risk of Future Outcomes in Mental Health – Are We Getting There?« *Frontiers in Psychiatry*, 2022. DOI: 10.3389/fpsyt.2022.826111.

Kombinationen von Trainings- und Validierungsdaten kombiniert werden können. So können in einem ersten Schritt unterschiedliche Algorithmen trainiert und bezüglich ihrer Güte verglichen werden, bevor dann ein Algorithmus für den finalen Test anhand der eigentlichen Testdaten ausgewählt wird.

Unsupervised Learning

Beim Unsupervised Learning sollen Muster in den Daten automatisch gefunden werden, beispielsweise indem vom Algorithmus ähnliche Merkmalsausprägungen gruppiert werden. Weil dabei keine Zielgröße in den Trainingsdaten zur Verfügung steht, auf die wir unseren Algorithmus hin trainieren könnten, sprechen wir vom unüberwachten (*unsupervised*) Lernen. Damit stellen sich nicht nur neue Herausforderungen, einige der zuletzt diskutierten Herausforderungen fallen auch weg, allen voran das Overfitting.

Doch welches Interesse haben wir daran, neue Werte aus den Daten vorherzusagen? Letztlich geht es dabei immer um eine Reduktion von Komplexität. Entweder haben wir eine große Anzahl an Variablen, die wir auf weniger Variablen reduzieren wollen (Dimensionsreduktion), oder wir haben eine große Anzahl an Entitäten, die wir in Gruppen zusammenfassen wollen (Clusteranalyse).

Dimensionsreduktion

Ein typischer Anwendungsfall für eine Dimensionsreduktion sind Bilddaten. Letztlich besteht eine Bilddatei (beispielsweise ein JPG oder PNG) aus vielen einzelnen Bildpunkten, für die jeweils drei (oder vier) Farbwerte definiert sind. Ein Bild mit 10 Megapixeln hat dabei 10 Millionen Bildpunkte. Multiplizieren wir dies mit drei Farbwerten, kommen wir auf 30 Millionen Attribute. Wenn wir nun eine Bilddatenbank mit Tausenden oder mehr solcher Bilder analysieren wollen, kann eine Dimensionsreduktion ein erster Schritt sein, um die schiere Menge an Attributen in den Griff zu bekommen. Das Ergebnis einer Dimensionsreduktion ist dabei eine deutlich reduzierte Anzahl von Attributen, die aber die wesentlichen Unterscheidungsmerkmale enthalten können. Dies kann an sich schon für die Analyse interessant sein, aber auch die Geschwindigkeit beim anschließenden Training von Modellen wesentlich beschleunigen.

Clusteranalyse

Andersherum können wir die Clusteranalyse nutzen, um die Entitäten, also die Zeilen in unserem Datensatz, in Gruppen zusammenzufassen. Ein besonders häufiges Beispiel ist die Segmentierung der Daten von Kundinnen und Kunden. Dabei werden verschiedene Lösungen gerechnet, beispielsweise für unterschiedliche Anzahlen von Clustern oder mit unterschiedlichen Algorithmen. Anschließend müssen diese Cluster meist mit einem recht hohen manuellen Aufwand interpretiert werden, was sich jedoch durchaus lohnen kann. Die Segmentierung in Cluster bei der Diskussion von Analysen ist insbesondere für Nicht-Data-Scientists sehr gut verständlich, wenn die Cluster entsprechend aufbereitet und vorgestellt werden.

Deep Learning, Reinforcement Learning und neuronale Netze

Als Buzzword ist die sogenannte *künstliche Intelligenz* in aller Munde, vor allem auf den Vorstandsetagen großer Unternehmen. Data Scientists sind hingegen deutlich zurückhaltender, was die Verwendung des Begriffs KI angeht. Insbesondere im Deutschen scheint der Begriff besonders problematisch, weil das deutsche Wort »Intelligenz« eine sehr viel stärkere Assoziation zur menschlichen Intelligenz schafft (siehe Abbildung 6-3), als es beim englischen Wort »intelligence« der Fall ist, das auch einfach nur mit Nachricht oder Einsicht übersetzt werden kann.

Abbildung 6-3: Bedeutungsspektrum zwischen dem Intelligenzquotienten, der häufig »zur Bewertung des intellektuellen Leistungsvermögens« (Wikipedia) dient, und der Business Intelligence, die »Verfahren und Prozesse zur systematischen Analyse des eigenen Unternehmens« (Wikipedia) umfasst. Das Spektrum bietet die Möglichkeit, zwischen unterschiedlichen Übersetzungsmöglichkeiten von »intelligence« zu differenzieren.

Die ursprüngliche Idee einer künstlichen Intelligenz lässt sich bereits in den frühen 1970er-Jahren verorten, manche führen sie sogar bis ins Jahr 1955 zurück. Ein erster praktischer Schritt in diese Richtung ist Machine Learning. Wie bereits dargestellt, verlagern die Algorithmen des Machine Learning das »Lernen«, also das Finden passender Parameter, vom Menschen zur Maschine. Einen nächsten Schritt in Richtung von mehr Flexibilität schaffen neuronale Netze, die nicht zuletzt dank stetig steigender Rechenleistung von Computern auch zunehmend tief verschachtelt werden können, weswegen dieser Bereich als Deep Learning bezeichnet wird.

Der Begriff der neuronalen Netze bezieht sich dabei auf die Struktur dieser Algorithmen, die versucht, die Strukturen im Gehirn eines Menschen zu imitieren. Dabei sind Neuronen in einem Netz verbunden und können sich nach bestimmten Regeln gegenseitig aktivieren, wobei sich die Neuronen in einem Lernprozess an neue Gegebenheiten (Daten) anpassen können.

Neuronale Netze kommen unter anderem im Reinforcement Learning zum Einsatz, bei dem virtuelle Agenten selbstständig unterschiedliche Strategien austesten, um Lösungsansätze zu finden. Entscheidend für die Agenten ist dabei, dass es klare Regeln und eine Zielgröße gibt, an der sie sich orientieren können, um ihren Erfolg zu messen. Anschließend lernen die Programme durch Ausprobieren, wobei Millionen von Iterationen keine Seltenheit sind. Durch die schiere Menge an Versuchen bekommt das Programm ausreichend Referenzwerte, um leistungsfähige Strategien zu entwickeln. Ein berühmtes Beispiel ist das Programm AlphaZero von Google, das 2017, nur mit den Spielregeln von Schach vorkonfiguriert, innerhalb von 24 Stunden so gute Lösungsstrategien finden konnte, dass es die besten zu der Zeit verfügbaren Schachprogramme schlagen konnte.

Der wesentliche Unterschied von Reinforcement Learning zu den vorausgehenden Beispielen für Machine-Learning-Anwendungen ist das Fehlen eines Datensatzes. Wir müssen dem Algorithmus nur Spielregeln vorgeben, und er generiert seine Daten dann durch »Ausprobieren« selbst. Solche Ansätze kommen beispielsweise in der Bilderkennung, bei der automatischen Übersetzung von Texten oder auch in selbstfahrenden Autos zum Einsatz.

Dabei sehen wir aber noch einmal, dass keiner dieser Anwendungsfälle dem Anspruch einer universellen, menschlichen Intelligenz auch nur im Ansatz gerecht wird. Vielmehr werden die Algorithmen für eine einzelne Anwendung extrem gut optimiert, sodass sie in einem spezifischen Anwendungsbereich den Menschen häufig an Geschwindigkeit und Genauigkeit um Längen übertreffen, beim Einsatz in einem anderen Anwendungsbereich aber vollkommen versagen würden.

Als Beispiel können wir uns einen Algorithmus vorstellen, der Gesichter in Fotos wiedererkennen kann. Wenn dieser Algorithmus ausreichend gut trainiert ist, ist es absolut realistisch, dass er eine Bilddatenbank mit Tausenden von Fotos in wenigen Sekunden nach einer bestimmten Person durchsuchen kann. Würden wir manuell versuchen, Tausende Fotos einzeln anzuschauen, würde uns das sicherlich Stunden kosten. Doch sobald wir dem Algorithmus eine andere Aufgabenstellung geben, auf die er noch nicht umfassend trainiert wurde, wird er sofort versagen.

Neben der Erkennung bzw. Klassifikation von Inhalten in verschiedenen Datenformaten sind sogenannte *generative KIs* wie beispielsweise ChatGPT in der Lage, neue Inhalte zu generieren. GPT steht dabei für *Generative Pre-Trained Transformer*: Die generative KI wurde bereits vortrainiert, beispielsweise mit Daten aus dem Internet und aus Büchern, und die Nutzenden können nun über Beschreibungen der jeweiligen Aufgaben (sogenannte *Prompts*) definieren, welche Inhalte bzw. Objekte erzeugt werden sollen. Generative KIs zur Erzeugung von Bildern (z.B. Stable Diffusion) wurden mit Bildern aus dem Internet trainiert, wobei die Beschreibungen der Bilder auf den jeweiligen Webseiten genutzt wurden, um natürlichsprachliche Bildbeschreibungen zu erhalten. Die Kombination aus Bildern und natürlichsprachlichen Beschreibungen konnte nun genutzt werden, um eine KI zu trainieren, die wiederum neue natürlichsprachliche Beschreibungen (Prompts) als Input bekommt und dann daraus möglichst passende Bilder erzeugt.

Predictive, Prescriptive, Automation

Im Abschnitt »Von einfachen Analysen zur Automatisierung (Analytics Continuum)« auf Seite 32 haben Sie das Analytics Continuum kennengelernt und in den letzten drei Kapiteln schrittweise die Ebenen des Continuum durchlaufen. Dabei haben wir Kennzahlen und Visualisierungstechniken der deskriptiven Analysen betrachtet, uns die Regressionsanalyse als mögliche Methode der diagnostischen Analysen im Detail angeschaut und die Sonderform der Zeitreihenanalyse als Einstieg in den Bereich der Vorhersagen (*predictive*) kennengelernt. Während die Zeitreihenanalyse noch der klassischen Statistik zuzuordnen ist, ging es dann mit den Methoden des Machine Learning weiter, die wir sowohl für vorhersagende als auch vorschreibende (*prescriptive*) Analysen nutzen können. Mit den neuronalen Netzen und dem Reinforcement Learning haben wir dann zuletzt Beispiele gesehen, in denen dies bis zur vollständigen Automatisierung weitergeführt wurde.

In Hinblick auf das Management von Data-Science-Projekten sind einige Aspekte des Analytics Continuum erwähnenswert:

Zunächst einmal steigen die Kosten für Projekte entlang des Analytics Continuum unserer Erfahrung nach exponentiell an. Einen Datensatz in Python zu öffnen und ein paar deskriptive Darstellungen zu erstellen, dauert eventuell eine Stunde. Wenn wir hingegen einen umfassenden Use Case, beispielsweise auf Reinforcement Learning basierend, in Produktion bringen wollen, werden wir wohl eher in Monaten rechnen und schnell sechs- bis siebenstellige Beträge (Euro) investieren müssen.

Das finale Training des eigentlichen Algorithmus macht dabei nur einen Bruchteil der Kosten aus. Das Problem ist hierbei, dass wir nicht einfach in fünf Iterationen von deskriptiven Analysen zur Automatisierung eines Use Case kommen. Wir werden am Anfang sehr viele deskriptive Analysen rechnen müssen, von denen wir nur einen kleinen Teil diagnostisch vertiefen werden. Davon wiederum werden wir nur einen Teil für Vorhersagen und davon wiederum nur einen Teil für vorschreibende Analysen nutzen können. Es ist also in den meisten Fällen mit sehr umfangreichen Voranalysen zu rechnen, bis wir bei dem Use Case ankommen (der sich dann natürlich auch wirtschaftlich rechnen muss), den wir tatsächlich mithilfe der vorgestellten Methoden automatisieren werden.

Eine andere Entwicklung, die wir entlang des Analytics Continuum beobachten können, ist die Tatsache, dass es mit zunehmender Komplexität der Modelle auch zunehmend schwierig wird, diese zu interpretieren (siehe Abbildung 10-1 auf Seite 106). Es braucht bereits deutlich mehr statistisches Vorwissen, beispielsweise eine Logit-Regression zu interpretieren, als ein einfaches deskriptives Balkendiagramm. Beim Übergang von klassischer Statistik zu Machine Learning zeigt sich immer wieder, dass die meisten Machine-Learning-Algorithmen zuerst einmal auf möglichst hohe Vorhersagekraft optimiert werden, auch wenn dabei die Interpretierbarkeit einzelner Faktoren zunehmend schwierig bis unmöglich wird – wobei es hier jedoch aktuell ein Umdenken gibt und unter dem Stichwort *Explainable AI* Verfahren entwickelt werden, um auch komplexe Methoden des Machine Learning und neuronale Netze »interpretierbar« bzw. leichter nachvollziehbar zu machen.

KAPITEL 7

Aufbereitung der Ergebnisse für die weitere Verwendung

Wofür wir unsere Analysen entwickeln, sollte am Anfang in der Designphase geklärt werden, damit wir bereits mit einem klaren Ziel und Fokus in die Datenerhebung gehen. Dennoch ist jedes Analyseprojekt natürlich auch ein Forschungsprojekt, dessen Ausgang im Voraus nicht vollständig planbar ist – denn wenn wir bereits sicher wüssten, was herauskommt, würde es wenig Sinn ergeben, erst ein Analyseprojekt durchzuführen. (Ausnahme: Man ist sich sicher, muss aber erst noch andere überzeugen. In diesem Fall sollte man allerdings gut aufpassen, nicht dem Confirmation Bias zu verfallen, also nur noch nach Tatsachen zu suchen, die den eigenen Standpunkt bestätigen, und dabei widersprüchliche Tatsachen zu ignorieren.)

So ergibt es im Anschluss an die Analysen in jedem Fall Sinn, sich ausreichend Zeit für die Interpretation der Daten, den Abgleich mit den ursprünglichen Hypothesen und die Ableitung möglicher nächster Schritte zu nehmen. Dazu werden wir uns in diesem Kapitel mit drei Aspekten der Post-Analyse-Phase beschäftigen: der Dokumentation unserer Arbeit, dem Ableiten von Maßnahmen und einem möglichen Start in die nächste Iteration unserer Forschungsarbeit.

Dokumentation, Wiederverwendung und Replizierbarkeit

Ob in der Softwareentwicklung oder in Data Science, für gewöhnlich hat niemand Lust, sich nach der schönen und kreativen Arbeit der Datenerhebung, -aufbereitung und -analyse mit einer so trockenen und monotonen Tätigkeit wie einer technischen Dokumentation zu beschäftigen. Entsprechend bleibt dieser Aspekt häufig liegen, wird gar nicht oder bestenfalls halbherzig erledigt. Kurzfristig scheint es auch kein Problem zu sein, die Folgen spüren wir meist erst sehr viel später.

Wenn wir dann nach einem Jahr oder länger ein ähnliches Projekt vor uns haben, bei dem es sinnvoll wäre, die erhobenen Daten oder bestehende Skripte wiederzuverwenden, stellen wir plötzlich mit Erschrecken fest, wie viel wir in der Zwischenzeit vergessen haben und dass die Daten und Skripte – soweit sie überhaupt noch erhalten sind – leider alles andere als selbsterklärend sind.

Das gleiche Problem entsteht natürlich auch, wenn andere unsere Daten und unseren Code nachnutzen sollen (siehe Abschnitt »Datenquellen und Datenerhebung« auf Seite 45 zu Sekundärdaten). Dann kommt es darauf an, dass wir alle wesentlichen Designentscheidungen und konzeptionellen Arbeiten dokumentiert haben, die Datensätze durch ergänzende Metadaten erklärt werden und dass die Kommentare im Code ermöglichen, sich einen schnellen Überblick zu verschaffen.

Es gibt inzwischen auch eine Vielzahl von Standards für die Dokumentation von Daten und Code, jedoch ist immer zu klären, wie gut diese zum jeweiligen Projekt passen. Im Zweifelsfall sollten wichtige Informationen lieber in einem kurzen Text dargestellt werden, als sich zu sehr auf irgendwelche Standards zu verlassen.

Elemente einer guten Dokumentation

Ein gut dokumentiertes Projekt sollte einerseits leicht nachvollziehbar und andererseits schnell replizierbar sein. Die folgende Liste gibt einen Überblick über wesentliche Dokumente, die in einem gut dokumentierten Projekt enthalten sein sollten. Die Liste kann aber natürlich gern erweitert werden.

- Eine **Readme**-Datei, die als Ausgangspunkt der Dokumentation dient und mindestens die folgenden beiden Fragen beantwortet: Was ist der Gegenstand des Projekts, und wo finden sich zugehörige relevante Materialien?
- Entweder sollten die **Daten** direkt mit den Analysen gespeichert werden, oder es sollte klar aufgezeigt werden, wie der Datenzugriff umgesetzt werden kann. Idealerweise sollten die Daten dabei sowohl in der Ursprungsform (Rohdaten) als auch in aufbereiteter Form vorliegen bzw. schnell repliziert werden können.
- Die **Analyseskripte** sind so zu benennen, dass sich ihre Struktur und vor allem die Reihenfolge der Ausführung schnell erschließen lässt. Im Idealfall gibt es eine ausgewählte Datei (häufig *main* genannt), die alle notwendigen Arbeitsschritte automatisch und in der richtigen Reihenfolge ausführt.
- Die **Dokumentation der Datenaufbereitung und -analyse** kann entweder als eigene Datei angelegt oder als Kommentare in die Analyseskripten eingefügt werden. Visualisierungen der Prozesse und Datenmodelle helfen dabei sehr.
- **Weitere Dokumente** können beispielsweise Fragebogen, Beschreibungen von Datenquellen, Zielvorgaben und Ähnliches umfassen.

Ein sehr einfaches Metadatenschema für digitale Objekte bietet beispielsweise der Dublin-Core-Standard (*https://www.dublincore.org/*), der insbesondere die Herkunft und Nutzbarkeit von digitalen Objekten beschreibt. Dabei fehlen aber beispielsweise die Informationen zur Erhebung der Daten, die am besten aus einer Kombination aus natürlichsprachigem Text und einer Dokumentation der Erhebungsmethoden (beispielsweise in einem Fragebogen) bestehen.

Für die Dokumentation der Daten gibt es wiederum eine Reihe guter Standards, beispielsweise das Tabular Data Package (*https://specs.frictionlessdata.io/tabular-data-package/*).

Um die Daten für andere zugänglich zu machen, bietet sich die Nutzung eines Datenarchivs oder -repositoriums an. Unter Data Scientists aktuell sehr beliebt ist Kaggle (*https://www.kaggle.com/*) – wobei es aber auch eine Vielzahl wissenschaftlicher Repositorien gibt – oder Software, die man intern (geschützt) im eigenen Netz betreiben kann, um nicht öffentliche Datensätze zu dokumentieren, beispielsweise das Data Management CKAN (*https://ckan.org/*). Vergleichbar gibt es auch gute Repositorien für Programmcode, wie beispielsweise GitHub (*https://github.com/*) oder Bitbucket (*https://bitbucket.org/*).

Reporting

Während es bei der (technischen) Dokumentation darum geht, unsere Ergebnisse für spätere Folgeuntersuchungen bzw. andere Data Scientists (nach-)nutzbar zu machen, geht es beim Reporting um Zielgruppen, die sich primär für den Inhalt und die Ergebnisse unserer Arbeit interessieren und dabei nicht mit technischen Details konfrontiert werden wollen: beispielsweise Kunden, Führungskräfte oder allgemein die Anwenderinnen und Anwender.

Beim Reporting können wir zwei Grundkonzepte unterscheiden: zum einen den statischen Report, beispielsweise in Form einer PDF-Datei, der die Ergebnisse als linear konsumierbaren Inhalt aufbereitet und dabei ausgewählte Analyseergebnisse herausarbeitet, und zum anderen interaktive Dashboards, die den Nutzenden die Möglichkeit geben, selbst in Interaktion mit den Daten zu treten, eigene Fragestellungen auszuprobieren oder bestehende Aussagen zu hinterfragen bzw. differenzierter zu betrachten.

Statischer Report

Der statische Report orientiert sich sinnvollerweise an einer Struktur, wie sie sich im Bereich der wissenschaftlichen Journale durchgesetzt hat. Dabei werden Kontext, Methode, Ergebnisse und Empfehlungen getrennt voneinander dargestellt (siehe Infobox zum datenbasieren Report). Hinzu kommt ein sogenanntes *Executive Summary*, das am besten gleich am Anfang des Reports eine vollständige Zusammenfassung mit klarem Fokus auf die Ergebnisse und Handlungsempfehlungen gibt.

Diese Struktur orientiert sich daran, wie solche Reports üblicherweise konsumiert werden: Managerinnen und Entscheider haben meist nicht die Zeit, einen kompletten Report von der ersten bis zur letzten Seite zu lesen, entsprechend ist das *Executive Summary* wichtig, um ihnen einen schnellen Überblick zu geben. Der Hauptteil des Reports adressiert primär diejenigen, die die Ergebnisse dann operativ umsetzen sollen und entsprechend mehr Details brauchen.

Datenbasierter Report

Die folgende Struktur kann als Grundlage für einen *datenbasierten Report* dienen, wie er beispielsweise dem Kunden oder dem Management vorgelegt wird. Die Struktur hat zwei Zielgruppen im Blick: einerseits Entscheidungsverantwortliche, die sehr schnell einen Überblick über die wesentlichen Ergebnisse des Projekts bekommen wollen, und andererseits fachliche Kolleginnen und Kollegen, die die inhaltliche Arbeit im Detail nachvollziehen möchten. Entsprechend beginnen wir mit einer knappen Zusammenfassung der wesentlichen Ergebnisse und orientieren uns im Anschluss an einer Struktur, wie sie sich auch für wissenschaftliche Artikel bewährt hat.

Wir beginnen mit einer kurzen Zusammenfassung des gesamten Inhalts, Umfang: maximal eine halbe Seite. Dabei sollten insbesondere praktische Ergebnisse und Handlungsempfehlungen hervorgehoben werden. Die Zusammenfassung wird im geschäftlichen Kontext häufig auch als *Executive Summary* bezeichnet.

Im Anschluss zeigen wir den Weg auf, auf dem wir zu diesen Ergebnissen gekommen sind. Dabei sollten vor allem die folgenden Fragen beantwortet werden:

1. **Einleitung.** Was ist das Problem? Was ist der Kontext? Fragestellungen und/oder Hypothesen formulieren, die im Folgenden bearbeitet werden.
2. **Daten und Methoden.** Daten, Datenqualität und Analysemethoden. Wie bin ich an das Problem herangegangen?
3. **Ergebnisse.** Welche inhaltlichen Ergebnisse habe ich erhalten?
4. **Diskussion (und Handlungsempfehlungen).** Was bedeuten die Ergebnisse, und welche Empfehlungen kann ich ableiten?

Dashboards

Während die Erstellung eines solchen Reports an sich schon einige Zeit in Anspruch nimmt, können Dashboards – wenn sie im Hintergrund auf einer entsprechenden Infrastruktur aufbauen können – die Ergebnisse und Statistiken sehr viel schneller bereitstellen, manchmal sogar annähernd in Echtzeit. Damit haben wir neben der Interaktivität noch ein zweites wichtiges Merkmal von Dashboards, die Aktualität.

Aufgrund der Zielgruppe im nicht technischen Bereich erfordert ein gutes Dashboard aber weiterhin viele Vorarbeiten durch das Data-Science-Team. Um aktuelle Zahlen bieten zu können, braucht es eine entsprechende technische Infrastruktur, die nicht nur die Daten bereitstellt, sondern auch schon entsprechende Schritte der Datenintegration und -aufbereitung durchführt.

Allein die Tatsache, dass wir Dashboards interaktiv gestalten, bedeutet nicht, dass wir einfach alle vorhandenen Daten auf ein Dashboard packen sollten. Vielmehr geht es darum, wichtige Kennzahlen zu identifizieren bzw. zu entwickeln und anschließend die Dimensionen zu ermitteln, die für die Nutzenden des Dashboards für ein besseres Verständnis relevant sind, um beispielsweise Verkaufszahlen (als Kennzahl) im zeitlichen Verlauf, nach Produktkategorien oder über Regionen hinweg vergleichen zu können.

Storytelling und visuelle Kommunikation mit Daten

Zunächst unterscheiden wir zwischen zwei Arten von Visualisierungen. In der explorativen Datenanalyse (EDA), wie Sie sie im Abschnitt »Explorative Datenanalyse (EDA)« auf Seite 58 kennengelernt haben, nutzen wir vor allem standardisierte Darstellungen, um uns einen schnellen Überblick über die Daten zu verschaffen. Im Gegensatz dazu soll es hier um visuelle Darstellungen gehen, die wir für Externe bereitstellen, beispielsweise für den Kunden oder das Management. Dabei wollen wir nicht mehr einfach nur den Inhalt der Daten darstellen, sondern verfolgen ein konkretes Ziel, auf das unsere Visualisierungen einzahlen sollen. Um dies zu erreichen, können wir eine Geschichte (Story) nutzen, die wir erzählen.

Methoden des Storytellings können uns helfen, eine Geschichte zu entwickeln, die wir mithilfe unserer Daten untermauern. Bevor wir uns also vorschnell an die Gestaltung der grafischen Darstellung machen, sollten wir uns zunächst einmal inhaltlich überlegen, welche Geschichte wir eigentlich zu welchem Zweck erzählen wollen. Wenn wir an unser Beispiel der Kundendatenbank zurückdenken, können wir natürlich einfach deskriptiv darstellen, wie sich unser Kundenstamm aktuell zusammensetzt. Informierte Lesende werden sich daraus vermutlich auch selbst das eine oder andere interessante Detail ableiten können, eine Geschichte ist das aber noch nicht. Wenn wir hingegen ein Kundensegment identifizieren können, das aktuell besondere Wachstumspotenziale hat, und zusätzlich deren besondere Interessen und Vorlieben in Kombination mit möglichen Angeboten aufzeigen, ergibt sich daraus schnell eine Geschichte, die sich die jeweiligen Entscheiderinnen und Entscheider gern anhören werden.

Um eine solche Geschichte visuell zu untermauern, werden wir andere Visualisierungen erzeugen, als würde es einfach um eine breitere deskriptive Darstellung gehen. Wir können beispielsweise gleich am Anfang die Besonderheiten des identifizierten Kundensegments herausheben und anschließend maßgeschneiderte Darstellungen für diese Gruppe erarbeiten.

Wir sollten den Umfang unserer Grafiken gezielt reduzieren, um die wesentlichen Aussagen möglichst schnell ersichtlich zu machen. Reduzieren können wir dabei sowohl dadurch, dass wir unnötige grafische Elemente entfernen (viele Tools zeigen in den Standardeinstellungen beispielsweise unnötige Raster, die keinen Mehrwert bieten), als auch durch das Weglassen von unnötigen Informationen, beispielsweise zu anderen Kundensegmenten. Wollen wir dennoch nicht vollständig auf diese zusätzlichen Informationen verzichten, können wir beispielsweise reduzierte Grafiken im Hauptteil eines Reports durch ausführliche Tabellen im Anhang ergänzen.

Literaturempfehlung

C. N. Nussbaumer-Knaflic (2017). *Storytelling mit Daten: Die Grundlagen der effektiven Kommunikation und Visualisierung mit Daten.* Vahlen.

Mehrwert von Daten im Unternehmen

Je nach Kontext und Anwendungsfall können die Ziele von Data-Science-Projekten stark variieren. Reine Forschungsprojekte haben häufig die Veröffentlichung wissenschaftlicher Artikel zum Ziel, die auch auf Reputation der beteiligten Forschenden und Institutionen einzahlt. In der Medizin wird die Gesundheit und in Extremfällen das Überleben von Patienten an guten Algorithmen hängen, beispielsweise wenn neuronale Netze bei der Identifikation von Tumoren auf Gehirnscans helfen.

Wenn man genauer hinschaut, wird es jedoch in fast allen Fällen darum gehen, auch einen finanziellen Mehrwert zu erzeugen. Daher lohnt es sich, zu betrachten, wie aus unternehmerischer Sicht mit Daten ein (finanzieller) Mehrwert erzeugt wird. Wir können dabei drei Anwendungsfälle unterscheiden, die wir in der Einleitung zu diesem Teil bereits kurz angedeutet hatten:

1. **Optimierung von Prozessen:** In Unternehmen kommen wir hier in einen Bereich, der klassischerweise als *Business Analytics* bezeichnet wird. Durch die Optimierung von Prozessen können primär Kosten gespart werden, was andersherum bedeutet, dass entweder mehr für gleiches Geld geleistet werden kann oder Budget für neue Projekte frei wird.
2. **Datenbasierte Produkte und Geschäftsmodelle:** Daneben können Unternehmen selbst im Bereich »Forschung & Entwicklung« tätig werden und neue Produkte entwickeln, die im Wesentlichen auf den Ergebnissen von Datenanalysen beruhen oder direkt Data-Science-Technologien als Teil des Produkts einbauen. Dabei können sowohl vollständig neue Produkte (wie eine Suchmaschine) oder neue Geschäftsmodelle entstehen (wie in der Shared Economy, wenn beispielsweise Privatpersonen Ferienwohnungen vermieten) oder bestehende Produkte um gänzlich neue Funktionen ergänzt werden (wie bei der smarten Glühbirne, die immer noch eine Glühbirne ist, nur eben besser).
3. **Strategische Entscheidungen:** Auch bei einmaligen Entscheidungen, insbesondere wenn sie langfristige und tiefgreifende Auswirkungen haben können, ist es sinnvoll, diese nach Möglichkeit evidenzbasiert zu treffen, also vorab einen Blick in die Daten zu werfen.

Impact, Evaluation und Feedback

Am Ende einer Iteration unseres Projekts werden wir evaluieren, ob die aktuelle Iteration wie geplant abgelaufen ist und die Ergebnisse unseren Erwartungen und Qualitätsansprüchen gerecht werden. Im einfachsten Fall haben wir bereits zu Beginn des Projekts konkrete Metriken bzw. KPIs (*Key Performance Indicators*) definiert, die wir nun nutzen können, um beispielsweise die Qualität unserer Modelle zu evaluieren. Wenn das Ziel unseres Projekts war, die Lagerhaltung in einem Unternehmen zu optimieren, werden wir den Erfolg an sehr konkreten Kennzahlen messen können, beispielsweise wie lange Gegenstände im Lager verweilen, bevor sie gebraucht werden, oder wie häufig es vorkommt, dass ein Gegenstand nachgefragt wird, aber nicht auf Lager ist. Ebenso werden wir bei einem Recommender-System, das Kunden Kaufempfehlungen geben kann, sehr konkret messen können, ob die Empfehlungen von unseren Kundinnen und Kunden tatsächlich genutzt werden.

Leider gibt es aber auch viele Beispiele, bei denen wir den Erfolg von Maßnahmen nur bedingt oder indirekt quantifizieren können. Viele datengetriebene Apps für Smartphones versprechen beispielsweise, irgendeinen Bereich des Lebens zu vereinfachen. Dabei können wir zunächst aber nur die Nutzung dieser Apps direkt quantifizieren. Um herauszufinden, ob sie tatsächlich das Leben der User einfacher machen, werden wir uns in den meisten Fällen zusätzliches Feedback einholen müssen, beispielsweise über mehr oder weniger strukturierte Befragungen der Anwendenden.

Evaluation und Feedback sind wesentlich, um Data-Science-Modelle langfristig weiterentwickeln zu können. Es gibt hingegen auch Fragestellungen, die noch nicht direkt an eine bestimmte Maßnahme geknüpft sind, die dann evaluiert werden kann. Vielmehr geht es dann darum, erst einmal passende Maßnahmen aus den Ergebnissen abzuleiten.

Bei der Übersetzung in praktische Maßnahmen (wenn es nicht nur um kleinere Anpassungen bereits bestehender Prozesse geht) hat sich der *Business Model Canvas* (BMC) für uns als ein Modell bewährt, mit dem wir zielgruppenorientierte Maßnahmen entwickeln können (siehe Abschnitt »Business Model Canvas« auf Seite 287). Im Zentrum des BMC steht die Value Proposition, also ein konkreter Mehrwert, den unser Angebot für ein bestimmtes Kundensegment hat. Die übrigen Felder können wir im Anschluss schrittweise abarbeiten, aber diese beiden sind zunächst zentral, denn damit klären wir die beiden wichtigsten Fragen: Für wen können wir mit den Ergebnissen unserer Arbeit einen Mehrwert erzeugen? Und welche Probleme bzw. Herausforderungen haben diese Personen, die wir für sie lösen können?

Wenn man dies so liest, mag es recht banal klingen. Doch leider erleben wir in der Praxis immer wieder, dass sich Data Scientists und Wissenschaftler gerade bei diesem Punkt sehr schwertun. Wenn wir selbst das Ergebnis unserer Arbeit spannend und interessant finden, unterliegen wir schnell dem Fehlschluss, dass es deswegen automatisch auch für andere interessant sein muss. Doch genau hier gilt es, eine Transferleistung zu erbringen: Wir müssen uns in unsere Zielgruppe hineinversetzen, deren Bedürfnisse verstehen und dann den Mehrwert unserer Arbeit daraufhin ausrichten.

Neben der Gestaltung und Evaluation von Maßnahmen als wesentliches Ergebnis unserer Arbeit kommen aber meist auch neue Fragestellungen auf. Dann können wir unsere Arbeit als Data Scientists fortsetzen und werden eine neue Iteration starten, bei der wir uns wieder an den fünf Phasen aus unserem Prozessmodell (siehe Abbildung 1-1 auf Seite 30) orientieren können. Entsprechend beginnen wir mit dem Design der nächsten Phase und legen dabei unter anderem die Forschungsfragen und -ziele fest.

KAPITEL 8

Aspekte einer Basisinfrastruktur

Sie haben nun in der Theorie die wesentlichen Schritte eines Data-Science-Projekts kennengelernt. In Kapitel 9, *Hands-on: Beispielprojekt*, werden wir ein kleines, aber vollständiges Beispiel mit Daten durchführen. Was uns als Überleitung dazu noch fehlt, ist ein erstes Grundverständnis der Technologien und Tools, die wir für einfache Data-Science-Projekte nutzen können. Die Landschaft der Tools und Technologien im Bereich Data Science erweitert sich seit Jahren und ist inzwischen extrem unübersichtlich geworden. Es kann daher nicht das Ziel sein, alle möglichen Tools zu beherrschen, wir müssen uns stattdessen auf Werkzeuge konzentrieren, die gut zu unserer Fragestellung passen, aber im Idealfall auch über verschiedene Projekte hinweg wiederverwendbar sind.

In diesem Kapitel geht es um eine Auswahl an Tools für kleinere Projekte, wie sie auch ein einzelner Data Scientist umsetzen kann. Dabei werden wir darüber hinaus alternative Tools oder Technologien aufzeigen, ohne diese im Detail zu besprechen. Wir hoffen, damit trotzdem einen möglichst guten Überblick geben zu können. Des Weiteren werden wir das Thema Tools und Technologien auch noch in Teil III des Buchs vertiefen, wenn wir uns mit technischen Infrastrukturen und Architekturkonzepten für große Projekte beschäftigen.

Datenformate und Datenbanken

Grundsätzlich haben wir für die Speicherung von Daten zunächst die Möglichkeit, diese lokal auf der Festplatte als Dateien abzulegen, wobei es sich bei den Dateien entweder um reine *Textdateien* (z.B. CSV-Tabellen) oder sogenannte *Binärdateien* (z.B. Excel-Tabellen) handeln kann. Alternativ kann auch ein Datenbanksystem zum Einsatz kommen, wobei wir primär zwischen den seit Jahrzehnten etablierten SQL-Datenbanken und neueren NoSQL-Datenbanken unterscheiden. Diese vier Optionen werden auch noch einmal in Abbildung 8-1 dargestellt und sollen im Folgenden genauer betrachtet werden.

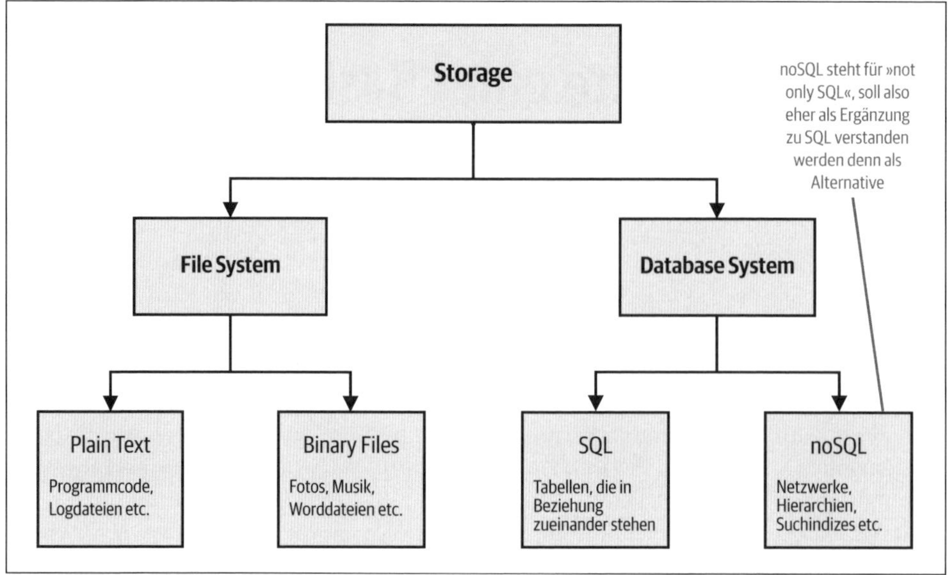

Abbildung 8-1: Grundoptionen für das Speichern von Daten: Im Wesentlichen unterscheiden wir dabei Speicheroptionen im Dateisystem (File System) und im Datenbanksysteme (Database System).

Plain Text

Reine Textdateien zeichnen sich dadurch aus, dass wir sie mit einem normalen Texteditor wie VS Code (*https://code.visualstudio.com/*) öffnen und einen sinnvollen (menschenlesbaren) Inhalt sehen. Dabei können wir in reinen Textdateien geschriebenen Text, hierarchische Daten oder auch Tabellen darstellen. Tabelle 8-1 gibt einen Überblick über mögliche Dateiformate. Aus der Data-Science-Perspektive ist das Gute an *Plain Text* nicht nur, dass wir ihn einfach in einem Editor öffnen können, sondern auch, dass er sich leicht in Programme einlesen lässt – entweder weil es schon gute Parser (Skripte zum Einlesen von Daten) für solche Programme gibt oder weil wir selbst einen Parser mit überschaubarem Aufwand schreiben können.

Tabelle 8-1: Überblick über Dateiformate

Inhalt	Struktur	Mögliche Dateiformate
normaler Text	unstrukturiert	reine Textdatei (*.txt*)
Text mit Formatierung	semistrukturiert	HTML (*.html*) oder Markdown (*.md*)
hierarchische Daten	semistrukturiert	JSON (*.json*) oder XML (*.xml*)
Tabellen	semistrukturiert	CSV (*.csv*, *.tsv*)
Tabellen	strukturiert	Tabular Data Package (*.csv* für Daten + *.json* für die Strukturdefinition)

Binary Files

Viele Programme nutzen binäre Formate, um Daten möglichst effektiv in die Nullen und Einsen zu codieren, die ein Computer bzw. eine Festplatte erwartet. Leider sind wir hier meist auf Tools angewiesen, die solche Daten einlesen können. Eine Excel-Datei beispielsweise können wir nicht einfach in einem Texteditor öffnen – andererseits ist Excel so weit verbreitet, dass es in den gängigen Statistikpaketen und -tools bereits eingebaute Funktionen zum Einlesen von Excel-Dateien gibt. Dabei sehen wir häufig, dass beim Einlesen nur ein Teil der Informationen aus der Originaldatei übernommen werden kann. Ein gängiger »Fehler« aus der Praxis ist dabei die Verwendung von Farben in Excel, um bestimmte Inhalte zu markieren, die aber beim Import in vielen Statistiktools nicht übernommen werden, womit Informationen verloren gehen. Auch für die Arbeit im Data-Science-Bereich wurden spezielle Dateiformate entwickelt, beispielsweise Apache Parquet[1] für die optimierte Speicherung von tabellarischen Daten oder ONNX[2] für den Austausch von Machine-Learning-Modellen.

SQL-Datenbanken

Für relationale Datenbanken hat sich die *Structured Query Language* (SQL) als Standard durchgesetzt. SQL wurde bereits in den 1970er-Jahren entwickelt, bildet aber bis heute die wesentliche Grundlage für Webanwendungen und Unternehmensdatenbanken. Relationale Datenbanken halten Daten strukturiert vor. Besonders beliebte SQL-Datenbanken sind beispielsweise PostgreSQL, MySQL, der SQL-Server von Microsoft oder auch SQLite.

NoSQL

NoSQL wird fälschlicherweise gern als Nicht-SQL-Datenbank missverstanden, dabei steht die Abkürzung für Not-only-SQL, also für Datenbanken, die als Ergänzung zu SQL gedacht sind. Hierbei wird noch einmal deutlich, wie dominant SQL-Datenbanken in der Softwarewelt sind. Populäre NoSQL-Datenbanken sind etwa Redis (ein Key-Value-Store, der beispielsweise für die Steuerung automatisierter Aufgabenlisten verwendet werden kann), MongoDB (eine Dokumentendatenbank insbesondere für JSON-Objekte) oder ElasticSearch (ebenfalls dokumentenorientiert, aber mit einem starken Fokus auf Volltextsuche).

Datenverarbeitung und Analyse

Tools für die Arbeit mit Daten unterscheiden sich primär darin, ob sie mit oder ohne Code arbeiten. Als No- oder Low-Code-Tools können wir beispielsweise Excel oder

1 *https://parquet.apache.org/*

2 *https://onnx.ai/*

KNIME[3] bezeichnen. Codebasiert sind hingegen Statistikpakete, die entweder direkt als Teil einer bestehenden Programmiersprache entwickelt wurden (so ist für die Programmiersprache Python inzwischen ein ganzes Ökosystem für Data Science entstanden), oder Programmiersprachen wie R, die gezielt für statistische Berechnungen entwickelt wurden. Im Folgenden wollen wir uns primär die Möglichkeiten von Python anschauen, da dies die inzwischen führende Programmiersprache unter Data Scientists ist, und entsprechend darin Beispiele entwickeln.

Bei der Entscheidung für ein Tool sind zwei Fragen abzuwägen: No-Code-Tools sind häufig sehr intuitiv und ermöglichen selbst Anfängerinnen und Neulingen, schnell erste Ergebnisse zu erzielen (siehe auch den Abschnitt »Literacy, Enablement und Citizen Data Science« auf Seite 282). Die Einarbeitung in eine Programmiersprache wie Python oder R ist hingegen mit sehr viel mehr Aufwand verbunden, bevor man überhaupt einen Datensatz eingelesen hat, geschweige denn vorzeigbare Analysen produziert. Hat man den initialen Aufwand aber erst einmal geleistet, sind solche Tools um ein Vielfaches effektiver, schneller und vor allem flexibler zu nutzen. Um diesen Trade-off abzumildern, bieten viele grafische Tools die Möglichkeit, auch Code (beispielsweise in der Sprache Python) einzubinden. Jedoch bleibt einem spätestens dann die Einarbeitung in die jeweilige Programmiersprache nicht mehr erspart.

Ein weiterer Aspekt ist der Schritt von den ersten Analysen über das Training komplexer Modelle bis zu dem Punkt, an dem wir diese Modelle in Produktion bringen wollen (siehe Teil III, *Infrastruktur und Architektur*). Für schnelle erste Analysen können wir gut auch einfache grafische Tools nutzen. Wenn wir das Modell hingegen in eine größere Softwareinfrastruktur integrieren wollen, werden wir es in den meisten Fällen auch entsprechend codebasiert umsetzen müssen.

Collaboration und Arbeit in der Cloud

Die meisten Data-Science-Projekte werden im Team bearbeitet. Daher ist es sinnvoll, sich frühzeitig Gedanken um Tools für die Zusammenarbeit (Collaboration) zu machen. Dabei lohnt es sich, jeweils zumindest mit einem Tool für die Verwaltung von Code, für die Bereitstellung von Daten, für das Management von Projekten und für die Dokumentation der Ergebnisse zu beginnen. Dieses Grundset an Tools kann natürlich nach Belieben erweitert werden. Die folgende Auflistung ist entsprechend als Empfehlung zu sehen:

Code-Repository

Git (*https://git-scm.com/*) hat sich als Standard für das Versionieren von Programmcode bei Softwareentwicklerinnen und -entwicklern sowie Data Scientists durchgesetzt. Git beinhaltet die Möglichkeit, verschiedene Versionsstände zu verwalten und dabei über sogenannte Repositorien im Team an einer gemeinsamen Codebasis zu arbeiten. Angebote wie GitHub (*https://github.com/*),

3 *https://www.knime.com/*

Bitbucket (*https://bitbucket.org/*) und GitLab (*https://about.gitlab.com/*) bieten Repositorien kostengünstig und pflegeleicht als *Software-as-a-Service* (SaaS) an, meist noch in Kombination mit entsprechenden Tools für das Projektmanagement und die Dokumentation von Projekten.

Projektmanagement
Als Einstieg in die Welt der Projektmanagementtools bietet sich eine Kombination aus einem Issue-Tracker und einem Kanban-Board (siehe Kapitel 14, *Hands-on: Empfohlenes Toolkit für das Data-Science-Management*) an. Im Issue-Tracker werden zunächst neue Ideen, aber auch Fehler (Bugs) dokumentiert und können dann auf dem Kanban-Board organisiert werden. GitHub und GitLab haben beides eingebaut, Atlassian (*https://www.atlassian.com/*) bietet zu Bitbucket entsprechend passende Produkte wie Jira.

Datenbereitstellung und -dokumentation
Data-Science-Projekte leben ganz wesentlich von der Bereitstellung von Daten, wobei wir aber auch schon gesehen haben, dass der Wert von Daten in der Nachnutzung von der Dokumentation abhängt. Datenmanagementtools wie CKAN (*https://ckan.org/*) können hier eine gute Option sein. In der Programmierung mit Python hat sich Sphinx (*https://www.sphinx-doc.org/*) als Dokumentationssystem durchgesetzt, das durch die Integration von Jupyter Notebooks auch zu einer ausgezeichneten Option für Data Science geworden ist.

Digitales Office
In jedem Fall werden wir auch die klassischen Tools des digitalen Arbeitens benötigen, von E-Mail und Kalender über Ablagemöglichkeiten für Dateien und Tools bis hin zum kollaborativen Arbeiten an Dokumenten.

KAPITEL 9

Hands-on: Beispielprojekt

In diesem Kapitel sehen wir uns ein vollständiges Beispiel dazu an, wie wir eine Datenanalyse in Python praktisch umsetzen können. Dabei orientieren wir uns an der Struktur des Impact-Distillery-Prozessmodells, dargestellt in Abbildung 1-1 auf Seite 30. Die Codebeispiele in diesem Kapitel sollen primär der Veranschaulichung dienen, wie eine solche Analyse in einer Programmiersprache wie Python umgesetzt werden kann. Dabei werden gegebenenfalls Zwischenschritte oder Konfigurationen weggelassen, die hier für das Verständnis nebensächlich sind. Das vollständige Codebeispiel findet sich auf der Webseite zum Buch (*https://datasciencemanagement.de/*).

Studiendesign

Ausgangsbasis für das folgende Beispiel ist eine Zeitreihenanalyse, an der wir vor einigen Jahren gearbeitet haben und die mehr Fragen als Antworten mit sich brachte. Konkret geht es um Selbstständige in Deutschland, wobei der Ausgangsdatensatz einfach die Anzahl der Selbstständigen von 1957 bis 2007 beinhaltete, jeweils als ein Wert pro Jahr, der noch nach Geschlecht (männlich/weiblich)[1] ausdifferenziert war. Abbildung 9-1 gibt einen visuellen Überblick über die Datenbasis.

Das Problem an dieser Darstellung ist, dass wir im Jahr 1990 einen sehr großen Sprung in unseren Daten haben. Gleichzeitig war 1990 das Jahr der deutschen Wiedervereinigung. Entsprechend stellt sich die Frage, ob der Sprung im Jahr 1990 vielleicht gar nicht daran liegt, dass plötzlich besonders viele Deutsche eine Selbstständigkeit aufgenommen haben, sondern dass sich unsere Grundgesamtheit durch das Hinzukommen der Menschen aus der ehemaligen DDR erklären lässt. Kurz gesagt, lautet unsere Forschungsfrage hier: Entspricht die Zunahme dem Anteil der selbstständigen Bevölkerung der ehemaligen DDR?

1 Die offizielle Statistik arbeitet hier leider immer noch mit einem binären Verständnis von Geschlecht, was wiederum ein Beispiel dafür ist, wie wichtig es ist, Daten nicht nur zu analysieren, sondern dabei auch immer zu hinterfragen, mit welchem Weltbild und welchen Methoden diese erhoben wurden.

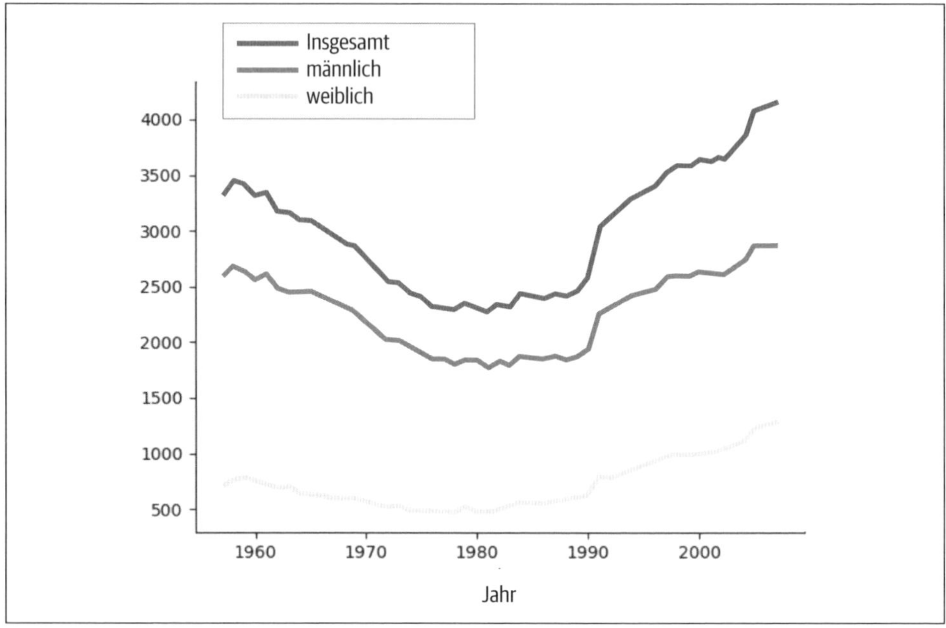

Abbildung 9-1: Einfache Darstellung der Datenbasis

Denken wir an die iterative Herangehensweise, wie wir es im Abschnitt »Iteratives und inkrementelles Vorgehen« auf Seite 122 genauer beschreiben, dann starten wir mit einem Projekt also nicht komplett bei null, sondern haben quasi bereits eine erste Iteration hinter uns, die nun aber neue Fragen aufwirft, die wir in der folgenden Iteration beantworten wollen.

Datenbeschaffung und -aufbereitung

Wenn es um Daten zur deutschen Bevölkerung geht, stehen uns häufig gute öffentliche Datenquellen zur Verfügung. Wir können hier also auf hochwertige Sekundär- und Tertiärdaten hoffen (siehe Abschnitt »Datenquellen und Datenerhebung« auf Seite 45). Konkret werden wir an zwei Orten fündig: im *Statistischen Jahrbuch*, das das Bundesamt für Statistik herausgibt[2], und auf dem *Datenportal von Bund und Ländern* (GovData), wo wir eine Quelle vom Bundesministerium für Bildung und Familie (BMBF) finden.[3]

Für unsere Fragestellung passen die Daten des BMBF sehr gut, die die Anzahl der Selbstständigen sowohl nach alten und neuen Bundesländern als auch nach Geschlecht differenziert darstellen. Des Weiteren bildet der Datensatz den Zeitraum von 1960 bis 2020 ab, was gut zu unserer Fragestellung passt.

2 *https://www.destatis.de/DE/Themen/Querschnitt/Jahrbuch/_inhalt.html*

3 *https://www.govdata.de/web/guest/suchen/-/details/erwerbstatige-nach-der-stellung-im-beruf-und-geschlecht*

Nachdem wir den Datensatz von der Webseite des BMBF heruntergeladen haben[4], können wir ihn zunächst mit einem Tabellenverarbeitungsprogramm wie Excel oder LibreOffice Calc öffnen, um einen ersten Blick in die Daten zu werfen. Dabei fällt uns auf, dass die Datei leider nicht den Vorgaben bezüglich eines reinen relationalen Datensatzes (siehe Abschnitt »Strukturierte Daten« auf Seite 37) entspricht, sondern noch Rahmenelemente wie Überschriften und Fußnoten beinhaltet. Diese Rahmenelemente müssen wir als ersten Aufbereitungsschritt löschen (in diesem Fall manuell in LibreOffice), um die Daten anschließend für die weitere Verarbeitung in Python als neue CSV-Datei abzuspeichern.[5]

Die Rahmeninformationen aus dem ursprünglichen Datensatz, wie beispielsweise die Fußnoten, sollten wir aber auf keinen Fall ignorieren, nur weil wir sie für den Import aus der Datei entfernen müssen. Dort stehen wesentliche Informationen, die teilweise zu unserer Forschungsfrage passen. Beispielsweise ist angemerkt, dass bis 2004 Ostberlin noch Ostdeutschland und Westberlin weiterhin Westdeutschland zugeordnet wurde, seit 2005 hingegen als Ganzes zu Ostdeutschland gerechnet wird. Die Effekte der Wiedervereinigung scheinen sich also noch bis 2005 auf die Darstellungen in den Daten auszuwirken.

Im Rahmen der Qualitätssicherung (siehe Abschnitt »Datenqualität und verwandte Herausforderungen« auf Seite 75) analysieren wir außerdem, ob unser Datensatz fehlende Werte enthält. Tabelle 9-1 zeigt dazu eine Übersicht. Dabei sehen wir, dass nur die Werte für Westdeutschland vollständig sind, während die Daten für Ostdeutschland und entsprechend für alle Länder jeweils 15 fehlende Werte aufweisen. Ein genauerer Blick in die Daten macht deutlich, dass es sich dabei um die Werte von vor der Wiedervereinigung handelt. Wir haben nun also für Westdeutschland einen vollständigen Datensatz von 1960 bis 2020 (wobei wir bei genauerem Blick feststellen, dass für den Zeitraum von 1960 bis 1980 nur Werte für jedes fünfte Jahr zur Verfügung stehen), während die Daten für Ostdeutschland lediglich für den Zeitraum von 1991 bis 2020 zur Verfügung stehen.

Tabelle 9-1: Tabelle mit den fehlenden Werten

Region	Fehlende Werte
Länder insgesamt	15
Ostdeutsche Länder	15
Westdeutsche Länder	0

4 *https://www.datenportal.bmbf.de/portal/de/Tabelle-0.26.html*

5 Das Skript und die so erzeugten Daten stehen als Teil des Beispiels auf unserer Webseite bereit (*https://datasciencemanagement.de/*).

Ob fehlende Werte, wie hier beschrieben, ein Problem für unsere Analysen darstellen, lässt sich immer nur im Hinblick auf unsere Fragestellung beantworten. Nachdem uns vor allem interessiert, ob der Anstieg 1990 durch das Hinzukommen der ostdeutschen Selbstständigen oder eine Zunahme an Selbstständigen in Westdeutschland zu erklären ist, sollten die fehlenden Werte für uns unproblematisch sein.

Weiterhin fällt auf, dass im Datensatz zunächst die Werte für Westdeutschland aufgelistet werden, darunter die Werte für Ostdeutschland und ganz unten die Werte für die Länder insgesamt, das alles jeweils mit einer Zeile pro dokumentiertes Jahr. Diese Darstellung wird häufig als *Long Format* bezeichnet, weil der Datensatz auf diese Weise potenziell sehr lang werden kann. Für eine effiziente Darstellung der Analyse übertragen wir diese Daten in das *Wide Format*, indem wir die Werte für West-, Ost- und Gesamtdeutschland jeweils in einzelne Spalten nebeneinander abtragen, dann jeweils nur noch mit einer Zeile pro Jahr im gesamten Datensatz (siehe Tabelle 9-2).

Tabelle 9-2: Darstellung der Selbstständigenzahlen (in Tsd.)

Jahr	Länder insgesamt	Ostdeutschland	Westdeutschland
1985			2.424
1986			2.403
1987			2.426
1988			2.422
1989			2.463
1990			2.580
1991	3.037	348	2.689
1992	3.091	392	2.699
1993	3.175	429	2.746
1994	3.288	465	2.823
1995	3.336	486	2.850

Analyse der Daten

Bei der Analyse der Daten konzentrieren wir uns auf eine visuelle Darstellung, konkret auf den Nachbau der Ausgangsgrafik (siehe Abbildung 9-1 oben). Nachdem wir den Datensatz am Ende des letzten Abschnitts bereits für unsere Analysen entsprechend aufbereitet hatten, können wir ihn nun direkt als Liniendiagramm darstellen (siehe Abbildung 9-2).

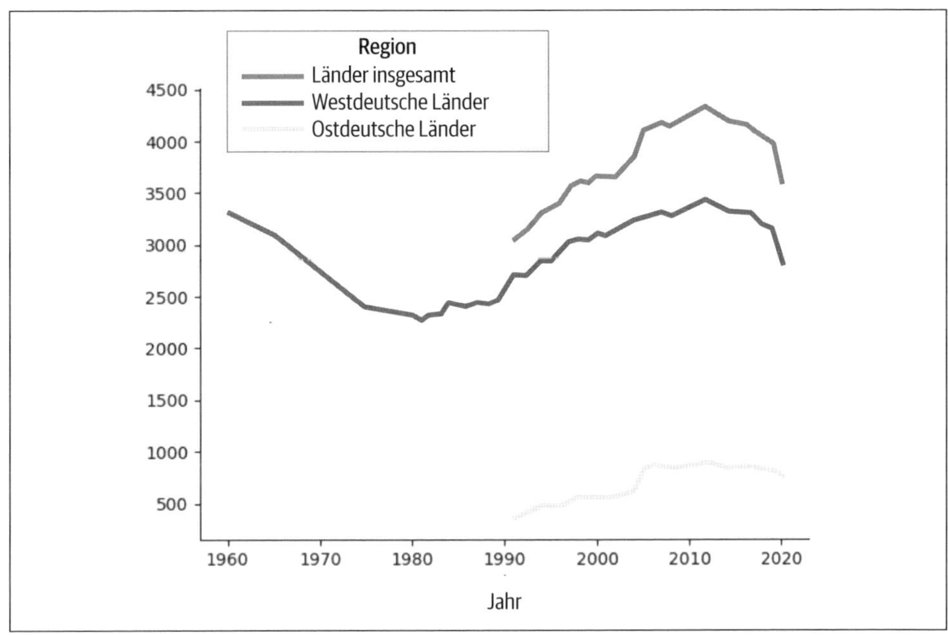

Abbildung 9-2: Darstellung der neuen Datenbasis

Dokumentation und Reporting

Bei der Dokumentation unseres Projekts haben wir zwei Zielgruppen im Auge (siehe die Infobox »Datenbasierter Report« auf Seite 84): Data Scientists, die unsere Analysen später reproduzieren oder weiterentwickeln wollen, und diejenigen, die sich inhaltlich für unsere Ergebnisse interessieren. Für die Data Scientists können wir eine technische Dokumentation der Daten erstellen, wie wir es hier als Teil des Beispiels auf unserer Website gemacht haben (*https://datasciencemanagement.de*). Für alle anderen würden wir vermutlich eine verkürzte Fassung der Darstellungen schreiben oder als Foliensatz für eine Präsentation zusammentragen. In jedem Fall lohnt es sich aber auch, noch einmal etwas Zeit in die zentralen Grafiken zu investieren. Im Sinne des Data Storytelling (siehe Abschnitt »Storytelling und visuelle Kommunikation mit Daten« auf Seite 85) können wir unsere Grafiken aufräumen und wichtige Zusatzinformationen markieren. Entsprechend stellt Abbildung 9-3 noch einmal eine Weiterentwicklung der vorherigen Abbildung dar.

Konkret haben wir die folgenden Anpassungen vorgenommen:

- Die Legende wurde entfernt, und die Labels der drei Linien stehen nun direkt bei den jeweiligen Linien. So können die Labels nicht nur schneller zugeordnet werden, sondern wir können auch auf den Einsatz von Farben verzichten, was die Grafik nicht nur optisch ruhiger macht, sondern auch möglichen Problemen im Schwarz-Weiß-Druck oder für farbenblinde Menschen vorbeugt.

- Für kritische Ereignisse, konkret die Wiedervereinigung und die Anpassung der Zuordnung von Berlin, wurden Markierungen (vertikale Linie + Label) eingezeichnet, um diese schneller identifizierbar zu machen.
- Es wurden zusätzliche Rahmenelemente eingefügt, um die Grafik möglichst selbsterklärend zu gestalten. Der Titel erklärt den Inhalt, die y-Achse hat nun eine Beschriftung, und in einer Fußnote wird die Datenbasis referenziert.

Abbildung 9-3: Darstellung der neuen Daten mit relevanten Ereignissen

Handlungsempfehlung (Impact)

Ob sich direkt eine praktische Handlungsempfehlung aus diesen Analysen ergibt, würde sicherlich vom größeren Kontext abhängen. In jedem Fall lässt sich abschließend sagen, dass die ursprüngliche Analyse der Daten im Hinblick auf die neuen Erkenntnisse anzupassen ist. Konkret heißt das, dass der Sprung in den Zahlen von 1990 auf 1991 nicht durch einen besonders großen Anstieg der Anzahl an Selbstständigen in den alten Bundesländern zu erklären ist, sondern durch das Hinzukommen der Selbstständigen aus den neuen Bundesländern im Rahmen der deutschen Wiedervereinigung. Des Weiteren haben wir gesehen, dass die Wiedervereinigung sich darüber hinaus noch bis 2005 auf die Statistik auswirkt, erst ab dann wird Berlin vollständig zu Ostdeutschland gezählt.

TEIL II

Data-Science-Management

Die Voraussetzungen für die Umsetzung von Data-Science-Projekten haben Sie in Teil I, *Data-Science-Grundlagen* kennengelernt. Sie haben nun einen Überblick darüber, was Daten sind und wie wir diese analysieren können. Die Motivation für Unternehmen, Data-Science-Projekte in Erwägung zu ziehen, besteht häufig darin, die vorhandenen Daten zu analysieren, um darauf basierende Entscheidungen zu treffen. Doch reicht theoretisches Wissen darüber, wie Data Science funktioniert, nicht aus, um erfolgreiche Projekte mit Mehrwert umzusetzen.

In diesem Buchteil gehen wir auf Aspekte ein, die Data-Science-Projekte typischerweise ausmachen, und erläutern Herangehensweisen und Techniken, die es ermöglichen, diese erfolgreich abzuschließen. Zunächst lernen Sie häufig anzutreffende Gründe dafür kennen, dass Data-Science-Projekte scheitern, da wir an diesen Fallstricken ansetzen müssen, um ein Projekt erfolgreich zu managen. Data-Science-Management ist dabei die Disziplin, die sich herausgebildet hat, um als Schirm für folgende Bereiche zu dienen, die in diesem Teil des Buchs adressiert werden:

- grundlegende Projektmanagementaspekte
- Rollen und Aufgaben in Data-Science-Teams
- Führung, Mentoring und Coaching
- Tools für Data-Science-Management

Die Herausforderungen für ein erfolgreiches Projektmanagement im Bereich Data Science sind vielfältig und bislang kaum erfasst. Aus dem einen Blickwinkel können Data-Science-Projekte die Merkmale klassischer Projekte aufweisen, unterliegen also einem definierten Budget und sollten in einem abgegrenzten zeitlichen Rahmen durchgeführt werden. Vor dem Beginn des Projekts ist klar, was am Ende vorliegen soll und welche Erkenntnisse man gewinnen möchte. Man kann also sehr genau sagen, welche Meilensteine zu welchem Zeitpunkt erreicht werden sollten. Aus diesem Grund ist auch die Einhaltung eines Projektplans so wichtig, denn jede Abweichung vom Projektplan führt dazu, dass man aus dem zeitlich gesetzten Rahmen fällt und damit budgetäre Annahmen in Gefahr geraten.

Ein anderer Blickwinkel ist, dass wir es mit IT-Projekten zu tun haben. Viele der durchzuführenden Data-Science-Projekte benötigen Datenbanken, Datenverarbeitung, Cloud-Infrastruktur und Ähnliches, um zu funktionieren. Darüber hinaus sind IT-Projekte häufig mit einer Vielzahl technologischer Ungewissheiten verbunden. Dazu gehören die Konnektivität zu Datenquellen oder Infrastrukturkomponenten, Datenqualität und -formate und schlichtweg die Zeit, die benötigt wird, um diese Fragen zu klären. Darüber hinaus haben Data-Science-Projekte oft einen Forschungscharakter. Das heißt, die Lösung ist vielleicht klar, der Weg dahin allerdings unklar und muss iterativ erarbeitet werden (siehe Abschnitt »Agiles Anforderungsmanagement« auf Seite 125).

Bei der Planung von Projekten kann man eine Rumsfeld-Matrix wie die in Abbildung II-1 als einen »Canvas der Ungewissheiten« nutzen. Hier können wir Dinge eintragen, die uns bekannt sind und die wir umsetzen können (links oben), Dinge, von denen wir wissen, dass sie uns nicht bekannt sind (rechts oben), Dinge, die wir nicht wissen, für die wir aber potenzielle Informationsquellen kennen (links unten), und Dinge, von denen wir nicht wissen, dass es sie gibt oder dass sie passieren können. Die Rumsfeld-Matrix eignet sich gut, um bei IT-Projekten einen ersten Eindruck davon zu bekommen, welche Fähigkeiten oder Güter bereits vorhanden sind, was noch teilweise im Verborgenen liegt und was vollkommen unklar ist. Eine Besonderheit bei IT-Projekten ist, dass das technische Ziel klar sein kann, doch der Weg dorthin teilweise noch offen ist. Somit ist ein Projektplan aus dem klassischen Projektmanagement häufig nicht einzuhalten, wenn bekannte Ungewissheiten, unbekannte Gewissheiten oder gar unbekannte Ungewissheiten auf die Agenda kommen.

Bekannte Gewissheiten und erwartbare Dinge.

Ich weiß um ...

- Kosten für Hardware
- Lohnkosten
- Feiertage

Bekannte Ungewissheiten und Dinge, von denen wir wissen, dass wir sie nicht wissen.

Ich weiß, dass wir nichts über ... wissen.

- Kurs der Firmenaktie
- Krankheitstage und Ausfälle
- Änderung durch Kundenwünsche
- politische Veränderungen

Unbekannte Gewissheiten oder Dinge, die bislang fehlen.

Ich weiß nichts über ..., aber ich kenne jemanden, der/die mir helfen kann.

- DSGVO-konform?
- Technologie sinnvoll?
- Integrationsmöglichkeiten, Systemkompatibilität und Schnittstellen?

Unbekannte Ungewissheiten oder unerwartete Dinge.

Ich weiß nicht, ob ... passieren wird.

- Pandemie
- Naturkatastrophe

Abbildung II-1: Beispiel für eine Rumsfeld-Matrix oder den »Canvas der Ungewissheiten«[1]

1 Bill Fournet. »How to Use the ›Knowns‹ and ›Unknowns‹ Technique to Manage Assumptions«. *The Persimmon Group*, 2019, *https://thepersimmongroup.com/how-to-use-the-knowns-and-unknowns-technique-to-manage-assumptions/*

Darüber hinaus haben die meisten Data-Science-Projekte, wie schon erwähnt, den Charakter eines Forschungsprojekts. Sie sind häufig durch einen Zuwachs an Erkenntnis, durch das Erfassen komplexer Zusammenhänge und das Begreifen von schwer fassbaren Vorgängen motiviert. Sie dienen kurz gesagt dazu, Wissen zu schaffen. Wenn man bereits vor dem Data-Science-Projekt exakt wüsste, wie sich ein Prozess verhält, bräuchte man keine Data Science mehr. Anders gesagt: Würde man die Realität bereits kennen, bräuchten wir keine Modellierung, die uns dabei helfen soll, uns der Realität zu nähern. Wenn wir die monatlichen Umsatzzahlen des nächsten Kalenderjahres bereits kennen würden, müssten wir nicht den Aufwand betreiben, Modelle zu entwickeln, die uns dabei helfen, diese zu prognostizieren.

Data-Science-Projekte dienen also dazu, etwas zu erforschen, was bislang unbekannt oder nur teilweise bekannt ist. Wir nähern uns mit Modellen iterativ einem Zustand, von dem wir mit gewissen Einschränkungen annehmen, dass er ausreicht, um die Realität zu beschreiben. Die anfängliche Ungewissheit über den Ausgang des Data-Science-Projekts macht es beispielsweise schwierig, den zeitlichen Aufwand und damit das exakte Budget abzuschätzen. Und auch das ist ein entscheidender Grund, warum es so schwer ist, Data-Science-Projekte zu planen.

Data-Science-Projekte sind oft komplex, da sie gleichzeitig Charakteristika von klassischen Projekten, IT-Projekten und Forschungsprojekten haben. Atwal[2] schreibt, dass 60 bis 85 % der Big-Data-Projekte scheitern, und Gartner[3] prognostizierte für das Jahr 2022, dass 80 % der Datenanalysen keinen positiven Einfluss auf den Geschäftserfolg haben. Im selben Atemzug sagen laut Gartner allerdings auch 90 % der Unternehmen, dass Informationen kritisch für ihr Geschäft und analytische Fähigkeiten essenziell sind.

In Kapitel 10, *Fallstricke für Data-Science-Projekte*, gehen wir auf diese vermeintliche Schieflage ein. Zunächst betrachten wir häufige Fallstricke, um uns in den folgenden Kapiteln Theorie und Werkzeuge zu erschließen, die dabei helfen können, diese Herausforderungen zu überwinden.

---

2 H. Atwal (2020). *Practical DataOps: Delivering Agile Data Science at Scale*. Apress, *https://doi.org/10.1007/978-1-4842-5104-1*

3 A. White. »Our Top Data and Analytics Predicts for 2019«. *Gartner*, 2019, *https://blogs.gartner.com/andrew_white/2019/01/03/our-top-data-and-analytics-predicts-for-2019/*

KAPITEL 10

Fallstricke für Data-Science-Projekte

Es gibt viele Möglichkeiten, warum Projekte scheitern können. Unabhängig von einer guten Planung gibt es bei Data-Science-Projekten allerdings ein paar Besonderheiten, die dazu führen können, dass das Ziel eines Projekts nicht erreicht werden kann. Diese lassen sich grob einordnen in Fallstricke in der Technologie und der Infrastruktur, bei der Modellierung und im Management, die wir im Folgenden beschreiben.

Fallstricke in Technologie und Infrastruktur

In vielen Projekten wird bei der Planung des Projektablaufs der Aufbau von Infrastruktur, die technischen Herausforderungen und alles, was in diesem Bereich schiefgehen kann, unterschätzt. Das liegt nicht nur an der technischen Komplexität, sondern häufig auch an den Menschen selbst. Meist muss man vor Projektbeginn mit Fachleuten abschätzen, wie groß der zeitliche Aufwand ist, eine Teilaufgabe zu realisieren. Dabei verschätzen sich ungeübte, aber auch geübte Menschen – in den häufigsten Fällen nach unten, sie unterschätzen also den Aufwand.

Die 3-i-Regel

In Projekten nutzen wir häufig die 3-i-Regel: *Irgendwas ist immer*. Diese wiederholen wir bei der Sprintplanung mantraartig und korrigieren unseren zeitlichen Aufwand nach oben. Andere sagen sogar, dass man die ursprüngliche Schätzung einfach mit Pi multiplizieren sollte, um dem tatsächlichen Aufwand näherzukommen.

In der agilen Softwareentwicklung gibt es auch die Möglichkeit, nicht nach zeitlichem Aufwand, sondern nach Komplexität oder nach Risiko zu schätzen. Man schätzt also, wie komplex eine Aufgabe im Vergleich zu anderen ist.

Data Engineering wird unterschätzt

Sowohl bei Managerinnen und Managern als auch bei Data Scientists kann man beobachten, dass der Aufwand für Data Engineering und die Bereitstellung von (Cloud-)Infrastruktur systematisch unterschätzt wird. Dies kann mit Unwissenheit oder mit einem Mangel an Erfahrung zu tun haben, um die technische Herausforderung richtig einzuschätzen. Zum anderen kann dies aber auch mit mangelnder Datenqualität, komplexen Security- und Compliance-Vorgaben und einem sich stetig weiterentwickelnden Toolset zusammenhängen.

In fast allen Unternehmen werden wir heute mindestens partiell eine mangelhafte Datenqualität vorfinden. Vermutlich ist das Problem jedoch größer, als Studien zeigen, da sich die Unternehmen mitunter nicht bewusst sind, dass dies ein Thema ist. Die Datenqualität wird eine der größten Herausforderungen der nächsten Jahre sein – insbesondere weil dies eine vielfältige Herausforderung ist, wie wir in Abbildung 10-1 sehen.

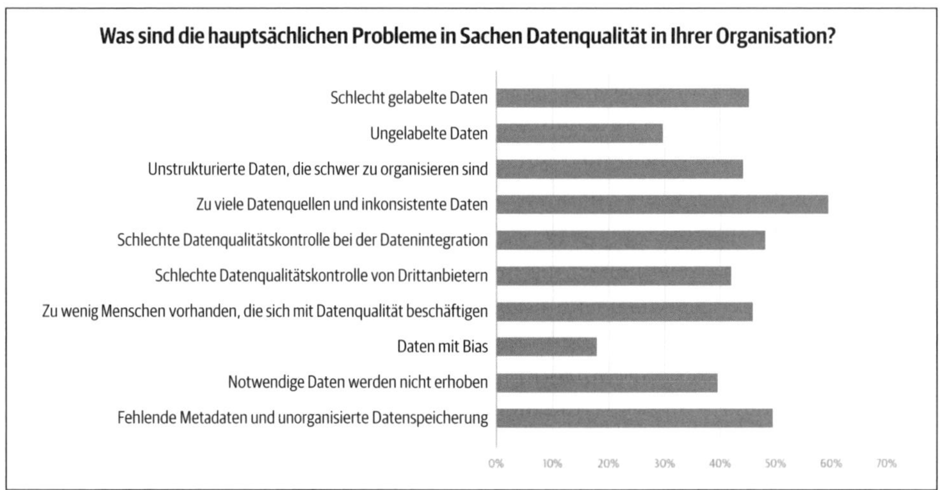

Abbildung 10-1: Ergebnisse einer Umfrage[1], in der herausgefunden werden sollte, welche Probleme die Befragten bei der Datenqualität in ihrem Unternehmen sehen

Datensilos

Historisch gewachsen oder durch die organisatorische Struktur gegeben, befinden sich Datenquellen in Unternehmen oft in unterschiedlichen Abteilungen. Insbesondere in größeren Unternehmen werden dabei zum Beispiel Datenbanken eingesetzt, die mitunter auf unterschiedlichen Technologien (zum Beispiel SAP, Oracle, Snowflake, Redshift usw.) basieren. Die Herausforderung hierbei liegt also darin, dass man bei einer geplanten Nutzung dieser heterogenen Daten angepasste Daten-

1 R. Magoulas und S. Swoyer. »The State of Data Quality in 2020«, *https://www.oreilly.com/radar/the-state-of-data-quality-in-2020/*

integratoren benötigt. Das kann zu zeitlichen Verzögerungen führen (siehe auch den Abschnitt »Data Engineering wird unterschätzt« auf Seite 106).

Allerdings können wir auch häufig beobachten, dass Menschen sprichwörtlich auf den Daten sitzen. Daten werden dabei als »Schatz« verstanden, den es zu verteidigen gilt. Der Besitz der Daten kann dabei möglicherweise als Machtposition gegenüber anderen genutzt werden und verleitet deshalb Menschen, diese nicht oder nur unter bestimmten Bedingungen freizugeben. Mitunter kann es sogar passieren, dass Menschen sich durch die Herausgabe von Daten bedroht fuhlen. Sie fürchten sich davor, dass ihre Arbeit (an den Daten) transparent wird und sie negativ bewertet werden. Diese Gefahr besteht dabei nicht nur einmalig. Bei einer Offenlegung von Datensilos werden die Verantwortlichen fortan ständig geprüft, hinterfragt und auch kritisiert. Diese Ängste sollte man ernst nehmen (siehe auch den Abschnitt »Change Management« auf Seite 245).

Fallstricke in der Modellierung

Der Auswahl des richtigen Modells wird manchmal zu wenig Aufmerksamkeit geschenkt. Durch die Erfahrungen, die Data Scientists mitbringen, haben sie oft schon eine Richtung im Kopf. Das kann von Vorteil sein, da sie sich mit dieser Methode auskennen. Es kann allerdings auch ein ungeeignetes Vorgehen sein: Die Modellwahl durch Menschen unterliegt manchmal einem Bias, da wir auf das zurückgreifen, was wir kennen. Das Wissen um diesen Fallstrick kann helfen, ihn zu umgehen.

Modellierung

Üblicherweise müssen bei der Modellierung drei Dinge passieren:

- Datenauswahl und Selektion der gewünschte Merkmale (Feature Engineering)
- Auswahl geeigneter Modelle
- Anpassung der Parameter des Modells, um es für den Anwendungsfall optimal zu nutzen (Hyperparameteroptimierung)

Die Hyperparameteroptimierung kann mitunter zeitaufwendig sein. Deshalb gibt es Verfahren wie die Rastersuche (*Grid Search*), die Zufallssuche (*Random Search*), die bayessche Optimierung oder auch die evolutionäre Optimierung. Zu allen Methoden gibt es jeweils auch Softwarepakete für Python (und andere), die einen Großteil der Arbeit übernehmen.

Zu komplexe Modelle

Komplexe Modelle werden zu häufig für einfache Herausforderungen genutzt. Oft helfen bereits einfache lineare Regressionen oder Ähnliches, um ein Problem anzugehen. Einige weitere nicht lineare Iterationen in der Parameteranpassung können helfen, sich einem passenden Modell zu nähern. Je komplexer die Modelle allerdings werden, desto weniger können wir sie erklären (*Explainable AI*, siehe dazu die Infobox »Responsible AI« auf Seite 264) – und das, obwohl sie präziser werden (siehe Abbildung 10-2), was grundsätzlich erstrebenswert ist. Es gilt, einen Mittelweg zwischen Over- und Underfitting (siehe dazu den Abschnitt »Datenqualität und verwandte Herausforderungen« auf Seite 75) zu finden und damit die Methode auszuwählen, die ausreichend präzise für das Problem ist, das Analyse- oder Projektziel auch anhand der Datengrundlage erreichen kann und gleichzeitig die gewünschte Transparenz über die Entscheidungen des Algorithmus bietet.

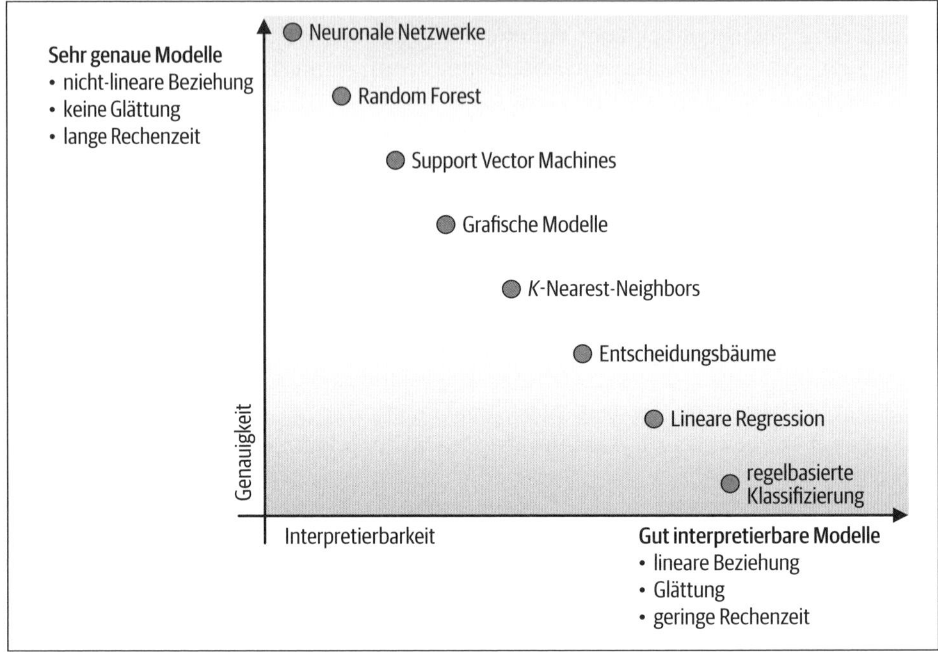

Abbildung 10-2: Gegenüberstellung der Interpretierbarkeit (x-Achse) und der Genauigkeit (y-Achse) verschiedener Modellierungsansätze[2]

Fluch der Dimensionalität

Beim Machine Learning werden Features für das Modell bestimmt, die im mathematischen Sinne Dimensionen sind. Der von Richard Bellmann eingeführte »Fluch der Dimensionalität« bedeutet dabei, dass mit jedem Hinzufügen von Features, also Dimensionen, die vermeintlich dazu dienen, das Modell zu optimieren, die Anzahl der Datenpunkte mitunter exponentiell steigt.[3] Das wiederum hat einen negativen Ein-

2 Abbildung verändert nach M. E. Morocho-Cayamcela, H. Lee und W. Lim (2019). »Machine Learning for 5G/B5G Mobile and Wireless Communications: Potential, Limitations, and Future Directions«. DOI: 10.1109/ACCESS.2019.2942390.

3 L. Chen. »Curse of Dimensionality«. In: Liu, L., Özsu, M.T. (eds) (2009). *Encyclopedia of Database Systems*. Springer, Boston, MA, *https://doi.org/10.1007/978-0-387-39940-9_133*

fluss auf die Rechenleistung, die benötigt wird, um das Problem zu lösen (siehe Abbildung 10-3). Zudem fügen wir mitunter Redundanz und Datenrauschen dem zugrunde liegenden Datensatz hinzu.[4] Im schlimmsten Fall bedeutet dies, dass sich die Analyseergebnisse verzögern, da die Rechenkapazität der Infrastruktur falsch eingeschätzt wurde oder gar zeitliche Projektziele verschoben werden müssen.

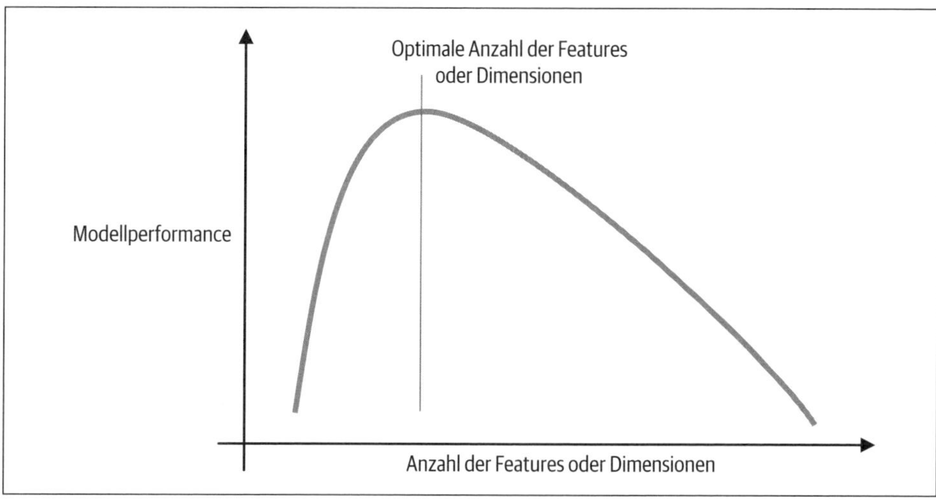

Abbildung 10-3: Das Hughes-Phänomen beschreibt, dass mit zusätzlichen Beobachtungen weiterer Merkmale (Features bzw. Dimensionen) die Performance des Modells erst stark steigt, ab einem gewissen Punkt aber wieder abnimmt.[5]

Ausreißer

Oft wird im Dialog zwischen Fachbereichen und Data Scientists deutlich, dass die jeweiligen Fachleute Erfahrungs- und Erwartungswerte haben, die die Daten bzw. die Modellierung nicht widerspiegeln. Diesem Konflikt zwischen Fachwissen und Evidenz wird in manchen Fällen durch Parameteranpassung, aber auch durch Missachtung von Ausreißern begegnet. Modelle werden durch das Ignorieren von Ausreißern geglättet und erfüllen dann beispielsweise eher die Erwartungen, wodurch die Fachbereiche in ihrer Expertise nicht infrage gestellt werden und die Data Scientists gutes Feedback bekommen. Allerdings liegt insbesondere in der Analyse von Ausreißern oft ein mächtiger Hebel, um Modelle zu interpretieren bzw. zu evaluieren. Wenn diese Möglichkeit ungenutzt bleibt, kann das zu Fehlinformationen durch das Modell führen, wodurch das ganze Projekt im schlimmsten Fall an Glaubwürdigkeit einbüßen kann.

4 Sh. Karanam. »Curse of Dimensionality – A ›Curse‹ to Machine Learning«. *Towards Data Science*, 2021, *https://towardsdatascience.com/curse-of-dimensionality-a-curse-to-machine-learning-c122ee33bfeb*

5 Abbildung nach G. Hughes. »On the Mean Accuracy of Statistical Pattern Recognizers«. In: *IEEE Transactions on Information Theory*, vol. 14, no. 1, pp. 55–63, Januar 1968, DOI: 10.1109/TIT.1968.1054102.

Fallstricke im Management

Die häufigsten Ursachen für das Scheitern von Projekten liegen weniger in einer mangelhaften Technik oder einer falscher Methodik. Vielmehr stehen sich die Menschen selbst im Weg. Komplexe soziale Konstrukte, zwischenmenschliche Konflikte, fehlendes Wissen und Fähigkeiten oder Überlastung gehören zu den kritischen Punkten für Data-Science-Projekte. Die hier beschriebenen Herausforderungen lassen sich mitunter nicht ganz einfach auflösen. Jedoch ist es gut, dass Sie als Leserin oder Leser darum wissen, um dies zukünftig besser machen zu können und präventiv zu agieren bzw. retrospektiv aufzuarbeiten.

Law of Instrument

Bei Digitalisierungsprojekten im Allgemeinen kann man häufig die Anwendung des *Law of Instrument* beobachten, dessen Urheberschaft nicht eindeutig geklärt ist. Diese Gesetzmäßigkeit besagt, dass, wenn man einen Hammer als Werkzeug hat, jedes Problem wie ein Nagel aussieht. Übertragen bedeutet dies, dass man versucht, jede Herausforderung, die man wahrnimmt, mit einer digitalen Lösung zu überwinden – und das, obwohl einfachere Lösungen zu präferieren wären.

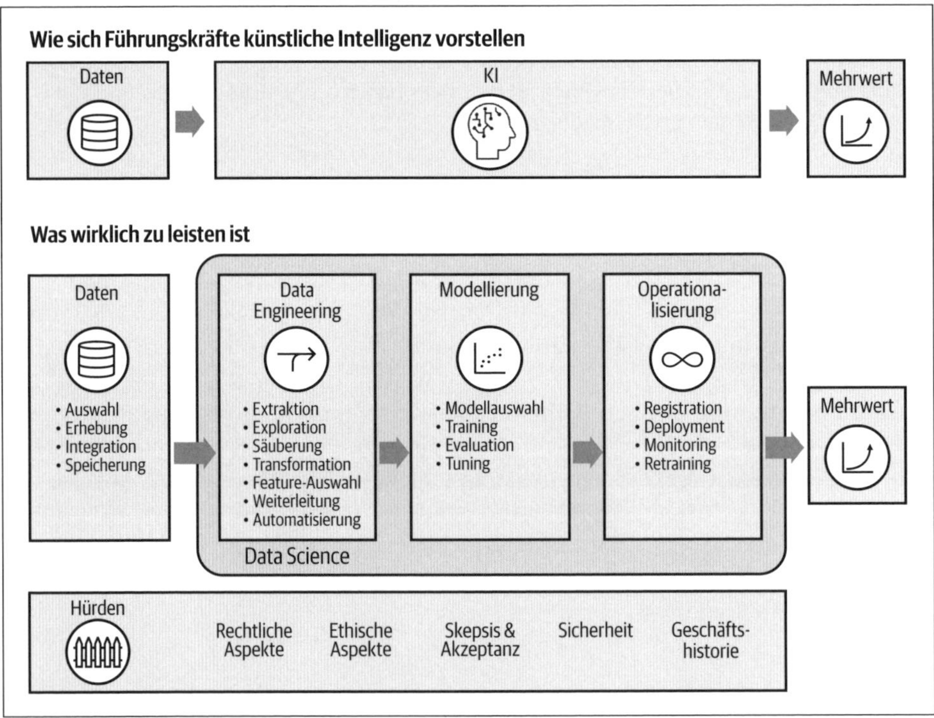

Abbildung 10-4: Gegenüberstellung der vermuteten Einfachheit einer künstlichen Intelligenz aus der Managerperspektive (oben) und der tatsächlichen Komplexität einer künstlichen Intelligenz (unten)[6]

6 Abbildung nach Andy Scherpenberg, basierend auf seinem Post auf LinkedIn.

Es gibt häufig ein Missverhältnis zwischen den Vorstellungen beispielsweise des Managements, wie aufwendig es ist, eine KI zu entwickeln, und den Menschen, die sie dann tatsächlich entwickeln (siehe Abbildung 10-4).

Dies kann auch dazu führen, dass Data-Science-Lösungen bis hin zu KI auf Probleme angewendet werden, die mit klassischer Statistik und einfacheren Datenanalysen gelöst werden könnten. Obwohl die Ergebnisse ähnlich sind, ist der Weg zur Lösung bei Machine Learning und KI im Vergleich zu beispielsweise einer Regressionsanalyse meist um ein Vielfaches länger und damit kostenintensiver. Das führt zu Frustration, da oft Erwartungen enttäuscht und Budgets gesprengt werden.

Zu viel, zu früh

In den meisten Unternehmen wird in Geschäftsjahren gedacht und gehandelt. Das bedeutet, dass wirtschaftliche Erfolge, die auf Investitionen basieren, im besten Fall im selben Geschäftsjahr eintreten sollen. Selbstverständlich gibt es auch langfristige Investitionsziele. Doch die Annahme bei Digitalisierungsprozessen ist häufig, dass der Return on Invest kurzfristig, mindestens aber mittelfristig spürbar ist. An die Anwendung von Data Science sind häufig hohe Erwartungen geknüpft, Einsparungen zu erzielen, Prozesse zu verbessern oder neue Geschäftsmodelle einzuführen, die sich rentieren. Viele Stakeholder erwarten häufig zu früh zu viel. Wenn sich diese Erwartungen nicht erfüllen, führt das zu Frustration oder Enttäuschung, die wiederum negativ auf die Investitionen in Projekte, aber auch auf den Mut zur Durchführung und auf die Unterstützung für Data-Science-Projekte durchschlagen kann.

Unklare Ziele

Entscheidungsträger sind nur in wenigen Fällen tiefgehend über Data Science informiert. Dies ist nicht grundsätzlich problematisch. Bei der Planung von Projekten kann es allerdings dann hinderlich sein, wenn die Kommunikation zwischen denen, die tief in der Materie stecken, und denen, die Entscheidungen treffen müssen, unzureichend ist. Diese Misskommunikation kommt häufig durch eine unterschiedliche »Sprache« der Akteure zustande. Während die eine Seite zum Beispiel vom Produkt redet und damit auch den Endkunden im Blick hat, sieht die andere Seite das Backend, die Softwareentwicklung und technische Hürden. In diesem Spannungsfeld passiert es häufig, dass unterschiedliche Ziele verfolgt werden. Dies kann einerseits daran liegen, dass vom Gleichen gesprochen wird, aber unterschiedliche Dinge gemeint sind. Unter dem Stichwort »künstliche Intelligenz« verstehen Menschen vom Fach – etwa Data Scientists und Entwicklerinnen – oft etwas ganz anderes als beispielsweise Führungskräfte. Zudem kann es vorkommen, dass von Anfang an unrealistische Ziele verfolgt werden, was ebenfalls meist auf eine schlechte Kommunikation zurückzuführen ist.

SMART

Eine sehr einfache Methode, um unklare Ziele zu vermeiden, verbirgt sich hinter dem Akronym SMART. Erstmals von George Doran[7] eingeführt und vielfach von Peter Drucker genutzt, haben sich viele Versionen dieses Akronyms herausgebildet. Die aus unserer Sicht beste ist, Ziele

S – spezifisch zu formulieren,

M – messbar zu machen,

A – attraktiv erscheinen zu lassen,

R – realistisch zu bewerten und

T – zu terminieren.

Ein unklares Ziel wäre beispielsweise: »Wir wollen besser werden!« Hier ist zu viel Raum für Interpretation. Wir wissen nicht, worin wir besser werden wollen, was dafür getan werden muss und in welchem Zeitraum.

Besser ist es so: »In der Abteilung für Damensneaker wollen wir den Umsatz in den nächsten 2 Jahren um 20% steigern, um Marktführer zu werden.«

Ein Projekt ist keine produktive Anwendung

Projekte sind qua Definition endlich. In den meisten Data-Science-Projekten wird eine Software entwickelt, die für die Projektlaufzeit lauffähig gemacht werden kann, sodass beispielsweise am Ende des Projekts zur Ergebnispräsentation eine Data-Science-Anwendung verfügbar ist. Der produktive Betrieb einer Software ist allerdings komplexer und erfordert andere Schritte als die einmalige Bereitstellung einer Software. Der Unterschied zwischen einer Software, die für die einmalige Präsentation entwickelt wird, und einer, die auf unbestimmte Zeit läuft, geht bei der Planung von Data-Science-Projekten verloren, da es den einen nicht bewusst ist und die anderen es für eine Selbstverständlichkeit halten. Im Zuge der Projektdurchführung kommen solche Unstimmigkeiten allerdings häufig zutage und können dann zum Scheitern des Projekts führen, da die Erwartungen von Kunde und Stakeholder andere sind als die der Data Scientists.

Fehlende Skills und Data-Science-Kultur

Zu Beginn dieses Kapitels haben wir die mitunter hohe Komplexität von Data-Science-Projekten angesprochen. Um dieser Komplexität zu begegnen, benötigt es Menschen mit unterschiedlichen Skills. Unternehmen, die im Begriff sind, Data Science zu implementieren, beschäftigen diese Menschen oft (noch) nicht im Unternehmen. Dadurch können komplizierte Aufgaben in Data-Science-Projekten nicht

7 G. T. Doran. »There's a S.M.A.R.T. Way to Write Management's Goals and Objectives«. *Management Review*. 70 (11): 35–36, 1981.

oder nur schlecht gelöst werden. Wenn es nur wenige Data Scientists gibt, haben diese auch nur eingeschränkte Möglichkeiten zum fachlichen Austausch. Da Data Science ein technologisch sehr dynamisches Umfeld ist, ist ein eingeschränkter Blick auf Herausforderungen und Technologien mittelfristig schädlich.

Bei Unternehmen, die schon weiter sind, bereits mehrere Projekte umgesetzt haben und mehrere Data Scientists gewinnen konnten, führt hingegen eine zu gering ausgeprägte Data-Science-Kultur (siehe Teil IV, *Data Science Governance und Data-driven Culture*) im Unternehmen oft zum Scheitern von Projekten. Werden Herausforderungen wie komplexe Technologien, der Forschungscharakter und damit auch die Möglichkeit zum Scheitern, um besser werden zu können, nicht thematisiert, kann das dazu führen, dass Data-Science-Projekte fehlschlagen.

KAPITEL 11

Grundlagen des Projektmanagements

Ein integraler Bestandteil des Data-Science-Managements ist das Projektmanagement. In diesem Kapitel schauen wir uns an, welche Schritte wir beachten müssen, um ein Projekt zu planen und durchzuführen. Dabei gehen wir insbesondere auf die Planung der Zeit, der Ressourcen und auf finanzielle Aspekte ein, betrachten jedoch auch, wie man die Anforderungen der Stakeholder möglichst gut aufnimmt. Zunächst schauen wir auf eine typische Ausgangssituation eines Data-Science-Projekts, um dann das Management von Ressourcen und Zeit genauer zu analysieren. Abschließend geht es in diesem Kapitel darum, wie wir in einem Projekt kommunizieren und das Projekt nach außen darstellen. Abbildung 11-1 ist eine visuelle Hilfe, um all diese Themen miteinander zu verknüpfen.

Data Science kann kontinuierlich stattfinden, beispielsweise wenn wir an einer Software arbeiten, die ständig weiterentwickelt wird (siehe hierzu Teil III, *Infrastruktur und Architektur*). In vielen Fällen, insbesondere wenn Menschen und Unternehmen mit Data Science beginnen, sind diese Arbeiten jedoch in Projekte gegliedert. Diese Data-Science-Projekte haben ein definiertes Ziel und Begrenzungen bezüglich des zeitlichen Umfangs, der finanziellen Ressourcen und der personellen Aufstellung, wie es sogar theoretisch in der DIN 69901[1] für Projekte geregelt ist. Es ist deshalb von größter Bedeutung, dass diese Begrenzung des Projekts klar definiert und auch wirklich verstanden, kommuniziert und umgesetzt wird, da eine unklare Projektdefinition ein häufiger Grund ist, warum Projekte vermeintlich scheitern. »Vermeintlich scheitern« bedeutet, dass zwar die anfänglich gesteckten Ziele erreicht werden, der Projektfokus sich aber während der Projektlaufzeit zumindest teilweise oder bei einigen Beteiligten verschiebt. Das liegt daran, dass während des Projekts oft neue Erkenntnisse gewonnen werden, die vorab nicht vorauszusehen waren (siehe hierzu auch die Rumsfeld-Matrix in Abbildung II-1 auf Seite 102).

In Abbildung 11-1 haben wir dargestellt, welche grundsätzlichen Aufgaben für die meisten Data-Science-Projekte anfallen und welche Menschen daran beteiligt sind. In dem Dreieck finden sich rechts unten die Stakeholder bzw. Kunden, die Ideen haben oder vor Herausforderungen stehen, die mit Data Science gelöst und umgesetzt

1 Deutsches Institut für Normung e. V., *https://www.beuth.de/de/publikation/din-taschenbuch472/325349267*

werden sollen. Ihnen gegenüber stehen links unten die Data Scientists, die meistens in einem Team organisiert sind. Aus unserer Sicht ist es immer ratsam, eine Projektleitung oder ein Management in der Zusammenarbeit zwischen Stakeholdern und Data-Science-Teams zu etablieren. In unserem Fall ist dies eine Data-Science-Managerin oder ein Data-Science-Manager. Die Aufgaben, die organisatorischer Natur sind, sollten im besten Fall von dieser Person übernommen werden, damit sich das Data-Science-Team voll und ganz auf die Entwicklung von Data-Science-Lösungen fokussieren kann. Außerdem sollen die Stakeholder in den Entwicklungsprozess nur so weit integriert werden wie nötig, um möglichst wenig Unruhe in das Projektgeschehen zu bringen (siehe Abschnitt »Team-Bubble« auf Seite 135).

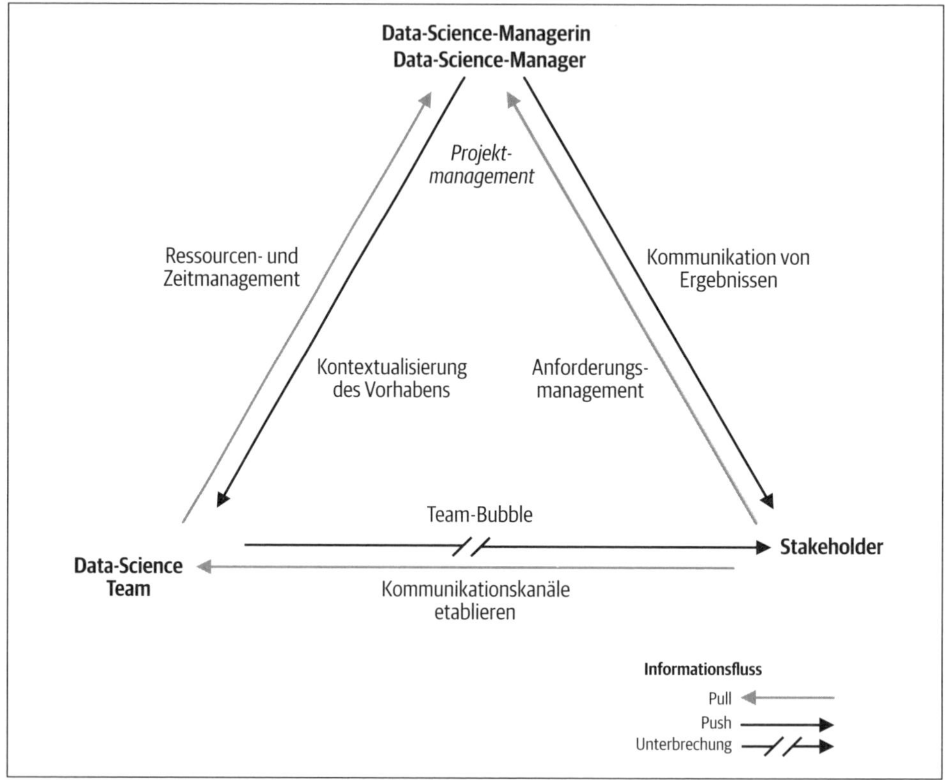

Abbildung 11-1: Organisation, Aufgaben und Rollen[2] in einem Data-Science-Projekt aus der Perspektive einer Data-Science-Managerin oder eines Data-Science-Managers. (Verändert nach Schmidt & Hebing[3].)

2 Stakeholder sind in diesem Buch ein Sammelbegriff für alle Menschen in Unternehmen, die Interesse am Ergebnis eines Projekts haben und keine an der Umsetzung beteiligten Data Scientists oder Data-Science-Manager sind. Diese Menschen treffen üblicherweise Entscheidungen, vertreten Interessen, haben Anforderungen oder einen Auftrag, der ausgeführt werden soll.

3 M. Schmidt, M. Hebing. »The 7 Tasks in Data Science Management«, *https://towardsdatascience.com/the-7-tasks-in-data-science-management-b01f2a48c846*

Data-Science-Managerinnen oder Data-Science-Manager holen sich, wie in Abbildung 11-1 zu sehen, die Anforderungen (Pull, rechts) von den Stakeholdern, kontextualisieren damit das Vorhaben gegenüber dem Data-Science-Team (Push, links), schätzen mit diesem den zeitlichen Umfang und die benötigten Ressourcen (Pull, links) und kommunizieren dies und spätere Ergebnisse gegenüber den Stakeholdern (Push, rechts). Darüber hinaus übernehmen sie klassische Projektmanagementaufgaben (oben) und sorgen für eine gute Kommunikation zwischen Stakeholdern und Data-Science-Team (unten). Um eine fokussierte Arbeit zu ermöglichen, etablieren sie gegebenenfalls eine Team-Bubble und schirmen damit das Team vor Störungen durch Externe ab (unten).

Dem Data-Science-Manager fallen dabei die wesentlichen Aufgaben der Projektplanung zu, also die Definition von zeitlichen und finanziellen Ressourcen, die Gewährleistung von Kommunikation zwischen Data-Science-Teams und Stakeholdern sowie die Bewältigung von möglicherweise auftretenden Konflikten und Projekthürden. Darüber hinaus ist es wichtig, als Schnittstelle zwischen Data-Science-Teams und Stakeholdern zu agieren, um beide Seiten an der Stelle abzuholen, an der sie sind, und Verständnis für das Vorgehen des jeweils anderen zu wecken. Im Besonderen bestehen die Aufgaben aus einem gründlichen Anforderungsmanagement, dem Zeit- und Ressourcenmanagement sowie der Kontextualisierung des Projekts und der Kommunikation innerhalb des Projekts. Dabei stehen sich im Wesentlichen zwei Vorgehensweisen gegenüber, wie man bei einem Projekt vorgehen kann: klassisch und agil.

Klassisches Anforderungsmanagement

Nahezu jedes Data-Science-Projekt startet damit, dass alle Beteiligten verstehen müssen, was eigentlich getan werden soll und warum. Dieses Anforderungsmanagement ist nichts, was erst im Rahmen von Data-Science-Management entwickelt wurde, sondern wird bereits seit Jahrzehnten in der Softwareentwicklung und darüber hinaus in vielen weiteren Disziplinen betrieben. Der Grundgedanke beim Anforderungsmanagement liegt darin, ein Verständnis dafür aufzubauen, was sich die Stakeholder vorstellen, wo also, salopp gesagt, die Reise hingehen soll. Die Data Scientists müssen dies dann mit den technischen Möglichkeiten abgleichen.

Die Herausforderung beim Anforderungsmanagement liegt darin, dass die unterschiedlichen Vorstellungen vom Projekt, die die Beteiligten im Kopf haben, möglichst deckungsgleich werden. Je eher das passiert und je übereinstimmender diese Vorstellungen sind, desto weniger Änderungen müssen im Verlauf des Projekts eingearbeitet werden (sogenanntes *Feature Creep*, also das nachträgliche Einschleichen von zusätzlichen Funktionen). Dies wiederum ist wichtig für die Planbarkeit der Umsetzung. Je mehr Änderungen also sukzessive vorgenommen werden müssen, desto höher ist die Wahrscheinlichkeit, dass das Projekt aus dem zeitlichen und finanziellen Rahmen fällt und im schlimmsten Fall sogar scheitert. Im Umkehrschluss bedeutet das auch: Je gründlicher das Anforderungsmanagement durchgeführt wird, desto günstiger kann das Projekt durchgeführt werden.

Das Anforderungsmanagement umfasst als Prozess mehrere Schritte, die mitunter mehrfach wiederholt werden müssen. Dies sind meist:

- Anforderungserhebung
- Anforderungsanalyse
- Anforderungsdokumentation
- Rücksprache mit den Stakeholdern
- Rücksprache mit den Entwicklerinnen und Entwicklern
- gegebenenfalls Ausschreibung oder Angebotsabgabe

Bei der initialen Anforderungserhebung sollten möglichst alle Interessenvertreter beteiligt sein. Hierzu zählen zum einen die konkreten Stakeholder, etwa aus der Geschäftsführung und den Fachbereichen sowie die Kunden selbst. Zum anderen ist es in den meisten Fällen notwendig, die IT-Abteilung mit einzubeziehen, rechtliche und ethische Aspekte (siehe Kapitel 22, *Sicherheit und Datenschutz*) zu beleuchten und eine Marktanalyse durchzuführen. Je nach Umfang und Komplexität des Projekts kann dies auch andere Bereiche umfassen. Die Erhebung selbst erfolgt meist in Workshops, durch Befragungen, Vor-Ort-Begehungen, durch Interviews mit Expertinnen und Experten sowie mithilfe von weiteren Erhebungen (zum Beispiel des Nutzungsverhaltens o. Ä.).

Selbst bei kleinsten Projekten ist bereits während der Anforderungserhebung die Anforderungsdokumentation von größter Bedeutung. Die Dokumentation kann als Plattform des Wissensmanagements im Projekt verstanden werden. Das ist besonders wichtig, wenn die Beteiligten an unterschiedlichen Orten arbeiten oder agieren. Genau genommen ist das die Regel, denn die Umsetzenden sind fast immer räumlich oder zeitlich von den anderen Stakeholdern getrennt. Um eine oftmals mit Verlusten verbundene mündliche Übermittlung von Informationen zu vermeiden, ist schriftliche Dokumentation ideal. Traditionell wird zu Beginn ein Lastenheft ausgearbeitet – bestenfalls durch die Stakeholder. Hier wird genau beschrieben, was umgesetzt werden soll und in welchem Umfang (zeitlich und budgetär).

Die Anforderungen an die zu erbringende Lösung werden so spezifiziert, dass diese so breit wie möglich und so einschränkend wie nötig sind. Die Einschränkungen könnten sich beispielsweise durch zu integrierende oder bereits vorhandene Softwarelösungen und Schnittstellen ergeben. Da Lastenhefte auch häufig bei Ausschreibungen zur Akquise von Entwicklerinnen und Entwicklern genutzt werden, bietet ein weniger spezifisches Lastenheft die Möglichkeit, mehr Angebote zu bekommen, weil es noch mehr Spielräume lässt. Werden Anforderungen bereits im Lastenheft zu konkret, kann das zu starken Einschränkungen führen, die eventuell auch dazu führen, dass nicht die beste Lösung entwickelt wird, sondern die, die am ehesten auf die Spezifikationen passt. Im schlimmsten Fall erhalten die Anfordernden dann eine Lösung, die zwar den Anforderungen entspricht, aber nicht unbedingt die beste Lösung darstellt.

Neben dem Soll-Zustand, der durch Umsetzung des Projekts erreicht werden soll, wird auch häufig der Ist-Zustand erläutert. Dies hilft, ein besseres Bild des Umfelds zu erhalten, in dem die Lösung etabliert werden soll. Oft ist es auch hilfreich, zu verstehen, *warum* etwas entwickelt werden soll bzw. wem die entwickelte Lösung zugutekommt und was damit erreicht werden kann. Dies ist sowohl für Entwickler als auch für Anfordernde hilfreich, denn so können Entwickler ihre Kreativität einbringen und etwas kreieren, was die Anfordernden vielleicht nicht vorhersehen konnten.

Formulierung der Anforderungen

Obwohl Menschen das Gleiche sagen, meinen sie manchmal unterschiedliche Dinge. Da selbst schriftliche Kommunikation zu Irrtümern und Missverständnissen führen kann, ist es wichtig, sich so klar wie möglich auszudrücken. Das bedeutet, dass zwar Fachsprache benutzt werden kann, aber nicht vorausgesetzt werden darf, dass alles bereits bekannt ist. Für fachliche Begriffe eignet sich ein Glossar, das man anfügen kann.

In technischen Beschreibungen ist es nicht notwendig, ausschweifend zu schreiben. Nutzen Sie kurze, prägnante Sätze und Auflistungen. Diese sind oft hilfreicher als ausführliche Umschreibungen. Sie sollten aktiv formuliert und im Präsens geschrieben sein, Konjunktive sollten vermieden werden. Die Beschreibungen durch Adjektive sollten möglichst konkret sein – deshalb sollte auf ungenaue Adjektive (z.B. ein »schöner« Button oder ein »guter« Prozess) verzichtet werden.

Insbesondere bei der Abarbeitung einzelner Punkte hilft es enorm, ein tabellarisches Format zu wählen. Darüber hinaus gibt es die Möglichkeit, Visualisierungen zu nutzen, um sich verständlich zu machen. Ein Bild sagt manchmal mehr als tausend Worte.

Nachdem im Lastenheft beschrieben wurde, *was* umgesetzt wird, wird im Pflichtenheft festgehalten, *wie und womit* die Spezifikation der Anforderungen umgesetzt werden soll. An dieser Stelle ist es dann notwendig, eine Anforderungsanalyse durchzuführen. Darin müssen die Anforderungen auf ihre Umsetzbarkeit überprüft werden. Um diese Analyse durchzuführen, kann man sich an den Qualitäts- bzw. Akzeptanzkriterien für die Anforderungserhebung nach Wiegers & Beatty[4] orientieren:

- Verständlichkeit der Anforderungen: Fachbegriffe sollten allgemeinverständlich erläutert sein.
- Eindeutigkeit: Es sollte nicht heißen: »Das Ding soll sich bewegen«.
- Möglichkeit der Nachweisbarkeit der Umsetzung: im Frontend oder Backend sichtbar.
- Keine inneren Widersprüche: Die geforderte Funktion soll andere nicht ausschließen bzw. nicht im Widerspruch zu anderen Funktionen stehen.
- Vollständigkeit: Bei Websites sollten z.B. alle Funktionen aller Unterseiten beschrieben sein.
- Testbarkeit: Die Funktionalität der Anforderung muss testbar und zugänglich sein.

4 K. Wiegers, J. Beatty (2013). *Software Requirements,* 3. Edition. Microsoft Press.

In dieser Phase müssen Details zwischen den Stakeholdern und den Data Scientists besprochen und Unklarheiten beseitigt werden. Nur so kann ein von beiden Seiten akzeptiertes Pflichtenheft entstehen, das die Voraussetzung für den Beginn einer erfolgreichen Entwicklungsarbeit sein kann.

Obwohl es von großer Bedeutung ist, möglichst alle Anforderungen glasklar vor Projektbeginn zu formulieren, werden immer Änderungswünsche im Verlauf des Projekts auftauchen. Auch diese Änderungen müssen so gemanagt werden, dass nachgehalten wird, was in Bezug zu vorherigen Absprachen geändert wurde. Dabei gibt es einen Unterschied zwischen kleinen Änderungen, die den zeitlichen und finanziellen Rahmen des Projekts nicht gefährden, und solchen, die eine Nachverhandlung der Konditionen erfordern. Im Sinne der Kundenzentrierung sollte jedoch auf Änderungswünsche eingegangen werden. Wichtig ist hier nur, dass für die Stakeholder transparent wird, welche Folgen die Änderungen haben. Es besteht immer ein gewisses Risiko, dass bei der Softwareentwicklung im Verlauf des Projekts Unvorhergesehenes geschieht. Auch aus diesem Grund werden immer wieder Änderungen vonnöten sein. Dies hat Auswirkungen auf das Zeit- und Ressourcenmanagement (siehe Abschnitt »Zeit- und Ressourcenmanagement« auf Seite 127). Einem komplexen und sich so häufig verändernden Umfeld kann man allerdings auch mit einem iterativen Vorgehen – dem agilen Management – begegnen.

Agiles Management und Lean Mindset

Agiles Management ist in den letzten Jahren fast schon ein Hype geworden. Viele Unternehmen schreiben sich auf die Fahne, agil zu sein, oder entwickeln eine Agenda, um dorthin zu kommen. Das ist im Grunde ein positiver Trend, denn ein agiles Vorgehen kann diverse Vorteile haben und ist in vielen Fällen auch eine passende Methode, um sich in einer sich immer schneller verändernden Welt weiterzuentwickeln. Das liegt daran, dass die Prinzipien, die dem agilen Management zugrunde liegen, gut geeignet sind, mit Planungsunsicherheiten umzugehen und trotzdem voranzukommen. Aber auch das Denken in möglichst schlanken Prozessen (*Lean Mindset*) ist ein Trend. Damit ist gemeint, dass Unternehmen beispielsweise selbstständiges Arbeiten und die Übernahme von Verantwortung (*Ownership*) fördern, indem sie die Prozesse zur Unternehmenssteuerung möglichst offen gestalten und auf diese Weise der Kreativität der Mitarbeitenden mehr Raum geben. Es wird also versucht, die Bürokratie so gering wie möglich zu halten.

Agile Rollen

Im agilen Projektmanagement finden wir üblicherweise drei Rollen:

- **Product Owner** (PO), die die fachliche und budgetäre Verantwortung für das Produkt und im Team tragen. Es gibt nur einen PO. Dieser pflegt die Kontakte zu den Kunden und vertritt ihre Interessen.

- **Agility Master** (AM) oder auch Scrum Master haben die disziplinarische Verantwortung im Team, räumen Hürden aus dem Weg und kümmern sich um eine möglichst gute Zusammenarbeit im Team.
- Das **Umsetzungsteam** (UT) führt die fachliche und inhaltliche Arbeit durch, entwickelt das Produkt und entscheidet, wie die Anforderungen umgesetzt werden können.

Um diesen Themenkomplex schwirren viele Begriffe, und oft beobachten wir, dass diese nicht gänzlich verstanden und deshalb nur halbherzig umgesetzt werden. Das muss nicht per se falsch sein, denn in Bezug auf Agilität liegt auch oftmals ein Missverständnis vor: Agile Methoden und ein Lean Mindset sollen Menschen und Unternehmen helfen und sie nicht in ein Korsett schnüren, in dem sie nicht mehr atmen können. So können sich Unternehmen und Teams auch die Methoden herauspicken, die zu ihnen und ihrer Situation passen. Gerade deshalb wollen wir in aller Kürze Begriffe erörtern und die Grundprinzipien erklären.

Die agile Denkweise kommt ursprünglich aus der Softwareentwicklung und ist gerade deshalb sehr gut geeignet, um sie auch für Data Science zu etablieren und einzusetzen. Im Manifest für agile Softwareentwicklung[5] (*Manifesto for Agile Software Development*) sind viele der Grundprinzipien enthalten, die wir im Folgenden kurz erläutern. Darüber hinaus finden sich weitere Prinzipien im *Scaled Agile Framework*[6] (SAFe) und im *Design Thinking*[7].

Mehrwert und Kundenzentrierung

Jedes Projekt, jede Entwicklung und im besten Fall jede Arbeit, die getan wird, sollte den Kundinnen und Kunden[8] dienen und diesen einen Mehrwert liefern. Das heißt auch, dass die Arbeit, die dieses Kriterium nicht erfüllt, entweder depriorisiert oder gleich ganz gestrichen wird. Je größer der Mehrwert ist und je schneller dieser tatsächlich beim Kunden entsteht, desto mehr ist dies im Sinne des agilen Managements. Alles, was von dieser Fokussierung unnötig ablenkt, sollte möglichst vermieden werden, was für schlanke Prozesse spricht.

Kollaboration

Um den Kundinnen und Kunden einen möglichst großen Mehrwert zu liefern, muss die Idee gemeinsam mit dem Kunden erarbeitet werden, damit sie optimal verstanden und dann bestmöglich umgesetzt werden kann. Das bedeutet auch, dass man

5 Manifest für Agile Softwareentwicklung, *https://agilemanifesto.org*

6 *https://www.scaledagileframework.com/*

7 Hasso Plattner Institut (HPI). »Die sechs Schritte im Design Thinking Innovationsprozess«, *https://hpi.de/school-of-design-thinking/design-thinking/hintergrund/design-thinking-prozess.html*

8 Kunden können alle Personen oder Personengruppen sein, in deren Auftrag oder für die man arbeitet. Kunden können sich also auch innerhalb des Unternehmens befinden.

sich immer wieder Feedback vom Kunden einholt. Hierbei ist darauf zu achten, dass man unterstellt und auch anpreist, dass das Feedback wohlwollend ist und der Verbesserung dient. Innerhalb des Entwicklungsteams gilt das Gleiche: Sich gegenseitig zu unterstützen und Feedback einzuholen, hilft am Ende des Tages allen. Die Kommunikation untereinander sollte in möglichst kurzen Zeitabschnitten stattfinden, zum Beispiel täglich, und kurz und gehaltvoll sein.

Iteratives und inkrementelles Vorgehen

Ein iteratives und inkrementelles Vorgehen bedeutet vor allem: nicht alles auf einmal, sondern Schritt für Schritt. Einerseits empfiehlt es sich, iterativ zu arbeiten, sich also der (unbekannten) Lösung eines Problems so zu nähern, dass Ungewissheit und Komplexität überschaubar und verarbeitbar bleiben. Andererseits ist es sinnvoll, die Schritte so zu planen, dass sie inkrementell sind, also aufeinander aufbauen und somit immer zum Endprodukt beitragen. Der entscheidende Vorteil ist, dass schon sehr früh ein funktionierendes Produkt zu sehen ist, das über die Zeit verbessert wird (siehe Abbildung 11-2). Dem Kunden liegt zwar zu Beginn noch nicht das gewünschte Produkt vor, doch steigt die Kundenzufriedenheit mit der Zeit.

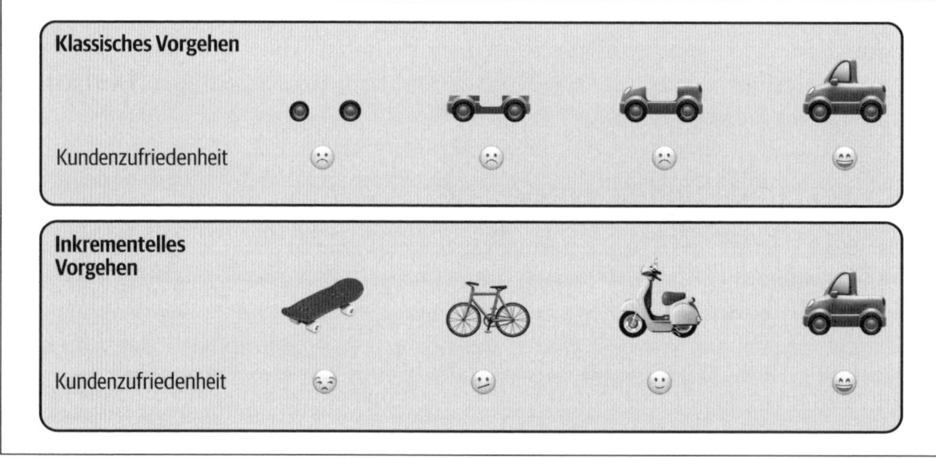

Abbildung 11-2: Metaphorischer Vergleich zwischen klassischer und inkrementeller Produktentwicklung mit der jeweiligen Kundenzufriedenheit. In diesem Beispiel ist der Kundenwunsch ein Auto und damit Mobilität. Beim klassischen Vorgehen bekommt er dies erst am Ende der Entwicklung. Beim inkrementellen Vorgehen hat der Kunde eine sehr abgespeckte mobile Version, die aber funktionsfähig ist und bereits früh einen Nutzen generiert – auch wenn dieser noch nicht komplett dem Kundenwunsch entspricht.

Kontinuierliche Verbesserung

Verbesserung ist ein Prozess, den man gestalten muss. Um eine Verbesserung zu ermöglichen, ist es sinnvoll, zu erkennen, was gut und was schlecht lief, um Rückschlüsse daraus ziehen zu können. Die kontinuierliche Verbesserung können wir gestalten, indem wir in regelmäßigen Abständen kritisch auf die getane Arbeit blicken und herausfinden, was wir aus Fehlern lernen können und wie wir Erfolge verstetigen (Retrospektive).

Dezentralität und Selbstorganisation

Mitarbeitende, die Verantwortung übernehmen, Teams, die sich selbst maßgeschneiderte Regeln geben, und Führungskräfte, die diesen vertrauen, sind Grundpfeiler der Selbstorganisation. Immer dort, wo es keinen Sinn ergibt, globale Regeln zu formulieren, können Organisationen die Verantwortung in die Hände der Teams geben. Denn sie kennen ihren Bereich und die Art und Weise ihrer Zusammenarbeit meist besser und können dafür passende Prozesse entwickeln. Diese Dezentralität oder auch Netzwerkstruktur bietet die Möglichkeit, die Motivation zu erhöhen, und kann zu einem positiven Wettbewerb der Ideen führen.

PoC und MVP

Sowohl im Design Thinking als auch im agilen Management und im Lean Mindset sind *Proof-of-Concepts* (PoC), *Prototypen* und *Minimum Viable Products* (MVP) Bestandteile des Vorgehens und der Entwicklung. Dabei geht es im Kern darum, stark vereinfachte, aber annähernd funktionsfähige Lösungen zu bauen (siehe Abbildung 11-3) und diese früh zu testen – sowohl intern als auch mit potenziellen Kunden. So können Fehler früh entdeckt und behoben werden. Das frühe Feedback zu den Produkten soll dabei helfen, unnötige Arbeit an solchen Features zu vermeiden, die am Ende keiner benötigt. Darüber hinaus werden technische Möglichkeiten ausgelotet und Ungewissheiten sowie Komplexität Schritt für Schritt minimiert.

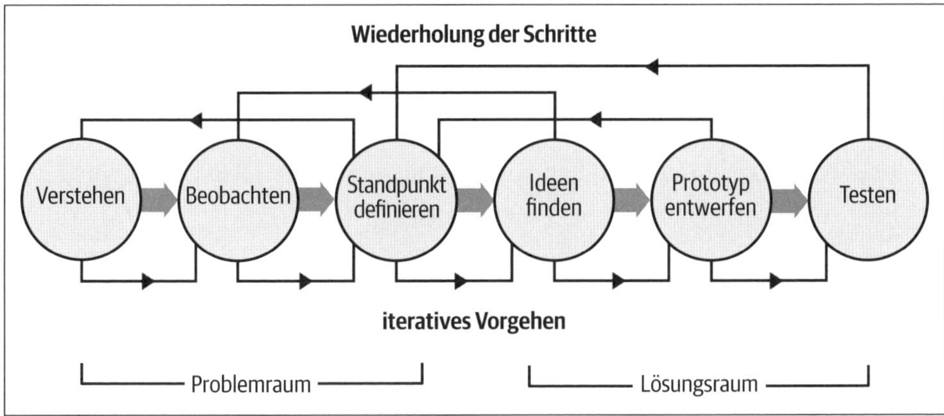

Abbildung 11-3: Modell für das iterative Vorgehen im Design Thinking. (Verändert nach HPI-Academy[9].)

9 Hasso-Plattner-Academy, *https://hpi-academy.de/design-thinking/was-ist-design-thinking/*

Agiles Mindset

Die oben aufgeführten Grundprinzipien sind weniger eine Checkliste, die es abzuarbeiten gilt, sondern vielmehr als Handlungsgrundlage zu verstehen, die aus einem Problemraum einen Lösungsraum macht. Dafür müssen wir das Problem verstehen und uns beispielsweise in die Lage der Nutzenden versetzen, um Perspektiven zu schaffen. Auf diese Weise können wir Ideen generieren, die in einen Prototyp münden, den wir dann testen.

Die verschiedenen Punkte können auf ganz unterschiedlichen Ebenen Anwendung finden. Eine Kundenzentrierung ist beispielsweise für Individuen und Teams wichtig, aber auch für Unternehmen, und zwar sowohl für Start-ups als auch für Konzerne. Die Kollaboration findet eher im Team statt, und auch hier ist die Größe der Gesamtorganisation von geringer Bedeutung. Dasselbe gilt für weitere erwähnte Punkte.

Oft wird in diesem Rahmen von einem agilen Mindset gesprochen, also das Verinnerlichen der Methoden und des Vorgehens. Dabei ist es allerdings wieder so, dass der Methodenkoffer nicht in Gänze genutzt werden muss. Vielmehr sollten Teams und Unternehmen die Aspekte herauspicken, die in der vorliegenden Situation für sie passen. Das bedeutet ebenfalls, dass nicht alles auf einmal ab Tag X gelten muss. Denn auch bei der Implementierung von agilen Methoden sollte man sich iterativ und inkrementell weiterbewegen.

Erkenntnisse aus der agilen Praxis

In den letzten Jahren konnte ich, Martin, viele Erfahrungen im agilen Umfeld sammeln – von der persönlichen Arbeit in agilen Teams bis hin zur agilen Transformation in Großkonzernen. Die Dinge, die ich beobachten und lernen durfte, sind an vielen Stellen in dieses Buch eingeflossen. In aller Kürze habe ich gelernt:

- Agiles Arbeiten im Umfeld von Business Intelligence, Data Science und klassischer Softwareentwicklung birgt Potenzial für mehr Kreativität und Motivation der Entwicklerinnen und Entwickler.
- Kundinnen und Kunden sollten vor der kollaborativen agilen Entwicklung darüber informiert werden, was agiles Management bedeutet. Im besten Fall ziehen dann alle an einem Strang.
- Tiefgreifende strukturelle Veränderungen erfordern Geduld und Verständnis für »die alte Welt«. Hochnäsig auf das Vergangene zu blicken, macht sehr viel kaputt.
- Neue Strukturen werden ganz unterschiedlich in Tiefe und Geschwindigkeit sowie emotional adaptiert. Obwohl eine Prozessbegleitung unnötig erscheinen mag, ist sie es für einige Menschen keinesfalls. Leider sind Letztere meist die leiseren Stimmen.
- Eine dezentrale Organisation, die aus einer linienartigen Organisation entwickelt wird, benötigt viel Zeit, um Prozesse und Strukturen zu verändern. Dies führt auf verschiedenen Seiten zu Unmut, der irgendwie kompensiert werden muss – im besten Fall, in dem dies professionell begleitet wird.

Ich habe in dieser Zeit die Rolle des Data-Science-Managers entwickelt. Dabei habe ich das Management nicht als Führungsaufgabe verstanden, sondern als Enablement bzw. Ermöglichung. Ich wollte eher im Sinne eines Servant Leader arbeiten. Wie in den beschriebenen Rollen (siehe Abschnitt »Rollen und deren Aufgaben in Data-Science-Teams« auf Seite 147) gab es in den Projekten natürlich ein Umsetzungsteam. Als Data-Science-Manager habe ich versucht, den Data Scientists die Arbeit zu ermöglichen, ich habe Kundengespräche geführt und gleichzeitig darauf geachtet, dass die Arbeit einen Mehrwert liefert – auch für die Data Scientists in ihrem Umsetzungsteam. Die Besonderheit für mich als Data-Science-Manager lag darin, dass das Produkt mitunter lange Zeit vage blieb, da der Charakter des Projekts eher dem eines Forschungsprojekts entsprach. Daraus ergaben sich besondere Herausforderungen in Bezug auf das Anforderungsmanagement, aber auch in Bezug auf das Erwartungsmanagement gegenüber den Data Scientists. Denn zu Beginn eines Projekts braucht es eine gewisse Vorstellungskraft, um das angepeilte Ergebnis vor Augen zu haben, obwohl man noch mitten in der Planung ist. Andererseits ist der Weg zum Ziel ungewiss und bringt Herausforderungen mit sich, da nicht immer alles so schnell funktioniert, wie man es sich vielleicht wünscht. Somit war es meine Aufgabe, sowohl Kunden als auch die Umsetzenden gleichzeitig bei der Stange zu halten.

Rollen, so generisch sie auch sein mögen, passen nicht für jeden Kontext. Als Data-Science-Manager habe ich meine Rolle darin gesehen, Produktmanager und Scrum Master zu vereinen. Dabei hat mir immer auch geholfen, dass ich die Materie verstanden und mich auf Augenhöhe mit dem Umsetzungsteam unterhalten konnte.

Agiles Anforderungsmanagement

Gerade bei digitalen Produkten und Data-Science-Projekten herrscht vor Projektbeginn bei den Stakeholdern oft nur eine vage Vorstellung davon, wie das Ergebnis aussehen soll. Selbst versierten Personen fällt es schwer, komplexe Herausforderungen in eine softwarebasierte Lösung zu übersetzen und dabei alle Anforderungen im Blick zu behalten. Da dies bei Softwareprojekten sehr häufig der Fall ist, hat sich in den letzten Jahrzehnten ein iteratives, d. h. sich wiederholendes und sich damit auf das Ziel zubewegendes Vorgehen etabliert, das unter der Überschrift »agiles Anforderungsmanagement« subsumiert werden kann. Dieses wiederum entwickelte sich aus der agilen Softwareentwicklung.

Beim agilen Anforderungsmanagement geht man nicht von der Vorstellung aus, dass vor Projektbeginn möglichst alles erfasst, analysiert und dokumentiert sein muss, was in dem Projekt zu tun ist und welches Ergebnis erwartet wird. Vielmehr geht es darum, Lösungen für eine komplexe Situation mit einer sich entwickelnden Idee in einem iterativen Vorgehen zu erarbeiten. Zu diesem Zweck finden während der agilen Vorgehensweise regelmäßig Feedbackgespräche mit den Stakeholdern statt. Das bedeutet allerdings nicht, dass man ohne etwas in der Hand starten kann. Grundpfeiler wie die Vorstellung vom fertigen Produkt bzw. des Outputs und Outcomes (z.B. Software, App, Grafik oder Präsentation), Zeit und Ressourcen, zu verwendende Daten usw. sollten auch hier vor Projektbeginn zu großen Teilen erarbeitet worden sein. Im Vergleich zum klassischen Projektmanagement ist es aber von Vorteil, oft sogar unabdingbar, einen Rahmen zu setzen, anstatt feste Vorgaben zu machen. Häufig muss hier ein Mittelweg zwischen dem Bedürfnis nach Kontrolle des klassischen Managements und dem iterativen Vorgehen des agilen Managements sowie der Softwareentwicklung gefunden werden.

Agilität in der Data Science

Agilität im Management und in der Softwareentwicklung beschreibt ein iteratives, kundenorientiertes und mitarbeiterzentriertes Vorgehen, das immer beliebter wird.[10]

Agiles Management und die agile Softwareentwicklung bieten viele Möglichkeiten, große Flexibilität und vor allem Methodik, um sich den Herausforderungen in Data-Science-Projekten erfolgreich zu stellen. Allerdings ist Data Science keine Softwareentwicklung in Reinform, weshalb auch nicht jede Spielart der Agilität passt. Zum Beispiel lassen sich nicht alle Data-Science-Aufgaben in klar abgegrenzte User Stories mit einem strikten Endpunkt formulieren. Das liegt insbesondere an dem Forschungscharakter, der viel Ungewissheit in Bezug auf das Endprodukt mit sich bringt. Auch die zu erledigenden Aufgaben sind im Gegensatz zur klassischen Softwareentwicklung weniger gut zwischen den Data Scientists aufteilbar und damit austauschbar, da es sich meist um Aufgaben handelt, für die ein spezielles Skillset benötigt wird. Es ist deshalb ratsam, bezogen auf das Projekt und dessen Umwelt die passenden agilen Methoden auszuwählen. Die Frameworks und Methoden sollen den Menschen helfen, effizienter und effektiver zu arbeiten, sodass die Arbeit im besten Fall auch Spaß macht.

Wenn Agile Coaches, Scrum Master oder Agility Master engagiert werden, um die Projekte und Mitarbeitende zu begleiten, bringen diese oft einen großen Methodenkoffer mit. Dessen Nutzung sollte allerdings behutsam und nach Augenmaß passieren, denn auch die Einführung von agilen Methoden ist ein Change-Prozess.

Anders als bei den Pflichten- und Lastenheften findet im agilen Anforderungsmanagement die Aufnahme von Anforderungen zum Beispiel in Form von User Stories, Epics und Akzeptanzkriterien statt:

- **User Story** ist eine einfache, verständlich ausformulierte Softwareanforderung, die aus Sicht der Nutzenden geschrieben ist. Üblicherweise verwendet man als Formulierungshilfe

  »Als [Rolle] möchte ich [Ziel], um [Nutzen] zu erreichen.«
- **Epics** beschreiben ebenfalls Softwareanforderungen in einer leicht verständlichen Art und Weise, allerdings auf einer höheren Abstraktionsebene. Epics werden üblicherweise in User Stories zerlegt, um deren Bearbeitung zu vereinfachen und die Komplexität zu reduzieren.

10 Siehe hierzu auch die Abschnitte »Agiles Management und Lean Mindset« auf Seite 120 und »Agile Leadership« auf Seite 165.

- **Akzeptanzkriterium** nennt man fachliche oder technische Bedingungen, die erfüllt sein müssen, damit eine User Story, ein Epic, eine Software oder ein Produkt abgenommen werden kann. Bei Software sind hiermit meist Abnahmetests verbunden.

Es gibt hier viele Möglichkeiten, Anforderungen zu beschreiben, die je nach agiler Methode unterschiedlich sind. Die verschiedenen Formen ähneln sich allerdings darin, dass die User Stories mit Akzeptanzkriterien in einem Backlog erfasst werden. In einem Backlog befinden sich sowohl User Stories und Epics, die noch in einem sehr rohen Zustand sind, als auch solche, die schon weiter ausdifferenziert wurden. Meist sind die User Stories weiter oben in der Liste des Backlogs diejenigen, die den höchsten Mehrwert für den Kunden erzeugen und damit priorisiert wurden. Diese User Stories sollten gut ausformuliert sein, damit sie realistischerweise demnächst umgesetzt werden können.

Der Grundgedanke hierbei ist, dass sich die Entwicklung von Software, also auch von Data-Science-Lösungen, im Rahmen eines Projekts dynamisch bis chaotisch verhält. Wie anhand der Rumsfeld-Matrix oben gesehen (siehe Abbildung II-1 auf Seite 102), kann es bei der Softwareentwicklung zu vielen ungeplanten Ereignissen kommen. Durch das agile, iterative Vorgehen können wir mit diesen Umständen insofern besser umgehen, als dass sie die ursprüngliche Planung nicht gleich komplett verwerfen. Zudem bietet es Flexibilität für die Anfordernden, da auch während der Entwicklung leichter und spontaner auf Änderungswünsche eingegangen werden kann.

Zeit- und Ressourcenmanagement

In jedem Projekt müssen Sie an einem gewissen Punkt und manchmal auch wiederkehrend abschätzen, welche

- finanziellen,
- zeitlichen und
- infrastrukturellen Ressourcen sowie
- Daten

zur Verfügung stehen, um das Projektziel zu erreichen. Im Folgenden gehen wir genauer auf diese Aspekte ein.

Ressourcen versus Menschen

Die Menschen, die in einem Projekt arbeiten, werden häufig als Ressourcen bezeichnet. Das liegt an einer historischen betriebs- bzw. volkswirtschaftlichen Betrachtung von immateriellen und materiellen Gütern, die für eine Unternehmung benötigt werden. Da wir es hier aber erstens mit Menschen zu tun haben, die mehr sind als Betriebsmittel, und zweitens darüber hinaus noch mit Menschen, die diverse Fähigkeiten haben, möchten wir diese nicht als Ressourcen betrachten. Die Komplexität der Zusammenarbeit von und mit Menschen beleuchten wir in den nächsten beiden Abschnitten. Entscheidend ist, dass wir die Zeit der Menschen einplanen wollen. Deshalb ist es aus unserer Sicht besser, über Zeitmanagement zu sprechen, da sowohl die Menschen selbst als auch wir im Management zusammen mit den Menschen organisieren müssen, wie deren Arbeitszeit optimal eingesetzt werden kann.

Finanzielle Ressourcen

Bei den finanziellen Ressourcen gibt es das Projektbudget, das zur Verfügung steht, und die indirekten Kosten. Das Projektbudget kann einerseits die Vorstellungen der Auftraggebenden wiedergeben, also die Mittel, die sie zu investieren bereit sind, um das von ihnen gewünschte Projektziel zu erreichen. Andererseits sind es die finanziellen Mittel, die benötigt werden, um ein Projektziel zu erreichen. Hierzu zählen zum einen direkte Kosten wie die Gehälter der Menschen, die an dem Projekt beteiligt sind, die Kosten für IT-Ressourcen – beispielsweise in der Cloud – sowie Verbrauchsmittel, Reisekosten, Kosten für externe Dienstleistungen usw.

Zum anderen fallen neben dem Projektbudget aber auch indirekte Kosten an, also solche, die nicht nur einem Projekt zugeordnet werden können, wie Raummieten, Versicherungen, Beschaffungskosten für Laptops, Lizenzen usw. Bei Projekten stehen die direkten Kosten im Mittelpunkt, da wir, bezogen auf das Projekt, hier meist Handlungsspielraum haben. Das Management kann bei der Planung des Projekts noch aktiv auf das Projektgeschehen und damit die Kosten einwirken. Die indirekten Kosten sind meist fix und werden als (prozentuale) Pauschale (Overhead- oder Gemeinkosten) zu den direkten Projektkosten hinzuaddiert.

Bei der Kostenberechnung kommt es jedoch häufig zu einem bereits oben beschriebenen Konflikt: Die Geldgeber legen ein Budget für das Projekt fest und kalkulieren für sich mit diesem Betrag. Sollten sich während des Projekts Budgetveränderungen ergeben, kommt es zu einer Schätzdifferenz. Im Kern zeigt Abbildung 11-4, dass bei mehr als der Hälfte der Projekte die Kosten mehr oder weniger stark nach oben oder unten vom Planwert abwichen und sich die Befragten damit in Bezug auf die IT-Kosten stark verschätzt hatten.

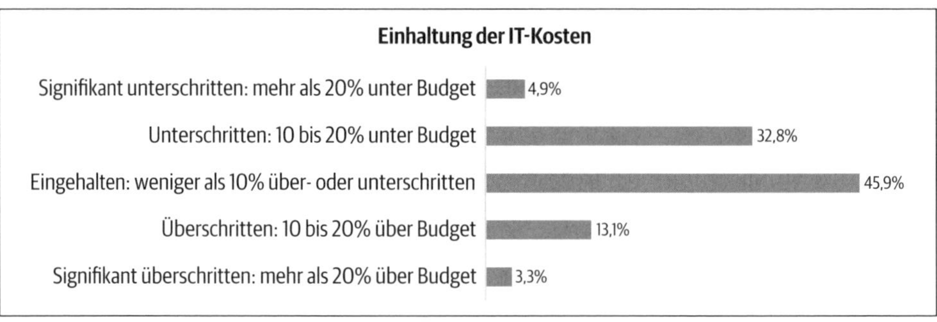

Abbildung 11-4: Relativer Anteil der Befragten, die Budgets für IT-Projekte eingehalten, über- oder unterschritten haben (Quelle: TU München)

Obwohl die Studie in Abbildung 11-4 aus dem Jahr 2005 stammt, ist ihre Aussage wohl immer noch gültig, denn die Technologien sind eher vielfältiger und komplexer geworden und deshalb schwerer zu schätzen.

Data-Science-Projekte sind wie beschrieben vergleichbar mit IT-Projekten und haben zusätzlich die Komplexität eines Forschungsprojekts. Deshalb ist schwierig, vorherzusagen, wie viel Zeit das Erreichen des Projektziels benötigt, was einen direkten Einfluss auf beispielsweise die Personalkosten hat. Aber auch die Erschließung und Verarbeitung von Daten kann eine technische Herausforderung sein, sodass beispielsweise andere oder mehr IT-Ressourcen wie Cloud-Dienste oder Ähnliches genutzt werden müssen, was mehr Zeit kostet und damit die Kosten ebenfalls in die Höhe treibt.

Zeitliche Ressourcen

Das größte Problem bei der Kalkulation von Projektkosten, die einen Softwarecharakter haben, ist die Abschätzung von benötigten Ressourcen, insbesondere der zeitlichen Ressourcen. Das liegt daran, dass die Menschen und das Gehalt, das sie bekommen, häufig das größte finanzielle Volumen einnehmen. Aus diesem Grund ist es wichtig, dass die Zeit, die Menschen für ein Projekt aufbringen, möglichst kurz und effizient gehalten wird. Die Einschätzung dazu, wie viel Zeit aber tatsächlich benötigt wird, ist aus den oben genannten Gründen wiederum hochkomplex. Oft treffen die Projektleitenden Bauchentscheidungen, die auf Erfahrungswerten oder schlicht Schätzungen basieren. Dies ist paradox, da man ein Projekt plant, das datengetriebene Lösungen hervorbringen soll, doch bei der Planung selbst verlässt man sich zu häufig auf weniger faktenbasierte Metriken.

Im agilen Management werden häufig die Entwicklerinnen und Entwickler bei der Abschätzung des zeitlichen Aufwands einbezogen. Eine beliebte Methode ist hier das Planningpoker, bei dem die Teammitglieder Karten mit Stundenangaben haben, die sie für die Einschätzung eines Zeitaufwands gleichzeitig ziehen und bei Dissens darüber diskutieren. Diese Methode dauert zwar länger, ist aber bei geübten Entwicklern recht treffsicher. In Kombination mit dem Monitoring von geschätzten und tatsächlichen Arbeitsstunden pro Aufgabe lassen sich langfristig die zeitlichen Abschätzungen deutlich verbessern.

Im klassischen Projektmanagement kann man die zeitliche Planung verbessern, indem man über den Verlauf von Projekten Metriken erhebt und damit in Zukunft datenbasiert errechnen kann, wie lange ein Projekt im Mittel dauert. Das ist oft nur über große Themenblöcke bzw. über das ganze Projekt hinweg sinnvoll, da die zeitliche Erfassung auf einer kleineren Ebene mühselig ist. Im agilen Projektmanagement hingegen bietet sich die Möglichkeit, User Stories zu schätzen, wie man es beispielsweise in Scrum macht. Hier werden beim Planning die User Stories mit den Entwicklern auf Komplexität oder Stunden geschätzt. Nach jedem Sprint kann man sich dann (je nach Tool sogar automatisiert) die Differenz von Schätzung und tatsächlich benötigter Zeit ausgeben lassen. Nach einigen Sprintdurchläufen hat man ein besseres Bild der im Schnitt benötigten Zeit für unterschiedliche Aufgaben.

Wenn man in etwa weiß, wie viel Zeit ein Projekt in Anspruch nehmen wird, kann man eine grobe Schätzung des zeitlichen und damit auch des finanziell benötigten Projektvolumens abgeben – egal ob im klassischen oder agilen Projektmanagement. Unabhängig von der Methode ergeben sich aber während des Projekts häufig Dinge, die den Projektablauf verzögern. In der Zusammenarbeit mit Menschen mit unterschiedlichen Skills, etwa Cloud-Architekten, die nur von Zeit zu Zeit benötigt werden, entsteht das Problem, dass diese oft an mehreren Projekten arbeiten und durch den Wechsel des Kontexts viel Zeit verlieren, um sich immer wieder in unterschiedliche Themen »hineinzudenken« (siehe Abbildung 11-5).

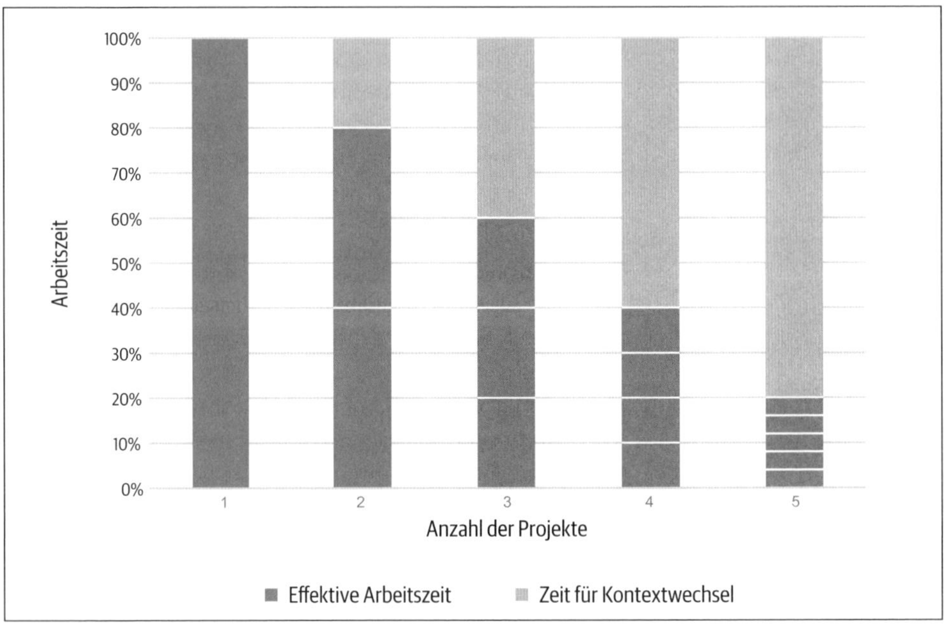

Abbildung 11-5: Relativer Anteil der Arbeitszeit (y-Achse), die Menschen theoretisch aufbringen, um eine Anzahl an Projekten (x-Achse) gleichzeitig zu bewältigen. Angegeben ist die effektive Arbeitszeit und die Zeit, die aufgebracht werden muss, um den Kontext zu wechseln.[11]

Der Kontextwechsel ergibt sich allerdings auch im Kleinen. Wenn die Aufmerksamkeit der Projektmitarbeitenden mehrmals am Tag zwischen organisatorischen Terminen, Abstimmungsrunden, kollegialen Gesprächen, privaten Kurznachrichten und Telefonaten wechselt, geht viel Zeit verloren. Gerade bei der Komplexität der Aufgaben und der damit verbundenen hohen Konzentration, die im Rahmen von Data-Science-Projekten erforderlich ist, kann dies mitunter das Gesamtprojekt verzögern. Vorbeugend sollten die Projektmitarbeitenden in so wenig Projekten wie möglich gleichzeitig arbeiten. Dabei sollte allerdings nicht außer Acht gelassen werden, dass die Menschen effizient eingesetzt werden. Auf Tagesebene ist es sinnvoll, Data Scientists Freiräume zu bieten, um sich zu fokussieren. Paul Graham[12] unter-

11 Verändert nach G. M. Weinberg (2011). *Quality Software Management: Systems Thinking.* Dorset House Publishing.

12 P. Graham (2009). »Makers's Schedule, Manager's Schedule«, *http://www.paulgraham.com/makersschedule.*

scheidet beispielsweise zwischen einem Maker's Schedule und einem Manager's Schedule. Managerinnen und Manager haben üblicherweise viele kurze (häufig einstündige) Termine in Serie. In der Zwischenzeit erledigen sie ihre Aufgaben und beantworten E-Mails. Makers, in diesem Fall die Data Scientists und Entwickler, benötigen sehr viel größere Zeitblöcke, um sich in die Aufgaben vertiefen zu können. Jede Ablenkung bringt sie aus dem Konzept.[13] Um dies zu ermöglichen, kann man auch eine *Team-Bubble* (also abgeschirmte Zeiträume, die für die Kommunikation innerhalb des Entwicklungsteams reserviert sind) etablieren, die dazu dient, die Data Scientists und Entwicklerinnen möglichst vor unnötiger Ablenkung zu bewahren (siehe Abschnitt »Team-Bubble« auf Seite 135).

Brookssches Gesetz

In seinem Buch *Vom Mythos des Mann-Monats*[14] vertritt Fred Brooks die These, dass in der Softwareentwicklung Aufgaben nicht beliebig aufgeteilt werden können. Er führt dabei die Maßeinheit des Mann-Monats ein, bei der eine Person eine hypothetische Aufgabe in genau einem Monat erledigt. Die Gesetzmäßigkeit, die Brooks beschreibt, besteht darin, dass ein Projekt, das bereits verzögert ist, durch die Hinzunahme weiterer Mitarbeitenden nicht beschleunigt wird, sondern sich sogar noch weiter verzögert.

Aufgaben in der Softwareentwicklung können nicht ohne Weiteres auf andere Entwickler übertragen werden. Es bedarf dabei einer Übergabe und einer Kommunikation zwischen den Beteiligten (siehe Abbildung 12-1 auf Seite 140 zur steigenden Anzahl an Interaktionen), und auch zwischen den Aufgaben selbst gibt es Interdependenzen. Bereits verzögerte Softwareprojekte werden daher durch den Einsatz zusätzlicher Arbeitskräfte und den dadurch entstehenden Kommunikationsaufwand nur noch weiter verzögert.

Wenn ein Projekt bereits in Verzug ist, reagieren viele Projektleitenden darauf, indem sie zusätzliche Menschen in das Projekt holen. Das brookssche Gesetz (siehe Infobox) besagt allerdings, dass dies das Projekt weiter verzögert. Das liegt daran, dass zusätzliche Data Scientists eingearbeitet werden müssen und zudem ein erhöhter Bedarf an Kommunikation besteht. Dies verzögert das Projekt bei steigenden Kosten nur noch mehr.

Selbst die besten Schätzungen, die mit der Hilfe von erfahrenen Entwicklerinnen, Entwicklern und Data Scientists durchgeführt werden, weisen eine Differenz zur Realität auf und sind nur ein Näherungswert. Brooks schreibt auch, es gebe eine »nicht weiter reduzierbare Fehlerzahl«, wonach jeder Fehler, den man behebt, neue hervorruft. Bei der Projektplanung müssen wir antizipieren, dass Menschen Fehler ma-

13 Lesetipp: C. Newport (2016). *Deep Work: Rules for Focused Success in a Distracted World*. Grand Central Publishing.

14 F. P. Brooks (1991). *Vom Mythos des Mann-Monats: Essays über Software-Engineering*. Addison Wesley.

chen, und sollten deshalb möglichst nicht vom Idealfall einer Softwareentwicklung ausgehen. Murphy's Law, dass »alles schiefgeht, was schiefgehen kann«, trifft sehr häufig zu, und auch deshalb schlägt David Strom mit einem Augenzwinkern vor, dass Softwaremanager ihre Schätzungen einfach gleich mit Pi (~3.14159) multiplizieren sollten.[15]

Infrastrukturelle Ressourcen

In IT-Projekten nutzen wir immer IT-Ressourcen, um Lösungen zu entwickeln. Dies reicht von Software auf den Endgeräten über gemeinsam genutzte physische Infrastruktur wie Datenbanken und Server vor Ort (On-Premises) bis hin zu Cloud-Ressourcen. Bereits vor Beginn des Projekts müssen wir uns damit beschäftigen, welche Ressourcen vorhanden sind und welche eventuell noch zusätzlich benötigt werden. Dazu gehören Ressourcen wie Daten und Datenbanken oder Data Lakes (siehe Abschnitt »Data Lake« auf Seite 204). Es muss geklärt werden, wie man darauf zugreifen kann und welche Schwierigkeiten eventuell auftreten können. Diese können technischer Natur sein, können aber auch datenschutzrechtliche Aspekte betreffen.

In vielen Unternehmen sehen wir derzeit noch einen Mix aus On-Premises-IT-Infrastruktur und Cloud-Ressourcen. Bei der Initiierung eines neuen Data-Science-Projekts empfiehlt es sich, auf Cloud-Ressourcen zu setzen, da diese sich beispielsweise skalieren lassen und es keine Verzögerung in der Beschaffung von zusätzlichen Ressourcen gibt. Das gilt allerdings nur dann, wenn das entsprechende Know-how zur Nutzung dieser Ressourcen bereits aufgebaut werden konnte und somit kein großer Mehraufwand entsteht, um diese Ressourcen nutzbar zu machen. Mittelfristig sieht es allerdings so aus, als täten Unternehmen gut daran, das Wissen um Cloud-Ressourcen im Unternehmen zu verankern.

Bei On-Premises-Ressourcen sollte sichergestellt werden, dass diese in ausreichendem Umfang zur richtigen Zeit verfügbar sind, insbesondere wenn es um Datenspeicher und Rechenleistung geht. Beratende Gespräche mit den IT-Verantwortlichen sollten mit genug Vorlauf und auf Augenhöhe durchgeführt werden.

Datenhoheit

In Unternehmen mit mehreren Abteilungen kann es vorkommen, dass sich über die Jahre eine Datenhoheit entwickelt hat. Der Zugriff auf Daten ist also jenseits technischer Hürden durch zwischenmenschliche Gefüge und Machtstrukturen (Hierarchie) eingeschränkt. Hintergrund ist oft die Angst der Menschen, eine Deutungshoheit über die Daten und deren Nutzung zu verlieren und damit auch die eigene (Macht-)Position im Unternehmen einzubüßen. Dies kann so weit gehen, dass die Menschen befürchten, ihren Arbeitsplatz zu verlieren, sollten sie als Ansprechpartner für diese Datenquelle überflüssig werden.

---

15 D. Strom (2008). »For Technolgy Projects, Multipli by Pi, Baseline«, *https://www.baselinemag.com/it-management/For-Technology-Projects-Multiply-by-Pi*

Als Data Scientist oder Data-Science-Managerin wollen wir diese Ängste meist nicht schüren und zudem einen Zugang zu den Daten erhalten. Deshalb ist es von großer Bedeutung, Ansprechpartnerinnen mit Bedenken möglichst früh mit in den Prozess einzubeziehen, ihnen zu erklären, was mit den Daten geschehen soll, und sie zur Integration und Anbindung der Datenquelle zu konsultieren. Eine Kooperation ist in solchen Fällen meist geschickter als eine Konfrontation.

Daten

Die Verfügbarkeit und die Zugänglichkeit von Daten spielen bei der Ressourcenplanung ebenfalls eine erhebliche Rolle (siehe hierzu auch Kapitel 3, *Datenbeschaffung und -aufbereitung*). Häufig entwickeln sich Projektideen aus Anwendungsfällen im Unternehmen, für die ohnehin schon Daten erhoben werden. Eine Idee für ein Data-Science-Projekt kann sich also aus einer Datenanalyse ergeben. Doch nicht immer sind die benötigten Daten bereits vorhanden. In diesem Fall muss entweder eingeplant werden, sie einzukaufen oder sie im Unternehmen zu erheben. Insbesondere bei der eigenständigen Erhebung ergeben sich weitreichende Folgen für die zeitliche Planung von Data-Science-Projekten, sodass konkrete Projektziele nach hinten verschoben werden müssen.

Datenqualität

Datenqualität ist von außerordentlicher Bedeutung, insbesondere wenn wir Machine Learning nutzen und künstliche Intelligenz entwickeln wollen. Allerdings sollte die Datenqualität nicht im Weg stehen, wenn man eine vielversprechende Idee hat, die Mehrwert erzeugt.

Wenn die Datenqualität miserabel ist, besteht immer noch die Möglichkeit, einen Prototyp auf wenigen oder synthetischen Daten zu entwickeln. Wenn sich dieser Prototyp bewährt, gibt es einen guten Grund mehr, die Datenqualität zu verbessern.

Würde man jedes Projekt vorab im Keim ersticken, weil die Datenqualität nicht ausreicht, sinkt die Innovationskraft, und es entstehen Opportunitätskosten.

Unzureichende Datenqualität und -zugänglichkeit sowie fehlende Verknüpfungsmöglichkeiten von Datensätzen sind in vielen Data-Science-Projekten zumindest teilweise ein Grund, warum diese sich verzögern. Die Datenqualität ist in den meisten Fällen nicht so hoch, wie sie für das Projekt benötigt wird. Oft muss hier nachgearbeitet werden. Dies kann auch zu einer externen Abhängigkeit (zum Beispiel durch das Warten auf eine andere Abteilung) führen und das Projekt verzögern. Doch auch der Zugang zu Daten kann Hürden mit sich bringen. So ist die technische Anbindung von Daten eine Herausforderung, die zwar meist planbar ist, aber dennoch oft Überraschungen bereithält. Diese betreffen die Kombinierbarkeit von Datensätzen, Schnittstellen und Technologien, beispielsweise wenn im Unternehmen lange vorhandene Systeme an neue Technologien angebunden werden. Zwischen Datensätzen kommen insbesondere dann Probleme auf, wenn es keine logische Verknüpfung gibt. Möchten wir Offlinedaten mit Datenbanken verknüpfen, beispielsweise um Einkäufe in einem Laden mit Bargeld und eine Kundendatenbank in Einklang zu bringen, fehlen uns meist gemeinsame Schlüssel, wie etwa eine Kunden-ID. Der Teufel steckt hier im Detail und kann an vermeintlichen Trivialitäten wie Softwareversionen und Programmiersprachen unterschiedlichen Alters scheitern. Darüber hinaus kann es durch Compliance oder den Datenschutz Zugangsbeschränkungen geben, die entweder den Zugriff auf die Daten verhindern oder eine Bewilligung erfordern. Beides sollte vor Projektbeginn geklärt werden, um Verzögerungen zu vermeiden.

Kontextualisierung und Kommunikation

In der Praxis kommt es nicht selten vor, dass Projekte trotz ausreichender Mittel und versierter Menschen scheitern. Dies sind also Projekte, bei denen es keine technischen oder finanziellen Gründe für das Scheitern gibt, selbst der Anwendungsfall kann gut passen. Bei diesen wie auch in vielen anderen Projekten, die nicht von vornherein scheitern, sind mangelhafte Kommunikation (nach außen) und Kontextualisierung (nach innen) oftmals Hindernisse für den Projekterfolg. Dies bedeutet aber auch, dass es hier Verbesserungsmöglichkeiten gibt, und zwar in der Regel ohne großen finanziellen Aufwand.

Die Kommunikation in Projekten und Unternehmen ist damit ein Schlüsselfaktor, um Data-Science-Projekte erfolgreich umzusetzen. Hierbei geht es insbesondere häufig darum, dass es Fachleute gibt, die vor einer Herausforderung stehen oder eine Idee haben, wie das Geschäft optimiert werden kann. Sie haben das Wissen und die Erfahrung aus ihrer Domäne, aber nicht per se auch Erfahrung mit Data Science oder einer IT-Sicht auf ein Projekt. Bereits hier, bei der Überführung einer Aufgabe aus einer Fachdomäne in ein durch Computer lösbares Problem, entstehen die ersten und mitunter auch größten Kommunikationsschwierigkeiten. Mischa Seiter nennt es die »Übersetzung des Business-Problems in ein Analyseproblem«[16]. Es kommt sehr häufig vor, dass die Sprache und die Herangehensweise der Data Scientists ganz anders geartet sind als in anderen Disziplinen. Das ist nicht ungewöhnlich, da die meisten Disziplinen eigene Methoden und eine eigene Sprache entwickelt haben und somit trans- und interdisziplinäre Vorhaben schon immer eine besondere Herausforderung waren.

Die Hürden der interdisziplinären Kommunikation sind allerdings nicht unüberwindbar. Allein schon die Tatsache, dass wir auf diese Umstände aufmerksam machen und bei allen Beteiligten dafür werben, Interesse und Verständnis füreinander zu entwickeln, kann das Eis brechen. Um dies zu institutionalisieren, kann die Data-Science-Managerin allerdings auch aktiv eingreifen. Mit dem Anforderungsmanagement, das eingangs beschrieben wurde, können wir ein gemeinsames Verständnis

16 M. Seiter (2019). *Business Analytics: Wie Sie Daten für die Steuerung von Unternehmen nutzen*. Vahlen.

füreinander herstellen, das tatsächlich nah am Anwendungsfall ist. Wenn wir das Anforderungsmanagement in einem Workshop durchführen, bleibt genug Raum, um Verständnisfragen zu erörtern. Doch auch im Nachgang sollten alle Beteiligten entweder ad hoc oder in regelmäßigen Abständen die Möglichkeit haben, sich fachlich auszutauschen.

In einer perfekten Konstellation gehen die Stakeholder mit ihren Ideen direkt zu den Data Scientists. Das bedeutet, die Data Scientists haben ausreichend Raum, um konzentriert zu arbeiten, stehen den Stakeholdern aber trotzdem zur Verfügung. Umgekehrt können die Data Scientists schnell und ohne lange Wartezeiten Antworten zu fachlichen Fragen bekommen. Ein Data-Science-Manager muss sich also kaum einschalten. Diese perfekte Konstellation liegt allerdings nicht immer vor. Das liegt häufig daran, dass Ungeduld und Termindruck eine Dynamik erzeugen, die für die Softwareentwicklung nicht förderlich ist, insbesondere wenn aufseiten der Stakeholder kein Verständnis für die Dauer von Softwareentwicklung vorhanden ist. Wenn es die Position des Data-Science-Managers in dem Projekt gibt und die Stakeholder Probleme sehen, können sie sich vertrauensvoll an diesen wenden, um ihre Fragen zu klären. Der wiederum kann dann das Gespräch mit den Data Scientists suchen. Die Data Scientists sollten andersherum die Data-Science-Managerin kontaktieren, wenn sie in der Kommunikation mit den Stakeholdern eine Herausforderung sehen. Dies kann zum Beispiel dann vorliegen, wenn sie durch häufige Nachfragen oder Änderungswünsche die weitere Entwicklungsarbeit oder die Projektziele in Gefahr sehen. Dann muss die Data-Science-Managerin das Gespräch mit den Stakeholdern suchen.[17]

Team-Bubble

Es kommt vor, dass die Geschwindigkeit, mit der die Data Scientists arbeiten, und der Fortschritt, der von den Stakeholdern damit assoziiert wird, nicht übereinstimmen. Zum einen sollte man den Stakeholdern wohlwollend vermitteln, warum manche Aufgaben länger dauern, als sie es vielleicht vermutet hätten. Als Data-Science-Manager hält man damit dem Team den Rücken frei und schafft gleichzeitig Transparenz gegenüber den Stakeholdern. Die Differenz zwischen der vom Stakeholder angenommenen Umsetzungszeit und der tatsächlichen Zeit der Umsetzung ist oft noch höher als die Differenz zwischen geplanter Zeit und der tatsächlichen Umsetzungszeit. In vielen Fällen haben die Stakeholder schier keine Vorstellung davon, was wie erledigt wird, und können deshalb nicht einmal eine grobe Abschätzung abgeben. Zum anderen sollte man in diesem Kontext darauf achten, dass die Data Scientists zwar so viel Kontakt zu den Stakeholdern haben wie nötig, aber die Stakeholder selbst die Data Scientists so wenig wie möglich kontaktieren. Wenn die Data Scientists fachliche Fragen haben, sollten diese selbstverständlich so schnell wie möglich geklärt werden. Wie beschrieben, kann bei einer guten Kommunikation, die nicht ausufert, ein direkter Kontakt bestehen. Auch gravierende Ad-hoc-Themen

17 Siehe hierzu auch folgenden Report: J. Nolis (2022). »Leading Data Science Teams«. O'Reilly Media, *https://www.oreilly.com/library/view/leading-data-science/9781098127398/*

der Stakeholder sollten schnell bearbeitet werden. Da aber jede Störung der Data Scientists zu einer potenziellen Projektverzögerung führen kann, sollte die direkte Kommunikation zwischen Data Scientists und Stakeholdern nicht zu intensiv werden. Eine Möglichkeit, diese Problematik aufzulösen, besteht darin, eine sogenannte *Team-Bubble* einzurichten. Damit ist gemeint, dass beispielsweise Zeiten eingerichtet werden, in denen die Data Scientists nicht erreichbar sind, um sich zu konzentrieren zu können. Sie befinden sich dann in einer Blase und sind möglichst vor Störungen abgeschirmt.

Die Team-Bubble dient dazu, dass sich die Teammitglieder möglichst effektiv auf ihre jeweiligen Aufgaben konzentrieren können. Die Kommunikation zwischen Stakeholdern und dem Team führt dann meist über die Data-Science-Managerin. Dies bewahrt die Data Scientists vor Ad-hoc-Anfragen der Stakeholder und vermindert somit Störungen und Unterbrechungen. Als Data-Science-Manager kann man dabei viele Ideen und Anliegen vorfiltern und für die Data Scientists in den richtigen Kontext einordnen. Dies schafft die Freiräume, die zum Entwickeln von Software und der Lösung von komplexen Herausforderungen benötigt werden. Man sollte die Abschirmung allerdings nur so weit vornehmen, dass auch wirklich ein Nutzen entsteht. Wenn man als Data-Science-Manager ein Flaschenhals wird, können die Effizienzgewinne an anderer Stelle schnell wieder verloren gehen.[18]

Zur Kommunikation innerhalb von Projekten gehört auch, dass Data-Science-Managerinnen und -Manager oft die Schnittstelle zwischen unterschiedlichen Kommunikationssträngen sind. Dies kann als Vorteil genutzt werden, um im Gespräch mit den Stakeholdern herauszufinden, welche Tätigkeiten aus ihrer Sicht am dringendsten sind, und gleichzeitig zu antizipieren, was aus Entwicklungssicht am meisten Sinn ergibt. Damit können Sie einerseits ein gemeinsames Vorgehen mit den Stakeholdern abstimmen und andererseits für die Entwickler die Aufgaben priorisieren.

Die Steuerung und Aufbereitung der Kommunikation sollte auch dafür genutzt werden, den Data Scientists Hintergrund und Kontext zu den Aufgaben zu vermitteln. Ohne dieses zusätzliche Wissen sind die zu bearbeitenden Aufgaben oft abstrakt. Auch der Enthusiasmus, eine Aufgabe zu lösen, schwindet ohne diesen Einblick deutlich schneller. Wenn man allerdings versteht, warum etwas bearbeitet wird, und im besten Fall auch noch, welchen Mehrwert es bietet, kann dies zu einer Motivationssteigerung führen.

18 Siehe hierzu auch: J. Nolis (2022).

KAPITEL 12

Data-Science-Teams

Im Idealfall finden sich Data Scientists in Unternehmen zu Teams zusammen. Nur in wenigen Fällen, zum Beispiel bei sehr kleinen Projekten, kann es sinnvoll sein, allein zu arbeiten. Doch die Vorteile, gemeinsame Stärken in ein Team einzubringen, um Schwachpunkte Einzelner auszugleichen, überwiegen. Teams mit unterschiedlichen Fähigkeiten erreichen bessere Ergebnisse und entwickeln nachhaltigere Lösungen. Zudem sind die Aufgaben von Data Scientists meist so umfassend, dass ohnehin Teamarbeit erforderlich ist, um in einem überschaubaren Zeitraum die gesteckten Ziele zu erreichen. Die benötigte Infrastruktur, eine große Vielfalt an Methoden, Vorgehensweisen und Tools sowie eine breite Palette an Soft Skills sprechen zudem für eine Organisation von Data Scientists in Teams.

Oft wird unterschätzt, dass Teams als soziologische Organisationsform erstens nicht zum Selbstzweck gebildet werden, zweitens mit Leben gefüllt werden sollten und drittens einer kontinuierlichen Arbeit am Team bedürfen. Um diese Punkte zu erläutern, schauen wir zunächst auf die Funktion von Teams und was diese ausmacht. Anschließend gehen wir auf die Besonderheiten der Organisation und der Aufgaben von Data-Science-Teams ein, um dann deren sinnvolle Einbindung in die Gesamtorganisation zu besprechen. Zuletzt gehen wir auf Herausforderungen und Konflikte in Teams sowie deren Lösung und auf Präventionsansätze ein.

Funktionen von Teams

Die Aufgaben für Data-Science-Teams sind sehr vielfältig, da Data Science selbst bereits sehr unterschiedlich definiert wird. Darüber hinaus können Data-Science-Teams in nahezu jeder Branche verortet sein. Allein das Themenspektrum von beispielsweise Mobilitäts-, Gesundheits- und Finanzbranche ist sehr breit und bringt damit auch verschiedene Methoden, Herangehens- und Denkweisen mit sich. Die Aufgaben können in ihrer Komplexität ebenfalls unterschiedlich sein und zudem von Zeit zu Zeit wechseln. Sie reichen beispielsweise von der Analyse von Daten, die in einem Dashboard resultieren, bis hin zur produktiven Machine-Learning-API oder von der Anbindung einer Datenquelle als Excel-Datei bis hin zur automatisierten Integration eines Data Stream. Es kann sein, dass das Ergebnis einer Analyse eine

Präsentation ist oder dass eine künstliche Intelligenz als Software für den Endkunden bereitgestellt werden soll. Das Aufgabenfeld von Data-Science-Teams ist also breit gefächert und damit nur wenig greifbar.

Entscheidender als die einzelnen Aufgaben des Teams ist seine Funktion und Zielsetzung. Was heute häufig unter dem Begriff *Purpose-driven* subsumiert wird, meint, dass es wichtig ist, dem Team klar zu vermitteln, warum es in dieser Form organisiert ist und zu welchem Zweck es in das Unternehmen integriert wird. Anders gesagt: Für viele Menschen ist es wichtig, zu verstehen, warum sie etwas machen. Damit gerät das Was in den Hintergrund und führt im Idealfall bei einer Identifizierung mit dem Warum[1] zu einer höheren Effizienz und einem positiven Einfluss auf die Zufriedenheit der Mitarbeitenden.

Insbesondere bei Data Scientists, die sehr häufig einen technischen oder wissenschaftlichen Hintergrund haben, ist es wichtig, den Kontext herzustellen, dass die Arbeit primär die unternehmerischen Ziele unterstützen soll.[2] Nolis[3] beschreibt die grundsätzlichen Funktionen von Data-Science-Teams als

- Unterstützung des Unternehmens bei datengetriebenen Entscheidungen,
- Optimierung der Produkte durch Daten und Data Science und
- Gewährleistung des Datenflusses im Unternehmen.[4]

Nachgelagert, wenngleich nicht von geringerer Bedeutung, sind die individuellen Entwicklungsmöglichkeiten und persönlichen Interessen der Data Scientists.[5]

In modernen Unternehmen ist es bereits heute üblich, dass Teams Ziele oder gar eine Vision formulieren. Das hängt zum Teil damit zusammen, dass dies ein Trend ist und in Workshops darauf eingegangen wird, um das Teambuilding hieran zu knüpfen. Viel zu oft reicht dieses Vorgehen allerdings nicht aus, um wirklich effiziente Teams zu schaffen und zum Kern dessen zu gelangen, was Teams effektiv und sinnvoll macht. Darüber hinaus besteht die Gefahr, dass die vom Team gesetzten Ziele im Widerspruch zu den Anforderungen an das Team oder den übergeordneten Unternehmenszielen stehen.

Die Entstehung und die Stärkung eines Teams kann man durch die unterschiedlichen Dimensionen nach Haug[6] betrachten, die die Arbeit im Team ausmachen:

1 Siehe auch S. Sinek (2011). *Start with Why: How Great Leaders Inspire Everyone to Take Action*. Penguin Publishing Group.

2 E. Avidon (2021). »How to increase the success rate of data science projects«. TechTarget, *https://www.techtarget.com/searchbusinessanalytics/feature/How-to-increase-the-success-rate-of-data-science-projects*

3 J. Nolis (2022).

4 In vielen Fällen wird dies allerdings auch durch IT-Abteilungen übernommen.

5 E. Avidon (2021).

6 Ch. V. Haug (2009). *Erfolgreich im Team*. Deutscher Taschenbuch Verlag, S. 13–15.

- **Erlebnis-Dimension:** Bildet einen Nukleus, der aus einer Verbundenheit auf der Gefühlsebene der Teammitglieder herrührt.
- **Aufgaben-Dimension:** Gemeinsame Herausforderungen, die für ein Teambuilding über verschiedene Rollen sinnstiftend sein können.
- **Image-Dimension:** Eine explizite Zugehörigkeit zum Team in Verbindung mit einem positiven Image nach außen führt dazu, dass Menschen, die im Team sind, als eher positiv betrachtet werden.
- **Krisen-Dimension:** Ein Team kann sich auch aus einer Krisensituation herausbilden, zum Beispiel durch gravierende personelle Veränderungen oder Umbrüche für Unternehmen wie Naturkatastrophen oder ausfallende Lieferketten.
- **Prozess-Dimension:** Das Interesse am Prozess steht im Vordergrund, Teammitglieder finden sich über Organisationsgrenzen hinweg zusammen.
- **Ergebnis-Dimension:** Ein Team formiert sich, um ein gemeinsames Ziel zu erreichen, unabhängig davon, wie es erreicht werden soll.

Ein Teil der Haug-Dimensionen beschreibt den Charakter von Teams, die sich, wie oben erläutert, nicht durch eine bestimmte Funktion, sondern z.B. durch Krisen oder ein Zusammengehörigkeitsgefühl bilden. Ein anderer Teil der genannten Dimensionen zeigt die Möglichkeit der Teamaufteilung oder -bildung nach Funktionalität. Die funktionalen Teams zeichnen sich insbesondere dadurch aus, dass sie einen gemeinsamen Prozess oder eine längerfristige Aufgabe teilen (Prozess- oder Aufgaben-Dimension nach Haug). Im Umfeld von Data Science und allgemeiner in der IT können dies zum Beispiel Operations-Teams sein, die sich um den Betrieb einer Software kümmern. Allerdings geht der Trend eher weg von derartigen Teams und hin zu crossfunktionalen Teams – etwa nach dem DevOps- bzw. MLOps-Ansatz (siehe Kapitel 18, *DevOps und MLOps: Entwicklung und Betrieb*).

Neben der sinnstiftenden Funktion hat die Organisationsform »Team« auch praktische Implikationen. In größeren und insbesondere bei wachsenden Unternehmen steigt die Anzahl der Mitarbeitenden über die Zeit. In Anlehnung an die *Rule of 3 and 10*[7] kann man sagen, dass ein einzelner Mensch sich selbst organisiert. Bei drei Menschen sollte sich eine Teamführung herausbilden oder zumindest eine klare Verantwortungsverteilung abgesprochen werden. Eine Gruppe von zehn Menschen als Team ist noch handhabbar. Sind es mehr Menschen, sollten mehrere Teams mit jeweils weniger als zehn Personen gebildet werden. Steigt die Anzahl der Teammitglieder über eine gewisse Anzahl, wird die Kommunikation sehr verschachtelt und kann mitunter viele Wege nehmen, was sehr ineffizient werden kann (siehe Abbildung 12-1). Die Abbildung zeigt nur ein Gedankenexperiment, die Realität kann besser aussehen. Allerdings kann sich die Kommunikation durch präferierte soziale Kontakte auch noch komplizierter gestalten.

7 Ph. Libin, »The Rule of 3 and 10«, ein Ratschlag, den er von H. Mikitani hat, *https://articles.sequoiacap.com/the-rule-of-3-and-10*

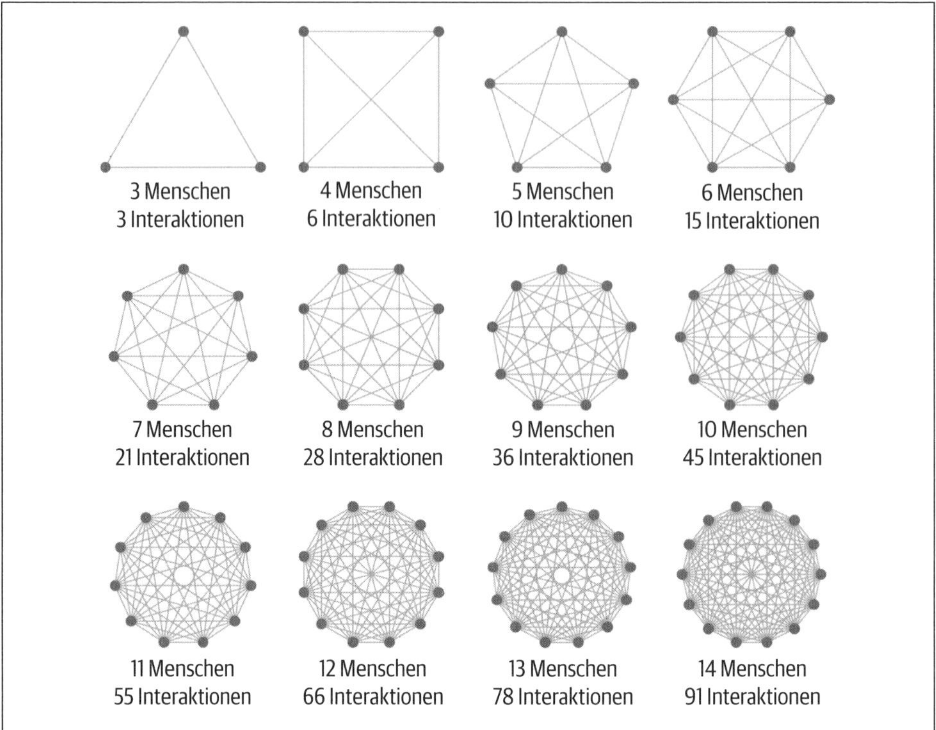

Abbildung 12-1: Dieses Gedankenexperiment zeigt die potenzielle Zahl der Interaktionen zwischen Menschen in einem Team. Diese nimmt nicht linear zu, sondern exponentiell. (Verändert nach Kelly Goetsch via medium.com.)

Die Organisation in kleineren Teams bietet eine Möglichkeit der effizienteren Kommunikation. Eine Information kann durch die Übermittlung an eine Person aus dem Team im besten Fall an das ganze Team übermittelt werden, ohne mit jeder einzelnen Person persönlich sprechen zu müssen.

Die Effizienz der Kommunikation ist ein wichtiger Grund für die Festlegung von Größe und Anzahl der Teams. Jedoch ist natürlich auch die Größe der Gesamtorganisation ausschlaggebend für Teamgröße und Anzahl an Teams. Aus der Praxis wissen wir, dass die Organisationsform in Teams ermöglicht, dass wir an einer großen Aufgabe beispielsweise mit mehr als 100 Menschen arbeiten können, ohne dass Chaos ausbricht. Dafür müssen wir allerdings zusätzlich zu einer Organisation in Teams eine Form des Miteinanders definieren, die auch zwischen Teams funktioniert, wie wir im nächsten Abschnitt sehen werden.

Teamstrukturen

Ein Team muss sich innerhalb einer Organisation, also in einem mitunter komplexen sozialen Gefüge, verorten. Gleichzeitig muss das Team funktional bleiben und für die einzelnen Individuen eine Umgebung schaffen, in der sie möglichst kreativ und effektiv arbeiten können. Oft hört man auch die Formulierung, dass die Aufstellung eines Teams zur »DNA des Unternehmens« passen muss, also zu dem, was das Unternehmen ausmacht, zur spezifischen Unternehmenskultur und -organisation und zum internen Kodex, aus dem sich der Arbeitsalltag ableitet.

Bevor wir uns ganz konkret mit der Verortung des Teams im Unternehmen beschäftigen, wollen wir uns der Frage theoretisch nähern, wie Menschen in Unternehmen organisiert sind. Denn für die Auswahl der Teamstruktur ist es mitunter wichtig, wie sich das Unternehmen selbst versteht. Frédéric Laloux beschreibt in seinem Buch *Reinventing Organisations*[8], dass es unterschiedliche Weltsichten auf Unternehmen gibt – Arten und Weisen, wie Menschen die (Arbeits-)Welt um sich herum wahrnehmen und interpretieren –, die ihre Entscheidungen, Handlungen und Beziehungen beeinflussen. Diese Weltsichten sind aus seiner Sicht evolutionär, entwickeln sich also weiter auf Basis der jeweiligen Evolutionsstufe davor (siehe Abbildung 12-2). Diese Evolution kann dabei auch ins Stocken geraten.

Abbildung 12-2: Weltsichten nach Frédéric Laloux mit ihren charakteristischen Eigenschaften und Beispielen für typische Branchen. Nach Laloux müssen wir in den Organisationen im Sinne der Grafik immer weiter nach oben streben.

8 F. Laloux (2014). *Reinventing Organisations: A Guide to Creating Organisations Inspired by the Next Stage of Human Consciousness.* Nelson Parker.

Die niedrigste Form der Organisationsevolution nach Laloux ist die impulsive Weltsicht, die davon geprägt ist, dass es wenig Kooperation gibt und Autorität von oben nach unten ausgeübt wird. Plakativ werden hier Straßengangs oder die Mafia als Beispiel angeführt. Aus heutiger Sicht ist es also kaum erstrebenswert, in einem solchen Umfeld zu arbeiten. Die nächste Stufe der Evolution finden wir heutzutage noch häufig und mitunter zu Recht. Bei der traditionellen konformistischen Weltsicht setzen die Organisationen auf stabile Strukturen, die zwar die Kreativität kaum fördern, aber wiederholbare Prozesse hervorbringen, die der Erfüllung definierter Aufgaben dienen, wie etwa beim Militär. Die moderne leistungsorientierte Weltsicht, also die nächste Stufe, finden wir – auch durch die Expansion des Kapitalismus in den letzten Jahrzehnten – in immer mehr Unternehmen. Hier werden Menschen anhand ihrer Leistung bewertet, und Innovationen sollen ein stetiges Wachstum fördern. Die meisten Unternehmen lassen sich derzeit den letzten beiden Weltsichten zuordnen.

Jedoch gibt es heutzutage einen Trend zu einer werteorientierten Arbeitskultur, die auch als *Purpose-driven* bezeichnet wird und der postmodernen und pluralistischen Weltsicht zugeordnet werden kann. Diese Weltsicht beinhaltet einen Fokus auf die Kundenzufriedenheit, die Befähigung der Mitarbeitenden gegenüber Kündigungen und Neuanstellung und den Vorrang der Kulturentwicklung gegenüber Strategien. Ein Beispiel hierfür ist der Speiseeishersteller Ben&Jerry's. Darüber gibt es nach Laloux nur noch die integrale evolutionäre Weltsicht, die eine verteilte und demokratische Entscheidungsfindung, ein höheres Ziel als Gewinnmaximierung oder auch die Selbstorganisation beinhaltet, wie etwa bei dem Outdoor-Ausrüster Patagonia.

Ein Blick auf diese letzten beiden Weltsichten ist insbesondere deshalb wichtig, weil wir es im Bereich der Datenanalyse und Data Science häufig mit Bewerberinnen und Bewerbern zu tun haben, deren Anspruch an die Arbeitgeber in Bezug auf moderne Organisationsformen und selbstbestimmtes Arbeiten stetig wächst. Unternehmen, deren Organisationsstruktur eher diesen Weltsichten entsprechen, werden mittelfristig erfolgreicher dabei sein, Bewerber von sich zu überzeugen.

Doch darüber hinaus gibt es noch weitere Gründe, die dafür sprechen, die Weltsicht des Unternehmens weiterzuentwickeln. Dazu gehört, dass die Menschen

- erfüllter bei der Arbeit sind,[9]
- eher in dem Unternehmen bleiben,[10]
- innovativere Ideen entwickeln[11] und
- mehr Umsatz generieren.[12]

9 2015 Workforce Purpose Index, *https://cdn.imperative.com/media/public/Purpose_Index_2015*

10 J. Bersin. »Becoming Irresistible: A New Model for Employee Engagement«, Deloitte Review Issue 16, 2015.

11 ebenda

12 R. S. Sisodia, D. B. Wolfe, J. N. Sheth (2007). *Firms of Endearment: How World-Class Companies Profit from Passion and Purpose*. Pearson FT Press.

Immer mehr Menschen ziehen eine Werteorientierung, mit der sie sich identifizieren können, einem hohen Gehalt vor – insbesondere junge Menschen.[13] Deshalb werden von vielen Unternehmen Anstrengungen unternommen, das Arbeitsumfeld so zu gestalten (siehe hierzu auch den Abschnitt »New Work« auf Seite 270), dass eine Werteorientierung neben Sachzwängen Platz findet. Dies schließt Top-down-Ansätze zwar nicht völlig aus, mindert aber zumindest deren Attraktivität. Transformative Prozesse, die Unternehmen zu agileren Gebilden mit Netzwerkstrukturen machen, sind deshalb vielerorts zu beobachten. Insbesondere solche Unternehmen mit digitalen Geschäftsmodellen, die mit Daten arbeiten oder vermehrt arbeiten wollen, beginnen diesen Prozess oder sind bereits auf dem Weg dorthin. Diese Gruppe der Unternehmen steht im Mittelpunkt dieses Buchs bzw. hat oft eine Verbindung zu Data Science. Um Data Science erfolgreich in Unternehmen zu verankern und Data Scientists zu gewinnen, kann es von Vorteil sein, wenn man sich als Unternehmen zumindest teilweise in eine Transformation begibt und die eigenen Werte reflektiert. Ein Bestandteil dieser Transformation ist das Hinterfragen hierarchischer Strukturen und die Verortung bzw. Bildung von Teams.

Team of Teams und New Work

Das im Zusammenhang mit New Work und erfolgreicher Organisationsentwicklung viel besprochene Konzept des *Team of Teams* wurde 2015 von General Stanley McChrystal, einem Kommandeur mit langjähriger Einsatzerfahrung, publiziert[14] (siehe Abbildung 12-3).

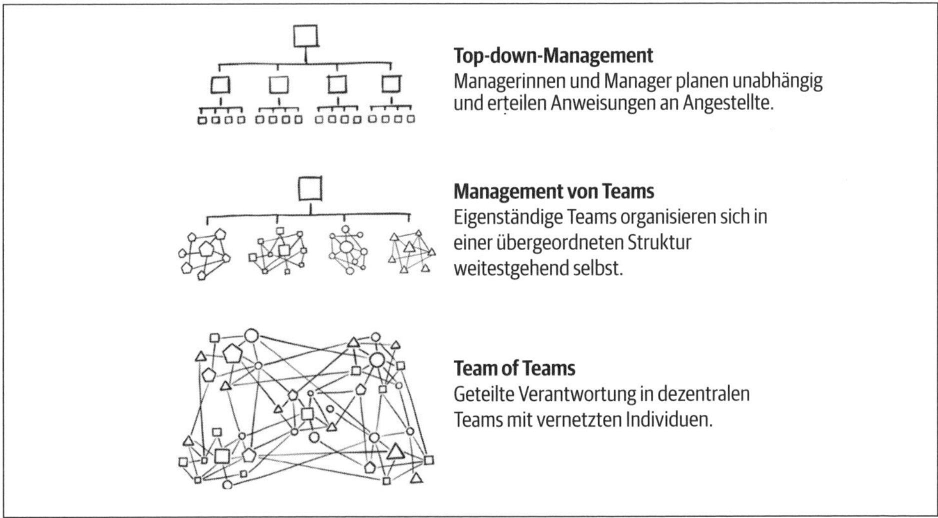

Abbildung 12-3: Modelle der unterschiedlichen Organisationsformen von Teams, inspiriert von Stanley McChrystal

13 M. Stapleton (2014). »Motivating Millennials: The 5 Key Drivers of Millennial Engagement«. via *hr.com*

14 S. McChrystal et al. (2015). *Team of Teams: New Rules of Engagement for a Complex World.* Penguin.

Anlass dieser Publikation waren seine Beobachtungen in Afghanistan, in der eine hochgradig spezialisierte und bestens ausgebildete Truppe mit streng hierarchischer Führung weitestgehend an zahlenmäßig unterlegenen, wenig organisierten, schlecht trainierten und vergleichsweise miserabel ausgerüsteten Al-Qaida-Kämpfern scheiterte. Diese Erfahrungen nutzte er, um sich Gedanken zu einer anpassungsfähigen, flexibleren und damit leistungsfähigeren Organisationsform zu machen. Denn selbst die beste Ausbildung und ein funktionierendes Teamgefüge konnten in einer unbekannten Umwelt mit sich ständig ändernden Faktoren nicht zu einem Einsatzerfolg beitragen. Seine Aussagen werden deshalb heute auf New Work übertragen, da sich auch viele Unternehmen zunehmend mit einer sich immer schneller verändernden Unternehmensumwelt auseinandersetzen müssen.

Team of Teams

Bei diesem Konzept geht es darum, die Individuen in Organisationen zu befähigen und zu ermutigen, sich übergreifend auszutauschen, um einen Mehrwert für die Organisation zu erzeugen. Übliche Team- oder Skillgrenzen werden dabei überwunden. Der Austausch soll helfen, durch ein vertrauensvolles Verhältnis voneinander zu lernen, um die Gesamtorganisation robuster aufzustellen, ganz ähnlich der Schwarmintelligenz.

Vor dem Hintergrund einer sich wandelnden Geschäftswelt wird die Empfehlung, dass sich Unternehmen in eine Transformation begeben sollten, um die Vorteile einer werteorientierten Kultur zu nutzen, noch bedeutsamer. Denn nicht nur die Motivation eines Unternehmens, sich zu verändern, spielt heute eine Rolle. Die Welt, in der sich Unternehmen bewegen, und die Märkte, in denen sie tätig sind, verändern sich mitunter so schnell, dass neue Formen der Organisation erforderlich sind. Die Schwächen des Top-down-Managements (siehe Abbildung 12-3) offenbaren sich insbesondere, wenn die Komplexität mit hoher Geschwindigkeit größer wird. Die Entscheidungsfindung von Einzelnen wird dann zum Flaschenhals. Diese Situation kann verbessert werden, indem ein Teil der Entscheidungen den Teams selbst übertragen wird. Wenn sich diese unabhängig organisieren, können sich Manager auf Entscheidungen mit großer Tragweite konzentrieren. Einzelne Teams können sich darüber hinaus viel schneller verändern und anpassen. Es ist einfacher, ein Team innerhalb einer Organisation zu verändern, als die Organisation als Ganzes, um die Arbeitsweise aller Teams zu beeinflussen.

Bei dem Konzept des Teams of Teams wird die Verantwortung des Einzelnen noch mehr in den Fokus genommen. Die Teams organisieren sich selbst und teilen ihre Erfahrungen im Team, um gemeinsam zu lernen. Es stellt dennoch die einzelne Person in den Hintergrund und betont die Teamleistung. Die Teammitglieder sollten sich dabei möglichst vertrauen und einander gut kennen. Das bedeutet, es ist nachrangig, ob die Teammitglieder die gleiche Profession haben, zum Beispiel alle Data Scientist sind, oder ob sie in derselben fachlichen Abteilung arbeiten. Vielmehr geht es darum, dass sie gemeinsame Werte teilen und sich ein gemeinsames Mindset ausbildet. Entscheidungen werden im Team getroffen. Entscheidungen, die eine Tragweite über das Team hinaus haben, müssen zwischen den Teams abgestimmt werden. Deshalb ist es auch von großer Bedeutung, dass Kommunikation und Transparenz zwischen den Teams angeregt und gefördert werden. Der große Vorteil des Teams of Teams liegt darin, dass Teams mit einer hohen Anpassungsfähigkeit auf äußere Umstände reagieren können. Durch ein lebendiges Teamgefüge, das sich im besten Fall organisch entwickelt hat, ist das einzelne Team besser in der Lage, sich zu verändern.

Verortung von Data-Science-Teams

In der Unternehmenspraxis ergeben sich jedoch häufig andere Konstellationen, als sie von Autorinnen und Autoren theoretischer Fachliteratur angepriesen werden. Wenn Unternehmen mit Data Science anfangen und sie in die Prozesse implementieren wollen, ist es oft eine zu große Herausforderung, gleich eine ganze Unternehmenstransformation anzustoßen. Wenn es nur wenige Data Scientists, Analysten und Data Engineers im Unternehmen gibt, stellt sich die Frage nach der optimalen Verortung.

Beim zentralisierten Modell (siehe Abbildung 12-4) siedelt man ein Datenteam möglichst geschlossen an einem Ort in einer Abteilung an, zum Beispiel im Ressort der Geschäftsführung oder angebunden an die Abteilungsleitung. Diese Teams profitieren davon, dass sie Wissen untereinander sehr einfach teilen können. Sie können sich kurzfristig gegenseitig unterstützen und haben kurze Abstimmungswege. Die Priorisierung der Aufgaben des Teams und im Team selbst können dabei von einer effizienten Kommunikation profitieren und vereinfachen diese. Allerdings kann die Abgeschlossenheit des Teams, die auch eine Distanz zu den Fachabteilungen mit sich bringt, dazu führen, dass nicht genug Input von außen kommt, durch den sich das Team weiterentwickelt. Des Weiteren kann es sein, dass den Teammitgliedern das Wissen dazu fehlt, wie die Abteilungen, für die sie tätig sind, funktionieren, wie sie arbeiten und was sie brauchen, um erfolgreich zu sein. Neue Ideen entstehen häufig durch den direkten Austausch, der durch eine Zentralisierung eher gehemmt sein könnte.

Beim integrierten Modell, das Sie in Abbildung 12-4 ganz rechts sehen, befinden sich die Data Scientists sowie verwandte Expertinnen und Experten verteilt in den Fachabteilungen bzw. in den fachlich arbeitenden Teams. Sie sind also sehr nah am Geschehen und können immer ein Ohr für die Themen der Fachleute haben. Der ständige Austausch und das Teamgefühl können dabei sehr fruchtbar für die gemeinsame Lösung von Problemen sein. Lösungsansätze können somit auch von der größeren Nähe zu den Herausforderungen des Unternehmens profitieren. Das erhöht die Geschwindigkeit in der Entwicklung und kann deshalb dazu führen, dass sich der Einsatz von Data Science schnell rentiert. Die Data Scientists fallen dabei allerdings in den Managementbereich der Fachbereiche. Das bedeutet, dass auf die besonderen Bedürfnisse der Data Scientists nicht immer optimal eingegangen werden kann. Herausforderungen werden vom Fachbereichsmanagement oft erst deutlich später erkannt als von Data-Science-Managern, die im besten Fall viel Erfahrung in Data-Science-Projekten haben. Darüber hinaus fehlt es bei diesem Modell teilweise am fachlichen Austausch zwischen den Data Scientists und an gemeinsamen Standards. Dies kann wiederum dazu führen, dass unterschiedliche Tools und Standards genutzt werden, für die jeweils individuelle Einarbeitungszeit investiert werden muss, und dass sich für das Unternehmen als Ganzes ein erhöhter Bedarf an Zeit und damit Geld ergibt. Wenige Softwarelösungen und ein gemeinsames Einarbeiten sind oft effizienter. Gemeinsame Standards sind sogar notwendig (siehe hierzu auch Kapitel 17, *Data-Science-Architekturen*).

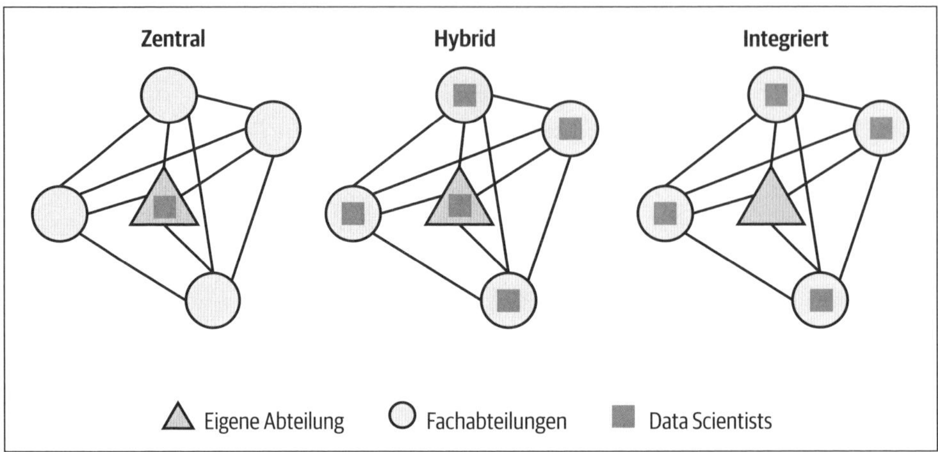

Abbildung 12-4: Verortung von Data Scientists in Organisationen (Grafik nach Mikkel Dengsøe[15])

Die hybride Lösung, in Abbildung 12-4 in der Mitte zu sehen, sieht vor, dass es einzelne Data Scientists in den Fachbereichen gibt, die allerdings zentral vernetzt sind. Das heißt beispielsweise, dass die eigentliche Arbeit und der Austausch in den Satellitenteams im Unternehmen stattfinden. Der fachliche Austausch zwischen den Data Scientists wird zentral organisiert. Hier findet auch Weiterbildung und Reflexion über Standards und Tools statt. Strategische Ausrichtungen im Data-Science-Bereich können somit deutlich leichter umgesetzt und kommuniziert werden. Dabei geht jedoch die größere Nähe zu fachlichen Herausforderungen ein Stück weit verloren. Bei hybriden Lösungen bekommt man, bei allen Vorteilen, häufig auch das Schlechte aus beiden Welten. Beim Kontextwechsel zwischen fachlichem Team und Data-Science-Team geht oft Zeit verloren, weil man sich in die jeweils andere Welt eindenken muss. Auch die örtlichen Veränderungen können dabei eine Rolle spielen. Darüber hinaus ist dieses hybride Modell schwer zu managen, da die Verantwortlichkeiten geteilt sein müssen.

Die zunehmende Digitalisierung in Unternehmen kann mal mehr, mal weniger für das eine oder andere Modell sprechen. Darüber hinaus können Erwägungen zum Grad der Vernetzung und auch zur Abflachung von Hierarchien eine Rolle spielen

15 M. Dengsøe (2021). »Data Team Structure: Embedded or Centralised?«, *medium.com*.

(siehe *Team of Teams* weiter oben). Bei der Verortung von Data-Science-Teams gibt es vermutlich keine absoluten Sicherheiten. Vielmehr muss die gewählte Organisationsstruktur zum Unternehmen passen. Das kann jedoch bedeuten, dass überlegt werden muss, ob damit der Ist-Zustand beibehalten wird oder ob man grundsätzliche Veränderungen anstrebt und das Data-Science-Team ein Teil des Wandels sein soll. Darüber hinaus ist es wichtig, dass die Strukturen eines Teams und dessen Verortung zu den Individuen, also zu den Teammitgliedern, passen. Ihre Einbindung in Überlegungen kann dabei helfen, Akzeptanz zu schaffen. In jedem Fall ist es extrem wichtig, dass man bedenkt, dass all diese Überlegungen nicht in einem Schritt umgesetzt werden können, da jeder Impuls in Richtung Veränderung eine Dynamik auslöst, die für sich wieder evaluiert werden muss. Vielmehr sind es Prozesse, die man anstößt, dann reflektiert, was gut und was schlecht funktioniert hat, um dann den weiteren Prozess zu gestalten.

Rollen und deren Aufgaben in Data-Science-Teams

Ein Data-Science-Team setzt sich aus unterschiedlichen Menschen zusammen, die jeweils einen individuellen Satz an Fähigkeiten haben und diesen über die Zeit weiterentwickeln. Es gibt also nicht den typischen Data Scientist, der als Rollenmodell gelten kann. Dies wäre auch nicht zielführend, da je nach Einsatzgebiet unterschiedliche Fähigkeiten erforderlich sind. Trotzdem kann man sich einer Kategorisierung annähern, um Unternehmen dabei zu helfen, zu verstehen, welche Fähigkeiten und Profile sie benötigen, und auch, um die Dimensionen dieser Thematik zu erkennen. Die Unterschiede in der Betrachtungsweise ergeben sich hierbei aus der Komplexität und Vielfalt der Aufgaben sowie aus dem Reifegrade des Unternehmens und seiner Produkte. Wir stellen hier drei unterschiedliche Ansätze vor, die helfen sollen, sich einem Rollenverständnis von Data Scientists anzunähern: nach methodischer Tiefe, nach Ausbildung und Interessen sowie nach Aufgaben.

Rollenverständnis nach methodischer Tiefe

Eine simple Unterscheidung von Data Scientists findet zwischen Generalistinnen bzw. Generalisten und Spezialistinnen bzw. Spezialisten statt. Data-Science-Generalisten zeichnen sich dadurch aus, dass sie grundsätzliche statistische Methoden beherrschen und diese sicher zur Analyse von Daten verwenden können. Sie kennen sich in der Softwareentwicklung (meist mit Python oder R als Programmiersprache) aus und beherrschen grundsätzlich den Umgang mit Datenbanken und anderen Datenmanagementsystemen. Ihr Einsatzfeld reicht von der Arbeit mit Excel-Tabellen bis hin zu einfachen Anwendungen mit Machine-Learning-Algorithmen. Immer mehr Menschen mit unterschiedlichem akademischem, aber auch nicht akademischem Background arbeiten als Data-Science-Generalisten für Unternehmen. In vielen Fällen ist es daher ratsam, mit diesen Allroundern in Data-Science-Projekte zu starten, da bereits sehr viele Anwendungsfälle durch diese Gruppe abgedeckt werden können. Allerdings sollte man bei der Suche nach Generalisten beachten, dass bei der Ausschreibung nicht alle Fähigkeiten, die man als Unternehmen gern sehen würde, in einer Person vereint sein können. Sogenannte *Full Stack Developers* gibt es zwar, diese können aber auch nicht alles und sind zudem sehr schwer zu finden. Bei Data Scientists ist oft ohnehin die intrinsische Motivation da, Neues zu lernen, auszuprobieren und sich weiterzuentwickeln. Aus diesem Grund können sich Generalisten über die Zeit auch zu Spezialisten entwickeln.

Wenn die Anwendungsfälle komplexere Methoden erfordern, die angewandte Technologie nicht der gängigen Software entspricht oder auch eine produktive Software basierend auf Machine-Learning-Algorithmen entwickelt wird, empfiehlt es sich, auf die Suche nach Data-Science-Spezialistinnen und -Spezialisten zu gehen. Diese bringen durch jahrelange Arbeitserfahrung oder durch eine wissenschaftliche Ausbildung tiefgreifendes Wissen zu speziellen und fortgeschrittenen Methoden wie Deep Learning, Reinforcement Learning oder künstlichen neuronalen Netze mit. Darüber hinaus können sie technologische Expertise hinsichtlich des Betriebs von Software mit Machine-Learning-Algorithmen (MLOps) haben. Data-Science-Spezialisten zeichnen sich im Gegensatz zu Generalisten dadurch aus, dass sie eher wenige Technologien oder Methoden, diese aber im Detail beherrschen, während Generalisten ein breites technologisches und methodisches Handwerkszeug haben.

Rollenverständnis nach Ausbildung und Interessen

Eine weitere Möglichkeit der Unterscheidung von Data Scientists ist die Betrachtung der Ausbildung und Interessen, also der Abstammung (engl. *Tribe*). Die Data Science Tribes können dabei sowohl für Generalisten als auch für Spezialisten gelten, haben aber jeweils eine Tendenz zu einer dieser vier Richtungen: Business, Academic, Engineering und Data Tribe. Die Tribes sind auch unabhängig davon, welche tatsächliche Rolle sie im Team einnehmen werden.

Business Tribe

Bei diesem Tribe handelt es sich um Menschen, die ein generelles Interesse an Prozessen in Unternehmen bzw. daran haben, wie Projekte gemanagt werden. Hier könnten wir die Rolle des Data-Science-Managers oder des Business Analyst verorten. Insbesondere Data-Science-Managerinnen und -Manager brauchen die Fähigkeit, sich in Geschäftsprozesse hineindenken zu können, und sollten auch ein generelles Interesse am Umfeld, an der Kultur und am Unternehmen an sich aufweisen. Ebenso zählen ein betriebswirtschaftliches und ein unternehmerisches Denken dazu. Insoweit geht es hier um Data Scientists, die aus einem jeweiligen Fachbereich selbst stammen.

Academic Tribe

Menschen, die in der Universität bzw. an Hochschulen gelernt und gearbeitet haben, ordnen wir dem Academic Tribe zu. Dies sind häufig Wissenschaftlerinnen und Wissenschaftler, die mit statistischen Methoden gearbeitet haben. Sie haben in einem informatikfremden Wissenschaftsfeld Machine Learning angewendet oder auch zu Machine-Learning-Algorithmen geforscht. Diese Data Scientists haben ihren akademischen Hintergrund häufig in den Fächern Mathematik oder Statistik sowie in Natur- und Technikwissenschaften. Immer häufiger sind es aber auch Linguisten sowie Human- und Geisteswissenschaftler.

Engineering Tribe

Ein besonderer Fokus auf Technologie, Programmierung und Informatik findet sich beim Engineering Tribe. Häufig sind es Programmiererinnen und Entwickler mit Leib und Seele, die ein großes Interesse an der Implementierung und Umsetzung von IT-Lösungen haben. Sie sind an Softwareentwicklung und an technischen Aspekten interessiert und arbeiten sich in die Tiefen des Programmierens ein. Die Schnittmenge mit klassischen Softwareingenieurinnen und -ingenieuren ist hier groß. Im Umfeld von Data Science handelt es sich allerdings auch oft um die Rolle der Data Engineers.

Data Tribe

Durch die zunehmende Bedeutung von Datenverständnis und Datenqualität wird auch der Data Tribe immer wichtiger. Dies sind Data Scientists, die einen besonderen Faible für Daten haben. Sie wollen ganz tief in die Daten eintauchen und mit diesen Zusammenhänge erklären können. Ihnen liegt am Herzen, dass sie durch die Antworten, die sie aus Daten gewinnen können, Geschäftsfragen und die Unternehmen an sich nach vorne bringen. Sie wollen also Probleme und Herausforderungen mit Daten lösen und sind daran interessiert, neue Ideen mit Daten zu unterfüttern.

Rollenverständnis nach Aufgaben

Die Unterscheidung von Rollen und Tribes ist deshalb wichtig, weil es für die Bearbeitung mancher Aufgaben von untergeordneter Bedeutung ist, welche Ausbildung oder welchen Hintergrund die Menschen haben. Wichtig ist, welche Rolle in dem Moment eingenommen wird, um zur Lösung einer Aufgabe beizutragen. Deshalb ist auch die Ausdifferenzierung der Rollen im Zusammenhang mit Aufgaben noch kleinteiliger als bei den Tribes.

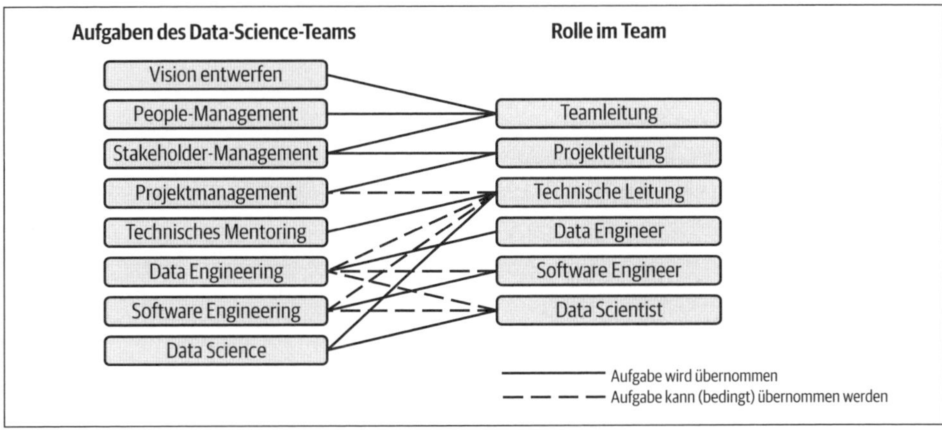

Abbildung 12-5: Beispielhaftes Verhältnis von der Rolle in einem Data-Science-Team zu den Aufgaben, die übernommen werden können. Die durchgezogenen Linien stellen dabei Aufgaben dar, die von der Rolle übernommen werden können. Die gestrichelten Linien deuten Aufgaben an, die nur schwer durch die Rolle erfüllt werden können.[16]

16 Aus: J. Nolis (2022). »Leading Data-Science-Teams«, O'Reilly Media.

In Abbildung 12-5 sehen Sie beispielhaft, dass es einerseits unterschiedliche Rollen und Aufgaben in und für Data-Science-Teams gibt. Sie sehen andererseits allerdings auch, dass Aufgaben und Rollen eine 1:1-, 1:n-, aber auch eine n:n-Beziehung haben können. Aufgaben, die ein hohes Maß an speziellem Wissen und besonderen Fähigkeiten voraussetzen, werden eher durch eine 1:1-Beziehung abgedeckt. Dies sind also Aufgaben, für die Spezialistinnen und Spezialisten eingesetzt werden. Einfachere und allgemeine Aufgaben können hingegen theoretisch von mehreren Personen übernommen werden und haben damit eine n:n- oder 1:n-Beziehung. In jedem Fall ist es wichtig, dass die Verantwortlichkeiten geklärt werden. Zudem ist es von Bedeutung, dass bei der Übernahme von Verantwortung, insbesondere bei einer 1:1-Beziehung, ein Wissenstransfer zu den anderen Teammitgliedern stattfindet (siehe Infobox zum Thema Busfaktor).

Der Busfaktor

Der Busfaktor[17] ist ein Konzept, das beschreibt, dass ein hohes Risiko besteht, wenn Informationen, die bei einer einzelnen Person liegen, nicht mit dem Team geteilt werden. Der Name rührt daher, dass bei einem plötzlichen und nachhaltigen Ausfall einer Person, etwa durch einen Busunfall, wertvolle Informationen nicht zugänglich sein könnten, da sie zum Beispiel nicht geteilt oder veröffentlicht wurden oder verschlüsselt, undokumentiert oder obfuskiert, also verschleiert sind.

Der Busunfall ist nur eine Metapher für viele Eventualitäten, die dazu führen können, dass eine Person ad hoc das Team verlässt und damit eine Wissenslücke hinterlässt. Im Grunde ist es eine Maßzahl für das Risiko eines Wissensverlusts beim Ausfalls von Personen. Sie gibt an, wie viele Menschen eine Information besitzen und damit mindestens ausfallen müssten, damit diese Information nicht mehr zugänglich ist. Bei einem Busfaktor von 1 ist das Risiko hoch, wenn genau diese eine Person ausfällt. Bei einem Busfaktor von 3 wiederum ist es geringer, da mehrere Personen über die Information verfügen.

Der Busfaktor kann gesteigert werden, in dem akribisch dokumentiert wird, die Dinge möglichst simpel gehalten werden und Skills redundant vorhanden sind.[18] Des Weiteren gibt es die Möglichkeit des Pair Programming, also die gemeinsame Entwicklung von Code nach dem Vier-Augen-Prinzip, wodurch Wissen direkt geteilt wird.

Rollen von Data Scientists

Die Herleitung der Rollen und Aufgaben, die wir zuvor betrachtet haben, entspricht in der Realität nicht den Profilen bzw. Stellenbezeichnungen. Darin werden oft an-

17 Die erste Erwähnung des Busfaktors kam vermutlich von Michael McLay in einem Mailing am 29. Juni 1994. Der Titel lautete: »If Guido was hit by a bus?«. Gemeint war Guido van Rossum, der Designer der Programmiersprache Python.

18 K. Awati. »Increasing your team's bus factor«, Eight2Late Blog, 2008.

dere Begrifflichkeiten benutzt, die wir im Folgenden betrachten. Diese Rollen und Bezeichnungen sind dabei eher dem Umsetzungsteam zuzuordnen (siehe Abschnitt »Agiles Management und Lean Mindset« auf Seite 120). Die Beschreibung von Leitungsfunktionen nehmen wir in Kapitel 13, *Data-Science-Managerinnen und -Manager*, vor.

Data Scientists

Data Scientists können, wie wir oben gesehen haben, ein generalistisches oder spezialisiertes Profil haben. Das hängt mit ihren technologischen Skills und präferierten Methoden zusammen. Darüber hinaus ist es für die Ausschreibung einer Stelle von Bedeutung, welche methodischen Bedarfe die Anwendungsfälle haben. Zudem kann es relevant sein, welchen Hintergrund Data Scientists haben und welchen Bildungsweg sie gegangen sind. Insbesondere wenn Unternehmen beginnen, Data Science in ihre Arbeit zu integrieren, lohnt es sich, auf Data Scientists zu setzen, die viele Aufgaben übernehmen können. In kleinen Teams ist es sinnvoll, mit zwei bis fünf Data Scientists zu beginnen. Sie brauchen allerdings häufig Unterstützung aus der IT-Abteilung (bzw. ähnlichen Konstrukten, die eine Datenbereitstellung, -verwaltung und -aufbereitung übernehmen). Aus diesem Grund ist es ab einer gewissen Teamgröße oder Komplexität der Aufgaben auch sinnvoll, Data Engineers direkt in das Data-Science-Team zu integrieren.

Data Engineers

Wenn Data Engineers direkt in einem Data-Science-Team arbeiten, können sie den Data Scientists Aufgaben abnehmen. Sie haben durch ihre Fähigkeiten und ihre Erfahrung meist die Möglichkeit, Aufgaben schneller zu erledigen und Lösungen zu entwickeln, die in ihrer technischen Komplexität bislang nicht aus dem Team selbst heraus erledigt werden konnten. Zu ihren Aufgaben gehören insbesondere die Bereitstellung und damit die Aufbereitung von Daten. Oft wird angenommen, dass 60 bis 80 % der Arbeit von Data Scientists für die Datenaufbereitung aufgewandt werden müssen, was den Einsatz von Data Engineers sehr schnell rechtfertigt und amortisiert. Des Weiteren entwickeln Data Engineers Daten-Pipelines und ETL-Prozesse, um die Automatisierung voranzubringen. Zu ihren Aufgaben gehören das (automatisierte) Testing und damit in gewissem Maße die Datenqualitätskontrolle. Dabei arbeiten sie teilweise auch wie Datenanalysten, um die Datenqualität zu testen und zu verifizieren. Sie können zudem neue Datenquellen anbinden und erschließen.

Fachexpertinnen und -experten

In einigen Fällen ergibt es Sinn, dass man Fachexpertinnen und -experten direkt im Team hat. Diese Subject Matter Experts helfen dabei, die Fachlichkeit, die in den Daten steckt, zu verstehen. Im CRISP-DM (siehe Abbildung 15-2 auf Seite 192) werden wir sehen, dass zu jedem Data-Science-Projekt ein Business und Data Understanding gehört. Sollte man in einem Projekt nicht ausreichend Zugriff auf Business

Knowledge haben, können die Fachexperten im eigenen Team diese Lücke füllen und somit die Entwicklungsgeschwindigkeit aufrechterhalten. Ihre Aufgaben liegen darin, Fragen mit den Data Scientists und Data Engineers zu erörtern, um beispielsweise das Datenverständnis zu verbessern oder Modellergebnisse zu evaluieren. Auch beim Feature Engineering können sie mit ihrem Wissen äußerst hilfreich sein. Eine ideale Kombination ist häufig eine Fachexpertin, die gleichzeitig Data bzw. Business Analyst ist und somit auch eigenständig Datenanalysen durchführen kann.

Die Kombination aus Data Scientists, Data Engineers und Fachexpertinnen ist für jedes Data-Science-Projekt die Standardaufstellung. Unterschiede ergeben sich häufig nur dadurch, dass die Fachexperten manchmal die Kundenseite darstellen und damit außerhalb des Teams stehen oder Data Scientists Data-Engineering-Aufgaben übernehmen. Außerdem ist entscheidend, welchen Umfang das Data-Science-Projekt hat.

Wenn das Ergebnis eines Projekts oder die Aufgabe eines Teams ist, eine Software zu entwickeln oder beispielsweise ein interaktives Dashboard zur Verfügung zu stellen, benötigt man zusätzliches Wissen im Team oder sollte sich dieses temporär hinzuholen. Durch die Herausforderung, eine Software, Softwareschnipsel oder interaktive Produkte über Drittsoftware (z.B. Dashboards) zu deployen, ergeben sich auch andere Rollen und Aufgaben in Teams, die wir im Folgenden beschreiben.

Software Engineers und DevOps Engineers

Software Engineers unterstützen an den Stellen, an denen Data Scientists nicht weiterkommen. Mit ihren Fähigkeiten können Software Engineers dabei helfen, aus Softwarewareschnipseln, verteiltem Code und hemdsärmeligen, aber laufenden Anwendungen ein Gesamtpaket zu machen, das in Produktion gehen und damit anderen zur Verfügung gestellt werden kann. Wenn dies im Sinne von DevOps passiert, erstellen die Software Engineers Entwicklungs-, Abnahme- und Produktionsumgebungen. Diese helfen den Data Scientists, in die bewährte Softwareentwicklung einzusteigen, um neue Software-Features in einem geschützten Bereich zu entwickeln, diese zu testen und dann zu deployen. Data Scientists fühlen sich häufig in der Entwicklungswelt (Dev) zu Hause. Oft wird dabei vergessen, dass, anders als bei einer Präsentation oder einem Projektbericht, ständige Wartung und fortlaufender Betrieb (Ops) gewährleistet sein müssen.

Mit DevOps Engineers, die die Data Scientists beim Entwickeln und Betreiben von Software unterstützen, kann man Data-Science-Anwendungen in den produktiven Betrieb bringen und damit Apps nutzbar machen.

Machine Learning Engineers und MLOps Architects

Machine Learning Engineers sind spezialisiert auf den Betrieb von Machine-Learning-Algorithmen. Sie haben daher sowohl Fähigkeiten von Data Scientists als auch von Data und Software Engineers. Anders als konventionelle Algorithmen in der Softwareentwicklung haben Machine-Learning-Algorithmen, die kontinuierlich laufen, die Besonderheit, dass sich die Datengrundlage über die Zeit ändern kann, sich die Model-Performance ändert, Parameter nicht mehr stimmen und vieles mehr. Die Aufgaben des ML Engineer beinhalten also verschiedene technische Besonderheiten, die einen Bezug zu statistischen Methoden und Ansätzen wie beispielsweise Verteilungen, Signifikanz oder Varianz haben. Um Machine-Learning-Modelle über die Zeit fachlich und technisch korrekt zu betreiben, eignet sich meist ein eigenes Model Monitoring. Das Machine Learning Engineering kann auch noch aus einer anderen Richtung gedacht werden: Bei großen Projekten und Vorhaben oder für ganze Unternehmen braucht man eventuell Menschen, die eine grundsätzliche Architektur zum Entwickeln und Betreiben von Machine-Learning-Algorithmen skizzieren.

MLOps Architects haben ein umfassendes Wissen aus meist jahrelanger Erfahrung, um diese Aufgabe wahrzunehmen. Sie verknüpfen Datenquellen mit Datenspeichern und bauen Ressourcen mit Rechenleistung auf, um sie Data Scientists mit einer Entwicklungsumgebung zur Verfügung zu stellen. Sie sind ebenfalls dafür verantwortlich, über neueste Technologien informiert zu sein und diese bei Bedarf zu implementieren.

Model-Risk-Managerinnen und -Managern

Eine immer wichtigere Rolle kommt den Model-Risk-Managerinnen und -Managern zu. Sie kümmern sich darum, dass die Risiken der Modelle, die entwickelt werden oder bereits in Betrieb sind, systematisch erfasst und bewertet werden. Im Rahmen der Nutzung von Modellen kann es insbesondere beim Endkundenkontakt oder beim Arbeiten mit vertraulichen Informationen dazu kommen, dass Sicherheitslücken entstehen oder sich die Ergebnisse der Modelle in eine aus Unternehmenssicht unerwünschte Richtung entwickeln. Aufgabe ist es also auch, zu überprüfen, ob die Modelle Compliance-Vorgaben einhalten. Dabei geht es zum Beispiel um die Weitergabe von vertraulichen Informationen, den Schutz von personenbezogenen Daten, aber auch um die Angemessenheit der Kommunikation, zum Beispiel bei Chatbots. Algorithmen, die in Kontakt mit Menschen außerhalb des Unternehmens stehen und mit Informationen trainiert werden, die von Kunden erzeugt werden, können von außen manipuliert werden und dann unerwünschte Ergebnisse erzeugen. Ein extremes Beispiel wäre, dass die Chatbots rassistische und gewaltverherrlichende Inhalte weiterverwenden. Dies muss stets gemonitort und evaluiert werden, um negative Einflüsse auf das Unternehmen zu verhindern.

Softwarearchitektinnen und -architekten

Softwarearchitektinnen und -architekten werden meist nur punktuell benötigt, insbesondere am Anfang von Projekten oder zu Beginn der Entwicklung einer Anwendung. Sie unterstützen Teams dabei, herauszufinden, welche Datenquellen benötigt und wie diese angebunden werden. Darüber hinaus beraten sie das Team zur optimalen Anordnung und zum Zusammenspiel von Infrastrukturkomponenten, beispielsweise zum Umfang eines Data Lake oder zur Performance einer Datenbank, die benötigt wird. Softwarearchitekten haben oft jahrelange Erfahrung mit sehr unterschiedlichen Softwarelösungen und können auf dieser Basis Wissenslücken im Team schließen und eine Architekturskizze erstellen. Sie sind meist nicht an der Umsetzung der Infrastruktur beteiligt, da sie oft hochdotierte Fachleute sind, sie stehen aber beratend zur Seite. Für kleinere und mittlere Unternehmen empfiehlt es sich, Softwarearchitekten extern zu engagieren. Erst wenn man als Unternehmen garantieren kann, etwa eine Architektin voll auslasten zu können, ist eine Festanstellung ratsam.

Analystinnen und Analysten

Analystinnen und Analysten kommen häufig auch in Data-Science-Projekten vor. Die Unterscheidung zwischen Data und Business Analyst erfolgt dabei aufgrund einer eher technischen (Data) oder einer eher fachlichen (Business) Ausrichtung, wobei die Grenzen in der Realität verschwimmen. Analysten sind in der Lage, deskriptive und diagnostische Datenanalysen durchzuführen (siehe Abschnitt »Von einfachen Analysen zur Automatisierung (Analytics Continuum)« auf Seite 32). Sie können häufig mit Business-Intelligence-Tools umgehen und haben grundlegende Fähigkeiten im Umgang mit Datenbanken. Im Rahmen des Upskillings (siehe Kapitel 23, *Digitale Kompetenzen und Data-Science-Kultur*) werden Mitarbeitende mit einem anderen Profil inzwischen häufig zu Analysten weitergebildet.

Häufige Fragen zur Gründung eines Data-Science-Teams

Müssen wir als Unternehmen ein spezielles Data-Science-Team schaffen?

Kleine Unternehmen und solche, die mit Data Science beginnen, sollten ein Team schaffen, das mit Fachabteilungen gut vernetzt ist. Dabei ist zu beachten, dass es sich eher um einen Prozess des Aufbaus handelt und weniger um die einmalige Schaffung eines Teams. Ein Data-Science-Team muss kontinuierlich weiterentwickelt werden und Kommunikationskanäle im Unternehmen haben, damit es seine volle Wirkung entfalten kann.

Welche Rollen müssen zwingend besetzt sein?

Im Data-Science-Team sollte ein Teammitglied die Rolle haben, sich um die Organisation zu kümmern und Hindernisse aus dem Weg zu räumen. Darüber hinaus sollte es Data Scientists geben, die Analysen durchführen. Gegebenenfalls sollte ein Data Engineer unterstützen. Zudem muss Fachexpertise in die Data-Science-Lösungen einfließen, es muss also eine oder mehrere Personen geben, die ein Interesse an der Lösung haben (z.B. der Kunde).

Kann in einem kleinen Unternehmen mit wenigen Data Scientists auch eine Person mehrere Rollen ausfüllen?

Ja. Gerade wenn Unternehmen mit Data Science beginnen, kann beispielsweise ein Product Owner auch Entwicklungsaufgaben übernehmen oder Data Scientists sich um das Data Engineering kümmern. Flexibilität ist anfänglich wichtiger als starre Rollen. Dennoch sollte die Arbeit sinnvoll und klar aufgeteilt sein.

Ab wann ist es ratsam, Spezialistinnen und Spezialisten wie etwa Machine Learning Engineers einzustellen?

Sobald die Herausforderungen, die es zu lösen gilt, methodisch komplex werden, kann man Expertise extern einkaufen, um weiterzukommen. Wenn die externen Fachleute geeignet sind, die Herausforderungen zu meistern, sollte man über ein Recruiting der entsprechenden Fähigkeiten nachdenken, um diese nachhaltig im Unternehmen zu implementieren. In den meisten Fällen ist es sinnvoll, auf den Bedarf zu warten, bevor man sehr teure Talente anstellt.

Wie kann eine Integration eines Data-Science-Teams in eine bestehende IT-, Datenanalyse- und DevOps-Struktur gelingen?

Die meisten Probleme bei der Integration ergeben sich aus zwischenmenschlichen Konflikten, Ängsten, falschen Annahmen und misslungener Kommunikation. Eine Begleitung der Integration, die einen Fokus auf die Menschen legt, ist deshalb ratsam. Technische Aspekte lassen sich so deutlich besser klären. Technische Herausforderungen lassen sich dagegen häufig nur durch Geld oder Kreativität lösen.

Herausforderungen und Konflikte in Teams

Die Zusammenarbeit in Teams als soziologische Organisationsform war schon immer mit einigen Herausforderungen verbunden. Bei allen Vorteilen, die die Arbeitsteilung zwischen Menschen bringt, gibt es wie in jedem gesellschaftlichen Konstrukt zwischenmenschliche Konflikte. Im Hinblick auf das Thema Data-Science-Management wollen wir in diesem Abschnitt allerdings explizit auf die Konflikte und Herausforderungen eingehen, die im Data-Science-Team auftreten können und die aufgrund des vornehmlich digitalen Arbeitens von großer Bedeutung sind.

Digitales Arbeiten und Remote Work

In vielen Bereichen wird die Arbeit immer digitaler. Durch die digitale Transformation verlagern sich viele Jobs in Büros oder ins Homeoffice und finden vor Computern statt. Ein weiterer Trend ist, dass durch die Digitalisierung die Büros als physische Orte an Bedeutung verlieren. Viele Unternehmen ermöglichen ihren Teams die Arbeit an selbst gewählten Orten, beispielsweise von zu Hause aus. Dieses verteilte Arbeiten, das auch über Ländergrenzen und Zeitzonen hinweg stattfinden kann, birgt einige organisatorische Herausforderungen. In einem klassischen Büro mit Anwesenheitspflicht ist es beispielsweise leichter, IT-Systeme, Endgeräte und Datenzugänge zu managen. Jedes Endgerät, das nicht der Verwaltung und Verantwortung des Unternehmens unterliegt, ist eine potenzielle Gefahrenquelle bzw. ein Eintrittstor in das Unternehmensnetzwerk. Dies wird heute meist durch Virtual Private Networks (VPN-Zugänge), Zwei-Faktor-Authentifizierung und viele weitere Sicherheitsmaßnahmen gelöst. Der Aufwand, der hier seitens der IT des Unternehmens betrieben werden muss, um Teams verteilt und außerhalb der Büros (remote) arbeiten zu lassen, ist allerdings hoch und mit umfangreichen Kosten verbunden.

Die Remote Work (siehe hierzu auch die Abschnitte »New Work« auf Seite 270 und »Collaboration und Arbeit in der Cloud« auf Seite 92) selbst bedarf mitunter weiterer technischer Lösungen, um die Kommunikation zu ermöglichen. In der Softwareentwicklung hat sich bewährt, mit Boards (siehe die Abschnitte »Scrum« auf Seite 175 und »Kanban« auf Seite 177) zu arbeiten, um die anstehenden Aufgaben festzuhalten, zu sortieren, zu priorisieren und zu verteilen. Auch eine solche Lösung muss in das Unternehmen integriert werden, und die Teams müssen aktiv mit diesen Boards arbeiten. Die Arbeit am Board ermöglicht es, dass Menschen morgens anhand des Boards sofort wissen, was zu tun ist. Dies gelingt wiederum nur, wenn das Board gepflegt wird. Nach getaner Arbeit wird dann dokumentiert und die jeweilige Aufgabe mit Kommentaren und dem Fortschritt versehen. Sofern dies von allen Teammitgliedern sorgfältig und kontinuierlich erledigt wird, ergeben sich positive Effekte für die Effizienz des Teams. Wenn allerdings einzelne die Arbeit mit dem Board verweigern oder sich über die Zeit eine abnehmende Bereitschaft zur Nutzung breitmacht, kann das Konzept des Boards schnell eher zu mehr Arbeit als zu einer gesteigerten Effizienz führen.

Für viele Aufgaben in der Softwareentwicklung und somit auch für Data-Science-Teams hat es sich bewährt, kollaborativ zu arbeiten. Auch gibt es viele Tools, die es ermöglichen, gleichzeitig an Datenbanken, Code oder Dokumenten zu arbeiten, ohne die Arbeit von anderen Teammitgliedern zu beeinträchtigen. Insbesondere für die Erstellung von Dokumentation und die Ablage von Code eignen sich Repositorien wie Git. Den Teammitgliedern ist es damit überall auf der Welt möglich, gleichzeitig an selbst hochkomplexer Software zu arbeiten (siehe auch den Abschnitt »Collaboration und Arbeit in der Cloud« auf Seite 92).

Zusammenarbeit und Kommunikation

Neben den technischen Herausforderungen, gemeinsam, aber räumlich getrennt an einer Sache zu arbeiten, ist die zwischenmenschliche Komponente natürlich sehr bedeutend. Menschen sind soziale Lebewesen und brauchen Gesellschaft. Die ausschließlich digitale Kommunikation und der dadurch eingeschränkte soziale Austausch sind eine Herausforderung und haben das Potenzial, Konflikte auszulösen. Bei der digitalen Kommunikation beispielsweise über Videotelefonie werden Mimik und Gestik nur eingeschränkt übermittelt. Das heißt, im Vergleich zu einer örtlichen Präsenz, bei der man die gesamte Körpersprache wahrnehmen kann, ist dies auf dem Bildschirm nur bedingt möglich. Auch persönliche Gespräche unterscheiden sich maßgeblich von schriftlicher Kommunikation. Dies birgt das Potenzial, dass Missverständnisse in der Kommunikation entstehen. Darüber hinaus lassen sich Dinge wie etwa eine psychische Belastung schlechter wahrnehmen.

Wenn Teams ausschließlich digital kommunizieren, besteht die Gefahr, dass das soziale Gefüge des Teams über die Zeit erodiert. Das kann dazu führen, dass es den Teammitgliedern schleichend psychisch schlechter geht,[19] es zu mehr Missverständnissen kommt, Konflikte entstehen und dadurch die Arbeitsproduktivität geringer wird. Um solchen Situationen vorzubeugen, hilft es, regelmäßig physische Treffen zu arrangieren, sofern dies möglich ist. Der direkte Kontakt und damit die Möglichkeit, beim persönlichen Treffen zu beobachten, wie Menschen reagieren, helfen, bei einer ausschließlich digitalen Kommunikation Missverständnisse zu vermeiden. Um dem Team digital und remote näherzukommen, können auch in regelmäßigen Abständen Einzelgespräche geführt werden, bei denen die Stimmung eingefangen werden kann. Hierzu eignen sich digitale, anonymisierte Team Health Checks (siehe Abschnitt »Team Health Checks« auf Seite 179). Im agilen Projektmanagement gibt es für solche Herausforderungen besondere Rollen, beispielsweise Scrum Master oder Agile Coach, die versuchen, das Funktionieren des Teams zu gewährleisten. Scrum Master ermöglichen dabei nicht nur auf methodischer Seite die Arbeit, sondern versuchen auch, das Miteinander des Teams bestmöglich zu gestalten.

Ein integraler Bestandteil des agilen Projektmanagements ist auch die regelmäßige Durchführung einer Retrospektive. Häufig von Scrum Mastern moderiert, blickt man hier gemeinsam auf die getane Arbeit und evaluiert, was gut oder schlecht gelaufen ist, was man beibehalten will oder welche Prozesse es eventuell in dieser Form nicht mehr geben sollte. Einerseits dient dieser Termin dem Team dazu, effizienter und besser zu werden, was im Laufe der Zeit die Motivation fördert. Andererseits ist es aber auch ein wiederkehrendes Element im Arbeitsalltag, das Raum bietet, um sich über Probleme und zwischenmenschliche Fragen auszutauschen. Denn oft wird hier mit der sogenannten *Las-Vegas-Regel* gearbeitet, die besagt, dass das, was in diesem Raum gesagt wird, den Raum nicht verlässt. Grundsätzlich sollte man darauf achten, dass bei der Retrospektive im Fall einer digitalen Kommunikation das Gesicht zu sehen ist, um Mimik und Gestik wahrnehmen zu können. In den Boards und Kommentarbereichen sollte jedes Teammitglied darauf bedacht sein, so zu kommunizieren, dass das Gegenüber annehmen kann, dass es nach bestem Wissen und Gewissen und wohlwollend handelt. Für Autorinnen und Autoren von Kommentaren und Mails gilt das Gleiche: Wir sollten immer nach der Maxime handeln, dass alle sich Mühe geben und das Beste wollen – auch wenn das bedeutet, dass wir bestimmte Verhaltensweisen, Charakterzüge oder einzelne Ausrutscher verzeihen müssen.

Es gibt viele Methoden, die wir auch präventiv anwenden können, um die Zusammenarbeit zu verbessern. Wir können im Team beispielsweise Playbooks – also Regelwerke – aufstellen, die festlegen, wie bestimmte Dinge im Team oder bei der Arbeit ablaufen sollten. Solche Working Agreements helfen dabei, ein gemeinsames Verständnis der Arbeitsprozesse aufzubauen, Nettiquette zu vereinbaren und diese nachhaltig festzuhalten. Im Zweifelsfall können sich die einzelnen Teammitglieder darauf berufen. Im besten Fall werden diese Working Agreements über die Zeit erweitert, verbessert und damit stetig vergegenwärtigt. Manchmal ist es allerdings auch schon ausreichend, dass man wie eingangs beschrieben über gemeinsame Ziele und eine Vision spricht und diese auch festhält, um sie abrufbar zu machen.

Auch die Aufteilung von Arbeit kann sich ungerecht anfühlen. Meist ist dies eine eher subjektive Betrachtung, birgt aber enormes Konfliktpotenzial. Es hilft deshalb,

19 N. Dragano und T. Lunau (2020). »Technostress at work and mental health: concepts and research results«. *Current Opinion in Psychiatry*, 33(4), pp. 407–413, *https://doi.org/10.1097/YCO.0000000000000613*

die Arbeit sinnvoll und gemeinsam im Team zu verteilen. Dabei sollte man Stärken und Schwächen der Teammitglieder miteinbeziehen und auf Augenhöhe realistisch bewerten. Das gemeinsame Commitment auf eine Verteilung der Arbeit kann Konflikten vorbeugen oder ihnen zumindest schnell die Grundlage entziehen, da man sich im Konfliktfall auf dieses Commitment berufen kann.

Eine mitunter herausfordernde, mittelfristig aber konfliktpräventive Konstellation ist ein sehr diverses Team. Diverse Teams haben das Potenzial, anfänglich viele Konflikte zutage zu fördern, da es unterschiedliche Ansichten, Vorgehensweisen, Glaubenssätze usw. aus unterschiedlichen Kulturen, Denkschulen und Lebenswelten gibt. Das führt dazu, dass Missverständnisse schnell entstehen können. Wenn wir diese allerdings als Chance sehen und von Beginn an die Arbeit am Team fördern, Konflikte aufdecken und Lösungswege aufzeigen, sind diverse Teams resilienter gegenüber potenziell negativen Umwelteinflüssen. Das liegt daran, dass sie viele unterschiedliche Sichtweisen mitbringen und ermöglichen. So können beispielsweise bei der Produktentwicklung von Beginn an viele Perspektiven miteinbezogen und somit auch bereits mitgedacht werden. Das kann dazu führen, dass Teams umfassender vordenken und damit Fehler vermeiden.

KAPITEL 13

Data-Science-Managerinnen und -Manager

Nicht ohne Grund haben wir Rollen wie Projektleiterin oder Data-Science-Manager in Kapitel 13 zu den Data-Science-Teams nicht betrachtet, obwohl diese natürlich zu den Teams gehören und im Idealfall integraler Bestandteil sind. Diese Rollen sind doch häufig exponiert und müssen viele Aufgaben gleichzeitig übernehmen. Aus diesem Grund widmen wir ihnen ein separates Kapitel und verknüpfen die Rollenbeschreibung mit den Möglichkeiten des Leaderships, also der Methoden, um Data-Science-Teams erfolgreich zu begleiten und zu führen. Wir schauen uns zuerst die Aufgaben im Leadership an und beschreiben verschiedene Rollen, um dann auf den Impact durch Leadership einzugehen. Anschließend betrachten wir Arten und Ausprägungen des modernen Leaderships, um den Handlungsraum für Leadership in der Data Science abzustecken.

Management ist die Leitung, Planung und Organisation von Projekten, Prozessen, Unternehmen und vielen weiteren Bereichen. Diese grob gefassten Aufgaben haben wiederum noch sehr viele Schattierungen und Dimensionen, was das Management als Aufgabe grundsätzlich sehr anspruchsvoll macht. Hinzu kommt, dass es in der Praxis kein Management nach Lehrbuch gibt, da Unternehmen, Menschen und jeder Tag anders sind und sich dadurch ein komplexes adaptives System (siehe Infobox) ergibt, das es zu managen gilt.

Komplexe adaptive Systeme

Dieser Exkurs mag etwas akademisch wirken, aber er soll zum Verständnis der Leadership-Ansätze beitragen. In seiner Forschung für die Dissertation hat Martin sich mit Austauschprozessen von Stoffen und Energie an Ökosystemgrenzen beschäftigt. Anders gesagt, er hat ermittelt, warum es auf einem Acker wärmer ist als im benachbarten Wald. Beides für sich betrachtet sind Systeme. Sie sind aber im ständigen Austausch und passen sich aneinander an.

Die Verbindung zu Leadership und Management ist hier der Begriff des Systems. Systeme sind abgrenzbare Gebilde, die aus verschiedenen Einzelteilen bestehen. Es gibt natürliche Systeme wie z. B. Ökosysteme. Hierzu zählen aber auch menschliche Körper oder Zellen und die Atome, aus denen die Zellen aufgebaut sind. Daneben gibt es künstliche, sozusagen erdachte Systeme wie Familien, soziale Zugehörigkeit, aber auch zum Beispiel das Kollegium eines Betriebs, also die Menschen, die miteinander an etwas arbeiten.

Je mehr Komponenten, also beispielsweise Mitarbeitende, ein System hat, umso komplexer wird es. Ein komplexes System ist wenig berechenbar und damit auch nur sehr schwer zu steuern. Ein Sonderfall der komplexen Systeme sind wiederum die komplexen adaptiven Systeme. Sie zeichnen sich dadurch aus, dass sie aus mehreren Komponenten bestehen, die, wie der Name sagt, komplex sind. Sie sind mitunter schwer zu messen und stehen in einer Wechselbeziehung zueinander. Adaptiv bedeutet dabei, dass sich diese Systeme an ihre Umwelt anpassen. Wenn sich also etwas ändert, ein Parameter oder Ähnliches, reagiert das komplexe adaptive System darauf und verändert sich, und zwar gleichzeitig und in Wechselbeziehung mit allen seinen Komponenten.

Komplexe adaptive Systeme finden wir relativ häufig. Ein berühmtes Beispiel ist der Aktienmarkt. Hier sind Millionen von Menschen und Unternehmen an verschiedenen Börsenstandorten beteiligt, die salopp gesagt darauf wetten, dass ein Unternehmen Umsätze macht und einen Gewinn erzielt, oder eben dagegen wetten. Die Komplexität besteht darin, dass man all die Stakeholder nicht kennt und messen kann, da Organisationen und Individuen beteiligt sind. Neuerdings sind sogar künstliche Intelligenzen auf dem Markt, die automatisiert traden. Die Adaptivität besteht darin, dass täglich, ja sogar sekündlich, geprüft wird, ob sich die getätigten Investitionen noch lohnen oder nicht, und daraufhin verkauft oder gekauft wird. Andere komplexe adaptive Systeme sind Ameisenkolonien oder ganze Ökosysteme, wie ich eingangs beschrieben habe. Unser Gehirn ist ebenso ein komplexes adaptives System wie unser Immunsystem.

Auch Unternehmen sind komplexe adaptive Systeme. Menschen sind Gewohnheitstiere – so sagt man. Das bedeutet, dass viele von uns ein Bedürfnis nach Regelmäßigkeiten, Mustern und Strukturen verspüren. Jede Veränderung und Neuerung erfordert von uns eine kognitive Anstrengung, um das Neue zu erlernen und zu verinnerlichen. Selbst in unserer heutigen flexiblen Arbeitswelt und bei neugierigen und anpassungsfähigen Menschen gilt dies im Grundsatz. Damit ist auch jedes neue Thema, jede neue Software und jeder neue Anwendungsfall eine erneute Herausforderung für unser Gehirn.

In Abbildung 13-1 steht die digitale Transformation im Mittelpunkt. Das soziotechnische System, das als Kreis um die Technologien, die Individuen und die Organisation gezeichnet ist, ist ein komplexes adaptives System. Ein soziotechnisches System ist nach Wikipedia »eine organisierte Menge von Menschen und mit diesen verknüpften Technologien, die in einer bestimmten Weise strukturiert sind, um ein spezifisches Ergebnis zu produzieren«[1]. Dies ist wiederum ein Spezialfall eines komplexen adaptiven Systems. Wir haben es also mit technischen Komponenten zu tun, wie Sensoren, Maschinen, Computer und so weiter, die in einer Wechselbeziehung mit sozialen Komponenten stehen, also den Mitarbeitenden einer Organisation oder eines Unternehmens. Diese Komponenten sind nicht voneinander trennbar. Bei aller künstlichen Intelligenz wissen die Maschinen nicht einfach so, welche Produkte wir brauchen, und wir sind in unserer heutigen Welt als Menschen kaum mehr in der Lage, Dinge ohne Maschinen zu produzieren.

1 *https://de.wikipedia.org/wiki/Soziotechnisches_System*

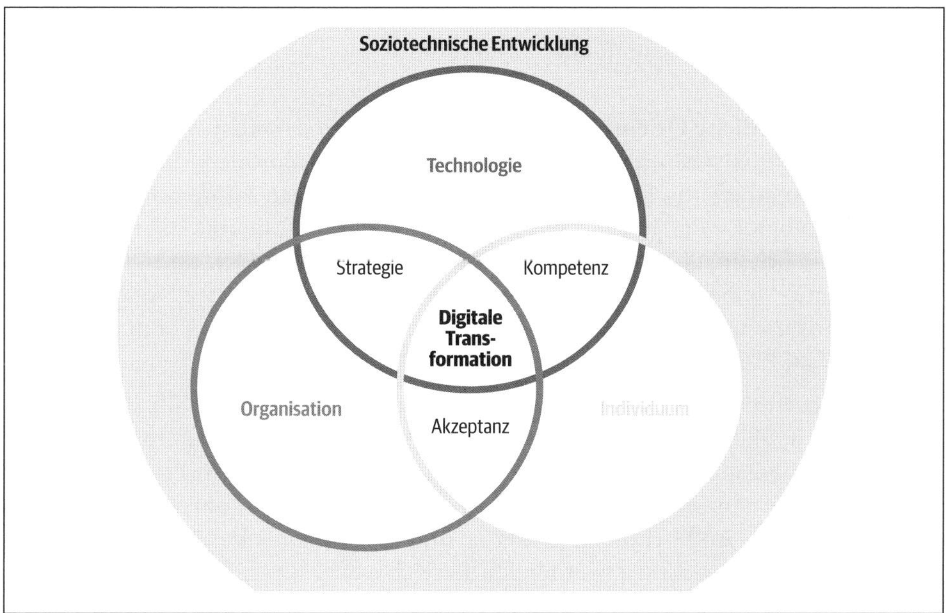

Abbildung 13-1: Modell der digitalen Transformation nach Hebing und Stolpe[2]

Soziotechnische Systeme sind komplex und adaptiv und deshalb schwer zu erfassen. Das macht es auch schwierig, sie zu steuern, zu planen und zu organisieren. Die Kunst, diese Schwierigkeiten zu überwinden, besteht aus gutem Management und gelungenem Leadership.

Aufgaben und Fähigkeiten

Die Aufgaben von Data-Science-Managerinnen und -Managern sind vielfältig und hängen von der jeweiligen Ausrichtung bzw. vom Profil der Person ab. Es gibt Aufgaben, die bestimmten Mustern folgen, zum Beispiel solche, die zu den Grundlagen des Projektmanagements (siehe Kapitel 11, *Grundlagen des Projektmanagements*) gehören. Kein Projekt gleicht jedoch dem anderen. Somit ergeben sich selbst in der täglichen Arbeit ständig neue Herausforderungen, die durch die Fähigkeiten des Data-Science-Managers möglichst gut abgedeckt sein sollten.

Data-Science-Manager stellen somit im Prinzip das Data-Science-Management in Person dar, sie müssen die ganze Bandbreite an Kenntnissen und Fähigkeiten von Management und Führungsaufgaben über Data Science bis zum Data Engineering abdecken. Sie sollten daher sowohl über ein Mindestmaß an technischen und methodischen Hard Skills als auch über Soft Skills verfügen, sodass sie als Leader anerkannt werden. Doch kaum ein Mensch kann dies alles in größtmöglicher Breite und

2 C. Stolpe und M. Hebing (2020). »Der Faktor Mensch – Technologien alleine machen keine digitale Transformation«. Impact Distillery.

Tiefe abdecken. Sowohl Nolis[3] als auch Jägare[4] schlagen deshalb vor, Data-Science-Manager in eine wissenschaftliche, eine technische und eine Businessorientierung einzuordnen.

Die **wissenschaftliche Orientierung** verläuft entlang einer statistischen Ausbildung bzw. Bildung. Menschen, die sich dieser Orientierung zuordnen, haben beispielsweise einen mathematischen oder naturwissenschaftlichen Hintergrund, mindestens aber eine große Passion für Statistik und statistische Methoden. Sie unterstützen die Data Scientists bei der Auswahl der richtigen Methoden und übernehmen hier auch eine Meinungsführerschaft bzw. sind Vordenkende. Insbesondere bei methodisch anspruchsvollen und komplexen Data-Science-Vorhaben können sie den methodischen Kompass liefern.

Technisch orientierte Personen verfügen über ein breites und tiefes Wissen in Bezug auf Lösungen, die von Open-Source-Tools bis hin zu Cloud-Anbietern reichen. Sie sind in der Lage, aus technischer Sicht vorzudenken, was für ein Projekt benötigt werden wird. In Zusammenarbeit mit Data Scientists, Data Engineers usw. können sie anspruchsvolle Architekturen entwerfen und die Implementierung planen. Insbesondere im immer wichtiger werdenden Bereich von MLOps ist diese technische Orientierung von großer Bedeutung.

Die **Businessorientierung** bei Data-Science-Managerinnen und -Managern ergibt sich häufig bei den Menschen, die sich im Verlauf ihrer Karriere Data Science zugewandt haben. Ihre Stärken liegen beispielsweise in der Organisationsentwicklung oder den betriebswirtschaftlichen Abläufen. Sie kennen das Unternehmen und dessen Prozesse gut und können deshalb oft sehr treffsicher sagen, was im Unternehmen mit Data Science erreicht werden kann. Sie haben also ein gutes Gespür dafür, welche Data-Science-Projekte im Unternehmen erfolgreich umgesetzt werden können.

Eine der oben genannten Ausrichtungen einer Führungsperson im Data-Science-Bereich schließt Kenntnisse in den anderen Bereichen natürlich nicht aus. Nur wird es realistischerweise Tendenzen in die eine oder andere Richtung geben. Breite Kenntnisse in verschiedenen Bereichen sind auch unbedingt notwendig, denn es ist unabdingbar, dass man sowohl die wissenschaftlichen und technischen als auch die Businessaspekte in die Führungsrolle einfließen lässt. Am besten lässt sich dies vermutlich mit dem T-Modell der Fähigkeiten beschreiben (siehe Abbildung 13-2), wobei der horizontale Strich des T die generalistische Fähigkeit darstellt, über Fachdomänen hinweg zu kollaborieren und das Wissen aus der eigenen Domäne in anderen Fachbereichen anzuwenden. In der eigenen Domäne, die die vertikale Linie des T darstellt, ist man Spezialist oder Expertin.

Neben den verschiedenen Ausrichtungen gibt es allerdings Fähigkeiten, von denen alle Data-Science-Managerinnen und -Manager profitieren. Obwohl es offensichtlich scheint, sollte doch erwähnt werden, dass es von Vorteil ist, wenn die Person bereits Data-Science-Erfahrung hat. Dabei gilt, dass sowohl langjährige als auch unter-

3 J. Nolis (2022). »Leading Data-Science-Teams«. O'Reilly Media.

4 U. Jägare (2019). *Data Science Strategy For Dummies*, Wiley.

schiedliche Erfahrungen nützlich sein können. Darüber hinaus ist Erfahrung in der Softwareentwicklung hilfreich. Falls diese Erfahrungen nicht oder nur wenig vorhanden sind, bedeutet das aber nicht automatisch, dass dies zu schlechtem Data-Science-Management führt. Lediglich besteht die Möglichkeit, dass die Einarbeitung in Themen, Prozesse und Methoden mehr Zeit in Anspruch nehmen kann. Außerdem können unerfahrene Führungspersonen schnell an Glaubwürdigkeit verlieren, wenn sie nicht über die notwendigen Kenntnisse verfügen. Das Aufholen von Wissen und die damit verbundene Wiedergewinnung des Vertrauens des Teams kann mit großem Aufwand und viel Zeit verbunden sein, ist aber möglich. Die besondere Herausforderung besteht darin, dass bei der Auswahl von Data-Science-Managern zwar darauf zu achten ist, dass man jemanden findet, die oder der Data-Science-Erfahrung mitbringt. Gleichzeitig möchte man allerdings eine Persönlichkeit, die auch führen kann. Daher ist es oft nicht ratsam, einfach Data Scientists zu Data-Science-Managern zu machen.

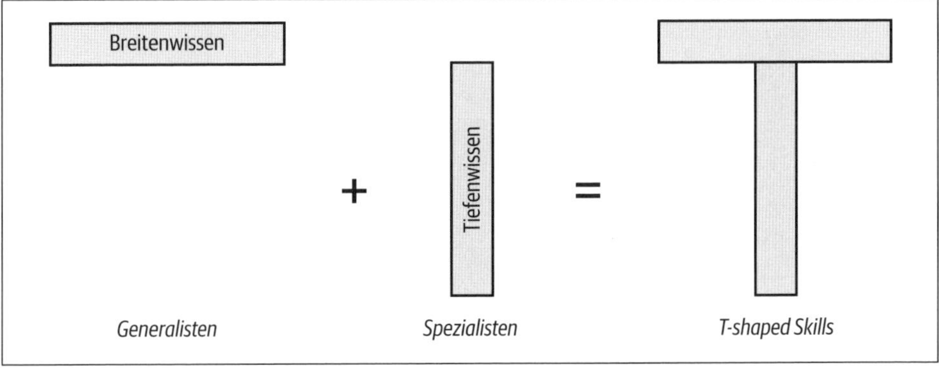

Abbildung 13-2: Genereller Aufbau eines T-shaped Skillprofils

Data-Science-Managerinnen und -Manager sollten die Arbeit der Data Scientists verstehen und nachvollziehen können. Zugleich müssen sie der Versuchung widerstehen, selbst tätig zu werden oder Mikromanagement zu betreiben. Data-Science-Manager sollen unterstützen und dort vorangehen, wo es nötig ist. Gleichzeitig müssen sie darauf achten, dass sowohl das gesamte Team als auch die Stakeholder mitgenommen werden. Sie sollten ihre Teammitglieder coachen, motivieren und ihnen den Rücken freihalten – im Idealfall, indem sie möglichst spannende Projekte und Aufgaben auswählen, zumindest aber, indem sie helfen, unangenehme Projekte so erträglich wie möglich zu gestalten, beispielsweise indem sie die richtigen Toolsets zur Verfügung stellen und andere Hürden aus dem Weg räumen. Ihre übergreifende und integrierende Aufgabe besteht darin, priorisieren zu können und ein gutes Gespür für die Organisation zu haben. Die größte Herausforderung liegt vermutlich darin, mit vielen Ungewissheiten wie fehlenden Daten, unklarem Outcome, komplizierten Modellierungsansätzen und aufgeblähten Zielvorstellungen umzugehen – und das zu den ohnehin schon herausfordernden Aufgaben im Management.

Unterscheidung zwischen Leadership und Management

In diesem Abschnitt haben wir uns hauptsächlich auf Leadership bezogen, obwohl wir zuvor oft von Managern gesprochen haben. Das ist kein Widerspruch an sich, aber soll an dieser Stelle noch erweitert werden: Es spielt keine Rolle, welche Stellenbezeichnung genau hinter der Rolle steckt. In vielen Fällen übernehmen beispielsweise Projektleiterinnen und Projektleiter die typischen Aufgaben von Data-Science-Managern. Im Kern geht es darum, dass die Personen Verantwortung übernehmen, Projekte und Vorhaben organisieren und dabei gemeinsam mit Menschen an einer Sache arbeiten. Wenn sie in dieser Rolle agieren, können wir sie als Data-Science-Manager mit einem Leadership-Anspruch verstehen. Wichtig ist nur, dass sie sich auch selbst so wahrnehmen und reflektieren.

Zur Unterscheidung der Begriffe greifen wir hier die Definition aus dem Gabler-Wirtschaftslexikon auf:

- **Leadership** beinhaltet die »menschen-, verhaltens-, eigenschafts-, interaktions- und/oder motivationsorientierten Aufgaben des Managements«.
- **Management** umfasst die »Festlegung von Zielen der Organisation, die Entwicklung einer Strategie zur Zielerreichung, die Organisation und Koordination der Produktionsfaktoren und die Führung der Mitarbeiter und/oder Freiwilligen zum Zweck der Produktion von privaten oder öffentlichen Gütern«.
- **Führung** ist die »durch Interaktion vermittelte Ausrichtung des Handelns von Individuen und Gruppen auf die Verwirklichung vorgegebener Ziele«.

Modernes Leadership

Leadership ist kein binäres Thema, es gibt kein richtig und falsch. Vielmehr gibt es ein großes Spektrum an Methoden, und die Wege, die man einschlagen kann, sind vielfältig. Das hängt damit zusammen, dass Unternehmen, Menschen und auch Führungspersönlichkeiten sehr unterschiedlich sind. Der gewählte Leadership-Ansatz muss deshalb zur Führungsperson, zum Unternehmen und zu den Teams passen. Auch hier gilt, dass es nicht den einen Ansatz gibt, der zu einer bestimmten Situation passt, sondern dass man sich den Methoden aus unterschiedlichen Ansätzen und Frameworks bedienen kann. In Bezug auf Data Science können dies, ohne Anspruch auf Vollständigkeit, die folgenden Modelle sein.

Servant Leadership

Bei den klassischen Führungsansätzen geht es eher um eine beherrschende, hierarchische Führung. Im Kontrast dazu steht das Servant Leadership. Hier geht es darum, dass die Geführten im Mittelpunkt stehen und die Arbeit des Leaderships so ausgerichtet ist, dass sie den Geführten dienen. Ganz konkret bedeutet das, dass Data-Science-Managerinnen und -Manager dem Team nicht vorschreiben, was im Detail von wem erledigt werden soll und das Team dann blind folgt. Vielmehr geben

Servant Leader eine Richtung oder ein Zielbild vor und unterstützen das Team dann dabei, das Ziel zu erreichen. Dies bedeutet aber ganz explizit nicht, dass Anarchie herrscht – es wird schon noch geführt. Servant Leadership soll vor allem den Weg ebnen und die Menschen darin unterstützen, ihre Fähigkeiten optimal zu nutzen. Das kann bedeuten, dass man als Servant Leader auch Aufgaben übernimmt, die nicht in das Rollenverständnis der klassischen Führung passen. Hierzu zählen der nahe Kundenkontakt und die damit verbundenen Aufgaben wie Akquise und Vertrieb. Ebenso kann Servant Leadership die Übernahme von Recherche, buchhalterischen Aufgaben oder organisatorischen Tätigkeiten wie das Buchen von Hotels umfassen – also das Ausräumen von Hindernissen und Hürden. Als Servant Leader versucht man, die Mitarbeitenden so weit zu unterstützen, dass sie optimal und kreativ arbeiten können.

Diese Art des Führens mag vielen, die bereits nach dem klassischen Führungsstil gearbeitet haben, sehr ungewohnt vorkommen. Es wirkt gar, als lege man die Privilegien, die man sich als Chefin oder Chef erarbeitet hat, ab und stelle sich hierarchisch sogar noch unter das Team. Aber genau das ist auch die Grundidee. Servant Leadership bedeutet, ein kundenorientiertes Bild des Unternehmens zu haben. Der Kunde steht oben, dann folgen die Mitarbeitenden und unten die Führungspersonen. Sie sind die Basis, die alles zusammenhalten. Sie ermöglichen einen reibungslosen Ablauf des Geschäfts und sorgen für die Mitarbeitenden – immer mit dem Fokus darauf, dass der Kunde bekommt, was er benötigt. Servant Leadership ist also weniger prestigeträchtig, mitunter aufwendiger und garantiert nichts für eitle Menschen. Es ist aber ein Ansatz, der nachweislich den Stress der Mitarbeitenden reduziert[5] und die Jobzufriedenheit erhöht[6].

Wenn dieser Ansatz mit agilem Management zusammenkommt, sprechen wir häufig von Agile Leadership.

Agile Leadership

Viele Teams und Unternehmen arbeiten heute mit agilem Management (siehe auch Abschnitt »Agiles Management und Lean Mindset« auf Seite 120). Die Methode, Projekte agil zu organisieren, hat sich anfangs insbesondere in der Softwareentwicklung bewährt, wird aber in immer mehr Branchen angewandt. Durch Agilität entsteht ein hoher Grad an Flexibilität in der Produktentwicklung und an Anpassungsfähigkeit des Teams und seiner Leistung. Unternehmen führen das agile Management genau aus diesem Grund ein, da sich die Welt, in der sie agieren, immer schneller wandelt und quasi ständige Anpassungen erfordert. So attraktiv das in der Theorie klingt, so herausfordernd ist es für die Unternehmen, die Teams und insbesondere für Agile Leadership.

---

5 J. G. Langhof, B. Renzl und St. Güldenberg. »Arbeiten im Takt der Algorithmen? Mensch bleiben durch dienende Führung«. In: *Organisations-Entwicklung (Handelsblatt Fachmedien)*, 3, 2020, S. 12–20.

6 E. Çakmak, Ö. Öztekin, E. Karada?. »The Effect of Leadership on Job Satisfaction«. In: *Leadership and Organizational Outcomes*. Springer International Publishing, Cham 2015, ISBN 978-3-319-14907-3, S. 29–56, DOI:10.1007/978-3-319-14908-0_3 (springer.com [abgerufen am 8. August 2018]).

Die vermutlich größte Herausforderung beim Agile Leadership ist, dass die (gewohnte) Planbarkeit und Weitsicht (vermeintlich) abnimmt. In der klassischen Führung werden Zielvereinbarungen mit den Mitarbeitenden getroffen und Verträge mit Kunden abgeschlossen. Werden diese Vereinbarungen und Verträge nicht eingehalten, gibt es Sanktionen. Der Kunde ist unzufrieden, wenn etwas nicht zum vereinbarten Zeitpunkt geliefert wird, und Mitarbeitende, die Ziele nicht erreichen – aus welchen Gründen auch immer –, werden sanktioniert. Im agilen Management sind diese Instrumente kaum vorhanden.

Natürlich werden auch hier Verträge geschlossen. Durch den hohen Grad an iterativer Arbeit lässt sich allerdings vorab nicht festlegen, was exakt wann erreicht werden soll. Die Arbeit mit dem Kunden steht im Mittelpunkt des agilen Managements. Das bedeutet aber auch, dass der Kunde an den Produkten oder Projekten mitarbeitet, da man sich in regelmäßigen Abständen trifft, um das Erreichte zu besprechen und zu überprüfen. Kunden können also von Zeit zu Zeit unzufrieden sein, da etwas nicht deren Vorstellungen entspricht. Doch durch den iterativen Ansatz lassen sich missverstandene oder geänderte Kundenwünsche zeitnah beheben. Damit ist die Gefahr potenziell geringer, dass ein Endprodukt entwickelt wird, das dem Kunden missfällt. Allerdings sollte man auch hier aufpassen, dass kein Feature Creep entsteht, also das nachträgliche Hinzufügen von gewünschten Funktionen, da dies zusätzlichen Aufwand erzeugt, der schlecht planbar ist und deshalb ein hohes Maß an Ablenkung vom vereinbarten Ziel darstellt. Nachträgliche Feature-Requests sollten in das Backlog aufgenommen und priorisiert werden.

Die ständige Zusammenarbeit mit dem Kunden ist im Agile Leadership eine Herausforderung für die Führungspersonen, da sie die Kommunikation zwischen Kunde und Team organisieren müssen. Die Arbeit der Mitarbeitenden ist wiederum sehr schwer in eine Zielvereinbarung zu gießen, da sich ihre Aufgaben und das, woran sie arbeiten, mit jedem Sprint oder in jeder Iteration ändern können. Agile Leadership bedeutet also nicht mehr das Befolgen eines Plans, sondern vielmehr das Reagieren auf sich ändernde Umstände. Dadurch rücken die Kommunikation und die Vermittlung zwischen dem, was umgesetzt werden soll (Kundenseite), und dem, was unter den gegebenen Umständen (Team) möglich ist, in den Vordergrund der Arbeit eines Agile Leader.

Agile Leadership hat dabei viele der Merkmale des Servant Leadership. Auch hier ist es wichtig, die Mitarbeitenden zu coachen, sie also auch herauszufordern, zu fördern, zu inspirieren und zu motivieren. Das Ziehen der Mitarbeitenden ist dabei wichtiger als das Schieben in eine Richtung. Für das Schieben fehlen auch schlicht die Sanktionen und Instrumente. Voranschreiten und andere für den Weg begeistern sind entscheidend.

Die agile Führung ist definitiv ein moderner Führungsstil, der auch in die Zeit und zur Data Science passt. Gerade in diesem Bereich ist der Anspruch an Führung hoch, nicht zu bevormunden, sondern zu unterstützen. Dieser Führungsstil eignet sich außerdem gut für Data Science, da zu Beginn eines Projekts selten in aller Tiefe bekannt ist, was getan werden muss, um die Lösung zu entwickeln. Iterative Schritte helfen dabei, sich vorzutasten und von Iteration zu Iteration erneut abzuschätzen, ob die Richtung noch stimmt, um dann nachzujustieren. Das bedeutet allerdings nicht, dass es gar keine Planbarkeit gibt. Insbesondere wenn man Erfahrung hat, kann man gut abschätzen, wie viel Zeit und Ressourcen ein Projekt benötigt. Diese Planbarkeit muss in gewisser Form auch gegeben sein, um die Kunden überhaupt für das agile Management und damit das iterative Vorgehen zu begeistern. Denn faktisch investieren Kunden mehr als bei der klassischen Softwareentwicklung, da sie zusätzlich ihre eigene Zeit aufwenden.

Es ist auch nicht so, dass es gar keine Steuerungsmechanismen gibt. Beispielsweise können Agile Leader gemeinsam mit dem Team Qualitätskriterien für das Erledigen von Aufgaben formulieren. Diese *Definition of Done* hilft dabei, dass grundsätzliche Merkmale einer Aufgabe immer erfüllt sind, wie beispielsweise die Dokumentation oder das Deployment. Zudem kann man ein Working Agreement mit dem Team erarbeiten, das die Zusammenarbeit im Team regelt. Hier kann man sich als Agile Leader geschickt in die Diskussion einbringen, um Leitlinien zu formulieren, die auch die Zusammenarbeit mit dem Kunden vereinfachen.

Agile Leadership bedeutet häufig, dass die Führung aufgeteilt ist, etwa in fachliche und disziplinarische Führung. Beispielsweise gibt es die Aufteilung in Product Owner und Scrum Master (siehe Abschnitt »Agiles Management und Lean Mindset« auf Seite 120). Beide müssen miteinander Führung gewährleisten und sich somit das Leadership teilen.

Shared Leadership

Die geteilte Führung ist eine Form des Plural Leadership. Im Kern geht es darum, dass die Führung einer Organisation oder Gruppe von Individuen nicht bei einer einzelnen Person liegt. Dabei ist es nicht entscheidend, wie groß die Gruppe der Führenden ist. Es können zwei Personen aus dem Team oder außerhalb des Teams sein, es kann aber auch das gesamte Team oder das gesamte Unternehmen sein, das demokratisch über Ziele bestimmt. Letzteres hat einen genossenschaftlichen Charakter. Bei der gemeinsamen Abstimmung und Entscheidungsfindung geht es darum, dass pluralistische Entscheidungen getroffen werden. Es sollen dabei unterschiedliche Meinungen einfließen, die dazu beitragen, eine ausgewogene Entscheidung herbeizuführen. Dies wird einerseits als Innovationstreiber gesehen und kann andererseits auch dazu beitragen, dass unpopuläre Meinungen oder die Stimme von Minderheiten gehört werden. Bei den Abstimmungen ist es ebenfalls möglich, dass aus einem Personenkreis nur bestimmte Personen abstimmen – je nach Expertise. Gerade bei komplexen Herausforderungen kann dies von Vorteil sein. In jedem Fall müssen die Entscheidungen und auch die Verantwortung dann vom gesamten Personenkreis getragen und vertreten werden. Dies kann wiederum dazu führen, dass die Akzeptanz für die getroffenen Entscheidungen steigt. Die pluralistische Entscheidungsfindung kann allerdings auch schwieriger sein als die singuläre. Durch das Zusammenbringen verschiedener Interessen können Zielkonflikte auftreten, die mitunter geduldig diskutiert werden müssen.

Aus der Praxis: Konsens und Konsent

In den letzten Jahren habe ich für ein großes Unternehmen gearbeitet, in dem Hierarchien stark abgebaut wurden. Die Führung von Teams wurde auf zwei Rollen aufgeteilt: die fachliche und die disziplinarische Führung. Die Budgetverantwortlichkeit lag in der Abteilung. Die Entscheidungen in der Abteilung wurden zu großen Teilen von den Personen mit den genannten zwei Rollen aus den jeweiligen Teams übernommen. In dieser Abteilung gab es etwa zehn Teams. Der Kreis der Entscheider bestand demnach aus etwa 20 Personen.

Um effiziente Entscheidungen zu ermöglichen, haben wir unsere Entscheidungsmuster aufgeteilt. Entscheidungen mit sehr großer Tragweite wurden im Konsens beschlossen. Es mussten sich also alle einbringen und diskutieren, und das so lange, bis eine gemeinsame Entscheidungsgrundlage geschaffen wurde, mit der sich alle identifizieren konnten. Weniger weitreichende Entscheidungen wurden im Konsent[7] beschlossen. Das heißt, wenn eine oder mehrere Personen etwas gegen diese Entscheidungen hatten, mussten sie sich aktiv dagegen aussprechen und ihr Veto erläutern. Hat sich niemand zu Wort gemeldet, kam es nicht zu einer gesonderten Abstimmung. Die Entscheidung wurde ohne Abstimmung getroffen, und alle mussten diese mittragen.

Der Unterschied zwischen Konsens- und Konsentprinzip ist also vereinfacht gesagt:

- Konsens: Alle sind dafür.
- Konsent: Niemand ist explizit dagegen.

Shared Leadership muss die klassische hierarchische Führung nicht komplett ersetzen, sondern kann eine Ergänzung sein. Denn genau genommen muss im schlimmsten Fall immer jemand entscheiden. Eskaliert beispielsweise ein Streit so sehr, dass eine gemeinschaftliche Entscheidung nicht mehr möglich ist, kann es sein, dass dieser letztlich vor einem Gericht ausgetragen wird, in dem ebenfalls eine hierarchische Entscheidung getroffen wird. Dennoch ist Shared Leadership ein wertvoller Ansatz, wenn man Partizipation ermöglichen möchte. Es kann dazu beitragen, dass Übergabeprozesse deutlich schlanker gehalten werden können, da ohnehin mehr Personen gleichzeitig in die Entscheidungsfindung eingebunden sind und somit ein umfangreiches Wissen haben. Dies ist zum Beispiel von Vorteil, wenn Menschen bei einer geteilten Führung in Elternzeit gehen. Man benötigt hier nicht per se eine Elternzeitvertretung. Die Führung ist weiterhin durch andere Menschen gewährleistet.

Impact durch Leadership

Wenn Mitarbeitende das Unternehmen wechseln, dann oftmals nicht, weil sie mit dem Unternehmen selbst unzufrieden sind, sondern eher mit dem Leadership.[8] Ge-

7 Siehe hierzu die Soziokratie als Organisationsform: *https://de.wikipedia.org/wiki/Soziokratie*

8 U. Jägare (2019). *Data Science Strategy For Dummies*. Wiley.

rade bei Berufen, die mit Daten zu tun haben und bei denen ein ständiger Mangel an Fachkräften herrscht, ist aber jede Person, die das Unternehmen verlässt, ein herber Verlust. Data-Science-Managerinnen und -Manager und auch die Personen, die diese wiederum einstellen, sollten deshalb ein Bewusstsein dafür entwickeln, welchen Impact, also Mehrwert für einen möglichst großen Personenkreis, Leader haben und wie sie diesen in eine positive Richtung entwickeln.

Was ist Impact?

Im Sinne von Leadership bedeutet Impact, dass man durch Handlungen einen positiven, kontextbezogenen subjektiven Einfluss auf die Mitarbeitenden und das Unternehmen hat. Das Wirken eines Leaders ist der Impact, der tatsächlich etwas verändert. Die Wahrnehmung der Auswirkungen dieses Handelns gehört demnach auch dazu.

Data-Science-Manager befinden sich in einem besonderen Spagat zwischen dem positiven Impact auf die Mitarbeitenden und dem positiven Impact für das Unternehmen. Beides schließt sich natürlich nicht per se aus, dennoch gibt es an manchen Stellen, wie zum Beispiel bei der Arbeitszeit und der sogenannten Extrameile, Konfliktlinien. Klar kann man die Mitarbeitenden dazu motivieren, noch etwas rauszuholen und für den wichtigen Auftrag noch ein bisschen mehr zu arbeiten, und dabei dennoch ein positives Gefühl vermitteln. Das ist für den Augenblick gut für das Unternehmen und den Kunden, doch langfristig sind die Überstunden und Extrameilen vermutlich eine Zumutung für die Mitarbeitenden und damit negativ für das Unternehmen, weil es dadurch zu Ausfällen oder Kündigungen kommen kann. Auf der anderen Seite möchte man den Data Scientists möglichst viele Freiräume bieten, damit sie sich persönlich und fachlich weiterentwickeln können, was mittel- und langfristig gut für das Unternehmen ist. Wenn dabei allerdings die tägliche Arbeit zu kurz kommt, entsteht kurzfristig ein geringeres Arbeitsaufkommen. Im schlimmsten Fall werden dadurch Projekte verzögert und Auftraggeber verärgert – bis hin zu einem Projektabbruch. Nolis[9] schreibt, dass folgende Fragen oft miteinander korrelieren bzw. negativ korrelieren. Die Fragen helfen bei der Selbstreflexion und dabei, die Balance zwischen Team und Unternehmen herzustellen:

- Wie kann meine Arbeit das Geschäft positiv beeinflussen?
- Wie kann ich ein Team dazu befähigen, wertvolle Arbeit für das Unternehmen zu leisten?
- Wie kann ich einschätzen, ob das Team in der Lage ist, die Aufgaben umzusetzen? Was kann ich tun, wenn dies nicht der Fall ist?
- Kann ich mit meiner Arbeit dazu beitragen, dass das Team sich weiterentwickelt und Freude bei der Arbeit hat?

9 J. Nolis (2022). »Leading Data-Science-Teams«, O'Reilly Media.

Data-Science-Managerinnen und -Manager sollten sich Zeit nehmen, sich selbst und ihre Rolle gegenüber dem Team und im Unternehmen zu reflektieren. Dazu gehört auch, die eigenen Stärken und Schwächen einzuordnen. Um diese Reflexion zu unterstützen, hilft es, sich in anderen Unternehmensbereichen umzugucken und sich mit den Menschen zu vernetzen. In Gesprächen findet man heraus, welche Bereiche einen mehr oder weniger interessieren. Dabei kann man auch feststellen, mit wem man kooperieren kann, um Schwächen auszugleichen. Gleichzeitig kann man anbieten, seine eigenen Stärken in anderen Bereichen einzubringen. Der Aufbau von Netzwerken innerhalb eines Unternehmens hat ganz besondere Vorteile: Wenn man als Data-Science-Manager persönlichen Kontakt zu anderen Entscheidungsträgern hat, kann man Datensilos aufbrechen[10] und einen Wissenstransfer ermöglichen. Damit hat man einen enormen Hebel, einen Impact im Unternehmen zu haben, da Daten die Grundlage eines jeden Data-Science-Projekts sind. Gleichzeitig ermöglicht man den Data Scientists, mit vielen unterschiedlichen Daten zu arbeiten, was diesen natürlich entgegenkommt und ihnen die Arbeit erleichtert. Letzteres gilt allerdings nur, wenn die Daten auch in entsprechender Qualität vorliegen und in Relation zu bereits vorhandenen Daten gebracht werden können. Neben dem Zugang zu Datensilos ist der zweite fundamentale Vorteil der Vernetzung im Unternehmen die finanzielle Seite. Eine Managerin durch persönliche Gespräche von Data Science zu überzeugen, ist oft viel leichter, als Projekte vor einem Gremium zu pitchen und Anträge erfolgreich verabschiedet zu bekommen. Die Arbeit als Data-Science-Manager wird dadurch schlicht einfacher und vor allem effizienter.

Die Kommunikation in den Netzwerken hat allerdings noch eine weitere Dimension. Sobald Data-Science-Projekte valide Ergebnisse erzielen, die für das Unternehmen von Interesse sind oder es weiterbringen, sollte man als Data-Science-Manager versuchen, diese auch zu kommunizieren. Jede Möglichkeit des Vortrags oder der Erwähnung ist hier gut geeignet, um Aufmerksamkeit auf das Projekt zu lenken. Dies ebnet im besten Fall einerseits den Weg für weitere Projekte und schafft im Unternehmen Aufmerksamkeit für das Thema als solches – wodurch auch andere kreativ werden und Data-Science-Projekte starten wollen –, ist aber andererseits auch eine Anerkennung für die Data Scientists. Es ist in der Tat ein gutes Gefühl, an etwas gearbeitet zu haben, das publik gemacht und im besten Fall als sehr nützlich angesehen wird. Projektergebnisse im Unternehmen zu kommunizieren, bedeutet auch, dass man sich für die Teammitglieder einsetzt und ihre Interessen vertritt. Dies gilt aber auch umgekehrt: Data-Science-Manager müssen den Teammitgliedern Unternehmensentwicklungen und andere, manchmal auch schmerzhafte, Prozesse erläutern und diese kontextualisieren. Dadurch verstehen die Data Scientists, was im Unternehmen passiert, und können dies für sich einordnen. Das beugt Gerüchten vor, verhindert Klatsch und Tratsch und damit Ablenkung, aber vor allem vermeidet eine gute und transparente Kommunikation, dass sich die Mitarbeiterinnen und Mitarbeiter unwohl fühlen.

10 J. Nolis (2022).

Zusammenfassend sind folgende Aspekte wichtig, um als Data-Science-Managerin oder -Manager Impact durch Leadership zu haben:

- Ein offenes Ohr haben und Einsatz für alle Teammitglieder zeigen.
- Interessen des Teams vertreten.
- Kontakte ins mittlere Management und Topmanagement pflegen.
- Persönliche Gespräche suchen und für die Arbeit werben.
- Ergebnisse in das Unternehmen und an den Kunden kommunizieren.
- Coaching und Mentoring ermöglichen.

Coaching und Mentoring von Data Scientists

Natalia Koupanou schreibt[11], dass kein Lehrbuch und keine Fortbildung ein Mentoring ersetzen kann. Mentoring ist dabei ein Prozess, bei dem eine Person (die Mentorin, der Mentor) ihr Wissen und ihre Erfahrung an eine andere Person (Mentee) weitergibt. Dieser Prozess beginnt im Unternehmenskontext häufig bei der Neuanstellung eines Menschen, insbesondere bei Jüngeren, denen ein Mentor an die Seite gestellt wird. Er kann allerdings auch bei einer Neuorientierung, Beförderung, bei Branchenwechsel und Ähnlichem genutzt werden. Manchmal ist das Altersverhältnis umgekehrt, doch meist ist der Mentor eine Seniorin oder ein Senior. Die Mentees werden über einen längeren Zeitraum begleitet. Der die Mentor gibt dabei jahrelange Erfahrungswerte weiter und organisiert einen Wissenstransfer.

Insbesondere im Data-Science-Bereich ist das Mentoring aufgrund der notwendigen Weitergabe von Wissen von großer Bedeutung. Denn unabhängig davon, ob jemand neu in die Arbeitswelt einsteigt oder den Arbeitgeber wechselt, können die Tools in diesem Bereich völlig neu sein, obwohl die Methoden ähnlich sind. Allein die Einarbeitung kann ein bis drei Monate dauern, kann aber durch ein engmaschiges Mentoring verkürzt werden. Doch auch die Methodik am neuen Arbeitsplatz kann eine andere sein. Wenn die Mentees zuvor beispielsweise vornehmlich mit Regressionsanalysen gearbeitet haben, ist es eine Herausforderung, am neuen Arbeitsplatz mit neuronalen Netzen oder Reinforcement Learning konfrontiert zu werden, auch weil diese Techniken jeweils ein großes Spektrum an Algorithmen, Paketen und Libraries mitbringen. Selbst wenn man diese Methoden zuvor in der formellen Ausbildung bereits erlernt hat, kann der Neueinstieg herausfordernd sein. Jedes Projekt ist schlicht anders. Aus diesen Gründen ist das Mentoring für Unternehmen eigentlich eine Aufgabe, die unverzichtbar ist. Leider ist in vielen Projektplänen oder Stellenbeschreibungen kein zeitlicher Spielraum dafür vorgesehen. Dadurch wird das Mentoring vom Mentor häufig als stressig und zeitraubend wahrgenommen, was sich letztlich auch auf den oder die Mentee auswirken kann.

11 N. Koupanou. »The secret sauce for growing from a data analyst to a data scientist«, Towards Data Science, 2019, *https://www.linkedin.com/pulse/secret-sauce-growing-from-data-analyst-scientist-natalia-koupanou/*

Coaching kann auf Mentoring folgen, steht aber auch oft für sich (siehe Abbildung 13-3). Beim Business Coaching von Einzelpersonen geht es häufig darum, dass ein Coach die Selbstreflexion des Coachees zu Themen des Arbeitsalltags, zu Konflikten mit Kollegen oder Vorgesetzten, zur persönlichen Entwicklung und zu Karrieremöglichkeiten anregt und begleitet. Vielfach geht es allerdings auch um Stressbewältigung, Zeitmanagement und die Motivierung der Mitarbeitenden. Insbesondere im Leadership wird beim Coaching die Entwicklung von zukünftigen Führungskräften und die Einschätzung der persönlichen Fähigkeiten in den Fokus genommen. Coaching ist jedoch auch für Teams und Projekte möglich. So finden sich in Unternehmen heute häufig z. B. Agile Coaches, die die Teams dabei unterstützen, agil zu arbeiten. Coaches können Teams bei der Konfliktbewältigung unterstützen und methodisch dazu beitragen, dass ein Team sich selbst reflektiert und gemeinsam wächst. Darüber hinaus gibt es inzwischen auch Data Science Coaches, die einen fachlichen Hintergrund mitbringen. Dieser Hintergrund ist zwar nicht dazu gedacht, fachliche Fragen zu klären, hilft dem Coach allerdings dabei, die richtigen Fragen zu stellen, um den Prozess der Selbstreflexion anzustoßen.

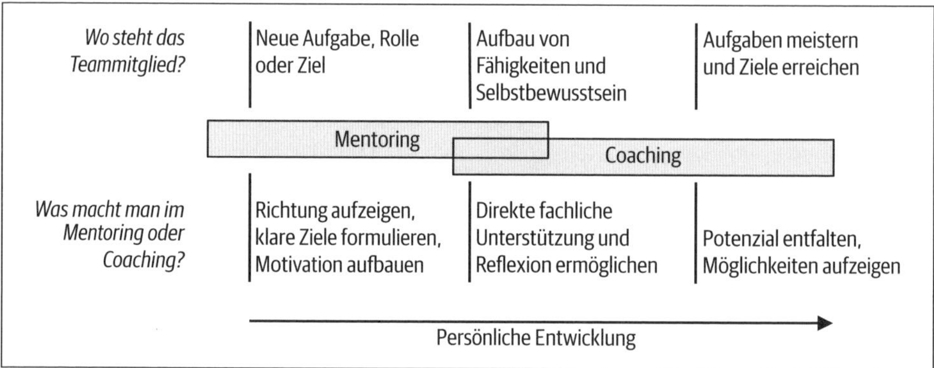

Abbildung 13-3: Gegenüberstellung der Situation von Teammitgliedern und der Aufgaben, die beim Mentoring und Coaching angemessen sind. (Verändert nach Shir Meir Lador[12])

Data-Science-Managerinnen und -Manager sind nicht grundsätzlich Mentor und Coach aller Data Scientists. Aufgrund fachlicher und zeitlicher Restriktionen ist dies meist auch gar nicht möglich. Gute Data-Science-Manager sollten allerdings um die Bedeutung von Mentoring und Coaching wissen. Jedoch ist es genauso wichtig, dass man zwar ein Angebot schafft, dieses aber nicht aufdrängt. Coaching ist viel mehr noch als Mentoring etwas Freiwilliges und muss aus freien Stücken geschehen. Um herauszufinden, ob Mentoring und Coaching gewünscht sind, und auch um zu evaluieren, ob diese Instrumente funktionieren, ist ein persönliches Gespräch notwendig. Schon frühzeitig kann man dabei herausfinden, was die persönlichen Ziele sind und ob Coaching dazu passt.

12 Verändert nach einer Abbildung von Shir Meir Lador aus seiner Präsentation »The Secret Sauce of Data Science Management«, *https://2022.pycon.de/program/LWUWAU/*

Eckpfeiler für Mentoring und Coaching

- Empowerment hilft dabei, dass Mentees und Coachees Verantwortung (Ownership) übernehmen.
- Zielsetzungen sind für beide Seiten von Vorteil, da sie motivieren und eine Evaluation des Erreichten zulassen.
- Selbstbestimmung durch ausreichend Freiräume für die Weiterbildung und (möglichst) eine Auswahl der Projekte nach Interesse.
- Reflexion und Selbstreflexion der Mentoren, Coaches, Mentees und Coachees unterstützen alle bei der kontinuierlichen Entwicklung der Skills.

KAPITEL 14

Hands-on: Empfohlenes Toolkit für das Data-Science-Management

In diesem Hands-on schauen wir uns Werkzeuge an, die beim Data-Science-Management unterstützen können. Dazu gehören die im agilen Management häufig benutzten Methoden Scrum und Kanban. Diese unterstützen die tägliche Arbeit eines Data-Science-Teams, indem sie die anstehenden Aufgaben auf Boards visualisieren. Darüber hinaus stellen wir vor, wie man mithilfe von Team Health Checks regelmäßig überprüfen kann, wie die Stimmung im Team ist. Der AI Project Canvas unterstützt die Strukturierung der eigenen Gedanken in Bezug auf Data-Science-Projekte und ist in Verbindung mit der ebenfalls vorgestellten Checkliste für das Anforderungsmanagement insbesondere vor Projektbeginn nützlich.

Scrum

Scrum ist ein Framework für das Projektmanagement, das sich aus der Softwareentwicklung heraus entwickelt hat und dem agilen Management zuzuordnen ist. Heutzutage wird Scrum allerdings auch in vielen anderen Bereichen genutzt. Diese Methode bietet sich immer dann an, wenn man vor Herausforderungen steht, deren Ende oder Ergebnis nicht konkret feststeht, sondern denen man sich iterativ annähern muss. Diese Rahmenbedingungen finden wir auch bei Data-Science-Projekten. Hier ist oft nicht bekannt, wie genau das Ergebnis aussieht oder welche Schritte man auf dem Weg zum Erkenntnisgewinn gehen muss.

Es gibt in Scrum festgeschriebene Rituale, Rollen und Artefakte, die dabei helfen, das Vorgehen zu strukturieren. Um diese besser kennenzulernen, empfehlen wir, das Agile Manifest[1] zu lesen. Den Kern von Scrum wollen wir jedoch kurz besprechen. Dieser besteht aus drei Pfeilern:

- Transparente Kommunikation zu Ergebnissen und Hürden.
- Kontinuierliche Überprüfung der Ergebnisse und Funktionalitäten (mit den Stakeholdern).
- Ständige Anpassung des Produkts.

1 Manifest für Agile Softwareentwicklung, *https://agilemanifesto.org*

Um die Komplexität eines Produkts oder Projekts zu reduzieren, unterteilt man die Arbeitszeit in *Sprints* – dies ist die Grundlage des iterativen Vorgehens. Sprints sind zeitliche Abschnitte (zum Beispiel zwei Wochen), in denen man festlegt, was am Ende dieser Zeit fertig sein soll. Die *Aufgaben*, die erledigt werden müssen, werden dabei ebenfalls in kleine »Häppchen« verpackt, sodass man zum Beispiel eine Aufgabe pro Tag schafft, größer sollten sie nicht sein. Diese Arbeitspakete werden häufig als *User Stories* geschrieben, also so formuliert, dass ganz klar daraus hervorgeht, wer davon profitiert, dass die Entwicklerinnen und Entwickler diese Aufgabe vollenden. Hier wird auch beschrieben, was konkret gemacht werden soll, um einen Mehrwert zu schaffen.

Ein zentrales Werkzeug von Scrum ist das *Board* (siehe Abbildung 14-1). Dieses wird benutzt, um die Aufgaben festzuhalten und Auskunft darüber zu geben, wie der Fortschritt der jeweiligen Aufgabe ist und was als Nächstes zu erledigen wäre. Ganz links steht das *Backlog*. Dies ist der Aufgaben- und Ideenspeicher, der ständig weiter befüllt wird. Hier kommen alle Aufgaben hinein, die in naher und fernerer Zukunft erfüllt werden sollen. Deshalb haben die Aufgaben häufig unterschiedliche Reifegrade. Ihre Beschreibungen können vollständig ausgefüllt und die Aufgaben bereit zur Entwicklung sein. Manchmal besteht die Beschreibung aber auch nur aus einer Überschrift mit einer Idee für ein Feature. In der Spalte *Sprint* befinden sich die Aufgaben, die im aktuellen Sprint erledigt werden sollen. Wenn sich eine Entwicklerin einer Aufgabe widmet, zieht sie diese (per Drag-and-drop oder physisch als Notizzettel) in die Spalte *In Bearbeitung*. Sobald die Aufgabe aus Sicht der Entwicklerin fertig ist, kommt sie in *Review oder Test*. Dort wird sie durch einen anderen Entwickler überprüft, bzw. der Code wird getestet. Anschließend rutscht die Aufgabe unter *Erledigt*.

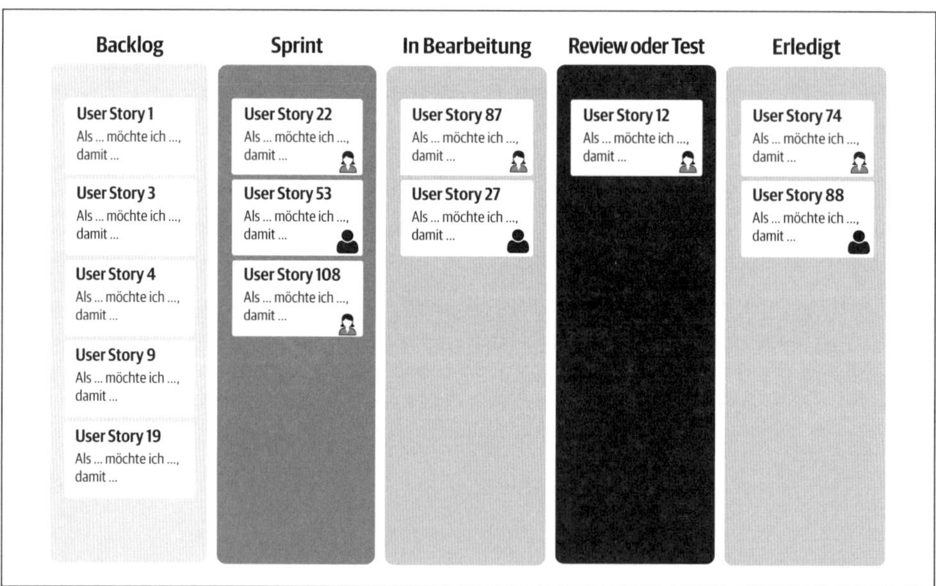

Abbildung 14-1: Beispielhafter Aufbau eines Scrum-Boards mit Spalten, um den Fortschritt von Aufgaben (User Stories) zu erfassen

Scrum ist bei Projekten und Softwareentwicklungen im Bereich Data Science und KI eine bewährte Methode, um sich auch großen Herausforderungen zu stellen. Insbesondere die Aufteilung der Aufgaben in kleinere Einheiten und die sprintbasierte Abarbeitung helfen dabei, im regen Austausch mit den Stakeholdern genau das zu entwickeln, was gewünscht ist. Regelmäßige Meetings wie *Daily Scrum*, bei denen man sich täglich darüber austauscht, was erledigt wurde, was heute getan wird und was als Nächstes ansteht, dienen der effizienten Abstimmung im Team. Die Retrospektiven, ein Meeting, in dem man reflektiert, was gut und was schlecht gelaufen ist bzw. was man zukünftig verbessern möchte, dienen der kontinuierlichen Verbesserung der Teamleistung (siehe auch Abschnitt »Herausforderungen und Konflikte in Teams« auf Seite 155). Im *Review* präsentiert man den Stakeholdern am Ende des Sprints die Ergebnisse und diskutiert die weiteren Schritte. Scrum eignet sich deshalb auch sehr gut für die Entwicklung einer Anwendung oder Software, die langfristig betrieben werden soll, da der Code inkrementell weiterentwickelt werden kann.

Die Methodik hinter Scrum ist vielschichtiger, als wir hier beschrieben haben. Es gibt noch zahlreiche weitere Aspekte von Scrum, die dabei helfen, besser zu werden und schneller Software auszuliefern. Allerdings sollten wir nicht als Selbstzweck – nur der Methode wegen – mit Scrum arbeiten. Vielmehr soll Scrum dem Team dabei helfen, die Vorstellungen und Wünsche der Stakeholder möglichst passgenau umzusetzen.

Literaturempfehlung

R. Dräther, H. Koschek, C. Sahling (2023). *Scrum – kurz & gut*. O'Reilly.

D. McGreal, R. Jocham (2021). *Der professionelle Product Owner: Erfolgreiches Scrum Product Ownership: Wie der Wert eines Produkts über den gesamten Lebenszyklus maximiert wird*. Vahlen.

Kanban

Kanban ist eine Methode aus der Lean Production bzw. dem Lean Development. Dies sind Bereiche, in denen darauf geachtet wird, dass die Prozesse möglichst effizient durchlaufen und wenig Überproduktion stattfindet. Bezogen auf die Softwareentwicklung heißt das, dass die Ressource Zeit möglichst effizient genutzt wird, wobei unnötige Arbeit verringert oder vermieden werden soll.

Kanban entstand in der Produktion bei Toyota. Es wurde versucht, die Lagerbestände zu minimieren, einen kontinuierlichen und flüssigen Durchlauf der Arbeit zu ermöglichen, den Prozess zu verschlanken (*lean*) und damit eine höhere Effizienz zu erreichen. Diese Gedanken wurden auf die Softwareentwicklung übertragen – ähnlich wie bei Scrum nutzt man auch hier ein Board (siehe Abbildung 14-2), um den Prozess zu visualisieren. Bei Kanban geht es darum, einen kontinuierlichen Workflow an Aufgaben zu haben. Die Aufgaben sollen dabei gut handhabbar sein, damit sie nicht auf Hürden und Blocker stoßen und damit den Flow unterbrechen. Dieser Flow soll von links nach rechts entstehen, also von anstehenden Aufgaben im *Backlog* zu Aufgaben *In Bearbeitung* über *Review oder Test* hin zu *Erledigt*.

Um einen Flow zu gewährleisten, müssen die Aufgaben im Backlog im Vorfeld so gut formuliert und erarbeitet sein, dass sie auch tatsächlich in einem Zug bearbeitet werden können. Um nicht alles auf einmal zu beginnen, gibt es für die Spalte *In Bearbeitung* oft ein sogenanntes WIP-Limit. Dies steht für *Work in Progress* und ist in der Abbildung in Klammern hinter dem Spaltennamen zu sehen: Hier dürfen maximal zwei Aufgaben gleichzeitig in Bearbeitung sein. Das soll sicherstellen, dass man sich auf Aufgaben fokussiert und diese zeitnah beendet. Je größer das Team ist, desto höher kann auch das WIP-Limit sein.

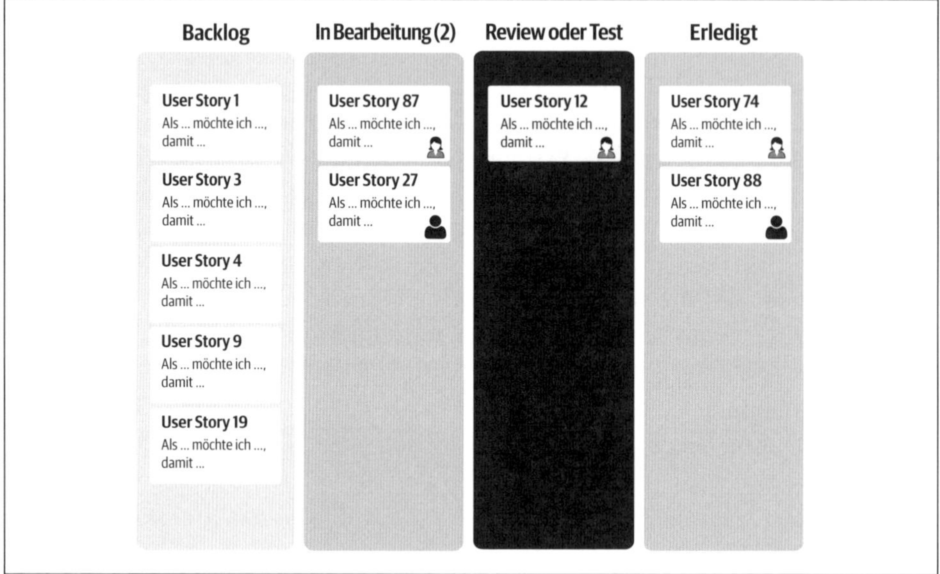

Abbildung 14-2: Beispielhaftes Kanban-Board mit einem Work-in-Progress-Limit für die Spalte »In Bearbeitung«

Die Kanban-Methode eignet sich für Projekte mit kleineren Teams. Das Projekt selbst kann durchaus auch komplex und relativ unübersichtlich sein. Mit einem Kanban-Board kann man in diesen Situationen den Überblick behalten und läuft weniger Gefahr, sich zu verzetteln. Jedoch muss immer klar werden, welche Aufgaben aus dem Backlog die höchste Priorität haben. Diese sollten weiter oben im Backlog verortet werden. Kanban bietet ebenfalls die Möglichkeit, sich als Team zu verbessern, beispielsweise indem man auswertet, wie lange es dauerte, um bestimmte Aufgaben zu erledigen, und worin die Gründe für längere oder kürzere Laufzeiten lagen.

Scrum oder Kanban nutzen?

Anhand der Tabelle 14-1 von ahd[2] können wir entscheiden, welche agile Methode zu welchem Team oder Projekt passt.

2 *https://www.ahd.de/scrum-vs-kanban-welche-methode-sie-nutzen-sollten/*

Tabelle 14-1: Überblick, welche Unterschiede es zwischen Scrum und Kanban gibt

	Scrum	Kanban
Komplexität der Aufgabe	hoch	mittel bis gering
Vorhersagbarkeit des Endprodukts	gering, viele Unbekannte	hoch, das Endprodukt ist bekannt
Philosophie	schnelle, greifbare Fortschritte	stetige Verbesserung
Arbeitsweise	iterativ	stetig, aber flexibel
Arbeitseinheiten	Sprints basierend auf User Stories	Aufgaben
Prozessoptimierung	Retrospektiven	Analyse der Durchlaufzeiten und Bottlenecks von Aufgaben
Delivery	Inkremente, nächste Version des fertigen Produkts	erledigte Arbeitspakete
Begrenzung der Arbeitslast	Fokus auf Sprints mit vorab festgelegter Anzahl an User Stories	Begrenzung der Anzahl der Aufgaben, die gleichzeitig in Arbeit sind (Work-in-Progress-Limit)
Flexibilität	keine Änderungen während eines Sprints, sonst Sprintabbruch	Workflows können jederzeit geändert werden
Teamrollen	feste Rollen wie Product Owner, Scrum Master und Umsetzungsteam	keine feste Rollen

Team Health Checks

Die Zusammenarbeit im Team bringt immer auch die Herausforderungen der sozialen Interaktionen mit sich. Dies beinhaltet den unterschiedlichen Umgang mit Erfolg und Misserfolg, Unstimmigkeiten, Kommunikationsschwierigkeiten, unterschiedliche Tagesstimmungen usw. Teilweise wird die Stimmung im Team aber auch durch exogene Faktoren beeinflusst, wie etwa schlechte Quartalszahlen des Unternehmens und damit verbundene Ängste, technisch unvorhergesehene Hürden oder Ähnliches.

Hinzu kommt, dass sich in der heutigen Arbeitswelt Teammitglieder teils im Homeoffice oder in der Betriebsstätte aufhalten, teils aber auch auf mehrere Standorte verteilt, wodurch der persönliche Austausch erschwert wird. Zeiten, in denen alle Teammitglieder vor Ort sind, werden seltener. Damit werden auch die Gelegenheiten zum informellen Austausch weniger.

Data-Science-Managerinnen und -Manager sollten versuchen, die Stimmung im Team zu erfassen und zu beeinflussen. Es hilft oftmals, präventiv zu intervenieren, wenn die Stimmung langsam, aber stetig schlechter wird. Dennoch ist es notwendig, die Stimmung auch objektiv zu erfassen, denn die eigene Wahrnehmung ist manchmal subjektiv getrübt. Eine Möglichkeit hierfür bieten Team Health Checks. Diese können ganz unabhängig vom Arbeitsort, dem fachlichen Hintergrund oder der Teamkonstellation durchgeführt werden.

Team Health Checks können beispielsweise mit einem Umfragetool aufgesetzt werden. Diese sind kostenlos verfügbar oder oft auch in Office-Enterprise-Lösungen vorhanden. Man bereitet hierfür einen Fragebogen vor, der beispielsweise die gefühlte Stimmung im Team, die eigene Stimmung oder das Empfinden des gegenseitigen Supports bei den Mitarbeitenden abfragt. Zusätzlich kann man abfragen, ob die Ziele für das Projekt klar definiert sind, wie der Umgang mit technischen Hürden abläuft, ob man als Teammitglied gerade das Gefühl hat, einen Mehrwert zu schaffen, und ob Raum zur persönlichen Weiterentwicklung vorhanden ist. Die Ergebnisse, beispielsweise in einer Skala von eins bis zehn oder wie in Abbildung 14-3 in einem Ampelsystem, können im wöchentlichen Rhythmus erfasst werden. Somit lässt sich über die Zeit ein Trend erfassen. In Freitextfeldern können die Teilnehmenden bei Bedarf eintragen, welche Faktoren oder Ereignisse zu ihrer Bewertung geführt haben. Wichtig ist, dass man sicherstellen kann, dass die Umfragen anonym sind. Andernfalls werden die Ergebnisse verfälscht, und in vielen Fällen stehen auch die Personalabteilung und der Datenschutzbeauftragte einem solchen Vorgehen zumindest kritisch gegenüber.

	Status	**Trend**	**Gründe**
Stimmung im Team		→	• Hohe Krankenstand • Hohe Arbeitsbelastung
Gegenseitiger Support		↗	
Klares Ziel		→	• Kunde hat viele Änderungswünsche
Technische Hürden		→	• Warten auf technischen Support
Mehrwert schaffen		↘	
Raum zum Lernen		↗	• Friday Morning Learnings sind super!

Abbildung 14-3: Beispielhafte Visualisierung einer Umfrage im Rahmen eines Team Health Check

Ein Team Health Check ist nur dann wirklich sinnvoll, wenn er regelmäßig durchgeführt und ausgewertet wird. Nur so kann diagnostisch festgestellt werden, welche Ereignisse oder Interventionen zu welchem Effekt geführt haben. Dass sich die Teilnehmenden nur »Luft machen«, reicht nicht aus. Ähnlich wie bei Scrum kann man beispielsweise eine Retrospektive durchführen, in der man kritisch auf das blickt, was in letzter Zeit passiert ist. Hier sollte man aufzeigen, was gut und was schlecht gelaufen ist und was man weiterführen möchte, weil es gut funktioniert hat. Ein Team Health Check kann dabei als Diskussionsgrundlage dienen und aufzeigen, wo gerade Defizite bestehen.

AI Project Canvas

Der *AI Project Canvas* von Jan Zawadzki[3] ist angelehnt an ein *Business Model Canvas* (BMC). Das BMC wurde von Alexander Osterwalder[4] entwickelt, um eine einfache Möglichkeit zu bieten, Geschäftsmodelle zu durchdenken. Teams können sich den Canvas vornehmen und in kurzer Zeit die einzelnen Felder erarbeiten, die Auskunft darüber geben, wer die Kunden sind, wie man diese erreicht, welchen Mehrwert die Geschäftsidee liefert, mit wem ich zusammenarbeiten muss, was das alles kostet und wie viel ich dabei verdiene. Das BMC kann der Lean-Start-up-Methode zugeordnet werden. Somit finden wir auch hier den Begriff des schlanken (lean) Vorgehens. Die Grundidee ist also, dass ich möglichst schnell in der Lage bin, eine Geschäftsidee abzuklopfen, und dabei trotzdem nichts vergesse, da die Felder die meisten wichtigen Aspekte abfragen.

Der AI Project Canvas (siehe Abbildung 14-4) greift diese Idee auf und setzt sie in den Kontext von Data Science und KI-Projekten. Genau wie im BMC überlegt man sich, wer die Kunden sind und welchen Mehrwert (in der Abbildung *Value Proposition*) man ihnen bieten möchte.

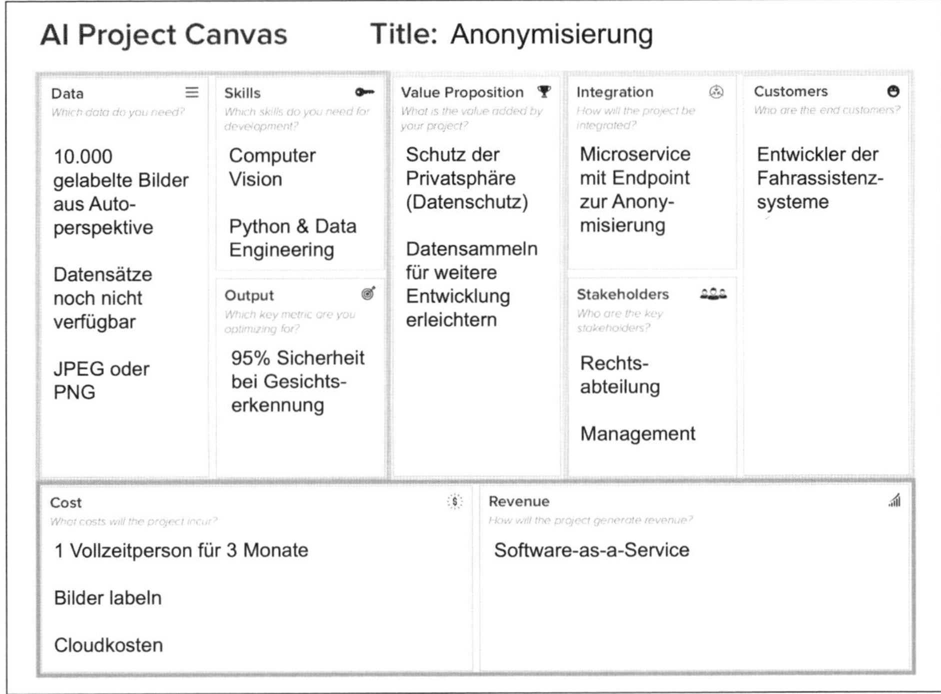

Abbildung 14-4: Beispielhafte Befüllung eines AI Project Canvas

3 J. Zawadzki. »Introducing the AI Project Canvas, Towards Data Science«. 2019, *https://towardsdatascience.com/introducing-the-ai-project-canvas-e88e29eb7024*

4 A. Osterwalder (2011). *Business Model Generation: Ein Handbuch für Visionäre, Spielveränderer und Herausforderer*. Campus Verlag.

Dann beschreibt man, wie das Projekt in das Leben der Kunden integriert werden kann (*Integration*) und wer die Stakeholder sind (rechts). Anders als im BMC beschäftigt man sich anschließend mit den Daten, den benötigten Fähigkeiten (*Skills*) und dem Projektergebnis (*Output*, im linken Bereich). Schließlich ermittelt man auch hier die Kosten (*Costs*) und die Einnahmen *(Revenue*).

Der AI Project Canvas eignet sich hervorragend, um Projekte zu planen. Innerhalb kürzester Zeit erarbeitet man sich die einzelnen Felder und notiert, was im Projekt benötigt wird. Einerseits kann man mit dem Canvas seine Gedanken ordnen. Andererseits können Lücken aufgedeckt werden, die man noch vor Projektbeginn schließen sollte.

Checkliste Anforderungsmanagement

Ein erfolgreiches Projekt hängt maßgeblich davon ab, dass wir unsere Kundinnen und Kunden und vor allem das, was sie benötigen, verstehen. Es kommt beispielsweise vor, dass Kunden eine KI wünschen und mit dieser Vorstellung auf Sie zukommen. Sie müssen dann herausfinden, ob es wirklich eine KI ist, die benötigt wird, und wenn nicht, eine sinnvollere Alternative vorschlagen.

In Kapitel 11, *Grundlagen des Projektmanagements*, haben wir uns bereits erarbeitet, was Anforderungsmanagement ist. Teil davon ist das Erfassen von Anforderungen, ganz unabhängig davon, ob wir klassisches Projektmanagement betreiben oder unser Projekt agil planen. Um die Anforderungserfassung zu strukturieren und für Sie zu vereinfachen, haben wir hier einige Fragen gesammelt, die uns bei der Arbeit und beim Verstehen des Kunden geholfen haben. Die Fragen basieren unter anderem auf dem Value Proposition Canvas von Strategyzer[5]. In einem Gespräch mit dem Kunden sollten dabei keinesfalls alle Fragen abgearbeitet werden. Vielmehr können Sie die Fragen auswählen, die aus Ihrer Sicht zum Kunden passen könnten und die Ihnen dabei helfen, zum Kern des Problems zu gelangen und die passende Lösung dafür zu entwerfen.

Problemfelder benennen

- Was frustriert den Kunden an der jetzigen Situation?
- Warum ist das Problem nicht schon gelöst?
- Was steht bislang einer Lösung[6] im Weg?
- Gab es schon Versuche, das Problem zu lösen, die fehlgeschlagen sind?
- Wenn die Lösung als zu kostenintensiv gilt, was bedeutet dies? Liegt es an Zeit, Budget oder anderen Ressourcen?
- Wenn es bereits eine Lösung gibt: Ist diese zu langsam oder fehlen Funktionen?

5 *https://www.strategyzer.com/canvas/value-proposition-canvas*

6 Wir sprechen hier von einer Lösung von Problemen, die ein Kunde haben könnte. Damit ist gemeint, dass wir für den Kunden eine Software entwickeln, die sein Problem löst, oder ein Projekt umsetzen, dessen Ergebnis für ihn hilfreich ist, oder eine Beratung durchführen oder dergleichen.

- Gibt es Befürchtungen wie etwa Reputationsverlust, Machtverlust oder rechtliche Konsequenzen?
- Gibt es absehbare Schwierigkeiten, Widerstände und Konflikte? Aus welcher Richtung kommen sie?
- Welche Hindernisse gibt es von außen?
- Welche Fehler werden immer wieder gemacht?
- Was hält den Kunden nachts wach?

Herausforderungen ermitteln

- Um was genau und um wen geht es?
- Was sollte im Projekt auf keinen Fall passieren?
- Wessen Wunsch ist es, sich der Situation genau jetzt anzunehmen?
- Wie wurde der Herausforderung bislang begegnet? Gibt es bereits Vorarbeiten, oder ist schon etwas vorhanden?
- Welche vorhandenen Stärken, Vorteile, Besonderheiten dürfen nicht in Gefahr gebracht werden?
- Wie ist das Team, mit dem wir auf Kundenseite zusammenarbeiten, in die Gesamtorganisation eingebunden? Wo sind Schnittstellen?
- In welchen Kontexten könnte eine Lösung verwendet werden?
- Welche Arbeiten werden üblicherweise durchgeführt, die von einer Lösung betroffen sein könnten?
- Gibt es verborgene Probleme, die dem Kunden noch nicht bekannt zu sein scheinen?
- Wie soll die Lösung im Unternehmen wahrgenommen werden? Wie sollen Endkunden diese wahrnehmen?
- Wer muss wann einbezogen werden (User, Betriebsrat, Geschäftsführung, Friendly Customer usw.)?

Mehrwert beschreiben

- Wer profitiert von einer Lösung?
- Was würde das Leben des Kunden vereinfachen?
- Was genau soll durch das Projekt erreicht werden?
- In welcher Höhe wären Einsparungen in Zeit, Geld oder Ressourcen als Erfolg zu verbuchen?
- Welche Qualität soll die Lösung haben? Geht es vornehmlich um Funktionalität, um Design oder um etwas anderes?
- Was schätzen die Kunden bislang an vorhandenen Lösungen oder am Unternehmen?

- Welche positiven sozialen Effekte könnten durch die Lösung entstehen?
- An welchen prüfbaren Tatsachen machen Sie fest, ob das Projekt erfolgreich war?
- Wann sind wir in den Augen des Kunden erfolgreich? Wann nicht?
- Wie sieht eine Lösung in einer perfekten Welt aus, unabhängig von den konkreten Herausforderungen?

TEIL III

Infrastruktur und Architektur

Nachdem wir uns in den ersten beiden Teilen des Buchs mit der Umsetzung kleinerer Data-Science-Projekte (beispielsweise bei der Entwicklung von Prototypen) und dem Management entsprechender Teams bei der Umsetzung solcher Projekte beschäftigt haben, schauen wir uns nun an, wie wir aus technischer Perspektive solche Projekte skalieren und in Produktion bringen können. Dabei betrachten wir zunächst, welche Projektstrukturen für Data-Science-Projekte typisch sind und welche Konsequenzen dies für die Gestaltung der technischen Infrastruktur hat. Anschließend geht es um Infrastrukturkonzepte aus dem IT-Bereich, die die Grundlage dafür bilden, dass wir im nächsten Schritt über Data-Science-Architekturen sprechen können. Sowohl beim Aufbau als auch beim Betrieb einer entsprechenden Infrastruktur brauchen wir Konzepte, um diese nachhaltig weiterentwickeln zu können und dabei nicht nur die Architektur, sondern auch die aktuellen Entwicklungen im Blick zu behalten. Dabei können auch visuelle Modellierungstools helfen, die wir uns abschließend in Kapitel 19, *Hands-on: Modellierung von Software und Infrastruktur*, anschauen wollen.

KAPITEL 15

Automatisierung und Operationalisierung im kybernetischen Regelkreis

In Teil I, *Data-Science-Grundlagen*, haben wir gesehen, wie wir ein Data-Science-Projekt von der Konzeption bis zur Evaluation der Ergebnisse durchführen können, inklusive aller Schritte der Sammlung, Aufbereitung und Auswertung von Daten. Dabei wurde bereits erwähnt, dass Data-Science-Projekte meist nicht einmalig und isoliert durchgeführt werden, sondern aufeinander aufbauen und entsprechend iterativ gedacht werden sollten.

Dabei finden wir in Projekten, je nach Zielsetzung und Kontext, unterschiedliche Arten des iterativen Vorgehens, die in den folgenden Abschnitten genauer beschrieben werden. Je weiter wir uns dabei in der folgenden Liste von oben nach unten vorarbeiten, desto nachhaltiger muss auch die technische Infrastruktur werden, die wir für die Bearbeitung der jeweiligen Aufgaben benötigen.

- Beim **wissenschaftlichen Arbeiten** wollen wir vorhandenes Wissen sukzessive erweitern und vertiefen. Ein erfolgreiches wissenschaftliches Projekt wirft in der Regel ebenso viele (oder mehr) neue Fragen auf, als es Antworten liefert.
- Als Sonderform des wissenschaftlichen Arbeitens können wir die Arbeit an **Proof-of-Concepts** betrachten. Dabei steht eine deutlich praktischer orientierte Zielsetzung im Fokus, nämlich die Frage, ob ein Ansatz in weiteren Iterationen vertieft werden soll.
- **Objectives and Key Results** (OKRs) können ein sehr gutes langfristiges Framework bieten, um auch über Iterationen hinweg den Überblick und den Fokus nicht zu verlieren.
- Der **kybernetische Regelkreis** beschreibt ein Modell, bei dem es nicht um Veränderung, sondern um Stabilität geht. In einem Wechselspiel aus Messungen und korrigierenden Maßnahmen soll ein System in Hinblick auf eine oder mehrere Zielgrößen konstant gehalten werden.
- Das **CRISP-DM-Modell** ähnelt sehr dem kybernetischen Regelkreis, jedoch mit dem Fokus auf Data-Science-Anwendungen.

Beim wissenschaftlichen Arbeiten und der Entwicklung eines Proof-of-Concept sehen wir immer wieder, dass mit neuen Projekten schnell auch die technische Infrastruktur zumindest hinterfragt oder gar komplett neu aufgesetzt wird. In der Arbeit mit OKRs ist es hingegen sinnvoll, zumindest bei der Messung der Key Results bereits eine gewisse Konstanz zu wahren. Bei kybernetischen Regelkreisen und CRISP-DM geht es um den langfristigen Betrieb von Modellen – entsprechend nachhaltig muss hier auch die Infrastruktur sein. Wir werden uns in diesem Kapitel auf Infrastrukturen konzentrieren, die vor allem den letzten beiden Konzepten gerecht werden sollen. Um den Unterschied aber klar vor Augen zu haben, wollen wir uns alle fünf Spielarten kurz anschauen.

Das wissenschaftliche Vorgehen: Wissen iterativ weiterentwickeln und vertiefen

Wissenschaftlichen Projekten wird immer wieder die folgende ideale Struktur zugrunde gelegt: Die beteiligten Forscherinnen und Forscher arbeiten sich in den aktuellen Stand der Forschung zu einem bestimmten Forschungsthema ein, identifizieren eine oder mehrere offene Forschungsfragen, die sie bearbeiten wollen, wählen eine Methode aus, um diese Fragen beantworten zu können, führen das eigentliche Forschungsprojekt durch (beispielsweise eine Datenerhebung und -auswertung), werten die Ergebnisse aus, interpretieren sie und veröffentlichen sie als wissenschaftlichen Artikel in einer wissenschaftlichen Fachzeitschrift.

Dieses Vorgehen liegt letztlich auch den verschiedenen Ebenen des Analytics Continuum zugrunde (siehe Abschnitt »Von einfachen Analysen zur Automatisierung (Analytics Continuum)« auf Seite 32) – bis auf den letzten Schritt, die Automatisierung, die wir uns weiter unten genauer anschauen wollen. Wir starten jeweils mit einem gewissen Vorwissen und Interesse, führen die Analysen der jeweiligen Ebene durch und, sollten die Ergebnisse dafür sprechen, arbeiten uns dann von oben nach unten vor.

Eng damit verwandt sind Projekte, in denen der Fokus weniger auf der Vertiefung von Wissen, sondern auf der Evaluation eines gewissen Lösungsansatzes liegt, dem sogenannten *Proof-of-Concept*.

Proof-of-Concept-Projekte und Design Thinking

Bei einem *Proof-of-Concept* handelt es sich um ein Projekt, bei dem ein Lösungsansatz evaluiert wird, um festzustellen, ob es sich lohnt, ihn weiterzuverfolgen. Dabei können wir Data-Science-Methoden zunächst einmal nutzen, um diese Evaluation während und am Ende des Projekts durchzuführen. Im Idealfall wurden im Voraus Kennzahlen identifiziert, an denen sich der Erfolg des Projekts orientieren soll. Welche Art von Projekt oder Produkt im Rahmen des Proof-of-Concept evaluiert werden soll, ist dabei zunächst einmal sekundär.

Unter dem Begriff *Design Thinking* hat sich in den letzten Jahren eine ganze Reihe von Tools und Methoden entwickelt, die helfen sollen, durch eine schnelle Entwicklung von Prototypen auch eine schnelle Evaluation von Lösungsansätzen zu ermöglichen. Diese Methoden grenzen sich damit von Ansätzen ab, bei denen Produkte lange entwickelt und erst in einem relativ ausgereiften Zustand kurz vor der Marktreife getestet werden. Fans des Design Thinking betonen insbesondere, dass die frühe Entwicklung und Testung von Prototypen sowohl Kosten reduzieren als auch zusätzliche praxisrelevante Erkenntnisse generieren können.

In der Entwicklung von datenbasierten Infrastrukturen und Lösungen sind Proof-of-Concepts und die Entwicklung von Prototypen von besonderer Bedeutung. Denn viele Aspekte eines datenbasierten Projekts lassen sich vorab nur begrenzt einschätzen. Beispielsweise ist es kaum möglich, die Qualität einer Datenquelle realistisch einzuschätzen, solange man noch keinen Zugriff auf sie hat und einen ersten Blick darauf werfen kann. Und wenn wir uns genau diesen Zugriff verschaffen wollen, werden wir schnell die Rahmenbedingungen kennenlernen, die mit einer Datenquelle jeweils verbunden sind, beispielsweise rechtliche und technische Hürden, die inhaltliche Qualität und Aktualität und Ähnliches.

Operationalisierung und Evaluation von Zielen in laufenden Projekten

Wenn sich ein Lösungsansatz, beispielsweise nach einem Proof-of-Concept, bewährt hat und wir ihn langfristig in unseren Prozessabläufen etablieren, ist es naheliegend, die Effektivität und Effizienz des Lösungsansatzes und seiner Umsetzung mithilfe von Evaluationen zu überprüfen. Ein möglicher Ansatz aus dem Projektmanagement sind OKRs (*Objectives and Key Results*).

Ausgangspunkt für die Entwicklung von *Objectives and Key Results* sollte eine langfristige Vision sein, beispielsweise für die nächsten fünf bis zehn Jahre. Sie schafft einen Rahmen dafür, Ziele zu entwickeln und dabei das große Ganze, das »Warum« des Projekts, im Blick zu behalten.

Im nächsten Schritt werden Objectives (Ziele) formuliert, die in einem bestimmten Zeitrahmen verfolgt werden sollen. Als Zeitrahmen hat sich das Denken in Quartalen bewährt, wobei sich der Zeitrahmen sinnvollerweise an den Rahmenbedingungen des jeweiligen Projekts orientieren sollte. Bei der Formulierung der Objectives geht es um das »Was«, das wir als Nächstes erreichen möchten. Objectives sollten ambitioniert formuliert sein. Teilweise wird die Auffassung vertreten, dass sie so ambitioniert sein sollten, dass sie innerhalb des jeweiligen Zeitraums nur zu ca. 70 bis 80 % erreicht werden können, wogegen Objectives, die zu 100 % erreichbar sind, potenziell weniger motivierend wirken könnten. Die Formulierungen der Objectives sind jedoch noch nicht auf direkte Messbarkeit angelegt, dies wird erst im nächsten Schritt über die Key Results erreicht.

Die Key Results stellen konkret messbare Ergebnisse dar, die letztlich auch als Vorgabe dienen, »wie« ein Objective erreicht werden soll. Manche Ziele können dabei graduell gemessen werden (von 0 % bis 100 %), wenn sie eine numerische Zielgröße haben, andere hingegen können nur ganz (100 %) oder gar nicht (0 %) erreicht werden. In jedem Fall sollte ein Objective immer mehrere Key Results haben, erstrebenswert scheinen aus praktischer Erfahrung drei bis fünf Key Results pro Objective, sodass wir die Zustände der verschiedenen Key Results in einen Indikator zusammenfassen können, um den Fortschritt in Hinblick auf das jeweilige Objective greifbar zu machen.

Im Gegensatz zu den eher kurzen Zyklen in agilen Ansätzen wie Scrum helfen OKRs bei der langfristigen Entwicklung von Zielen und der Implementierung entsprechender Maßnahmen. Insbesondere stellen sie ein effektives Tool dar, um von der Entwicklung erster Prototypen (siehe vorherigen Abschnitt) zur Implementierung eines nachhaltigen Geschäftsmodells zu kommen, das dann im Fall von Data-Science-Projekten häufig Eigenschaften eines kybernetischen Regelkreises annehmen wird (siehe folgenden Abschnitt). Natürlich können auch später OKRs weiter genutzt werden, um den Produktivbetrieb zu begleiten, aber ihre besondere Stärke sehen wir in der Start-up- und Skalierungsphase.

Letztlich können wir uns bei der Ausgestaltung der OKRs auch immer wieder am Analytics Continuum orientieren (siehe Abschnitt »Von einfachen Analysen zur Automatisierung (Analytics Continuum)« auf Seite 32), das uns einen inhaltlichen Rahmen für den Aufbau von Data-Science-Lösungen vorgibt. Diesen inhaltlichen Rahmen können wir nun mithilfe von OKRs in konkrete Projekte übersetzen.

Der kybernetische Regelkreis

Der kybernetische Regelkreis stellt zunächst ein abstraktes Schema dar, um über Systeme zu sprechen, die im Hinblick auf eine bestimmte Zielgröße in einem stabilen Zustand gehalten werden sollen. Was zunächst abstrakt klingt, lässt sich leicht am Beispiel eines Thermostats verdeutlichen. Dieses soll die Temperatur in einem Raum in einem stabilen Zustand halten. Sinkt die Temperatur im Raum, beispielsweise weil im Winter gelüftet wird, springt die Heizung an. Steigt die Temperatur im Sommer, weil die Sonne hereinscheint, soll die Klimaanlage dies wieder ausgleichen. Das Thermostat selbst muss dabei nicht verstehen, welche externen Einflussfaktoren (Störungen) zu der jeweiligen Veränderung der Raumtemperatur führen, es muss lediglich in der Lage sein, die jeweiligen Veränderungen zu messen, um dann entsprechende Gegenmaßnahmen einleiten können.

Abbildung 15-1 stellt den abstrakten kybernetischen Regelkreis dar. Dabei wird links oben ein Ziel (*Goal*) definiert, das es zu erreichen gilt. Diesem Ziel steht ein *Sensor* gegenüber, der den entsprechenden aktuellen Wert aus dem *System* messen kann. Daraus lässt sich eine jeweilige Abweichung vom Zielzustand (*Diff*) messen, die dem *Controller* als Grundlage dafür dient, gegebenenfalls eine Gegenmaßnahme (*Action*) zu initiieren, die das System wieder in den Zielzustand bringen soll. Der Grund, warum das System nicht immer im Zielzustand bleibt, sind Störungen (*Interferences*), die auf das System einwirken. Der Umfang und die Art der zu erwartenden Störungen gibt letztlich einen Rahmen dafür vor, wie stark die möglichen Gegenmaßnahmen wirken sollten.

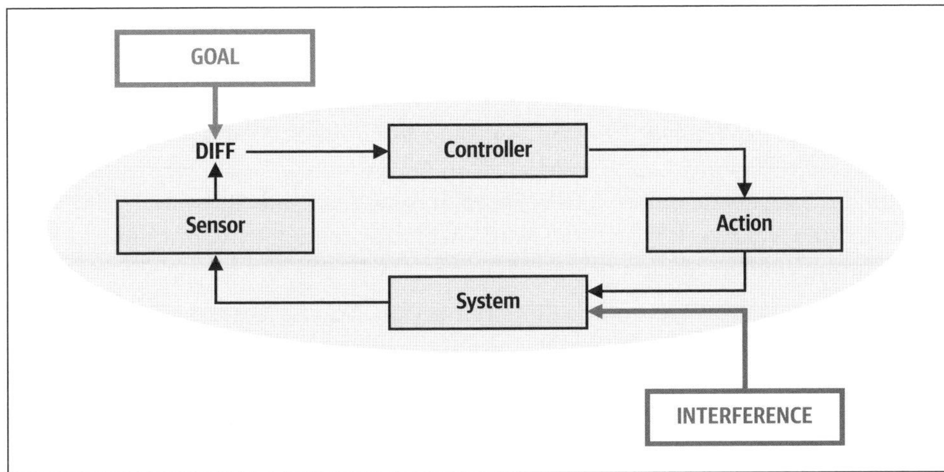

Abbildung 15-1: Der kybernetische Regelkreis

Wenn wir Data-Science-Projekte in Produktion bringen, befinden wir uns im Analytics Continuum meist auf den Stufen der Vorhersagen (*Prediction*) und Vorgaben (*Prescription*). Entsprechende Algorithmen in Produktion zu bringen, bedeutet dann, solche Algorithmen so in das jeweilige IT-System zu integrieren, dass sie ihre Vorhersagen und Vorgaben eigenständig bereitstellen und sich dabei idealerweise an neue Kontexte anpassen können.

Nehmen wir als Beispiel einen Webshop, in den wir ein Recommender-System integrieren, also ein System, das Kunden Kaufempfehlungen geben kann, jeweils basierend auf individuellen Merkmalen und dem bisherigen Kaufverhalten etwa einer Kundin. Ein solches System sollte im Idealfall merken, wie häufig Kunden den Empfehlungen folgen, und versuchen, entsprechend nachzusteuern, falls dies immer seltener der Fall sein sollte.

Ähnlich können wir versuchen, die Lagerbestände hinter unserem Webshop zu optimieren. Hier wäre der Zielzustand, so wenig Produkte wie möglich auf Lager haben zu müssen, weil dies potenziell Miete spart und das Risiko verringert, veraltete Produkte später schlechter verkaufen zu können. Andersherum wollen wir aber auch ausreichend Produkte auf Lager haben, um den Wünschen der Kunden möglichst zeitnah gerecht werden zu können, sodass diese nicht zur Konkurrenz abwandern, die gegebenenfalls schneller liefern kann als wir. Wir haben hier also ein zweiseitiges Optimierungsproblem, bei dem wir so wenig Produkte wie möglich, aber so viele wie nötig auf Lager haben wollen. Genau solche Probleme können wir als kybernetischen Regelkreis verstehen, in dem die Abgänge von Produkten (also die Verkäufe) gemessen und nach entsprechenden Regeln (die Einkäufe) kompensiert werden.

Cross Industry Standard Process for Data Mining (CRISP-DM)

Der *Cross Industry Standard Process for Data Mining* (*CRISP-DM*) beschreibt das Vorgehen, wie Machine-Learning-Modelle in Produktion gebracht werden. »In Produktion bringen« bedeutet in der Programmierung, dass eine Software für ihren eigentlichen Einsatzzweck verwendet wird, nachdem sie zunächst in Entwicklungs- und Testumgebungen dafür vorbereitet wurde.

Ähnlich wie Sie es im Prozessmodell in Teil I, *Data-Science-Grundlagen*, kennengelernt haben, geht es zunächst darum, das jeweilige Businessproblem in eine analytische Fragestellung (*Data Understanding*) zu übersetzen (siehe Abbildung 15-2). Anschließend liegt der Fokus darauf, eine Lösung zu entwerfen, die kontinuierlich weiterentwickelt wird, wodurch das CRISP-DM-Modell zunehmend Eigenschaften eines kybernetischen Regelkreises annimmt. Daten werden zunächst aufbereitet (*Data Preparation*), anschließend analysiert und in ein Machine-Learning-Modell überführt (*Modeling*), um nach erfolgreicher *Evaluation* in Produktion gebracht zu werden (*Deployment*).

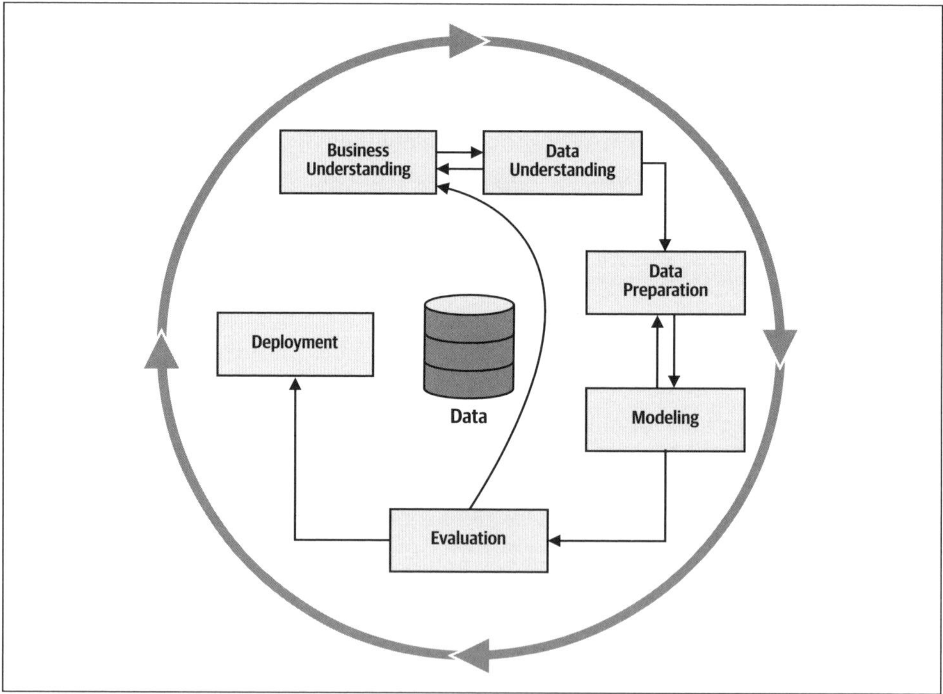

Abbildung 15-2: Cross Industry Standard Process for Data Mining – CRISP-DM (Quelle: Nach C. Shearer[1], CC-BY-SA 3.0)

1 C. Shearer. »The CRISP-DM Model: The New Blueprint for Data Mining«. *Journal of Data Warehousing*, 5:13–22, 2000.

KAPITEL 16

Grundlagen der IT-Infrastruktur

In diesem Kapitel wollen wir uns einen Überblick über grundlegende IT- und Infrastrukturkonzepte verschaffen, die den technischen Rahmen für Data-Science-Anwendungen schaffen. Dabei sollen zentrale Konzepte und Begriffe eingeführt werden, mit denen wir als Data Scientists im Bereich IT immer wieder arbeiten werden, wobei der Fokus auf IT-Komponenten liegt, die ausgewählte Aufgaben umsetzen können. In den folgenden Kapiteln wollen wir uns dann anschauen, wie wir diese Komponenten zu komplexeren Architekturen zusammensetzen (siehe Kapitel 17, *Data-Science-Architekturen*) und dabei insbesondere unsere final trainierten ML-Modelle »in Produktion« bringen können (siehe Kapitel 18, *DevOps und MLOps: Entwicklung und Betrieb*).

Bausteine einer Softwareanwendung

Bevor wir uns den verschiedenen Aspekten der IT-Infrastruktur zuwenden, lohnt sich ein kurzer Blick auf den typischen Aufbau einer Softwareanwendung. Dazu haben sich in der Informatik verschiedene Modelle etabliert, die aber regelmäßig die gleichen drei Ebenen unterscheiden (siehe Abbildung 16-1):

1. eine Ebene für Präsentation und Kommunikation, beispielsweise das grafische Interface, das User sehen,
2. eine Ebene für die eigentliche Anwendungslogik, also beispielsweise die Vorhersagen aus einem Machine-Learning-Modell und
3. eine Ebene für die dauerhafte (persistente) Speicherung von Daten und deren Bereitstellung.

Beispiele für entsprechende Modelle in der Informatik sind das ADK-Strukturmodell (ADK steht für *Anwendung, Daten, Kommunikation*), das MVC-Modell (MVC für *Model, View, Controller*) oder das Konzept der Three-Tier-Application.

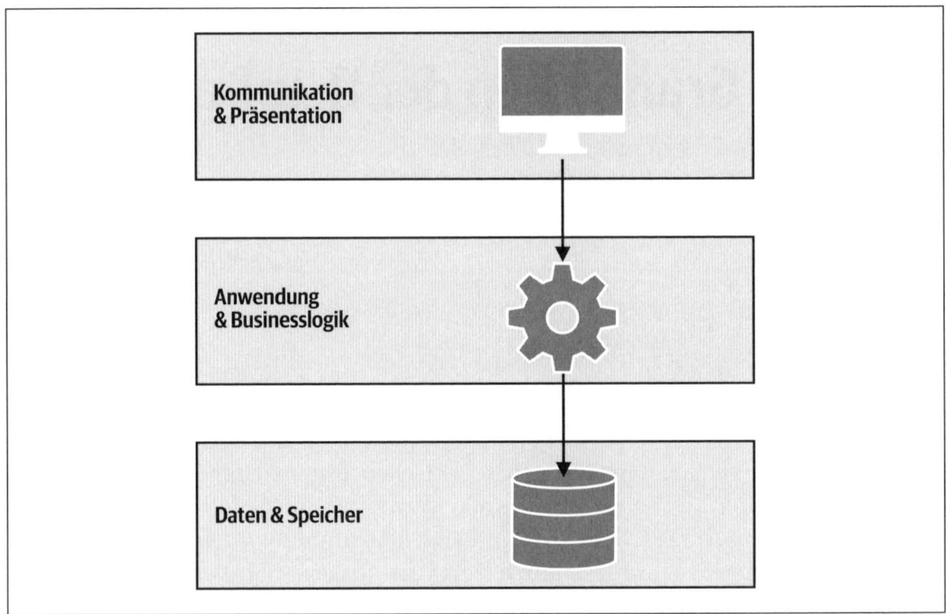

Abbildung 16-1: In der Drei-Schichten-Architektur (Three-Tier-Architecture) werden Kommunikation, Anwendungslogik und die Speicherung der Daten als getrennte Funktionen betrachtet, die beispielsweise auch über mehrere Server verteilt werden können.

Präsentation und Kommunikation. Auf der obersten Ebene geht es um die Bereitstellung von Daten und Informationen nach außen. Dies kann im Fall einer Software für Endnutzer eine grafische Oberfläche sein (häufig als *Frontend* bezeichnet), die bei uns z. B. auf dem Bildschirm als Fenster angezeigt wird, oder auch eine Website, die wir im Browser dargestellt bekommen. Sollte es sich um eine Anwendung handeln, auf die von anderen Anwendungen aus zugegriffen wird, werden Daten meist über eine API (*Application Programming Interface*) bereitgestellt, mehr dazu im Abschnitt »Microservices und Application Programming Interfaces (APIs)« auf Seite 215.

Anwendung und Businesslogik. Die mittlere Ebene bildet den Kern der Software, in der die eigentliche Funktionalität bereitgestellt wird. Hier werden beispielsweise Berechnungen durchgeführt. Dabei wird gerne noch einmal weiter differenziert zwischen der eigentlichen Anwendung und der Businesslogik, die eine Abbildung des jeweiligen Kontexts darstellt.

Daten. Auf der untersten Ebene geht es um die dauerhafte (persistente) Speicherung von Daten und Informationen. Dies kann sowohl in einem Dateisystem als auch in einer Datenbank (siehe Kapitel 8, *Aspekte einer Basisinfrastruktur*) erfolgen. Dabei geht es nicht nur um das reine Speichern von Daten, sondern auch darum, konkurrierende Zugriffe verwalten zu können (siehe die Infobox zum ACID-Prinzip).

Das ACID-Prinzip

Das ACID-Prinzip (*Atomicity, Consistency, Isolation, Durability*) beschreibt Anforderungen an eine Datenbank, die eine zuverlässige Bereitstellung von Daten sicherstellen soll, auch wenn konkurrierende Schreibzugriffe (hier meist als Transaktionen bezeichnet) stattfinden. Das ACID-Prinzip umfasst folgende Elemente:

Atomarität (Atomicity):
: Eine Transaktion kann aus mehreren Teilschritten bestehen, die aber als eine Einheit zu betrachten sind. Nach dem Prinzip »Alles oder nichts« muss eine Transaktion immer vollständig durchgeführt werden bzw. ist vollständig rückgängig zu machen, wenn Teile nicht funktionieren. Um dies zu veranschaulichen: Wenn wir beispielsweise eine Reise buchen, erwarten wir, dass, wenn die Reise storniert wird, auch die Zahlung dafür rückgängig gemacht wird.

Konsistenz (Consistency):
: Für eine Datenbank, vor allem im Bereich der klassischen, relationalen Datenbanken, werden vorab Kriterien definiert, die die Daten zu erfüllen haben, um als konsistent zu gelten. Dies kann beispielsweise in Form eines Datenbankschemas erfolgen. Wenn nun eine Transaktion Änderungen an der Datenbank durchführt, ist sicherzustellen, dass der Datenbestand, wenn er vorher konsistent war, auch nach der Transaktion noch konsistent ist.

Isolation (Isolation):
: Bei größeren Systemen kann es immer auch zu parallel laufenden Transaktionen kommen, die gegebenenfalls miteinander konkurrieren. Durch das Prinzip der Isolation soll verhindert werden, dass sich diese Transaktionen gegenseitig beeinflussen. Um das Beispiel der Reise fortzusetzen, gilt es, sicherzustellen, dass nicht zwei Personen gleichzeitig dasselbe Hotelzimmer zum selben Zeitpunkt buchen können.

Dauerhaftigkeit (Durability):
: Das System hat sicherzustellen, dass die Informationen in der Datenbank dauerhaft gespeichert werden. Diese Anforderung kann in der Praxis sehr vielschichtig sein, denn um wirklich eine dauerhafte Speicherung zu gewährleisten, geht es nicht nur darum, dass die Datenbank diese Informationen *persistent* (also dauerhaft) auf eine Festplatte schreibt, sondern auch darum, was alles mit dieser Festplatte passieren kann. So müssen wir uns beispielsweise auf technische Fehler, Stromausfälle, Diebstahl und vieles mehr vorbereiten, um wirklich eine dauerhafte Speicherung sicherzustellen.

Gerade bei den vielen Unwägbarkeiten im letzten Punkt bieten Cloud-Anbieter (siehe nächster Abschnitt) vielfältige Sicherheitsmechanismen – von der einfachen Replikation einer Datenbank im selben Rechenzentrum bis hin zur Replikation von Informationen über mehrere Rechenzentren in verschiedenen geografischen Regionen auf der Welt.

Diese drei Ebenen sind vor allem als Referenzsystem zu verstehen, das uns helfen kann, besser über den Aufbau von Softwareanwendungen zu sprechen. In der Praxis sind wir keineswegs daran gebunden, diese drei Ebenen immer genau als drei Teile aufzubauen, sondern können sie beispielsweise auch weiter ausdifferenzieren. Und in der Cloud werden wir immer wieder vor der Frage stehen, wie wir diese drei Ebenen am besten verteilen, beispielsweise zusammengefasst auf einem Server oder verteilt über verschiedene Server und Plattformen.

Um die technische Umsetzung solcher Anwendungen weiter beschreiben zu können, unterscheiden wir, wie sich diese drei Ebenen auf verschiedene Hardwaresysteme verteilen. Beispielsweise kann eine Anwendung vollständig bei uns auf dem lokalen Computer laufen, es kann also alles auf einem einzigen System liegen. Alternativ können wir die verschiedenen Teile auch über Systeme hinweg verteilen, beispielsweise bei einer Webanwendung: Die grafische Darstellung der Website erfolgt bei uns im Browser, aber die eigentliche Anwendung liegt auf einem Server im Internet, der die Webseite bereitstellt und gegebenenfalls einen oder mehrere andere Server für die Speicherung von Daten oder für ergänzende Dienste nutzt. Dazu wollen wir uns im Folgenden verschiedene Optionen genauer anschauen.

Hardware: eigene Rechner vs. Cloud

Der Großteil der folgenden Darstellungen und Diskussionen geht davon aus, dass wir mit einer Cloud-basierten Infrastruktur arbeiten. Dennoch sollte klar sein, dass die Nutzung der Cloud nicht zwingend notwendig ist, um mit Daten arbeiten zu können. Es gibt hauptsächlich zwei Szenarien, die gegen eine Nutzung der Cloud sprechen:

1. **Wir haben es mit kleinen Datenmengen und verhältnismäßig wenig rechenintensiven Modellierungen zu tun.** Konkret ist das Kriterium hier, dass die Daten und Berechnungen so klein sind, dass wir sie auf unserem lokalen Rechner (Laptop bis Workstation) durchführen können. In diesen Fällen sollten wir uns gut überlegen, ob wir nicht unsere Arbeit mit den Daten ebenfalls lokal durchführen. Denn auch wenn viele der heute existierenden Cloud-Services das Arbeiten mit Daten stark vereinfachen können, sind auch diese Services eigentlich immer mit einem nicht zu unterschätzenden initialen Aufwand verbunden.

Betriebssystem für den lokalen Rechner?

Bei der Arbeit mit Studierenden und Geschäftskunden kommt immer wieder die Frage auf, welche Kriterien ein Laptop oder PC erfüllen sollte, um für Data-Science-Projekte geeignet zu sein. Diese Frage zielt meist auf das Betriebssystem ab. Letztlich konnten wir hier aber in der Praxis kaum Unterschiede feststellen. Egal ob Windows, Mac oder Linux, die wesentlichen Tools lassen sich auf allen Betriebssystemen installieren.

Was sich hingegen als notwendig erwiesen hat, ist das Vorhandensein einer physischen Tastatur. Auch wenn No-Code-/Low-Code-Plattformen an Bedeutung gewinnen, ist Data Science doch immer noch sehr stark auf das Schreiben von Programmcode ausgerichtet, und da sind Bildschirmtastaturen klar im Nachteil.

Außerdem greifen moderne ML-Algorithmen vor allem beim Training gerne auf Grafikprozessoren (GPUs) zurück, weswegen sich gerade im Data-Science-Kontext Rechner mit guten Grafikkarten anbieten.

2. **Wir arbeiten in einem organisatorischen Kontext, der die Nutzung eines lokalen Rechenzentrums nahelegt.** Die Gründe hierfür können vielfältig sein. In manchen Fällen sind es rechtliche Gründe oder Fragen der Sicherheit, die die Nutzung von Cloud-Ressourcen untersagen. In anderen Fällen stehen optimierte Ressourcen intern zur Verfügung. Arbeiten wir mit einem hauseigenen Rechenzentrum zusammen, sollte jedoch klar sein, dass Data Scientists normalerweise nicht dafür qualifiziert sind, eigene Server zu administrieren. In solchen Fällen sollte es die Aufgabe der IT sein, die Ressourcen entsprechend vorzubereiten und zu administrieren, wobei sich auch die IT-Abteilung an Konzepten orientieren sollte, wie sie im Folgenden für Cloud-Ressourcen vorgestellt werden.

Sollten diese Szenarien nicht gegeben sein, wird es sich in den meisten Fällen anbieten, die Arbeit ganz oder zumindest teilweise in die Cloud zu verlagern. Doch was meinen wir eigentlich mit Cloud? Lesen Sie dazu die folgende Info.

Eigenschaften des Cloud Computing

Grundsätzlich lässt sich sagen, dass sich Cloud Computing auf die Nutzung von geteilten Computerressourcen bezieht, die über ein Netzwerk (meist das Internet) zur Verfügung gestellt werden. In diesem Kontext werden gern fünf Merkmale aufgeführt, die das amerikanische *National Institute of Standards and Technology* definiert hat (siehe *https://nvlpubs.nist.gov/nistpubs/Legacy/SP/nistspecialpublication800-145.pdf*):

1. **On-demand Self-Service:** Cloud-Ressourcen stehen quasi zur Selbstbedienung zur Verfügung. Musste ich bei einem hauseigenen Rechenzentrum häufig erst einmal mit den Mitarbeitenden der IT aushandeln, welche Ressourcen sie mir bereitstellen, kann ich dies in der Cloud selbst auswählen, und die Ressourcen werden mir nach Bedarf automatisch zur Verfügung gestellt.
2. **Broad Network Access:** Die Ressourcen sind über ein Netzwerk, meist über das Internet, erreichbar. Dabei werden Standardmechanismen verwendet, um eine möglichst breite Verfügbarkeit sicherzustellen, beispielsweise unabhängig von bestimmten Betriebssystemen.
3. **Resource Pooling:** Die Anbieter fassen ihre Ressourcen zusammen, um User und Anwendungen optimal darauf verteilen zu können. Dabei kann es sowohl vorkommen, dass sich mehrere Anwendungen eine Ressource teilen, als auch, dass eine Anwendung über mehrere Ressourcen hinweg verteilt oder skaliert wird (siehe folgenden Punkt).
4. **Rapid Elasticity:** Die Leistung der angebotenen Ressourcen kann flexibel skaliert werden, was gegebenenfalls auch automatisch erfolgt. So reduziert beispielsweise ein Load Balancer automatisch die genutzten Ressourcen, wenn

eine Anwendung gerade nicht ausgelastet ist, oder bindet zusätzliche Ressourcen ein, wenn diese benötigt werden.

5. **Measured Service:** Die Nutzung der verschiedenen Ressourcen kann und wird anhand von klar definierten Kennzahlen erfasst. Dies ermöglicht nicht nur ein präzises Monitoring, sondern wird in vielen Fällen auch zur Abrechnung verwendet.

Der letzte Punkt, die *Abrechnungen*, ist eine der wesentlichen Argumente auf der Kostenseite, um lokale Rechenzentren zunehmend in die Cloud zu verlagern. Während wir früher darauf angewiesen waren, einen Server quasi auf Vorrat anzuschaffen, um ihn dann je nach Bedarf mehr oder weniger ausgelastet nutzen zu können, können wir nun einzelne Cloudressourcen nicht nur kurzfristig, sondern auch für sehr kurze Zeiträume hinzubuchen. Die Abrechnung erfolgt häufig sekundengenau.

Die einleitend dargestellte Unterscheidung von *Hardware*, *Infrastructure*, *Platform* und *Software* wird von Cloud-Anbietern häufig zur Klassifikation von Angeboten genutzt, wobei die jeweilige Option dann ein *as-a-Service* angehängt bekommt (siehe Abbildung 16-2).

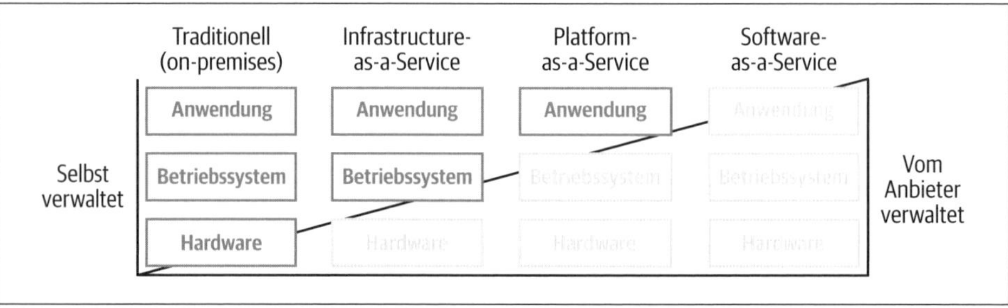

Abbildung 16-2: Die As-a-Service-Angebote werden danach unterschieden, welche Elemente der gesamten Architektur dabei vom jeweiligen Anbieter verwaltet werden. Je größer dieser Anteil ist, desto weniger Administrationsaufwand haben wir tendenziell, schränken aber damit auch unsere Flexibilität ein, diese Elemente bei Bedarf anpassen bzw. konfigurieren zu können.

Bei **On-Premises-Hardware** handelt es sich normalerweise um ein eigenes Rechenzentrum, das im eigenen Gebäude (on-premises) betrieben wird. Dabei haben wir zwar die volle Kontrolle über alle Komponenten von der Hardware bis zur Software, aber entsprechend natürlich auch die gesamte Arbeit vom Einkauf der Hardware über deren Integration (z.B. Verkabelung) und Konfiguration bis zur Installation von Betriebssystem und Software.

Infrastructure-as-a-Service (IaaS) nimmt wesentliche Teile dieser oben genannten Arbeit ab, indem eine virtuelle Maschine mit vorkonfigurierbaren Ressourcen bereitgestellt wird, meist bereits mit einem vorinstallierten Betriebssystem, das es ab dann aber zu warten gilt. Wenn Unternehmen von On-Premises-Rechenzentren in die Cloud wechseln, starten sie häufig mit IaaS-Lösungen, bei denen beispielsweise virtuelle Maschinen, die bisher on-premises betrieben wurden, nun zu einem Cloud-Anbieter migriert werden.

Platform-as-a-Service (PaaS) geht noch einen Schritt weiter, indem der Cloud-Anbieter auch die Installation und Verwaltung des Betriebssystems übernimmt und einen bestimmten Dienst (beispielsweise eine Datenbank, File Storage oder Rechenressourcen) bereitstellt. Brauchen wir beispielsweise eine PostgreSQL-Datenbank, die wir in einem Projekt als zentralen Datenspeicher nutzen wollen, kann es uns letztlich egal sein, auf welcher Hardware und welchem Betriebssystem sie installiert ist, solange sie die erwartete Funktionalität bietet. Entsprechend nimmt uns der Cloud-Anbieter hier noch einmal eine ganze Menge zusätzlicher Arbeit im Verhältnis zu IaaS ab, insbesondere eben die Verwaltung des Betriebssystems, aber auch die Konfiguration der Netzwerkschnittstellen bis hin zur Installation und dem Betrieb der Datenbank an sich.

Ergänzung: **Container** haben sich, grob gesagt, irgendwo zwischen IaaS und PaaS als weitere Option etabliert. Sie nutzen eine leicht abgewandelte Form der Virtualisierung, die insbesondere ressourcenschonender und leichter replizierbar ist. Sie können vor allem zur Implementierung sehr kleiner Anwendungen (sogenannter *Microservices*) genutzt werden. So kann beispielsweise ein einzelnes Vorhersagemodell, das von Data Scientists entwickelt wurde, als Microservice für andere Anwendungen bereitgestellt werden. Container werden wir im nächsten Abschnitt genauer betrachten.

Eine Software braucht im Betrieb häufig mehrere dieser Dienste, beispielsweise eine oder mehrere Datenbanken, Speicher für Dateien und Rechenkapazität. Bei **Software-as-a-Service (SaaS)** wird auch dies alles vom jeweiligen Anbieter übernommen. Im Alltag wird beispielsweise kaum jemand selbst einen E-Mail-Server betreiben, sondern auf Angebote wie Gmail, Office 365 und Ähnliches zurückgreifen, also Angebote, bei denen man häufig nur einen Account anlegen muss und dann bereits nach wenigen Minuten mit der jeweiligen Software arbeiten kann.

Container und Microservices

Container stellen eine schlankere Alternative zu klassischen virtuellen Maschinen dar. Genauso wie bei virtuellen Maschinen können sich mehrere Container dieselbe Hardware teilen. Jedoch teilen sich Container darüber hinaus auch wesentliche Teile des Betriebssystems, womit sie deutlich ressourcenschonender betrieben werden können.

Die Tatsache, dass Container sehr ressourcenschonend betrieben werden können, hat sich ganz wesentlich darauf ausgewirkt, wie große Softwarearchitekturen heute konzipiert und entwickelt werden, konkret können wir heute sehr viel kleinteiliger in Microservices denken. Eine Anwendung, wie beispielsweise der bereits erwähnte Webshop, wäre früher auf einer virtuellen Maschine gelaufen, die beispielsweise eine Datenbank, eine Webanwendung und das Recommender-System umfasst hätte. Heute kann diese Anwendung über mehrere Container verteilt werden. So könnte beispielsweise die Webanwendung des Webshops in einem eigenen Container laufen. Als Datenbank bräuchte man vielleicht gar keinen Container, sondern könnte direkt auf ein PaaS-Angebot des jeweiligen Anbieters zurückgreifen. Und unser Recommender-System wäre auch wieder ein eigener Container.

Der letzte Punkt ist für uns aus Data-Science-Perspektive entscheidend. Wir können nun das Recommender-System oder auch andere Machine-Learning-Modelle unabhängig von der jeweiligen Anwendung, die diese nutzt, entwickeln, testen und in Produktion bringen. Wir haben dabei auch kein Problem, wenn die eigentliche Webanwendung beispielsweise in Java geschrieben ist, während wir unsere Modelle in Python entwickeln. Die beiden Anwendungen laufen unabhängig voneinander in getrennten Containern und kommunizieren über eine API (*Application Programming Interface*, englisch für Programmierschnittstelle), die unabhängig von der jeweils verwendeten Programmiersprache gestaltet ist. Auf APIs werden wir im Abschnitt »Microservices und Application Programming Interfaces (APIs)« auf Seite 215 genauer eingehen.

Abschließend ist zum Thema Container noch zu erwähnen, dass die Tatsache, dass wir nun Anwendungen in immer kleinere Microservices zerlegen, natürlich auch zur Folge hat, dass die Anzahl der Container schnell anwachsen kann. Um die damit verbundene Komplexität verwalten zu können, haben sich verschiedene Systeme zur Orchestrierung von Containern etabliert, beispielsweise Kubernetes[1] oder OpenShift[2].

Platform-as-a-Service (PaaS) und Serverless

PaaS-Angebote sind heutzutage sehr vielfältig, die großen Anbieter wie AWS, Azure oder GCP bieten eigene PaaS-Dienste an. Daneben gibt es aber auch eine kaum noch überschaubare Zahl an konkurrierenden Anbietern, die häufig auf der Infrastruktur der »Großen« aufbauen, um eigene, meist sehr spezialisierte PaaS-Angebote zu entwickeln.

Um dennoch etwas Struktur in die Angebote zu bringen, können wir uns wieder an der anfangs dargestellten Unterscheidung in die drei Ebenen Daten, Anwendungen und Kommunikation orientieren.

Daten

In Kapitel 8, *Aspekte einer Basisinfrastruktur*, und vor allem in Abbildung 8-1 auf Seite 90, haben Sie bereits verschiedene Optionen zur Speicherung von Daten kennengelernt. Dabei haben wir zunächst einmal das Dateisystem von Datenbanksystemen unterschieden. Im Bereich der Dateisysteme gibt es verhältnismäßig wenig Auswahl, die Angebote von Microsoft, Amazon und Google sind so gut und die Anforderungen gleichzeitig so simpel, dass es kaum konkurrierende Angebote gibt. Ähnlich sieht es im Bereich der relationalen Datenbanken aus – ganz im Gegensatz zur großen Vielfalt von NoSQL-Datenbanken,

1 *https://kubernetes.io/*

2 *https://www.redhat.com/de/technologies/cloud-computing/openshift*

bei denen immer neue Start-ups mit neuen Datenbanken an den Markt gehen und diese meist als eigenen PaaS-Dienst anbieten.

Anwendungen *(inklusive* **Compute***)*
: Die eigentliche Rechenleistung kann dann je nach Design vom eigenen Rechenzentrum über IaaS und PaaS bis Serverless auf unterschiedlich stark vorkonfigurierten Systemen erfolgen. Abgerechnet wird meist sekundengenau nach Benutzung. Für Data-Science-Projekte etablieren sich zunehmend ML-optimierte Lösungen, die beispielsweise nicht nur mit starken CPUs (Hauptprozessoren), sondern auch zunehmend mit starken GPUs (Grafikprozessoren) ausgestattet sind, weil Letztere sich für ML-Anwendungen als vorteilhaft erwiesen haben.

Kommunikation
: Wenn mit Endnutzern über eine Webanwendung kommuniziert werden soll, haben wir meist zwei Optionen. Entweder wir entwickeln eine eigene Anwendung und stellen diese online bereit, oder wir nutzen eine fertige BI-Lösung als SaaS-Angebot (siehe folgenden Abschnitt), beispielsweise Tableau oder Power-BI.

Software- und Data-Science-as-a-Service (SaaS/DSaaS)

Der letzte Schritt hin zu möglichst wenig Administrationsaufwand stellt Software-as-a-Service (SaaS) dar. Dabei übernimmt der Anbieter einer Software gleichzeitig auch die gesamte technische Infrastruktur. Als Endnutzer können wir die Software dann meist direkt im Browser verwenden, beispielsweise wenn wir die Weboberfläche unseres E-Mail-Providers aufrufen oder mit einem Online-Kanban-Board arbeiten.

Schauen wir uns SaaS im Vergleich zu Optionen wie IaaS oder PaaS an (siehe Abbildung 16-2 oben), wird deutlich, dass wir hier aus Endnutzerperspektive noch einmal zwei weitere Schichten sparen, die wir ansonsten administrieren müssten. Vergleichen wir SaaS mit klassischen Softwarelizenzen, bei denen uns die Software zur Installation auf unserer eigenen Hardware bereitgestellt wurde (unabhängig davon, ob es sich um einen lokalen Rechner oder einen Server handelt), sparen wir hierbei nicht nur die Verwaltung der Hardware, sondern auch die der Softwareupdates. Weil die Software direkt auf der Hardware des Anbieters läuft, hat dieser zusätzliche Kontrolle über die Software. Bei der Bereitstellung von Updates haben es Anbieter klassischer Software meist nicht unter Kontrolle, ob die Nutzerinnen und Nutzer diese auch wirklich installieren, wohingegen SaaS-Anbieter einfach die Software direkt bei sich auf den Servern aktualisieren können und diese Updates dann direkt allen Nutzern zur Verfügung stehen.

Damit verbunden ist allerdings auch, dass der jeweilige Anbieter volle Kontrolle über die Daten hat, die von der jeweiligen Software verarbeitet und gegebenenfalls direkt im System gespeichert werden. Wenn wir eine Mehrzahl von SaaS-Angeboten in einem Projekt nutzen, beispielsweise für das Projektmanagement, die Speicherung der Daten, als Code-Repository, für Dashboards, für die Berechnung von Algorithmen und vielleicht noch für eine interaktive Arbeitsumgebung, sollten wir uns bewusst sein, dass gegebenenfalls alle diese Anbieter teilweise oder vollständig Zugriff auf unsere Daten haben, was je nach Datenschutzanforderungen kritisch zu sehen sein kann.

In den letzten Jahren hat sich darüber hinaus der Ausdruck *Data-Science-as-a-Service* (DSaaS) etabliert, den wir hier als Sonderform von Software-as-a-Service betrachten. Die Bezeichnung ist bisher jedoch noch nicht einheitlich definiert, weswegen sich teilweise auch noch Agenturen unter diesem Begriff finden, die letztlich ein Outsourcing von Data-Science-Teams anbieten. Wir konzentrieren uns hingegen auf Optionen, die sich näher am SaaS-Konzept orientieren.

Dabei können wir zum einen feststellen, dass inzwischen für alle Phasen eines Data-Science-Projekts vielfältige Angebote an Tools als Software-as-a-Service zur Verfügung stehen, beispielsweise für die Speicherung der Daten in verschiedenen Formaten und Strukturen, für die Visualisierung von ersten Erkenntnissen bis hin zu Werkzeugen für die Entwicklung umfangreicher Dashboards, vor allem aber auch vielfältige Analysetools mit unterschiedlicher Einbindung von Analysecode (No-Code-,Low-Code- oder vollständig codebasierte Umgebungen).

Zum anderen gibt es aber auch zunehmend Anbieter, die mehr oder weniger fertig trainierte neuronale Netze über technische APIs oder klassische Web-Interfaces bereitstellen, die beispielsweise natürlichsprachige Texte übersetzen, gesprochene Sprache in geschriebene überführen oder andersherum, Bilder oder Texte komplett promptbasiert generieren oder Ähnliches.

KAPITEL 17

Data-Science-Architekturen

In diesem Kapitel wollen wir uns verschiedene Komponenten einer Data-Science-Architektur anschauen. Ausgangspunkt dafür ist in vielen Unternehmen, dass Daten über verschiedene physisch und logisch verteilte Systeme abgelegt und verarbeitet werden. Die Struktur dieser verteilten Systeme wird dabei als Softwarearchitektur bezeichnet.

Bei konkreten Analysefragestellungen kann dann allein der Aufwand, die Daten aus den verschiedenen Systemen zusammenzutragen, das jeweilige Projekt scheitern lassen. Dabei sprechen wir nicht nur von technischen Herausforderungen, beispielsweise wenn ein System keine entsprechenden Schnittstellen bereitstellt oder eine brauchbare Exportfunktion fehlt. Ebenso möglich sind organisatorische und rechtliche Hürden, die dazu führen können, dass die jeweiligen Besitzer der Daten die Weitergabe blockieren. Wir sprechen in diesem Fall von Datensilos als Metapher für die isolierte und verteilte Speicherung der Daten.

Neben den vielfältigen technischen Systemen, die im Folgenden vorgestellt werden, sollten wir im Hinterkopf behalten, dass diese Systeme ihre Möglichkeiten, Insights und Mehrwert basierend auf Daten zu erzeugen, nur dann ausspielen können, wenn sie auch Zugriff auf die entsprechenden Daten haben.

In einer typischen Dateninfrastruktur (siehe Abbildung 17-1) haben wir eine Vielfalt von Datenquellen, deren Daten wir entweder zunächst in einem Data Lake zu Analysezwecken sammeln oder die direkt von den verschiedenen Systemen, die darauf aufbauen, abgerufen werden können. Auf der obersten Ebene sehen wir Tools mit einem starken Fokus auf der Visualisierung von Daten, die idealerweise auch von weniger technisch versierten Menschen in den Fachabteilungen verwendet werden können.

Wie in Abbildung 17-1 zu sehen, durchlaufen Daten auf dem Weg von der jeweiligen Datenquelle (*Data Sources*) bis zur fertigen, nutzbaren Statistik für gewöhnlich bestimmte Schichten. Ausgehend von den Quellsystemen am Fuß der Grafik werden die Daten zunächst in die Analyseinfrastruktur aufgenommen (*Ingestion Layer*) und dort gespeichert (*Storage Layer*). Dabei kommen insbesondere Data Lakes und Data-Warehouse-Systeme zum Einsatz. Darauf können im *Application Layer* verschiedene Anwendungen (inklusive Machine-Learning-Algorithmen) aufbauen, die die Daten bzw. Statistiken vorbereiten. Diese Daten werden dann im *Presentation Layer* den Endnutzern bereitgestellt.

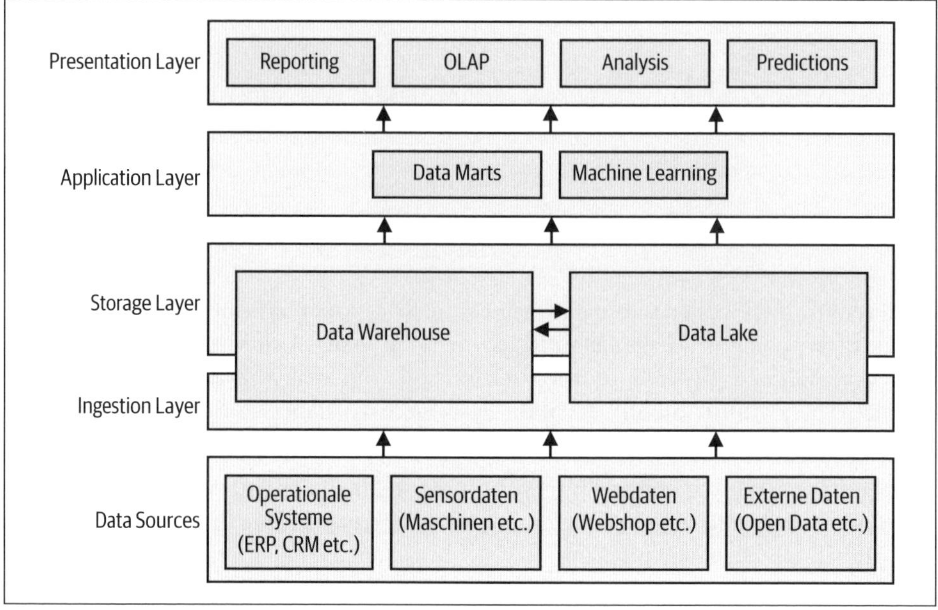

Abbildung 17-1: Eine Dateninfrastruktur mit typischen Schichten

Data Lake

In einem Data Lake werden Daten im Rohzustand gespeichert, wir sprechen hier von *Raw Data*. Damit stehen sie für unterschiedliche Anwendungsfälle zur (Wieder-) Verwendung bereit. Dabei werden die Daten in der Regel nicht nur inhaltlich im Rohzustand erhalten, sondern auch technisch, indem wir ebenfalls das ursprüngliche Dateiformat und beispielsweise dessen Encoding (siehe die folgende Infobox) beibehalten. In der Programmierung erfolgt die Speicherung oft als *Binary Large Objects* (BLOBs). In der Cloud können entsprechend generische BLOB-Speicher als Data Lakes verwendet werden oder natürlich auch spezielle Data-Lake-Systeme.

Encoding, BLOBs und Metadaten – oder auch: Schei�-Encodings

Eine typische Stolperfalle für die Arbeit mit Rohdaten, die als Plain Text vorliegen, ist die Codierung von Sonderzeichen. Das meistverwendete System zur Speicherung von Zeichen, der ASCII-Standard (*American Standard Code for Information Interchange*), kennt nur 128 Zeichen. Da der Standard aus dem englischsprachigen Raum kommt, sind beispielsweise die deutschen Umlaute nicht enthalten. Es gibt verschiedene Systeme, um Sonderzeichen auch innerhalb eines ASCII-codierten Dokuments speichern zu können, oder sehr viel umfangreichere Systeme für das Encoding von

Zeichen, die auch über eine Million Zeichen differenzieren können, beispielsweise um unter anderem die Zeichen der chinesischen Sprache abzubilden. Leider hat sich hier jedoch nicht genau ein Standard etabliert, sondern eine ziemliche Vielfalt. Bei der Arbeit mit Plain-Text-Dateien müssen wir also beispielsweise darauf achten, entsprechende Metadaten bereitzustellen, die angeben, mit welchem Encoding die Daten in einer Datei gespeichert wurden. In einem Data Lake kann es natürlich auch vorkommen, dass wir Dateien mit unterschiedlichem Encoding vorhalten müssen.

Aus der praktischen Erfahrung als Softwareentwickler können wir leider nur berichten, dass es in Projekten – insbesondere mit unerfahren Entwicklerinnen und Entwicklern – häufig zu Problemen und deutlichen Verzögerungen kommen kann, wenn Encodings innerhalb eines Projekts gemischt verarbeitet werden müssen.

Ein Data Lake ist dabei mehr als nur das einfache Ablegen von Daten im Rohformat. Wir wollen später schließlich auch in der Lage sein, mit den Daten zu arbeiten, um verlässliche Aussagen treffen zu können. In den meisten Fällen brauchen wir dazu weitere Informationen, die nicht in den Daten selbst enthalten sind. Diese zusätzlichen Informationen bezeichnen wir als Metadaten (gern als *Daten über Daten* definiert). Fehlen diese, droht unser Data Lake zum Datensumpf (*Data Swamp*) zu verkommen, in dem die Daten quasi verrotten, weil sie zwar theoretisch zur Verfügung stehen, wir aber praktisch nicht sinnvoll mit ihnen arbeiten können.

Die wichtigsten Metadaten beziehen sich dabei auf den Inhalt und das technische Format der Daten. Inhaltlich sollte beispielsweise dokumentiert sein, was der Inhalt der Daten ist, wie und von wem sie erhoben wurden und ob es verschiedene Versionen bzw. ein System zur Aktualisierung der Daten gibt. Ein einfacher Standard für die Dokumentation der wichtigsten Metadaten ist der *Dublin-Core-Standard*[1], der weit über Data Lakes hinaus eingesetzt werden kann. Dublin Core bietet dabei wesentliche Attribute, um die Herkunft eines digitalen Objekts nachvollziehen zu können. Daneben sollten insbesondere Metadaten abgelegt werden, die eine korrekte inhaltliche Interpretation der Daten ermöglichen. Auf der technischen Ebene sollten entsprechende Informationen darüber vorliegen, wie wir ganz praktisch auf die Daten zugreifen können, um sie beispielsweise in unsere Statistiksoftware einlesen zu können.

Data Warehouse (DWH)

Dem Konzept des Data Lake wird häufig das Konzept des Data Warehouse gegenübergestellt, wobei sich beide Konzepte in der Praxis sehr gut ergänzen. Während die Daten in einem Data Lake meist unabhängig von einem bestimmten Analysezweck vorgehalten werden, werden sie im Data Warehouse für einen recht konkreten Anwendungsfall optimiert gespeichert. Der unstrukturierte Data Lake kann da-

1 *https://www.dublincore.org/*

bei einem oder auch mehreren Data-Warehouse-Systemen vorgelagert sein und als Datengrundlage dienen.

Auf dem Weg in das Data Warehouse durchlaufen die Daten einen ETL-Prozess (*Extract, Transform, Load*). Die Daten werden dabei zunächst aus ursprünglichen Datenquellen extrahiert. Datenquellen können auch verteilt sein und beispielsweise Daten aus einem Data Lake mit Daten aus operativen Systemen (ERP, CRM usw.) kombinieren. Anschließend werden die Daten in Hinblick auf den Analysezweck in ein fest definiertes Schema überführt (transformiert), wobei das Star- und das Snowflake-Schema die bekanntesten Optionen sind (siehe Abbildung 17-2). Die transformierten Daten werden dann abschließend in das Datenbanksystem des Data Warehouse geladen.

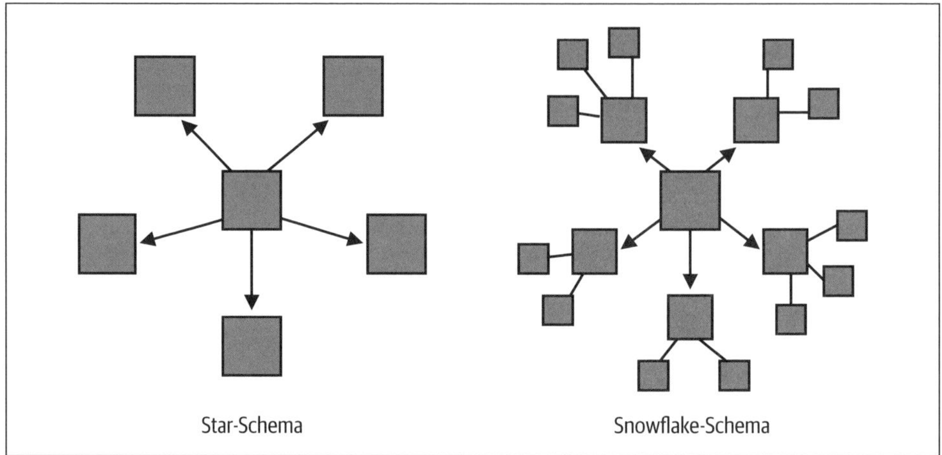

Abbildung 17-2: Star- und Snowflake-Schema

Schauen wir uns die Struktur von Star- und Snowflake-Schema genauer an, sehen wir, dass in der Mitte jeweils eine Faktentabelle mit Kennzahlen steht, von der verschiedene Dimensionstabellen abzweigen, die die zentrale Tabelle beschreiben. Die Dimensionstabellen (beispielsweise Produktkategorien, Filialen oder Zeit) ermöglichen uns, die beschriebenen Kennzahlen weiter zu differenzieren oder zu aggregieren. Während das Snowflake-Schema die beschreibenden Dimensionen über mehrere verzweigte Tabellen mit Unterdimensionstabellen ausdifferenziert (Beispiel: eine Filiale befindet sich in einer bestimmten Stadt, die sich wiederum in einem bestimmten Bundesland befindet und so weiter), hält das Star-Schema die gleichen Informationen in jeweils nur einer Tabelle pro Dimension vor. Nachteil des Star-Schemas ist, dass es bei dieser Architektur zu Redundanzen in der Datenhaltung kommen kann, die durch das Snowflake-Schema vermieden werden. Diese Redundanzen können die Performance steigern, sind aber deutlich anfälliger für Inkonsistenzen.

In einem DWH können so beispielsweise Verkaufszahlen in einem Unternehmen nach verschiedenen Zeitintervallen, Produktkategorien oder Regionen differenziert betrachtet werden. Das Data Warehouse hält die Daten bereits in aggregierter Form vor und ist darauf optimiert, neue Anfragen schnell beantworten zu können. Im Fall häufig wiederkehrender Anfragen können diese gegebenenfalls auch vorgeneriert sein. So können Anfragen, deren Bearbeitung auf dem Data Lake schnell Stunden dauern würde, in einem Data Warehouse in Sekunden (oder Sekundenbruchteilen) beantwortet werden.

Weitere Optionen wie das Analytics Lab

Die Gegenüberstellung von Data Lake und Data Warehouse markiert zwei unterschiedliche Ansätze hinsichtlich der strukturierten Speicherung von Daten im Hinblick auf einen konkreten Anwendungsfall. Die beiden Konzepte sind aber nicht die einzigen Optionen, die uns zur Verfügung stehen, zwei weitere sollen hier noch beispielhaft gezeigt werden.

Die hohe Geschwindigkeit in der Beantwortung von Anfragen erkaufen wir uns bei Data-Warehouse-Systemen dadurch, dass umfangreiche Aggregationsschritte bereits vorab durchgeführt werden, beispielsweise indem der ETL-Prozess die Daten über Nacht in das Data Warehouse lädt. Entsprechend sind die Daten aber auch immer ein klein wenig veraltet. Für die meisten Anwendungsfälle ist dies unkritisch. Betrachtet man beispielsweise die Verkaufszahlen der letzten fünf Jahre im Zeitverlauf, ist es unerheblich, dass der aktuelle Verkaufstag in den Daten noch fehlt, zumal er möglicherweise noch nicht abgeschlossen und damit unvollständig ist. In anderen Anwendungsfällen, beispielsweise beim Monitoring von laufenden Prozessen, kann die Aktualität der Daten eine kritische Anforderung sein. Realtime-Datenbanken hingegen synchronisieren neue Daten automatisch in den angeschlossenen Systemen.

Ein anderes Beispiel sind Analytics Labs. Nachdem die Daten im Data Warehouse im Hinblick auf einen oder wenige Anwendungsfälle hin optimiert und erfahrungsgemäß stark konsolidiert wurden, fehlen gegebenenfalls wesentliche Informationen für neue Anwendungsfälle, die im Data Lake noch vorliegen. Ein neues Data Warehouse für jede neue Fragestellung aufzubauen, wäre nicht sinnvoll, weil der Aufbau eines DWH immer auch mit einem großen technischen Aufwand verbunden ist. Ein Analytics Lab kann hier eine vorkonfigurierte Arbeitsumgebung für Data Scientists und Statistiker bieten, um möglichst schnell auf die Daten im Data Lake zugreifen zu können. Dabei stehen die notwendigen Tools bzw. eine Arbeitsumgebung zur Verfügung, mit der die Daten importiert, aufbereitet und analysiert werden können.

Neben der Strukturiertheit der Daten und der Geschwindigkeit des Zugriffs können die Systeme auch hinsichtlich der Kompetenzen unterschieden werden, die zu ihrer Nutzung erforderlich sind. Die Arbeit mit den Rohdaten im Data Lake erfordert sowohl Programmierkenntnisse und Erfahrungen im Data Engineering als auch die eigentlichen Analysefähigkeiten, also ein Skillset, wie es von klassischen Data Scientists erwartet werden kann. Im Analytics Lab können einige Programmierkenntnisse wegfallen und die analytischen Fähigkeiten in den Vordergrund treten. Ein Data Warehouse mit entsprechenden BI-Tools wiederum zielt auf Nutzerinnen und Nutzer in den Fachabteilungen ab, die sich vor allem inhaltlich mit den Daten auskennen sollten, aber die Arbeit der Bereitstellung, Aufbereitung, Aggregation und gegebenenfalls sogar Analyse der Daten abgenommen bekommen.

Interaktive Visualisierung, EDA und Business Intelligence

Für Data Scientists ist es wichtig, schnell einen ersten Überblick über neue Daten und Datenquellen zu bekommen. Dabei helfen automatisierte Reports (siehe beispielsweise die Profiling Reports in Abschnitt »Explorative Datenanalyse (EDA)« auf Seite 58) und Tools zur schnellen visuellen Darstellung von Daten. So können wir beispielsweise Daten in Jupyter Notebooks visualisieren oder Tools nutzen, die möglicherweise bereits in unsere Data-Lake- und Data-Warehouse-Systeme integriert sind. Bei diesen ersten Analysen der Daten sprechen wir von *explorativen Datenanalysen* (EDA).

Einen schnellen visuellen Einblick in die Daten bekommen zu können, ist aber nicht nur für Data Scientists wichtig, sondern gerade auch für die User in den Fachabteilungen eines Unternehmens. Für sie sind ansprechende, leicht verständliche und leicht nutzbare grafische Oberflächen entscheidend, um überhaupt effizient mit den Daten in Interaktion treten zu können. Business-Intelligence-Tools wie PowerBI oder Tableau bieten die Möglichkeit, grafische Oberflächen vorzukonfigurieren, die den Usern in den Fachabteilungen aber immer noch umfangreiche Anpassungsmöglichkeiten bieten, um die Darstellungen an die jeweiligen Fragestellungen anpassen zu können.

Business Intelligence (BI) steht dabei für die systematische Analyse von Prozessen im Unternehmen. So können wir Business Intelligence beispielsweise nutzen, um die Absätze eines Unternehmens in verschiedenen Regionen, nach Produktkategorien differenziert und im Zeitverlauf vergleichend zu betrachten. Entsprechende Tools, die uns ermöglichen, auf hochgradig strukturierten Daten entsprechende interaktive Grafiken schnell darstellen zu können, werden häufig als BI-Tools bezeichnet, auch wenn sie eigentlich nicht auf Anwendungen im Unternehmenskontext reduziert, sondern sehr viel umfassender verwendbar sind.

Neben diesen Standardtools kann es aber auch immer zu neuen Anwendungsfällen kommen, die sich nur bedingt mit derart standardisierten Tools abdecken lassen. In solchen Fällen kann es eine Option sein, eigene Webanwendungen zu entwickeln bzw. entwickeln zu lassen. Möglich ist z.B., die Daten über eine API (*Application Programming Interface*, englisch für Programmierschnittstelle und im Abschnitt »Microservices und Application Programming Interfaces (APIs)« auf Seite 215 genauer vorgestellt) bereitzustellen und dann eine getrennte Webanwendung zu entwickeln, die diese Daten nutzt und entsprechend darstellt.

Die Ausführungen in diesem Kapitel konzentrieren sich auf interaktive Darstellungen, beispielsweise von Business-Intelligence-Lösungen, die auf Data Warehouses aufbauen. Daneben bleiben natürlich statische Visualisierungen relevant, wenn wir beispielsweise unsere Ergebnisse in Präsentationen und gedruckten Reports darstellen wollen.

Data Mesh

Wir haben in der Einleitung zu diesem Kapitel das Problem der Datensilos kennengelernt, bei dem die Daten über verschiedene technische Systeme und Verantwortungsbereiche verteilt sind und sich so dem direkten Zugriff für Analysezwecke entziehen. Als einen zentralen Lösungsansatz haben wir anschließend den Data Lake kennengelernt, der die Daten aus verschiedenen Systemen zusammenführt und für Analysen zugänglich macht. Es ist jedoch nicht zwingend notwendig, alle Daten zentral zusammenzuführen, um den Herausforderungen von Datensilos zu begegnen. Im Gegenteil, die zentrale Speicherung im Data Lake kann auch zu neuen Herausforderungen führen, weil die Daten damit dem Verantwortungsbereich ihrer Produzenten entzogen werden, die aber gleichzeitig die besten inhaltlichen Experten für die jeweiligen Daten sind.

Neuere Konzepte, wie beispielsweise der Data-Mesh-Ansatz[2] – also ein Netz von Daten –, setzen auf dezentral gepflegte Datenquellen, die aber nach klaren Regeln für Analysezwecke zugänglich gemacht werden:

- **Domain Ownership:** Es werden Domänen, also Expertisenbereiche abgegrenzt, was beispielsweise den Fachabteilungen in einem Unternehmen entsprechen kann. Jede Abteilung ist dann für die Daten verantwortlich, die in ihren jeweiligen Aufgabenbereich fallen. Verantwortung bezieht sich hier allerdings nicht nur auf die Pflege der Daten, sondern insbesondere auch darauf, die Daten für andere Abteilungen zur weiteren Nutzung bereitzustellen. Dies geschieht in Form von Data Products.
- **Datenprodukte:** Sie müssen nach klar definierten Kriterien gestaltet werden, sodass sich die Summe aller Datenprodukte, wie der Name Data Mesh ja schon andeutet, zu einem Netz verknüpfen lässt. Eine Abteilung ist also nicht darauf beschränkt, ihre eigenen Daten als Datenprodukt (*Data Product*) anzubieten, sondern kann diese auch mit Daten aus anderen Abteilungen in aggregierten Datenprodukten zusammenführen.
- **Self-serve Data Platform:** Während wir von den Fachabteilungen erwarten können, dass sie die Verantwortung für den Inhalt ihrer Daten übernehmen, würde es wenig Sinn ergeben, wenn jede Fachabteilung auch den Betrieb der jeweiligen technischen Systeme übernehmen müsste. Daher wird eine entsprechende Infrastruktur zentral bereitgestellt, allerdings so, dass die Fachabteilungen durchaus die Verantwortung für den Betrieb übernehmen können, analog zur DevOps-Kultur.
- **Federated Governance:** Ebenso wie die Bereitstellung der technischen Infrastruktur gibt es auch für die Governance, also vor allem für die Regeln und Standards zur Gestaltung von Data Products, eine zentrale Instanz, beispielsweise in Form einer abteilungsübergreifenden Arbeitsgruppe.

2 Z. Dehghani (2023). *Data Mesh: Eine dezentrale Datenarchitektur entwerfen.* O'Reilly.

KAPITEL 18

DevOps und MLOps: Entwicklung und Betrieb

In Teil I, *Data-Science-Grundlagen*, haben wir uns mit Data-Science-Projekten beschäftigt, deren Ziel die einmalige Generierung von Ergebnissen ist. Die zu diesem Zweck entwickelten Modelle werden nur wenige Male ausgeführt. Auch diese Modelle können sehr komplex sein und auf einer vielfältigen Datenbasis beruhen.

Grundsätzlich anders verhält es sich, wenn wir Software entwickeln wollen, die kontinuierlich Ergebnisse liefert, Kunden langfristig zur Verfügung stehen soll oder beispielsweise regelmäßig Streaming-Daten verarbeitet. In diesem Fall müssen wir sicherstellen, dass die Anwendung stabil läuft und somit resilient gegenüber Ausfällen ist. Darüber hinaus müssen verschiedene andere Aspekte der Weiterentwicklung, Architektur, Sicherheit, Datenintegration und Organisation beachtet werden, wie im Folgenden erläutert wird.

Versionierung und Versionskontrolle

Wenn wir mit digitalen Objekten arbeiten, egal ob es sich dabei um Dateien, Daten, Programmcode oder auch codebasierte Datenanalysen handelt, werden wir früher oder später auf Fragen der Versionierung stoßen. Gerade bei digitalen Objekten ist es sinnvoll, regelmäßig Sicherungen anzulegen – beispielsweise für den Fall, dass etwas verloren geht oder eine Änderung rückgängig gemacht werden soll. Außerdem arbeiten wir zunehmend gemeinsam (kollaborativ) an digitalen Objekten, sodass Konflikte durch parallele, konkurrierende Bearbeitungen abgefangen werden müssen. Schauen wir uns im Folgenden einige Optionen an, wie wir in solchen Fällen verschiedene Versionen kennzeichnen und nachverfolgen können.

Die wohl einfachste Möglichkeit der Versionierung ist die Nummerierung, so wie wir sie beispielsweise aus dem Verlagswesen kennen, wo die verschiedenen Auflagen eines Buchs einfach durchnummeriert werden. Heute sehen wir dies ebenfalls häufig bei Produkten, wobei dort auch deutlich wird, dass eine einfache Nummerierung schnell an ihre Grenzen stoßen wird. Nehmen wir beispielsweise das iPhone: Hier wurde zunächst einmal recht einfach durchnummeriert, wobei jedoch bei fast jeder Versionsnummer noch einmal Differenzierungen wie »Pro«, »Plus«, »S« oder Ähnliches hinzukamen. Und andersherum wurde die Nummer 9 einfach aus strategischen

Gründen übersprungen, um die großen technischen Neuerungen beim iPhone 10 zu betonen. Merken wir uns also für den Moment, dass eine einfache Nummerierung zwar eine schnelle Lösung ist, aber auch Nachteile mit sich bringt.

Betrachten wir einen systematischeren Lösungsansatz für dieses Problem: Die Versionierung nach Zeitpunkt, gegebenenfalls differenziert nach Bearbeiter. Bereits bei der Arbeit mit Word-Dateien finden sich häufig Kombinationen aus Datumsangaben und Kürzeln für Bearbeiterinnen und Bearbeiter, um verschiedene Versionsstände nachverfolgen zu können. Schauen wir uns dann kollaborative Tools wie Google Docs an, sehen wir, dass dieses Schema hier zwar deutlich ausgebaut, aber letztlich beibehalten wurde. Bei solchen kollaborativen Tools arbeiten wir immer direkt am aktuellen Stand eines Dokuments, im Hintergrund werden Änderungen jedoch dokumentiert und können meist nach dem besagten Schema *Zeitpunkt der Änderung* und *Bearbeiterin/Bearbeiter* nachverfolgt werden.

In der Softwareentwicklung hingegen konnten sich verschiedene Systeme etablieren, die letztlich das System der einfachen Nummerierung ausgebaut haben, um mehr Komplexität abbilden zu können. Ein Beispiel ist das *Semantic Versioning* (siehe die folgende Infobox zum Semantic Versioning), das einen besonderen Fokus auf mögliche Inkompatibilitäten zwischen Softwareversionen legt. Dies ist von großer Bedeutung, wenn wir Softwarepakete entwickeln, die wiederum von anderen Softwarepaketen eingebunden werden. Da in einem solchen Fall die eine Software von der anderen abhängig ist, sprechen wir hier auch von *Dependencies*.

Semantic Versioning

Eine Versionsnummer im Semantic Versioning ist zunächst einmal aus drei Teilen aufgebaut, könnte also beispielsweise 1.3.5 lauten. Die 1 bezieht sich dabei auf das jeweilige *Major Release*, die 3 auf das *Minor Release* und die 5 auf das *Patch Level*.

»Auf Grundlage einer Versionsnummer von MAJOR.MINOR.PATCH werden die einzelnen Elemente folgendermaßen erhöht:

1. MAJOR wird erhöht, wenn API-inkompatible Änderungen veröffentlicht werden,
2. MINOR wird erhöht, wenn neue Funktionalitäten, die kompatibel zur bisherigen API sind, veröffentlicht werden, und
3. PATCH wird erhöht, wenn die Änderungen ausschließlich API-kompatible Bugfixes umfassen.

Außerdem sind Bezeichner für Vorveröffentlichungen und Build-Metadaten als Erweiterungen zum MAJOR.MINOR.PATCH-Format verfügbar.«
(Quelle: *https://semver.org/lang/de/*)

Nutzt nun eine andere Software unsere besagte Software 1.3.5 als *Dependency*, ist also von deren korrekter Funktionsweise abhängig, können sich die Entwicklerinnen und Entwickler der abhängigen Software an der Versionsnummer orientieren, um zu wissen, wann sie eine *Dependency* gefahrlos updaten können. Ein Update auf 1.3.6 oder 1.4.0 sollte entsprechend problemlos durchgeführt werden können. Vorsicht ist hingegen bei einem Update auf 2.0.0 geboten, weil dieses inkompatible Änderungen beinhaltet.

Des Weiteren können über Anhängsel wie *-alpha*, *-beta* oder *-rc.1* Versionen markiert werden, die noch nicht offiziell veröffentlicht wurden, aber deren Veröffentlichung in näherer Zukunft geplant ist. Alpha stellt dabei quasi eine erste Preview dar, Beta ist schon sehr nah an der finalen Version, und Release Candidates (*rc*) sind Versionen, die eigentlich schon veröffentlicht werden könnten, wenn nicht kurzfristig noch ein Bug gefunden wird, den es zu fixen gilt.

Während der Entwicklung von Programmcode wollen wir aber auch immer die Option haben, neue Features oder Änderungen zunächst einmal ausprobieren und vielleicht sogar parallel entwickeln zu können. Ein System wie das Semantic Versioning würde hier schnell zu Konflikten führen.

Softwareentwicklerinnen und -entwickler nutzen daher Versionskontrollsysteme wie Git, die in der Lage sind, auch parallele oder verteilte Änderungen an einer Software oder, genauer gesagt, an der Codebasis für eine Software vorzunehmen. Bei Git hat jeder Softwareentwickler eine vollständige Kopie der Codebasis lokal bei sich auf dem Rechner, kann daran Änderungen vornehmen und diese als sogenannte *Commits* abspeichern. Über einen Server können diese Änderungen dann mit anderen Softwareentwicklern geteilt werden. Daneben bietet Git auch die Möglichkeit, verschiedene Versionsstränge in sogenannten *Branches* parallel vorhalten zu können. Dabei kann Git zwar nicht garantieren, dass nicht in verschiedenen Strängen, beispielsweise auch bei verschiedenen Entwicklern, konkurrierende Änderungen auftreten, Git bietet aber Tools, um solche konkurrierenden Änderungen schnell finden und Konflikte auflösen zu können.

Anbieter wie GitHub, GitLab oder Atlassian Bitbucket haben Git in SaaS-Angeboten mit zahlreichen Funktionen wie Issue-Trackern oder Kanban-Boards integriert und ausgebaut und bieten einfach zu verwaltende Systeme für Zugriffsrechte.

Continuous Integration and Delivery

Die Grundidee aller folgender Konzepte, die mit »Continuous« beginnen (beispielsweise Continuous Integration oder Continuous Delivery, abgekürzt CI und CD) ist, dass die notwendigen Arbeitsschritte, um Softwareupdates auf einen laufenden Server zu bringen (»in Produktion zu bringen«), zu einem großen Teil automatisiert ablaufen können (siehe Abbildung 18-1). Um sicher zu sein, dass dabei keine Fehler passieren, sind automatisch laufende Tests wichtig.

Die Verwendung eines Versionssystems wie Git (siehe Abschnitt »Versionierung und Versionskontrolle« auf Seite 211) ist die wesentliche Grundlage für alle Formen von Continuous Integration, Delivery und Deployment. Git ermöglicht, wie oben beschrieben, dass jede Programmiererin und jeder Programmierer eigene Entwicklungszweige (*Branches*) anlegen kann, es aber auch einen klar definierten Hauptzweig gibt (heute meist der Main Branch, früher häufig als Master Branch bezeichnet).

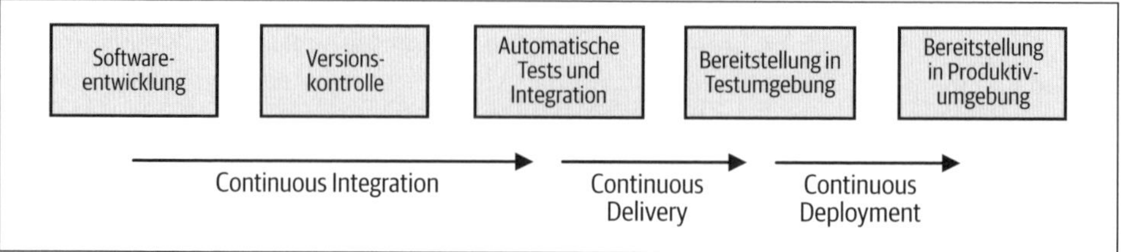

Abbildung 18-1: Bei Continuous Integration wird neuer Code (bei erfolgreichen Tests) automatisch in die bestehende Codebasis integriert. Continuous Delivery und Deployment gehen noch weiter und stellen den Code in nutzbaren Umgebungen bereit.

Bei der *Continuous Integration* wird jedes Mal, wenn eine Programmiererin oder ein Programmierer Code in den Main Branch integriert (*mergt*), automatisch eine Reihe von Aktionen ausgelöst, insbesondere automatische Tests. Programmierer sind dazu angehalten, ihren Code häufig zu mergen, sodass das Team immer an einer möglichst aktuellen gemeinsamen Codebasis arbeitet.

Continuous Delivery geht einen Schritt weiter und ermöglicht es, den integrierten Code automatisch auch in einer bereits funktionsfähigen Umgebung (häufig als *Staging Environment* bezeichnet) zur Verfügung zu stellen, sodass Programmierer und Tester das finale Produkt ausprobieren können. Der letzte Schritt, den Code in Produktion für die Endnutzerinnen und -nutzer zu bringen, muss aber noch manuell getätigt werden.

Wird auch dieser letzte Schritt noch automatisiert, spricht man von *Continuous Deployment*. Wenn nun also eine Programmiererin Code in den Main Branch mergt, wird dieser automatisch in einer geschützten Umgebung (Staging Environment) integriert und getestet. Sind die Tests erfolgreich, wird der Code automatisch in Produktion gebracht.

Besonders relevant ist Continuous Deployment im Fall von SaaS-Anwendungen, die auf einem Server laufen und auf die Endnutzer über das Internet zugreifen können. Entscheidend ist, dass eine Endnutzerin unsere Software ja nicht erst herunterladen und installieren muss, um die neueste Version nutzen zu können, sondern dass es häufig bereits ausreicht, die Internetseite neu aufzurufen bzw. neu zu laden, um auf die aktuellste Version der Software zuzugreifen.

Gerade im letzten Fall wird deutlich, welchen hohen Stellenwert automatisierte Tests heute in der Softwareentwicklung haben. Beim Continuous Deployment verlassen wir uns so stark auf sie, dass Änderungen am Main Branch automatisch in Produktion gehen, ohne dass vorher ein Mensch sie in einer Staging Environment oder Ähnlichem testet.

Andererseits gibt es in diesem Prozess aber auch noch andere Stellschrauben, mit deren Hilfe wir menschliche Qualitäts- und Feedbackschleifen einbauen können. Beispielsweise bieten Anbieter wie GitHub differenzierte Rechte- und Review-Systeme, die so konfiguriert werden können, dass Programmierern nicht direkt auf den Main Branch mergen können. Stattdessen muss zunächst ein sogenannter Pull-Request angelegt werden, bei dem angezeigt wird, dass bestimmte Änderungen am Main Branch vorgenommen werden sollen. Je nach Einstellung muss dieser Pull-Request dann erst von anderen Programmierern oder vielleicht auch von der Projektleitung überprüft und freigegeben werden, bevor er auch wirklich in den Main Branch integriert wird.

Microservices und Application Programming Interfaces (APIs)

Für den Austausch von Daten im Internet (beispielsweise dem Inhalt einer Website) wird eine Reihe von Standards, sogenannte *Protokolle*, benötigt, die festlegen, wie Daten zwischen verschiedenen Computern übertragen werden, beispielsweise zwischen einem privaten Computer und dem Server eines Anbieters im Internet, dessen Website man sehen möchte. Die wesentlichen Protokolle für den Austausch von Daten auf der technischen Seite werden unter der Abkürzung TCP/IP zusammengefasst, die für *Transmission Control Protocol/Internet Protocol* steht. Wie der Name schon andeutet, geht es vor allem darum, dass die jeweiligen Daten technisch fehlerfrei von einem Computer bzw. Server zum anderen transportiert werden, wobei größere Datenmengen in kleinere Pakete zerlegt werden und über Prüfsummen kontrolliert wird, dass auch alles richtig ankommt.

Wenn wir dann im Browser eine Website aufrufen, kommt noch ein weiteres wichtiges Protokoll hinzu, das wir auch häufig bei der Angabe von URLs (steht für *Uniform Resource Locator*) sehen: das *Hypertext Transfer Protocol* (HTTP) bzw. *Hypertext Transfer Protocol Secure* (HTTPS), wobei Letzteres eine zusätzliche Verschlüsselung von Daten bei der Übertragung beinhaltet. HTTP(S) ermöglicht uns, konkrete Anfragen an einen Server zu stellen, die beispielsweise beinhalten, welche konkreten Informationen wir wünschen und gegebenenfalls auch verändern wollen (siehe Abbildung 18-2). Interessieren Sie sich etwa für den Begriff »Data-Science-Management«, können Sie zunächst die Website von Google im Browser aufrufen (mit dem Link *https://www.google.com/*). Geben Sie dann den gewünschten Suchbegriff ein, wird sich die nächste Anfrage entsprechend anpassen (*https://www.google.com/search?q=data+science+management*). In beiden Fällen handelt es sich um GET-Anfragen, wir bitten also den Server um Informationen, ohne selbst weitergehende Daten übermitteln zu wollen (abgesehen vom Suchbegriff in der URL). Wenn wir uns hingegen bei unserem E-Mail-Anbieter einloggen, können wir auch neue Inhalte erstellen (eine E-Mail schreiben) oder bestehende Inhalte verändern (beispielsweise eine E-Mail in einen Ordner verschieben) oder löschen. Für all diese Optionen gibt es eigene Befehle im HTTP-Standard, die unser Browser für uns ausführt.

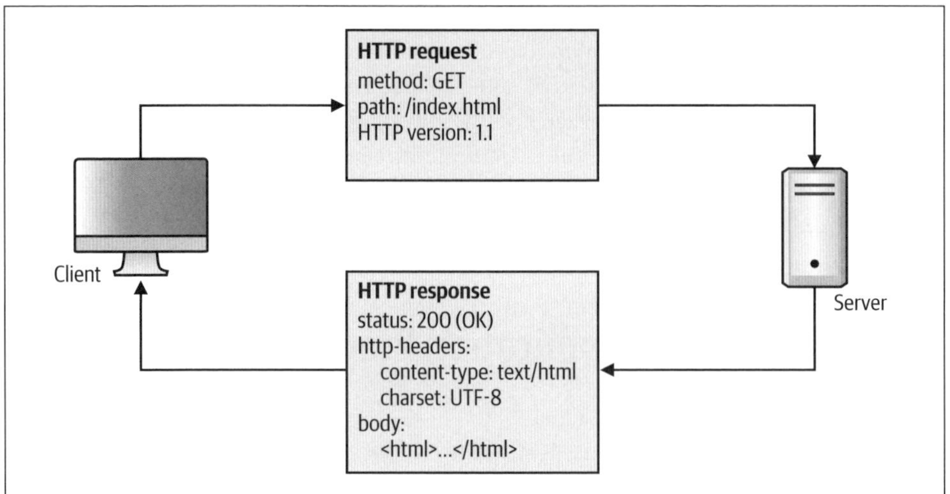

Abbildung 18-2: Das HTTP-Protokoll dient als Grundlage für die Kommunikation mit Webseiten und APIs. Dabei sendet der Client (beispielsweise unser Webbrowser, wenn wir eine Webseite aufrufen) einen HTTP-Request an den entsprechenden Server und bekommt bei erfolgreicher Bearbeitung der Anfrage eine entsprechende HTTP-Response zurück (die Website, die wir angefragt haben).

Wir sind in der Interaktion mit Servern im Internet jedoch nicht zwingend auf die Arbeit mit einem Browser angewiesen. Zwar macht der Browser für uns die Interaktion mit Webseiten sehr viel einfacher und ansprechender, weil er die jeweiligen Inhalte visuell und gut lesbar darstellt, wir können aber auch direkt mit einer Programmiersprache wie Python Webseiten und andere Daten von Servern abrufen. Auf diese Weise können wir sogenannte *Web Scraper* entwickeln, die automatisiert Inhalte von Webseiten auslesen, was uns wiederum als Datengrundlage für ein Data-Science-Projekt dienen kann.

Neben dem Abruf klassischer Webseiten im HTML-Format bieten viele Anbieter Programmierschnittstellen (engl. *Application Programming Interface* oder kurz API) an, über die Daten direkt abgerufen werden können. Während normale Webseiten als Dateien im Format der *Hypertext Markup Language* (HTML) ausgeliefert werden, die primär auf die grafische Darstellung im Browser ausgerichtet ist, liefern APIs meist Daten, die für die direkte Weiterverarbeitung mit einer Programmiersprache optimiert sind.

Im Bereich Data Science stellen APIs also zunächst eine attraktive Option dar, um Daten von anderen Rechnern (vor allem Servern im Internet) abrufen zu können. Daneben können wir aber auch selbst APIs für den internen Zugriff entwickeln, um Daten oder Algorithmen innerhalb unserer Software bereitstellen zu können. Die letzte Option wollen wir uns etwas genauer anschauen.

Für einen Webshop könnte das Data-Science-Team einen Algorithmus entwickeln, der Kaufempfehlungen für unsere Kunden erzeugt, was im Englischen als *Recommender-System* bezeichnet wird. Diesen Algorithmus wollen wir nun technisch in unsere Website integrieren. Das Recommender-System kann so implementiert werden, dass wir unserer Software eine API bereitstellen, die bestimmte Informationen zum Kunden entgegennimmt (beispielsweise die letzten zehn gekauften Produkte) und dann eine entsprechende Liste mit Kaufempfehlungen zurückgibt. Arbeiten wir mit Python, können wir Pakete wie Flask (*https://flask.palletsprojects.com/en/2.3.x/*) nutzen, um eine entsprechende API für unseren Algorithmus zu implementieren.

Im nächsten Schritt wollen wir das Recommender-System dann in unsere technische Infrastruktur integrieren. Dabei bietet sich beispielsweise die Verwendung von Containern (siehe dazu Abschnitt »Container und Microservices« auf Seite 199) an. Wenn wir einen Container in unsere IT-Infrastruktur einbinden, haben wir quasi einen sehr kleinen Server, der beispielsweise vom Server unserer Webseite aus angefragt werden kann, wenn diese entsprechende Kaufempfehlungen für einen Kunden benötigt.

Als kurze Wiederholung: In einer Microservice-Architektur wird eine Vielzahl solcher Microservices genutzt, die untereinander kommunizieren können. Dabei handelt es sich letztlich um ein strukturelles Design, das uns hilft, die Komplexität in größeren IT-Projekten zu reduzieren. Aus der Perspektive unseres Data-Science-Teams heißt dies beispielsweise, dass wir uns bei der Entwicklung und Bereitstellung des Recommender-Systems nicht mit der restlichen IT-Infrastruktur oder der Implementierung des eigentlichen Webshops beschäftigen müssen. Wir müssen nur klar definieren, wie die Website auf unsere API zugreifen kann. Weder die Website noch das Recommender-System müssen hingegen wissen, wie das jeweils andere System technisch umgesetzt wurde. So ist es beispielsweise auch kein Problem, wenn wir unser Recommender-System in Python implementieren wollen, während der eigentliche Webshop vielleicht in Java geschrieben ist.

Testing und Monitoring

Im Betrieb einer Software bzw. bei der Bereitstellung eines ML-Modells gibt es eine Vielzahl von möglichen Fehlerquellen und Problemen, die zu verschiedenen Zeitpunkten auftreten können.

Zum einen können bereits während der Entwicklung Fehler entstehen, z.B. Programmierfehler oder Qualitätsmängel bei der Modellentwicklung, denen wir durch entsprechende Tests entgegenwirken können. Im Bereich der Softwareentwicklung kann dies von sehr kleinteiligen Unit-Tests einzelner Funktionen und Klassen bis zu umfassenden Integrationstests, die ein Softwaresystem als Ganzes testen, reichen (siehe Testpyramide in Abbildung 18-3). Bei der Entwicklung von ML-Modellen haben Sie bereits die Aufteilung in Trainings- und Testdaten kennengelernt (siehe Abschnitt »Trainings- und Testdaten für das Training von Machine-Learning-Algorithmen« auf Seite 48). Mit dieser Herangehensweise wollen wir sicherstellen, dass ein Modell nicht nur auf den Trainingsdaten, sondern auch auf neuen Daten gute Ergebnisse liefert, wir also weder ein Underfitting noch ein Overfitting der Modelle zulassen.

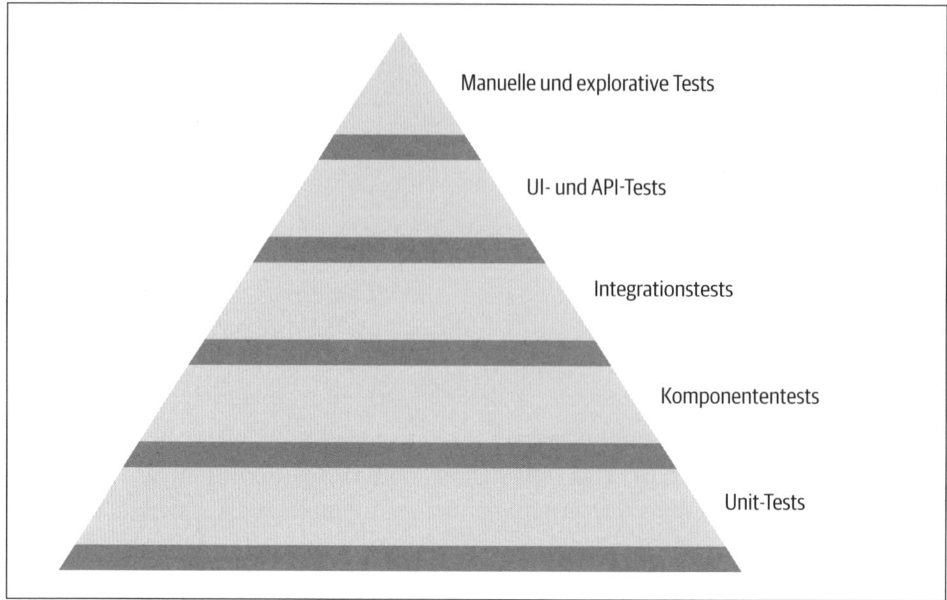

Abbildung 18-3: Die Testpyramide zeigt den Umfang, den unterschiedliche Testarten einnehmen sollten. Das Fundament stellt eine große Anzahl sehr kleinteiliger Unit-Tests dar, die idealerweise den gesamten Quellcode der Software abdecken. An der Spitze stehen manuelle Tests, die im Fall vieler automatischer Tests kaum noch notwendig sein sollten.

Sind diese Tests erfolgreich und die Software geht in den produktiven Betrieb, ist sie direkt neuen Fehlerquellen und Risiken ausgesetzt, die sich beispielsweise aus veränderten Umweltbedingungen, technischen Fehlern oder böswilligen Angriffen ergeben können:

- Veränderte Umweltbedingungen können bei unserem Webshop z.B. neue Produkte, ein verändertes Kaufverhalten oder eine neue Konkurrenzsituation sein. In solchen Fällen müssen wir die Funktionalität unseres Webshops oder die Konfiguration der Vorhersagemodelle, z.B. des Recommender-Systems, anpassen. Wenn die Daten, auf denen das ursprüngliche Modell trainiert wurde, nicht mehr mit der Realität übereinstimmen und das Modell entsprechend modifiziert werden muss, spricht man von einem *Model Drift*.
- Technische Fehler sind leider nie ganz zu vermeiden und können sowohl Fehler in der Entwicklung sein, die beim Testen nicht entdeckt wurden, als auch technische Probleme der Betriebsumgebung, die wir nicht vorhersehen konnten, beispielsweise wenn ein Rechenzentrum ausfällt.
- Angreifer können versuchen, sich Zugang zu unserer Software zu verschaffen oder sie durch verteilte Angriffe lahmzulegen. Mit dem vermehrten Einsatz von ML-Modellen kommt potenziell ein neues Einfallstor hinzu, da diese Modelle immer auch mit blinden Flecken einhergehen können, die Angreifer zu identifizieren versuchen, um sie dann auszunutzen.

Es ist nicht möglich, ein Softwaresystem hundertprozentig fehlerfrei und resistent gegen jede mögliche Fehler- und Gefahrenquelle zu machen. Wir können aber neben entsprechenden Schutzmechanismen ein gutes Monitoring aufsetzen, das uns einerseits ein besseres Verständnis für die Performance unserer Software liefert, uns aber vor allem über mögliche Fehler und Angriffe informiert. Dabei können wir zwei Arten von Monitoring unterscheiden. Auf der einen Seite soll sichergestellt werden, dass die Software aus technischer Sicht fehlerfrei läuft. Hierzu gibt es aus dem Bereich der Softwareentwicklung bereits sehr gute Systeme. Und auf der anderen Seite geht es uns als Data Scientists darum, dass unsere ML-Modelle gute Ergebnisse liefern – und dies gegebenenfalls auch noch unter sich verändernden Rahmenbedingungen. Hierbei helfen uns die Ansätze aus der Kybernetik, wie wir sie beispielsweise im Evaluationsschritt des CRISP-DM gesehen haben. Wir müssen bereit sein, unsere Modelle kontinuierlich zu evaluieren und weiterzuentwickeln.

Literaturempfehlung
G. Mohan (2022). *Full Stack Testing: A Practical Guide for Delivering High Quality Software*. O'Reilly Media.

Betrieb von Machine-Learning-Modellen (DevOps und MLOps)

DevOps ist ein Kunstwort, das die Begriffe *Development*, also die Entwicklung von Software, und *IT Operations*, also den Betrieb einer Software, verschmelzen lässt. Unter dem Begriff werden letztlich sowohl Tools und Methoden als auch eine neue Kultur der Entwicklung und des Betriebs von Software zusammengefasst. Ziel ist es, Software schneller und in besserer Qualität auszuliefern und einen möglichst reibungs- und störungslosen Betrieb zu gewährleisten.

Einige wesentliche Tools, die helfen, die frühere Kluft zwischen Entwicklung und Betrieb zu überwinden, haben Sie in den vorherigen Kapiteln bereits kennengelernt. So unterstützen beispielsweise automatisierte Tests beim Aufbau von CI/CD-Pipelines, mit denen Software schneller in Produktion gebracht werden kann. Containertechnologien ermöglichen den Programmierteams, ihren Code bereits während der Entwicklung einer Software in der gleichen oder zumindest in einer sehr ähnlichen Umgebung testen zu können, wie sie später auch in Produktion verwendet wird. Und die Konzepte der agilen Softwareentwicklung (siehe Abschnitt »Agiles Management und Lean Mindset« auf Seite 120) unterstützen die Teams bei einer durchlässigen Kommunikation, beispielsweise wenn der gesamte Lebenszyklus einer Software mithilfe von Kanban-Boards (siehe Abschnitt »Kanban« auf Seite 177) abgebildet wird – von der Selektion neuer Features über deren Entwicklung bis zur Auslieferung ins Produktivsystem.

Die hier beschriebenen Techniken lassen sich auch sehr gut beim Machine Learning einsetzen, wobei wir zunächst zwei Ausrichtungen unterscheiden sollten, die sich auch ergänzen können: einerseits die Nutzung von Machine Learning zur Optimierung von DevOps-Aufgaben und andererseits die Nutzung von DevOps-Prinzipien und -Tools, um ML-Modelle zu trainieren und in Produktion zu bringen. Für uns ist hier der zweite Anwendungsfall von besonderem Interesse, für den sich der Begriff MLOps etabliert. Hier gehen wir in drei Schritten vor:

1. **Model Development:** Bei der Entwicklung des eigentlichen Modells orientieren wir uns an den bereits vorgestellten Prozessmodellen – Ausgangsmodell (siehe Abschnitt »Verlauf eines Data-Science-Projekts (Prozessmodell)« auf Seite 30), Analytics Continuum (siehe Abschnitt »Von einfachen Analysen zur Automatisierung (Analytics Continuum)« auf Seite 32) und CRISP-DM (siehe Abschnitt »Cross Industry Standard Process for Data Mining (CRISP-DM)« auf Seite 192). Auf der technischen Ebene ergänzen wir diese Entwicklung dann durch Tools für die Versionskontrolle (z.B. GitHub), automatisierte Tests (z.B. PyTest) und Experimentenmanagement (z.B. MLFlow als Tool, das den gesamten Machine-Learning-Lifecycle begleitet).
2. **App Integration:** Der nächste Schritt ist die Integration unseres Modells in seine Anwendungsumgebung. Wenn wir beispielsweise ein Recommender-System für einen Webshop entwickelt haben, stellt sich nun die Frage, wie die Webanwendung des Webshops auf die Empfehlungen unseres Recommender-Systems zugreifen kann, beispielsweise über eine API, wie wir sie im Abschnitt »Microservices und Application Programming Interfaces (APIs)« auf Seite 215 kennengelernt haben.
3. **Operations:** Abschließend gilt es, alle Komponenten des Systems in Produktion zu bringen und stabil laufen zu lassen, beispielsweise indem wir ein geeignetes Monitoring der beteiligten Systeme aufsetzen (siehe Abschnitt »IT-Management« auf Seite 253).

Wir sehen, dass die letzten beiden Schritte bei MLOps dem klassischen DevOps entsprechen, hinzugekommen ist der erste Schritt der Modellentwicklung, der nun aber auch Auswirkungen auf die folgenden Schritte hat.

KAPITEL 19

Hands-on: Modellierung von Software und Infrastruktur

In einem Data-Science-Team ist es nicht ratsam, direkt von der ersten Idee für ein Modell zur Implementierung in Programmcode zu springen. Um eine Idee als Team zunächst zu diskutieren, bietet sich die Nutzung visueller Modellierungstechniken an, die sowohl für die Darstellung von Prozessen und Datenstrukturen als auch von Softwaresystemen genutzt werden können. Dies erleichtert ein gemeinsames Verständnis und die Kommunikation bezüglich der Implementierungsdetails.

Ein Aspekt dabei ist zunächst eine gut abgestimmte gemeinsame Begriffswelt über die Bedeutung und die Auswirkungen der verschiedenen technischen Konzepte. Der nächste wichtige Schritt ist dann die Nutzung von Tools, um Konzepte und Designs anschaulich darzustellen, ohne sie direkt implementieren zu müssen, womit wir zu (visuellen) Modellen technischer Systeme wie Software oder Softwareinfrastrukturen kommen. Die Modellierungstechniken, die wir in diesem Kapitel anschauen wollen, konzentrieren sich jeweils auf bestimmte Aspekte unserer Architektur, die dann mit spezifischen visuellen Regeln dargestellt werden. Dabei wollen wir uns auf vier Perspektiven konzentrieren:

1. Die Bestandsaufnahme der aktuellen Situation in einem Projekt als Event-Storming, das uns hilft, eine soziotechnische Vogelperspektive einzunehmen.
2. Die Entwicklung eines Prozessmodells für sich herausbildende Anwendungsfälle mithilfe der Business Process Model and Notation (BPMN).
3. Die Modellierung einer Software(-Infrastruktur) mithilfe der Unified Modeling Language (UML).
4. Die Darstellung eines relationalen Datenbankmodells als Structured-Entity-Relationship-Modell (SERM).

Bestandsaufnahme im Event-Storming

Event-Storming[1] stellt eine Mischung aus einem Workshop-Format und einer Modellierungstechnik dar, die aus dem Bereich des Domain-driven Design[2] stammt.

1 Alberto Brandolini, *https://www.eventstorming.com/*

2 E. Evans (2003). *Domain-Driven Design: Tackling Complexity in the Heart of Software*. Addison-Wesley Professional.

Dabei werden auf einer ausreichend großen Fläche (ca. ein Meter in der Höhe und fünf Meter in der Breite) zunächst relevante Events eines bestimmten Use Case gesammelt und nach zeitlichem Ablauf von links nach rechts sortiert. Eine wichtige Regel beim Event-Storming ist, dass Events in der Vergangenheitsform formuliert werden, wodurch der Fokus darauf liegt, wie auf bestimmte Ereignisse zu reagieren ist.

In weiteren Schritten können diese Use Cases dann, je nach Spielart, um Elemente wie beispielsweise User, Verantwortungsbereiche, Probleme und vieles mehr ergänzt werden (die durch unterschiedliche Farben gekennzeichnet werden). Dabei entsteht zunächst eine gute Übersicht über die aktuelle Gesamtsituation, die häufig im deutlichen Kontrast zu den idealisierten Vorstellungen steht, wie sie bei anderen Modellierungstechniken entstehen. Vor allem aber können wir diese Übersicht nutzen, um Anwendungs- und Verantwortungsbereiche (Domänen) zu identifizieren, die wir bestimmten Abteilungen zuordnen oder weiter ausdifferenzieren können. Auf diese Weise hilft Event-Storming, einen Austausch zwischen Makro- und Mikroperspektive zu schaffen. Abbildung 19-1 zeigt einen Ausschnitt aus einem möglichen Event-Storming. In der Praxis werden die Darstellungen schnell um ein Vielfaches größer.

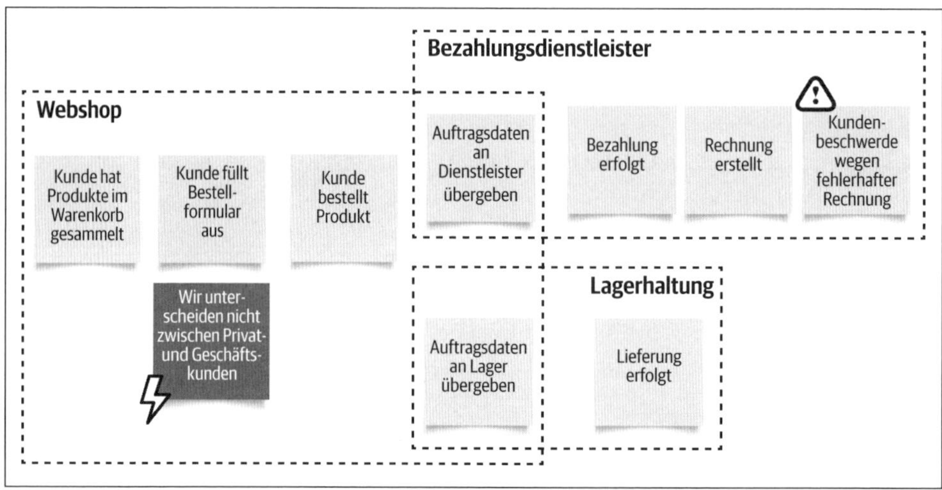

Abbildung 19-1: Beispiel für ein Event-Storming, das Ereignisse aus einem Webshop darstellt

Ein Ergebnis aus einem solchen Event-Storming kann beispielsweise sein, dass wir einen Ausschnitt aus unserem System identifizieren konnten, der bisher primär manuell umgesetzt wurde und zukünftig softwaregestützt und datengetrieben betrieben werden soll. Diesen Teil des Systems können wir dann im nächsten Schritt in die *Business Process Model and Notation* (BPMN) übersetzen, um damit den notwendigen Detailgrad für die Gestaltung der Software zu schaffen.

Weiterentwicklung in der Business Process Model and Notation (BPMN)

Die *Business Process Model and Notation* (BPMN) gibt uns einen Rahmen und Elemente für die Darstellung von (Geschäfts-)Prozessen vor. Das wichtigste Element dabei sind Aktivitäten, die im Gegensatz zum Event-Storming in der Gegenwart und aktiv formuliert sind. Damit verbunden ist auch ein Perspektivenwechsel von der auf Gegebenheiten aufbauenden Bestandsaufnahme im Event-Storming zur proaktiven Gestaltung von Prozessen im BPMN.

Aktivitäten können nun nach verschiedenen Regeln verknüpft werden, beispielsweise über Entscheidungspunkte (Gateways), nach denen Konsequenzen ausgewählt werden, über Ereignisse, die sowohl Ergebnisse als auch Auslöser von Aktivitäten sein können, über Nachrichten und vieles mehr. Außerdem können Aktivitäten in Subprozessen ausdifferenziert oder in sogenannte *Swimlanes* (Schwimmbahnen) in parallel ablaufende Prozesse gegliedert werden.

In Abbildung 19-2 sehen wir einen Ausschnitt aus unserem Webshop, der wesentliche Arbeitsschritte nach Abschluss eines Bestellvorgangs darstellt. Dabei gibt es parallel laufende Aktivitäten (zwischen Rauten mit einem +-Symbol) und alternative Aktivitäten (zwischen Rauten mit einem x-Symbol). Es muss also sowohl die Bestellung ausgeliefert als auch eine Rechnung erstellt werden, wobei die Rechnung entweder als Privatkunden- oder als Geschäftskundenrechnung zu erstellen ist.

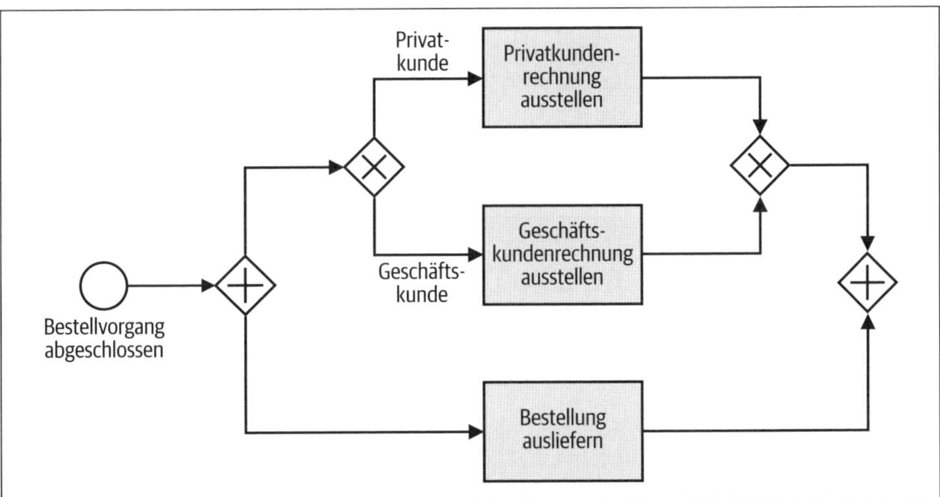

Abbildung 19-2: Beispiel für ein Modell in der Business Process Model and Notation (BPMN)

Wenn wir nun ein gemeinsames konzeptionelles Verständnis davon haben, welche Prozesse unsere Software und unsere Algorithmen unterstützen sollen, können wir uns als Nächstes an die konkrete Ausgestaltung der Software machen.

Modellierung einer technischen Infrastruktur

Die *Unified Modeling Language* (UML) umfasst eine ganze Reihe von Darstellungstechniken, die unserer Erfahrung nach in realen Projekten von sehr unterschiedlicher praktischer Bedeutung sind. Die aus unserer Sicht wichtigsten Darstellungsformen sind das Aktivitätsdiagramm (das eine Alternative zur gerade vorgestellten BPMN darstellt) und das Klassendiagramm, das uns hilft, Software in objektorientierten Programmiersprachen wie Python oder Java zu konzipieren. Im Folgenden wollen wir uns auf das Klassendiagramm als ein Beispiel aus dem Repertoire der UML konzentrieren.

Klassen beschreiben in objektorientierten Programmiersprachen Regeln, nach denen Objekte aufgebaut sind. Grundsätzlich können Klassen Attribute und Methoden haben. Attribute von Klassen und Objekten sind grob vergleichbar mit den Attributen, die Sie in der Einführung zu relationalen Datenstrukturen kennengelernt haben (siehe Abschnitt »Strukturierte Daten« auf Seite 37). Methoden sind Funktionen, die beispielsweise Veränderungen an einem Objekt vornehmen, neue Objekte erzeugen oder zusätzliche Informationen, etwa als Kombination von Attributen, berechnen. Objekte und Klassen können zueinander in Beziehung stehen, beispielsweise indem sich ein Objekt einer Klasse aus Objekten einer anderen Klasse zusammensetzt. Ein Beispiel für die Darstellung eines Klassendiagramms finden Sie in Abbildung 19-3.

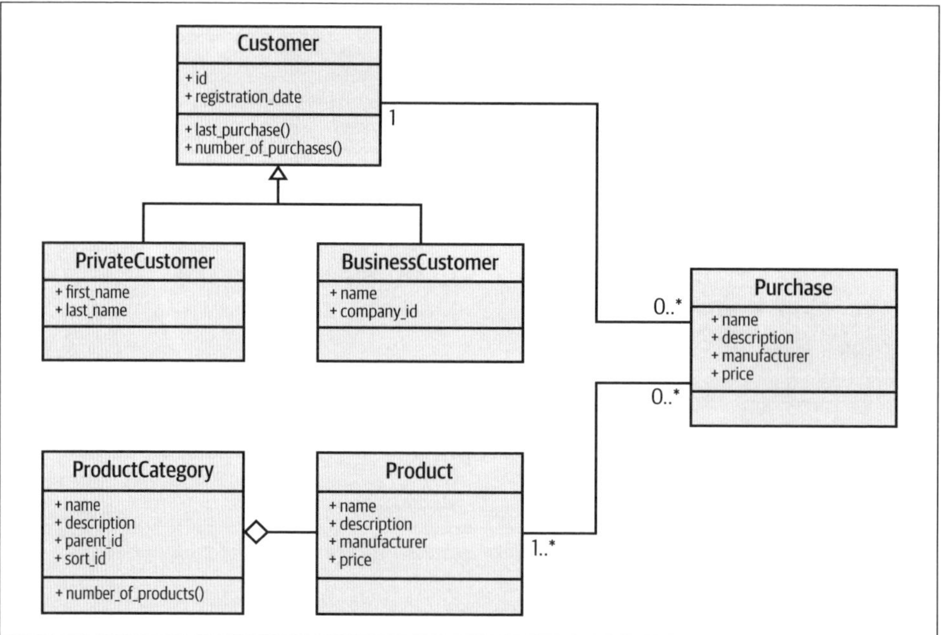

Abbildung 19-3: Beispiel für ein UML-Klassendiagramm. Es stellt sechs Klassen aus der Software unseres Webshops dar. Die Kästen zur Beschreibung einer Klasse sind in UML in drei Abschnitte unterteilt: Namen, Attribute und Methoden. Die Verbindungslinien können unterschiedliche Beziehungen darstellen.

Als Ergänzung zu der konzeptionellen Darstellung unserer Software im UML-Klassendiagramm wollen wir uns abschließend noch eine Modellierungstechnik anschauen, die vor allem auf die Darstellung von Datenstrukturen in relationalen Datenbanken optimiert ist.

Modellierung einer (relationalen) Datenbank

Das *Structured-Entity-Relationship-Modell* (SERM) ist eine Weiterentwicklung des vermutlich etwas bekannteren Entity-Relationship-Modells (ERM). Wir stellen hier das SERM vor, weil es in den für uns relevanten Anwendungsfällen mit weniger Objekten auskommt und gleichzeitig potenzielle Fehlerquellen wie zirkuläre Abhängigkeiten verhindert (zirkuläre Abhängigkeiten liegen in Software vor, wenn eine Komponente A von einer Komponenten B abhängt, Komponente B aber wiederum von Komponente A).

In einem SERM werden Tabellen quasi mit Entität (z. B. Kunden oder Bestellungen) gleichgesetzt, weswegen hier immer wieder von Entitäten die Rede ist. Diese Entitäten bzw. Tabellen einer Datenbank werden im SERM als Kästen dargestellt. Die Modellierung konzentriert sich dann auf die Beziehungen zwischen diesen Entitäten und stellt z. B. dar, ob sich bestimmte Entitäten aus anderen Entitäten zusammensetzen oder voneinander abhängig sind.

In Abbildung 19-4 sehen wir ein Beispiel, das einen Ausschnitt aus der Datenbank unseres Webshops darstellt. Die Pfeile markieren 1:n-Beziehungen, ein Kunde (*Customer*) kann also beispielsweise mehrere Bestellungen (*Purchases*) tätigen, was in der Datenbank entsprechend abgebildet werden muss. Die Objekte werden entsprechend den Abhängigkeiten von links nach rechts angeordnet. So werden Abhängigkeiten im Vergleich zu anderen Modellierungstechniken besonders deutlich, was sowohl bei der Vermeidung von (unzulässigen) Zirkelschlüssen hilft als auch bei der praktischen Implementierung in der Datenbank.

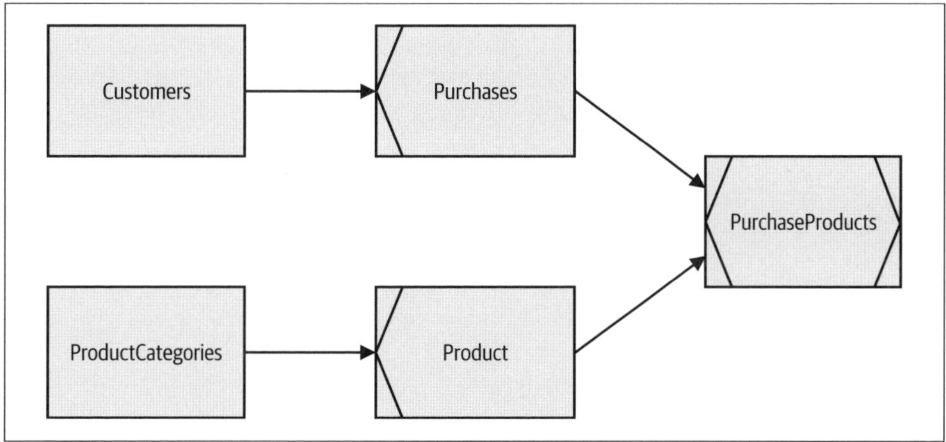

Abbildung 19-4: Beispiel für ein Structured-Entity-Relationship-Modell (SERM)

Regelkonformität

Die Regeln für die vorgestellten Techniken, insbesondere bei BPMN und UML, sind recht detailliert, und entsprechend schnell kommt es zu »Regelverstößen«. Gleichzeitig wird es immer wieder Anwendungen geben, die noch nicht durch die bestehenden Elemente abgedeckt sind. In diesen Fällen stellt sich die Frage, wie wichtig es ist, sich strikt an die vorgegebenen Regeln zu halten. Dabei sei grundsätzlich erst einmal daran erinnert, warum wir überhaupt solche Modellierungstechniken nutzen wollen: Wir brauchen Tools, um die Kommunikation im Team zu verbessern, und konzentrieren uns hier daher auf Formen der visuellen Darstellung und Kommunikation. Die Regeln dabei so weit wie möglich einzuhalten, wird also einem besseren gemeinsamen Verständnis helfen. Ein blindes Einhalten der Regeln kann aber auch zu einer Verschlechterung der Kommunikation führen, und zwar vor allem in zwei Fällen:

1. Die Diskussion um die Einhaltung von Regeln überlagert die eigentliche inhaltliche Diskussion, um die es gehen soll.
2. Wir verlieren relevante Aspekte aus dem Blick, weil wir sie nicht abbilden können.

In solchen Fällen sollten wir uns darauf konzentrieren, dass es primär um bessere Kommunikation geht, und entweder etwas lockerer mit den Regeln umgehen oder gegebenenfalls auch überlegen, ob es andere Modellierungstechniken oder Optionen gibt, die besser geeignet sind.

TEIL IV

Data Science Governance und Data-driven Culture

Wir befinden uns in einer Zeit, in der Data Science und künstliche Intelligenz in den Unternehmen ankommt, sich etabliert, zum Alltag gehört und Mehrwert generiert. Das ist zumindest die Idealvorstellung. In vielen Unternehmen funktioniert das aber leider nicht reibungslos. Denn zu Data Science und KI gehört mehr als das Erlernen von Fähigkeiten, das Einstellen von Talenten und die Beschaffung von Soft- und Hardware. Erfolgreiches Data-Science-Management bedeutet auch, dass Prozesse koordiniert werden und Mitarbeitende an einem Strang ziehen. Die Kunst des Data-Science-Managements besteht darin, nicht *top-down* zu diktieren und dabei Kreativität im Keim zu ersticken. Vielmehr müssen Prozesse, Initiativen und Engagement gewürdigt, aber auch gelenkt werden, damit sie zu den Unternehmenszielen passen.

Governance leitet sich vom griechischen Wort *kybernō* ab, was übersetzt »das Steuerruder führen« bedeutet. In Kapitel 15, *Automatisierung und Operationalisierung im kybernetischen Regelkreis*, ist uns dieses Wort schon einmal begegnet, und die Kybernetik leitet sich ebenfalls von dem griechischen Wort ab. Es geht bei der Governance wie auch im kybernetischen Regelkreis darum, Ziele zu formulieren, diese umzusetzen, zu monitoren und gegebenenfalls nachzusteuern.

Wir stehen als Gesellschaft vor der Herausforderung, die digitale Transformationen zu meistern und für uns zu nutzen. Die Unternehmen in Deutschland und weltweit verfolgen dabei das Ziel, ihr Geschäft heute so zu formen, dass es zumindest der digitalen Transformation standhält. Im besten Fall kann die Transformation jedoch durch die Nutzung und Analyse von Daten und KI einen beträchtlichen Mehrwert schaffen. Nach einer Studie der MIT Sloan und Boston Consulting Group (BCG) geben neun von zehn Unternehmen an, dass künstliche Intelligenz ihr Geschäft ergänzen kann.[1] Im deutschen Mittelstand geben 55 % der Unternehmen an, dass Data Science bis 2027 einen Mehrwert im Unternehmen liefern wird. Insbesondere bei den Großunternehmen sagen dies drei von vier Unternehmen und damit eine große Mehrheit.[2]

1 MIT SMR-BCG (2019). *Artificial Intelligence Global Executive Study and Research Report*.

2 PwC (2023). »Viele Daten, keine Talente? Datenkompetenz im deutschen Mittelstand«.

Derzeit erwirtschaftet Data Science allerdings nur bei einem Drittel der mittelständischen Unternehmen in Deutschland einen Mehrwert.[3] Weltweit geben 70% der befragten Unternehmen an, dass sie keinen oder nur einen geringfügigen Einfluss von KI spüren. Selbst unter den Unternehmen, die (massiv) in KI investiert haben, geben 40 bis 60% an, dass sie keine Einnahmen mit KI erzielt haben. Scherzhaft schrieb Andrew White in 2019, dass er davon ausgehe, dass im Folgejahr 80% der KI-Projekte »Alchemie bleiben, die von Zauberern durchgeführt werden, deren Talent nicht in den Rest der Organisation ausstrahlt«.[4]

Die drei Seiten der Digitalisierung

Im deutschen Sprachgebrauch verwenden wir das Wort Digitalisierung in einem umfassenden Sinn, bezeichnen damit aber verschiedene Dinge. In der englischen Sprache wird klarer unterschieden und damit auch deutlicher, welche Dimensionen die Digitalisierung tatsächlich annimmt. Zum einen haben wir hier die *Digitisation*, also die Digitalisierung von analogen Medien wie Büchern. Darüber hinaus gibt es die *Digitalisation*. Damit ist gemeint, dass Prozesse oder Geschäftsmodelle digitalisiert und damit verändert werden. Die *Digital Transformation* bezeichnet wiederum die Veränderungen, die durch Digitisation und Digitalisation auf die Gesellschaft einwirken, und die Entwicklungen, bei denen die Gesellschaft die Digitalisierung nutzt, um Veränderungen herbeizuführen.

Woran liegt es, dass die Mehrheit der Projekte scheitert? Das ist doch alles keine Raketenwissenschaft! Thomas Zurbuchen, ehemaliger Wissenschaftsdirektor der NASA, hat in einem Interview[5] gesagt, dass komplizierte und komplexe Aufgaben, wie beispielsweise die Reise mit einer Rakete auf den Mond, nur im Team gelöst werden können. Vor seiner Zeit bei der NASA sei er immer davon ausgegangen, dass bei jeder Mission (was auch nur ein anderes Wort für ein sehr großes Projekt ist) 70% der Fehler auf die Technik und 30% auf das Personal und dessen soziale Interaktion zurückzuführen seien.

Inzwischen, sagt er in diesem Interview, weiß er, dass, wenn es Probleme gibt, diese zu 70% auf Menschen zurückzuführen sind und nur 30% auf die Technik. Das bedeutet, dass selbst bei der oft beschworenen Rocket Science zwischenmenschliche Konflikte und der Faktor Mensch um ein Vielfaches bedeutender sind als die Technologie.

In diesem Teil des Buchs wollen wir uns Data Science Governance und einer Kultur der datengetriebenen Entscheidungen widmen. Dabei wollen wir nicht aus den Augen verlieren, dass wir mit Technik und Methoden arbeiten, die derzeit eine Hochtechnologie darstellen. Dies konnten wir insbesondere im vorherigen Teil die-

3 ebenda

4 A. White (2019). »Our Top Data and Analytics Predicts for 2019«. *Gartner Blog*.

5 SRF, *Sternstunde Philosophie* vom 26.06.2022.

ses Buchs sehen. Der Einsatz von Data Science und KI in Unternehmen erfordert zahlreiche technische Implementierungen, deren Umfang und Diversität mitunter sehr komplex sind. Dies wird noch komplexer, da wir es mit soziotechnischen Systemen zu tun haben, die von Menschen bedient, implementiert und akzeptiert werden müssen. Darüber hinaus müssen wiederum die Menschen, die die Technik nutzen, mitgenommen, wahrgenommen, geführt und geleitet werden.

Vor diesem Hintergrund schauen wir uns die Motivation der Unternehmen an, digitale und datengetriebene Geschäftsmodelle zu entwickeln. Anschließend betrachten wir die Möglichkeiten, Data Science in Unternehmen zu implementieren, um dann darauf einzugehen, wie sich eine Kultur der datengetriebenen Entscheidungen entwickeln kann. Sicherheit und Datenschutz dürfen dabei in keinem Fall vernachlässigt werden und werden deshalb ebenfalls beschrieben. Zum Schluss dieses Teils des Buchs präsentieren wir dann ein Toolkit, das bei der Implementierung von Data Science, bei Data Governance und bei der Förderung einer Data-Science-Kultur unterstützen kann.

Ziel dieses Teils des Buchs ist es, die technischen Implementierungen im Unternehmen, die notwendig sind, um Data Science zu betreiben, mit Menschen und sozialen Organisationen in Verbindung zu setzen. Wir wollen Ihnen zeigen, unter welchen Rahmenbedingungen Data Science und KI Einzug in die Unternehmen halten sollten und können. Da die Rahmenbedingungen dabei ganz unterschiedlich sein können, betrachten wir diese in einer Breite, die zwar nicht abschließend ist, aber die wir aus der Praxis kennen.

KAPITEL 20

Digitale Transformation der Unternehmen

In der Einleitung dieses Buchs haben wir beleuchtet, dass die digitale Transformation nicht nur technische und methodische Aspekte hat, sondern auch eine gesellschaftlich-soziologische Veränderung darstellt. Damit haben wir die äußeren Rahmenbedingungen angeschaut, in denen die digitale Transformation stattfindet. Diese haben aber natürlich auch Einfluss auf die Unternehmen selbst. Man könnte es ebenso umgekehrt betrachten, nämlich dass die Technologien für die digitale Transformation der Gesellschaft aus den Unternehmen selbst kommen. Die Menschen – als Teil der Gesellschaft – sind ihrerseits als Beschäftigte eines Unternehmens von den organisatorischen Veränderungen im Zuge der digitalen Transformation betroffen. Theoretisch lassen sich also die Wirkungssphären der digitalen Transformation voneinander abgrenzen, praktisch ist dies jedoch schwieriger.

Die digitale Transformation in Unternehmen basiert auf der Nutzung von Technologien und Methoden zur Entwicklung neuer und Optimierung bestehender Geschäftsmodelle und -prozesse sowie zur Erschließung neuer und Pflege bestehender Kundensegmente. Dabei zeigt sich die digitale Transformation innerhalb der Unternehmen darin, dass die Mitarbeitenden (Individuen) mit digitaler Technik umgehen müssen (oben in Abbildung 20-1). Im Spannungsfeld zwischen Technik und Individuen liegen der Kompetenzaufbau der Mitarbeitenden und die Herausforderungen, die mit der (fehlenden) Akzeptanz der neuen Techniken einhergehen. Dieser Prozess, wie auch der effiziente Einsatz von Technik und Mitarbeitenden, wird durch ein Management geleitet und in den Operations[1] organisiert (in Abbildung 20-1 mittig). Aus dem Wirken von Individuen mit Technik in den Operations, geleitet durch das Management, ergibt sich eine Unternehmenskultur. Die Organisation und die Umsetzung basieren dabei auf einer Strategie (unteres Dreieck), also auch auf den Geschäftsmodellen. Das Ganze wird durch endogene Faktoren wie die Geschäftshistorie und exogene Faktoren wie Gesetzgebung, Wettbewerb und volkswirtschaftliche Effekte beeinflusst.

1 Operations beinhaltet alle Aktivitäten, die unternommen werden müssen, um Produkte herzustellen und Dienstleistungen bereitzustellen. Es ist der kontinuierliche Betrieb des Unternehmens- und Tagesgeschäfts.

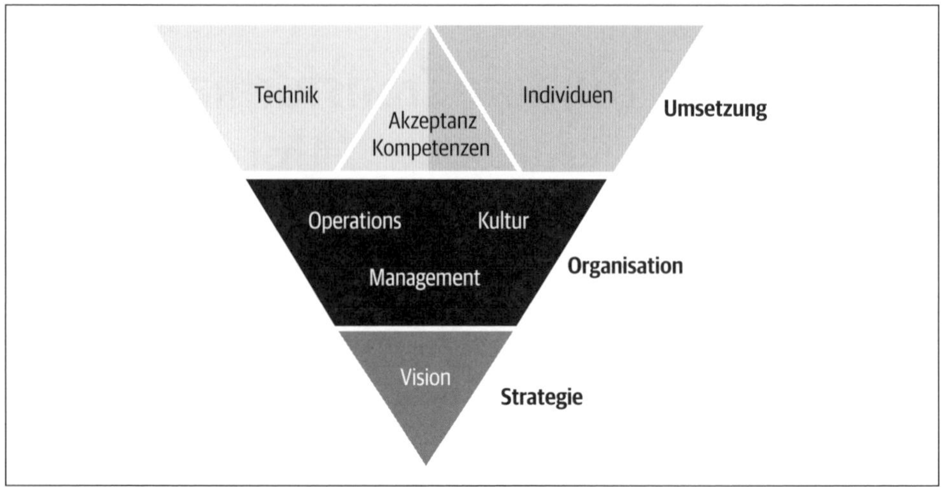

Abbildung 20-1: Faktoren in Unternehmen, auf die die digitale Transformationen einen Einfluss haben können. Die Strategie stellt dabei die Basis dar, auf die Organisation und Umsetzung aufbauen. (Verändert nach H. Schmidt[2])

Hier und in den folgenden Kapiteln beschäftigen wir uns intensiver mit den einzelnen Feldern der digitalen Transformation und gehen dabei insbesondere auf Data Science und künstliche Intelligenz ein. Im weiteren Verlauf dieses Kapitels konzentrieren wir uns zunächst auf den strategischen Einsatz von Daten und erörtern Geschäftsmodelle und Wettbewerbsvorteile, die durch Data Science entstehen. Auf diese Weise betrachten wir die Strategie und damit auch die Basis des Modells für die digitale Transformation (unten in Abbildung 20-1). In Kapitel 21, *Implementierung im Unternehmen*, befassen wir uns mit dem Management dieses Prozesses und gehen dann in Kapitel 22, *Sicherheit und Datenschutz*, auf regulatorische, sicherheitstechnische und ethische Aspekte ein, die zum mittleren Teil von Abbildung 20-1 gehören. Kultur und Kompetenzen erörtern wir in Kapitel 23, *Digitale Kompetenzen und Data-Science-Kultur*. Den oberen Teil der Grafik, die Akzeptanz von Technik durch Individuen, ist Teil der Implementierung im Unternehmen, wir betrachten dieses Thema im Abschnitt »Change Management« auf Seite 245. Die Technik haben wir unter anderem im Teil III, *Infrastruktur und Architektur*, dieses Buchs betrachtet. Auf die Individuen, deren Rollen und Aufgaben sind wir insbesondere in Kapitel 12, *Data-Science-Teams*, eingegangen.

Strategischer Einsatz von Daten

Als Data-Science-Managerinnen und -Manager ist es unsere Aufgabe, unsere Unternehmen bei der Ausarbeitung einer bereichsübergreifenden Data-Science-Strategie zu begleiten. Dabei sollten wir immer mit den folgenden Fragen beginnen und diese im Unternehmen erarbeiten:

2 H. Schmidt. »Erfolgsfaktoren und ökonomische Effekte der digitalen Transformation«, *https://www.netzoekonom.de/digitale-transformation/*

- Was ist die Unternehmensstrategie?
- Welche Probleme ergeben sich in der Implementierung der Strategie?
- Wie können Daten bei der Umsetzung der Unternehmensstrategie helfen?

Ganz ähnlich wie bei der Anforderungsanalyse im Abschnitt »Checkliste Anforderungsmanagement« auf Seite 182, soll mit diesen Fragen die Intention bzw. die Motivation herausgefunden werden, mit Daten zu arbeiten und Data Science einzusetzen. Viel zu häufig liegt die Motivation in FOMO, in der Fear of Missing Out. Die Angst davor, den Anschluss an die digitale Transformation zu verpassen, ist ein berechtigter Grund, Data Science für das eigene Unternehmen zu evaluieren. Allerdings ist Angst ein schlechter Berater und sollte nicht die Basis für Investitionen und strategische Entscheidungen sein.

Darüber hinaus gibt es in einigen Unternehmen Initiativen und einzelne Menschen oder Teams, die bereits mit Data Science und Daten arbeiten. Das ist zunächst positiv zu bewerten. Jedoch ist die Chance, im Gesamtkontext des Unternehmens zu scheitern, wenn Data Science nur punktuell eingesetzt wird, hoch. Denn wenn es keine Strategie gibt, die diese Initiativen einrahmt, kann es passieren, dass die linke Hand nicht weiß, was die rechte macht.

Simon Sinek hat hierfür den *Golden Circle* entwickelt (siehe Abbildung 20-2). Sein Modell basiert auf der Annahme, dass die meisten Unternehmen wissen, *was* sie tun. Viele Unternehmen wissen auch, *wie* sie etwas tun. Ein kleinerer Teil dieser Unternehmen weiß allerdings nur, *warum* sie etwas tun. Diese Unternehmen haben eine Vision, also ein übergeordnetes Ziel, das als Nordstern fungiert und die Richtung weist. Zu einer umfassenden Datenstrategie gehören jedoch alle drei Komponenten, denn wir müssen zuallererst vor Augen haben, warum wir etwas tun. Darauf aufbauend können wir planen, wie wir es machen, und schließlich festlegen, was getan werden muss, um die Vision zum Leben zu erwecken.

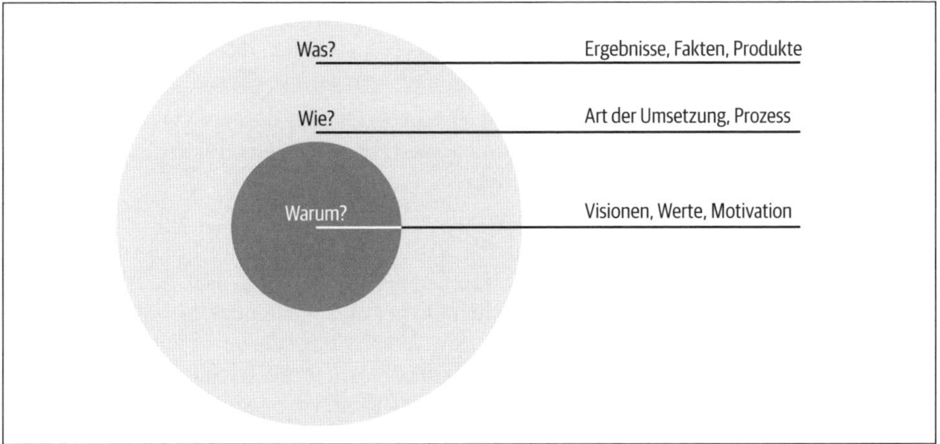

Abbildung 20-2: Modell des Golden Circle (verändert nach Simon Sinek[3])

3 S. Sinek (2009). *Start with Why: How Great Leaders Inspire Everyone to Take Action.* Portfolio. Deutsch: *Frag immer erst: warum: Wie Top-Firmen und Führungskräfte zum Erfolg inspirieren.* Redline 2014.

Im Golden Circle bewegt man sich deshalb von innen nach außen. Das Warum, also die Motivation für die Arbeit mit Daten, wird anhand der in der Einleitung zu diesem Abschnitt gestellten Fragen als Erstes betrachtet. Diese Motivation sollte sich an der Gesamtstrategie des Unternehmens orientieren und sich in diese möglichst gut einfügen. Erst im nächsten Schritt beschäftigen wir uns intensiv mit dem Wie, also der Frage, wie wir etwas umsetzen. Dies entspricht den Prozessen, die etabliert werden müssen. Erst im letzten Schritt ist es sinnvoll, nach dem Was zu fragen, also nach Produkten und Ergebnissen. Wir stellen uns dann die Frage: Was wollen wir konkret machen?

Im Golden Circle könnte man sich auch von außen nach innen bewegen. Dies ist ebenfalls eine mögliche Strategie, die aber dazu führen kann, dass Ressourcen nicht optimal allokiert werden und die Menschen im Unternehmen nicht an einem Strang ziehen. Im schlimmsten Fall arbeiten sie sogar gegeneinander. Aus diesem Grund ist es sinnvoller, zunächst die langfristige Ausrichtung zu erarbeiten und zu kommunizieren, damit auf der Grundlage dieser Vision Prozesse entwickelt werden können, die positive Ergebnisse liefern. Das gilt ausdrücklich auch für den Fall, dass man bereits begonnen hat und diesen Schritt nachholen möchte. Es ist möglich, nachträglich eine Vision zu formulieren, obwohl deren Kommunikation und Implementierung im Unternehmen mit der Zeit immer schwieriger wird.

Entwicklung einer Vision

Eine Vision ist nicht die Strategie. Vielmehr ist die Strategie der konkrete Plan dazu, wie die Vision umgesetzt werden soll. Eine Vision ist eine möglicherweise in Teilen auch irrationale Wunschvorstellung vom Unternehmen in der Zukunft. Daher sollte die Vision so formuliert sein, dass sie einen Zustand des Unternehmens beschreibt, der die Mitarbeitenden dazu inspiriert, an dieser Vision mitzuarbeiten. Sie sollte nicht leicht zu erreichen, sondern ambitioniert sein, darf aber auch nicht vollkommen unrealistisch wirken. Die Vision sollte so formuliert sein, dass sie in einem Satz ausdrückt, wohin das Unternehmen z. B. im nächsten Jahr strebt.

In manchen Unternehmen gibt es einen Menschen, der oder die eine Vision hat. Sehr prominente Beispiele sind Elon Musk und Steve Jobs, die allgemeinhin als Visionäre gelten und diese Vision für ihre Unternehmen formulieren.

Wenn es mehrere Visionärinnen bzw. Visionäre gibt oder geben soll, müssen sie sich in einem Workshop auf eine gemeinsame Vision zubewegen. Am besten kommen diese Visionäre aus unterschiedlichen Interessengruppen, sind also beispielsweise Marketingfachleute, Data Scientists, Product Owner und Vorstand. Dies könnte so ablaufen, dass alle versuchen, die prägnantesten Wörter ihrer Vision zu Papier zu bringen. Anschließend werden diese Wörter diskutiert, sortiert und nach Relevanz bewertet. Dabei ist eins wichtig: Eine gemeinsame Vision ist notwendig, da mehrere unabgestimmte Visionäre, die am selben Produkt arbeiten, möglicherweise in unterschiedliche Richtungen streben, was das Produkt potenziell negativ beeinflussen kann.

Visionen sind nur dann wirksam, wenn sie gut kommunizierbar sind und am besten schriftlich festgehalten wurden. Diese Vision-Statements helfen auch dabei, die Gedanken zu ordnen und auf den Punkt zu bringen. Dabei kann man sich an folgenden Fragen orientieren:

- Warum machen wir, was wir machen?
- Was machen wir?
- Worin zeigt sich unser Erfolg?

Diese Fragen sind jedoch nur eine Hilfestellung. Glasklare Visionen kommen mit wenig aus, wie diese Beispiele zeigen:

- »HOCHTIEF baut die Welt von morgen.«
- »Stell dir eine Welt vor, in der jeder einzelne Mensch freien Anteil an der Gesamtheit des Wissens hat.« Wikipedia
- »Als führende Wirtschaftsuniversität setzen wir in Forschung und Lehre weltweit Maßstäbe, indem wir integratives Denken, verantwortungsvolles Handeln und unternehmerischen Innovationsgeist in Wirtschaft und Gesellschaft fördern.« Universität St. Gallen

So unterschiedlich diese Beispiele auch sein mögen, sie alle schaffen es, zu motivieren.

Für eine Strategieentwicklung im Rahmen der digitalen Transformation und mit Data Science sind Daten die wichtigste Ressource. Das beste Data-Science-Team ist ohne (qualitativ hochwertige) Daten nicht in der Lage, Modelle zu entwickeln, die sinnvolle datengetriebene Entscheidungen zulassen. Eine Datenstrategie umfasst also auch das Data Management, dem wir uns im Abschnitt »Datenmanagement« auf Seite 249 näher widmen. Im Kern geht es darum, eine vorausschauende Datenerhebung zu organisieren, die Daten zu hoher Qualität zu veredeln und sie für alle (mit Zugangsberechtigung) zur Verfügung zu stellen. Auf strategischer Ebene müssen dafür einzelne Initiativen beispielsweise aus dem Metadaten- und Stammdatenmanagement, der Data Governance, der Datenqualitätssicherung, der IT-Modernisierung usw. miteinander koordiniert und sinnvoll verknüpft werden.[4]

Andererseits können sehr wertvolle Daten nicht genutzt werden ohne die Menschen, die diese lesen und auswerten können. Häufig wird hier im Zuge der Entwicklung und Gewinnung von Talenten (womit wir uns in den Abschnitten »Recruiting« auf Seite 275 und »Upskilling und Reskilling« auf Seite 278 beschäftigen) von der Datendemokratisierung gesprochen. Damit wird zum Ausdruck gebracht, dass die Erhebung, Veredlung und Nutzung von Daten nicht länger Aufgabe einzelner Personen in IT-Abteilungen ist, sondern die Verantwortung auf viele Mitarbeitende im Unternehmen verteilt wird. »Daten sind nicht mehr IT«, so heißt es im Buch *Practical DataOps*[5] von Harvinder Atwal. Mit anderen Worten: Die Nutzung und Verfügbarkeit von Daten sollte keine Besonderheit mehr sein, die spezielle technische Fähigkeiten voraussetzt. Vielmehr sollten Daten strategisch im gesamten Un-

4 SAS (2016). *The 5 Essential Components of a Data Strategy.*

5 H. Atwal (2020). *Practical DataOps – Delivering Agile Data Science at Scale.* Apress Berkeley, CA.

ternehmen erhoben und genutzt werden und Teil des Geschäftsmodells sein.[6] Darüber hinaus sollte diese Erhebung und Nutzung nicht den Charakter der Einmaligkeit oder eines Projekts haben, sondern ein Prozess sein, der sich verstetigt.

Dies erfordert nicht nur ein operatives Datenverständnis, sondern auch ein strategisches Verständnis für datenbezogene Fragen, das auf Ebene der Leitung und Geschäftsführung vorhanden sein sollte. Wurden Daten früher eher als Beiprodukt gesehen, muss in Zukunft der Fokus in vielen Unternehmen sein, dass Daten selbst ein vermarktbares Produkt mit Mehrwert sein können (Data-as-a-Product). Die Datenauswertung bzw. Data Science sollten wir als Asset, als Vermögenswert des Unternehmens betrachten. Data Science rückt damit aus dem Schatten der Methoden von Analysten und wird zu einem Investitionsgut. Die Experimente, das Trainieren von Modellen, das Erheben von Daten und deren Auswertung und die Zeit, die dafür benötigt wird, sind eine Investition[7]. Investitionen wiederum sollen einen Mehrwert generieren, und damit dies geschieht, müssen sie erfolgreich gemanagt werden. Im Grunde ist dies der Kern des Data-Science-Managements.

Der strategische Einsatz von Daten kann dazu führen, dass man digitale Geschäftsmodelle entwickelt. Dabei kann es sich zum Beispiel um Plattformen handeln, die Infrastruktur zur Vernetzung von IoT-Geräten zur Verfügung stellen, beispielsweise für die Industrie 4.0. Oder es können Ergänzungen zu analogen Geschäftsmodellen sein, wie etwa der digitale Vertrieb oder das digitale Marketing. Wie besprochen, kann man auch die Daten selbst oder daraus abgeleitete Informationen verkaufen. Zudem gibt es das große Spektrum der *As-a-Service-Modelle*, die wir uns weiter unten genauer ansehen.

Abschließend halten wir fest, dass eine Datenstrategie nicht einmalig am Reißbrett entwickelt wird, von da an gilt und das Unternehmen automatisch zum Erfolg führt. Eine Strategie verfolgt langfristige Ziele und muss »gelebt werden«. Doch auch die längste Reise beginnt mit dem ersten Schritt.

Wettbewerbsvorteile durch Data Science

Der englische Philosoph Francis Bacon sagte einst: »Wissen ist Macht.« Auf diese Grundformel lassen sich die Wettbewerbsvorteile durch Data Science zurückführen. Wenn marktteilnehmende Unternehmen über mehr Wissen über ihre Konkurrenten und Kunden verfügen, sind sie in einer Position, die ihnen einen potenziellen Wettbewerbsvorteil verschafft, sofern sie dieses Wissen nutzen – und wenn sie verstehen, wie sie an dieses Wissen gelangen. Denn die reine Beobachtung und das Messen ist nur die Basis für Wissen (siehe Abbildung 20-3). Es bedarf noch der Übersetzung in Daten, also in ein semantisches System, mit dem Computer arbeiten können, und der Analyse dieser Daten, um Informationen zu erhalten. Erst dann kann Wissen generiert werden, das für Lösungen und Entscheidungen genutzt werden kann (siehe

6 SAS (2016). *The 5 Essential Components of a Data Strategy.*

7 F. Provost, T. Fawcett (2017). *Data Science für Unternehmen: Data Mining und datenanalytisches Denken praktisch anwenden.* mitp.

hierzu auch die Abschnitte »Verlauf eines Data-Science-Projekts (Prozessmodell)« auf Seite 30 und »Von einfachen Analysen zur Automatisierung (Analytics Continuum)« auf Seite 32).

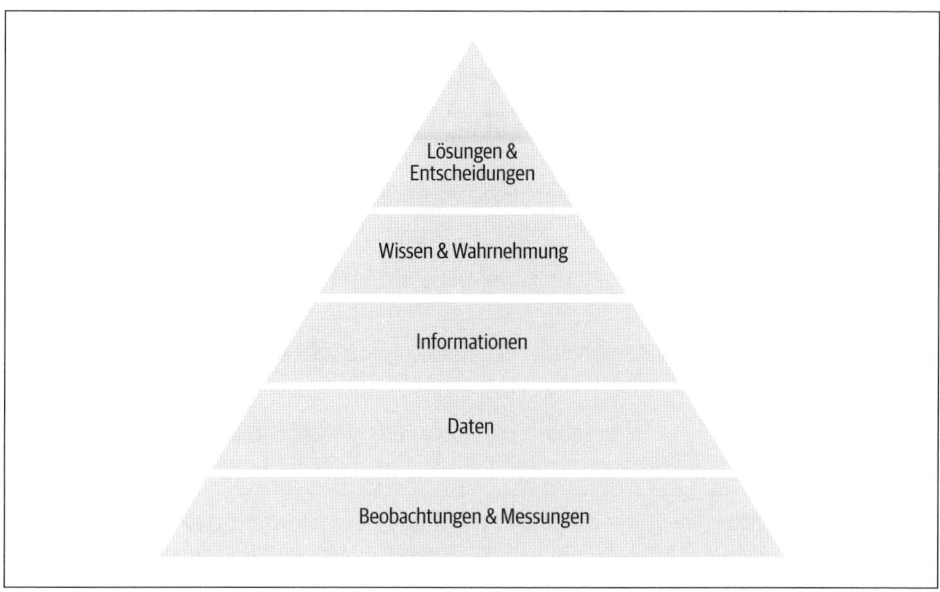

Abbildung 20-3: Veränderte Version des Modells »Data, Information, Knowledge, Wisdom (DIKW)«, der Wissenspyramide, deren Ursprung nicht eindeutig geklärt ist.

Der Wettbewerbsvorteil ergibt sich in den meisten Fällen erst, wenn der Einsatz von Data Science in die Unternehmensstrategie passt und nicht davon losgelöst ist. Das bedeutet zum einen, dass sich Mitarbeitende und Führung in etwa darüber einig sind, was sie mit Data Science erreichen wollen. Andererseits bedeutet es aber auch, dass Ziele formuliert und Maßnahmen ergriffen werden, um genau diese Ziele zu erreichen. Wie zuvor beschrieben, ist eine Strategie deshalb von großer Bedeutung, um gemeinsam mit den Mitarbeitenden, die im besten Fall entsprechend ausgebildet sind (siehe Kapitel 23, *Digitale Kompetenzen und Data-Science-Kultur*), an einem Strang ziehen. Die Wettbewerbsvorteile ergeben sich also ganz explizit nicht durch die schiere Implementierung einer Software, sondern sind prozessual und bedürfen einer kontinuierlichen Entwicklung.

Sind die Voraussetzungen jedoch hinreichend erfüllt, lohnt sich der Einsatz von Data Science und KI: Die Unternehmensberatung Capgemini fand in einer Studie mit 83 erfahrenen Führungskräfte heraus, dass Unternehmen, die Entscheidungen auf Basis von Daten treffen, 22 % mehr Gewinn und 70 % mehr Umsatz pro Mitarbeitenden erzielen als ihre Wettbewerber.[8] Neben den datenbasierten Entscheidungen nutzen Unternehmen Daten auch, um Prozesse und Lieferketten zu optimieren und um sich weitere Vorteile zu erschließen (siehe Abbildung 20-4).

8 Capgemini Research Institute (2020). »Data Mastery: Wie datengetriebene Unternehmen ihre Mitbewerber hinter sich lassen«, *https://www.capgemini.com/de-de/insights/research/studie-data-mastery/*

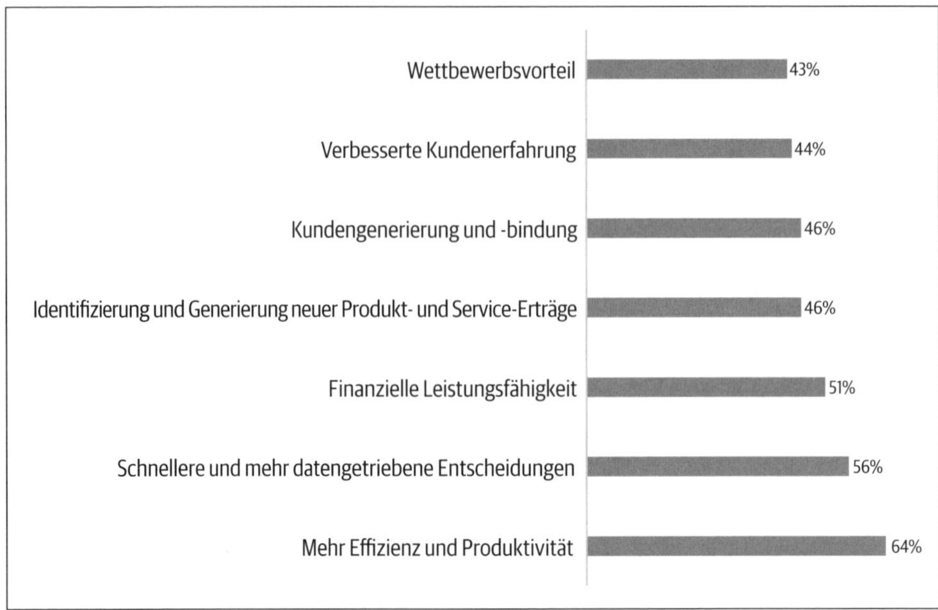

Abbildung 20-4: Antworten der an der Studie teilnehmenden Experten für Analytics und Business Intelligence[9] *auf die Frage »Welche Vorteile konnte Ihre Organisation durch Datenanalyse realisieren?«, n = 500*

Darüber hinaus können Unternehmen den Wissensvorsprung auch ihren Kunden zur Verfügung stellen. Wie wir bereits gesehen haben, können sie den Wettbewerb beleben, indem sie Daten und daraus abgeleitete Informationen vermarkten und Produkte erstellen, die ihren Kunden helfen, einen Mehrwert in ihrem Geschäft zu erzielen. Das kann, wie in der MicroStrategy-Studie bei 46 % der Unternehmen angegeben (siehe Abbildung 20-4), dazu führen, dass die Kundenbindung und -akquise verbessert wird. Insgesamt geben 43 % der Unternehmen an, durch Datenanalyse einen Wettbewerbsvorteil zu erzielen. Dies steht im Widerspruch zur in der Einleitung dieses Teils des Buchs gemachten Aussage, dass viele Projekte scheitern. Das kann einerseits bedeuten, dass trotz der hohen Ausfallquote Mehrwerte erzielt werden, was ein enormes Potenzial birgt, wenn die Ausfallquote durch Strategie und gutes Management gesenkt werden kann. Andererseits ist es auch möglich, dass in der MicroStrategy-Studie der Fokus eher auf Analytics und Business Intelligence lag und damit die Komplexität von Big Data und KI weniger Einfluss auf das Scheitern von Projekten hatte.

Wie wir auch schon bei der strategischen Nutzung von Daten gesehen haben, ist ein langfristiger Ansatz zur Nutzung von Wettbewerbsvorteilen erfolgversprechender als Ad-hoc-Initiativen, deren Effekt schnell verpufft. Damit Unternehmen einen nachhaltigen Wettbewerbsvorteil durch Daten und Data Science erreichen, sollten sie Technologien mit dem verknüpfen, was sie eigentlich gut können: mit ihrem ur-

9 MicroStrategy (2020). *Global State of Enterprise Analytics Report.*

sprünglichen Kerngeschäft. Unternehmen, die bereits führend in einer Branche waren, können ihren Wettbewerbsvorteil so noch ausbauen.

Dies kommt insbesondere dann zum Tragen, wenn die Unternehmen frühzeitig mit der Datenerhebung begonnen haben. Im besten Fall haben diese Unternehmen sogar schon frühzeitig angefangen, die Daten auszuwerten und sich auf den Weg Richtung datengetriebene Entscheidungen zu machen. Denn das muss an dieser Stelle auch erwähnt werden: Die Wettbewerbsvorteile ergeben sich nur, wenn andere Faktoren des Data-Science-Managements ebenfalls erfüllt sind. Dazu gehören die entsprechenden Talente, technische Ressourcen, Vordenker und natürlich eine Unternehmenskultur, die sich auf die digitale Transformation und die Nutzung von Data Science einlässt (siehe Kapitel 23, *Digitale Kompetenzen und Data-Science-Kultur*).

As-a-Service-Modelle

Der Dienstleistungssektor wächst seit Jahrzehnten stetig, auch wenn diese Entwicklung in den letzten Jahren langsam ein Plateau zu erreichen scheint. Der Dienstleistungsgedanke erfährt jedoch durch die digitale Transformation einen neuen Schub. So entstanden im Bereich von Software und Cloud-Computing verschiedene As-a-Service-Modelle. Seit Langem bekannt sind dabei Software-as-a-Service (SaaS), Platform-as-a-Service (PaaS) und Infrastructure-as-a-Service (IaaS) (siehe die Abschnitte »Platform-as-a-Service (PaaS) und Serverless« auf Seite 200 und »Software- und Data-Science-as-a-Service (SaaS/DSaaS)« auf Seite 201). Allen gemeinsam ist das Bestreben, ein Produkt möglichst einfach zugänglich zu machen und damit eine Dienstleistung zu erzeugen. Wenn wir beispielsweise eine Datenbank benötigen, wird uns diese im As-a-Service-Modell bereitgestellt. Sie ist automatisch skalierbar, auf der Kundenseite weitestgehend wartungsfrei, und wir müssen uns nicht um Installation oder Patching kümmern. Wir erhalten genau das, was wir haben möchten: eine funktionierende Datenbank. Nach diesem Prinzip arbeiten heute die meisten Services in den Clouds. Sie bieten Produkte an, die möglichst komfortabel nutzbar sind. Einrichtung und Pflege werden den Usern abgenommen, wodurch es zu einer Dienstleistung wird. Häufig besitzen wir dieses Produkt nicht im Sinne eines Eigentums, sondern nutzen die Dienstleistung (auf Zeit). Dies hat auch Auswirkungen auf die Bezahlmodelle, bei denen beispielsweise eine monatliche Gebühr abverlangt wird oder wir nur das bezahlen, was wir tatsächlich nutzen, z. B. den konkreten Speicherplatz (auch bekannt als *Pay as you go*).

Infrastructure-as-a-Service, wie beispielsweise eine Datenbank, hat den Vorteil, dass ich als Kunde ein Produkt erwerben kann, ohne mich um die Arbeiten rundherum kümmern zu müssen. Die Anbieter haben damit einen Marktvorteil gegenüber Verkäufern von On-Premises-Lösungen, da ihr Produkt als Dienstleistung für bestimmte Kundinnen einfacher zu handhaben und damit attraktiver ist. Da Datenbanken Massenware sind, können sie sie durch solche Zusatzleistungen attraktiv machen.

Viele digitale Geschäftsmodelle – und hierzu zählen auch solche, die wir künstlicher Intelligenz und Data Science zuordnen können – basieren heute auf diesen Prinzipien. Data Science, die wir üblicherweise als Prozess oder Methodenset verstehen würden, wird zu einer Dienstleistung. Künstliche Intelligenz ist wiederum nur eine Spielart von Data Science. Es gibt bereits heute Beratungsunternehmen und Agenturen, die Data-Science-as-a-Service anbieten. Das heißt, sie übernehmen die komplette Analyse, den Betrieb, bauen die Infrastruktur auf und liefern damit die schlüsselfertige Lösung für ein Problem. Gleiches gilt für Unternehmen, die Komponenten für AI-as-a-Service anbieten. Die Integration und Visualisierung von Daten läuft jeweils über Schnittstellen. Im Grunde gleicht dies einer SaaS-Lösung, jedoch mit der Spezialisierung auf Probleme, die mit künstlicher Intelligenz gelöst werden sollen.

Die Herausforderung, AI-as-a-Service oder Data-Science-as-a-Service anzubieten, ist recht groß, da man meist allgemeinere Lösungen für spezifische Probleme verwendet. Der Grund dafür ist, dass die Software möglichst skalierbar, also für viele Anwendungsfälle geeignet sein soll. Die realen Anwendungsfälle haben jedoch sehr unterschiedliche Spezifikationen und Besonderheiten. Der Vorteil der einfachen Bedienbarkeit könnte dann eventuell zum Nachteil werden, da die Software zu wenig Anpassungsmöglichkeiten mitbringt.

AI- und Data-Science-as-a-Service bieten viele Möglichkeiten, um Data Science zu beschleunigen und Menschen zu unterstützen, die beispielsweise keine Programmierkenntnisse haben. Sie sind sowohl für große Unternehmen als für auch kleine Teams nutzbar, sofern sich Letztere die meist teuren Lösungen leisten können.

KAPITEL 21

Implementierung im Unternehmen

Wir brauchen nicht zwangsläufig eine Strategie oder eine Vision, um mit der Implementierung von Data Science im Unternehmen zu beginnen. Wir benötigen auch noch keine Data-Science-Kultur und keine Data Scientists, die nur darauf warten, datengetriebene Geschäftsmodelle umzusetzen. Zugegeben, diese Faktoren helfen im Vorfeld, sind aber keineswegs eine Garantie für den Erfolg. Auf dem Weg zu einem Unternehmen, das erfolgreich Data Science einsetzt, sind sie enorm wichtig, aber für die ersten Schritte nicht unbedingt notwendig.

Im Folgenden betrachten wir den gesamten Prozess der Implementierung im Unternehmen – von der Ideenfindung über die konkrete Umsetzung in unterschiedlichen Umfängen bis hin zur Entwicklung einer Kultur, die datengetriebene Entscheidungen fördert.

Schritt 1: Ideenfindung

Der erste Schritt hin zur Implementierung von Data Science im Unternehmen beginnt mit einer Idee. Wir brauchen also eine Vorstellung davon, was wir mit Data Science sinnvoll umsetzen können – einen Use Case. Allein dieser Schritt ist schon von größter Bedeutung, denn ohne eine reale Anwendungsmöglichkeit laufen wir Gefahr, uns durch Tools und Methoden zu klicken, ohne jemals zum Ziel zu kommen.

Wie findet man geeignete Anwendungsfälle?

Manchmal liegen die (ersten) Anwendungsfälle nicht auf der Hand. Hier kann es helfen, Fachgespräche mit den Expertinnen und Experten aus dem Unternehmen zu führen und zu fragen: Welche Informationen würden dir bei deiner Arbeit helfen? Was kann man verbessern?

Eine weitere Möglichkeit besteht darin, Fachvorträge zu organisieren, um die Kollegenschaft zu inspirieren. Am besten stammen diese aus der eigenen Branche. Denn auch andere Unternehmen suchen den Austausch und wollen Ideen verifizieren. Wenn man dies kollegial gestaltet, können alle davon profitieren. Hier helfen natürlich auch Fachkonferenzen, auf denen man aus zahlreichen Vorträgen die passenden auswählen kann.

Eine kreative Möglichkeit ist ein Wettbewerb der Ideen, der natürlich auch mit anderen Möglichkeiten der Ideenfindung kombiniert werden kann. Die Geschäftsführung oder eine Abteilung ruft den Wettbewerb ins Leben, bei dem die Mitarbeitenden (in Teams) Ideen einreichen können. Die besten Ideen könnten mit einem Preisgeld ausgezeichnet werden. Noch besser ist es, wenn man den Ideengebern Zeit gibt, die Idee konkret umzusetzen. Man zieht sie also (teilweise) von ihren üblichen Aufgaben ab und lässt sie z. B. eine Taskforce gründen.

Insbesondere am Anfang der Implementierung von Data Science in Unternehmen könnte man beispielsweise fünf Use Cases sammeln. Dann wird zunächst an der drittbesten Idee gearbeitet und ein Proof-of-Concept versucht. Sollte dieser erfolgreich sein, wählt man die beste Idee aus, die das Potenzial hat, einen realen Mehrwert zu erbringen, und arbeitet mit ihr weiter. Mit diesem Vorgehen kann man schnell zeigen, dass der Einsatz von Data Science sinnvoll ist. Startet man mit der besten Idee, läuft man Gefahr, dass diese an technischen Problemen oder anderen Hindernissen scheitert. Deshalb sollte man diese Idee nicht verbrennen und sie aufheben, bis ein erster Durchbruch mit der drittbesten Idee erreicht ist.

Schritt 2: Proof-of-Concept

Wenn ein konkreter Anwendungsfall vorliegt, starten wir am besten mit einem Proof-of-Concept (PoC, siehe Abbildung 21-1). Wir haben also eine Idee, die wir auf den Prüfstand stellen. Es bietet sich hier an, klein anzufangen. Es ist nicht unbedingt notwendig, gleich zu Beginn umfangreiche Cloud-Lösungen zu kaufen oder sich über Jahre vertraglich an einen Anbieter zu binden, da wir zunächst prüfen wollen, ob die geplante Lösung für die Idee geeignet ist. Es gibt viele Open-Source-Tools, mit denen man Ideen ausprobieren kann – dazu zählt natürlich auch Python mit seinen umfangreichen Paketerweiterungen. Wir können uns auch Data Dumps der Datenbank ziehen, also statische Tabellen, mit denen wir arbeiten, oder wir nehmen einfach Excel-Dateien, um Tests durchzuführen. Die Datenquellen sollten vielfältig sein, damit wir mehrere Möglichkeiten abklopfen können. Nach der klassischen Projektdefinition ist es auch hier ratsam, festzulegen, was wir konkret in welcher Zeit und mit welchen Mitteln testen möchten. Konkrete Schritte und Tools haben wir bereits in Teil I, *Data-Science-Grundlagen*, eingeführt.

Abbildung 21-1: Möglichkeit zur schrittweisen Implementierung von Data-Science-Lösungen in Unternehmen

Für viele Unternehmen bietet es sich an, den Proof-of-Concept mit einem technisch versierten Partner durchzuführen. Das können Beratungsunternehmen oder Softwareanbieter sein. Diese haben oft umfangreiches Wissen und die Möglichkeit, schnell ein Setup auf die Beine zu stellen. Das kann sehr viel Zeit und Geld sparen, und das, obwohl diese Beratung oft preisintensiv ist. Sich ohne fremde Hilfe durch viele Optionen zu manövrieren, ist langfristig jedoch häufig teurer.

Ist der PoC im Ganzen oder auch nur teilweise nicht erfolgreich, sollten wir prüfen, woran es genau gelegen hat. Eventuell können wir Komponenten austauschen oder ein anderes Vorgehen verfolgen. Vielleicht ist aber auch der Anwendungsfall nicht der richtige, und wir müssen diesen überdenken.

Schritt 3: Technische Implementierung

Nach einem oder mehreren erfolgreichen PoCs treten wir in die nächste Phase ein. Sobald wir technische Lösungen gefunden haben, die zum Unternehmen und zu den Anwendungsfällen passen, können wir diese implementieren. Das bedeutet, dass wir einen kompletten technischen Durchstich anstreben. Damit ist gemeint, dass wir alle Komponenten, die von der Datenintegration, -speicherung und -aufbereitung bis hin zur produktiven Nutzung und Bereitstellung notwendig sind, erstmals in Betrieb nehmen und miteinander verbinden. Welche Komponenten dies genau sind, ist abhängig von den Anwendungsfällen. In diesem Schritt geht es nicht darum, alles bis ins Details zu implementieren, sondern die technischen Möglichkeiten des Gesamtkonzepts zu testen.

Der Schritt der technischen Implementierung (siehe hierzu auch Teil III, *Infrastruktur und Architektur*) dient der Verstetigung der in den PoCs erprobten Technologien. Sie sollen für einen größeren Kreis im Unternehmen nutzbar sein und reale Daten enthalten. Dabei müssen nicht bereits alle Technologien für sämtliche Anwendungsfälle verfügbar sein. Vielmehr ist es sinnvoll, beispielsweise eine sichere Cloud-Architektur einzurichten, in der grundlegende Funktionen und Tools enthalten sind, die ohnehin benötigt werden. Allein die Gewährleistung des sicheren Betriebs und die Integration verschiedener Datenbanken, Streams und anderer Werkzeuge ist oft eine aufwendige Herausforderung. Zur Wahrheit gehört auch, dass bei der technischen Implementierung garantiert einige Rückschläge hinzunehmen sind, Anpassungen am ursprünglichen Konzept vorgenommen werden müssen und ungeplante Kosten entstehen – denn die Ausführung ist häufig komplex und enthält viele Unwägbarkeiten (siehe hierzu auch die Rumsfeld-Matrix in Abbildung II-1 auf Seite Seite 102).

Schritt 4: Implementierung auf Bereichsebene

Wenn die technische Implementierung weit fortgeschritten ist, können erste Teams, Bereiche oder Abteilungen geschult werden, um die technische Infrastruktur zu nutzen. Dies hat zur Folge, dass weitere Use Cases hinzukommen. Das steigert einerseits den Nutzen der technischen Implementierung, andererseits erhöht sich hierdurch auch oft die Komplexität, da gegebenenfalls weitere Datenquellen benötigt werden oder die Ansprüche an die Plattform sich verändern. Dies ist aus Sicht des Unternehmens grundsätzlich positiv zu bewerten, da die Wahrscheinlichkeit steigt, einen Mehrwert mit Data Science und der zugrunde liegenden Infrastruktur zu erzielen. Dennoch werden neue Flanken aufgemacht, es treten mehr Probleme auf, und es müssen weitere Anpassungen vorgenommen werden. Dies alles kostet wiederum viel Geld, das vielleicht nicht eingeplant war. Somit ist hier erneut ein kritischer Punkt erreicht, denn Data Science und Infrastruktur haben zu diesem Zeitpunkt mit sehr großer Wahrscheinlichkeit noch keinen Return on Invest, rechnen sich also noch nicht. Der Weg bis hierher, der je nach Unternehmensgröße mindestens einige Monate in Anspruch nimmt, ist daher fast ausschließlich von Kosten geprägt – mit einigen wenigen Erfolgsmeldungen. Dies muss den Beteiligten und auch den Geldgebern, zum Beispiel der Geschäftsführung, bereits im Vorfeld bewusst sein, damit es nicht zu dauerhaften Enttäuschungen kommt.

Diese sukzessive Implementierung und die damit verbundene Einbeziehung von immer mehr Menschen, die Data Science umsetzen können oder davon profitieren, erfolgt auch vor dem Hintergrund, dass auf diese Weise immer mehr Fehler beseitigt bzw. immer mehr Möglichkeiten (Datenquellen und Funktionen) erschlossen werden können. Man steht nicht gleich vor dem großen Berg, sondern arbeitet sich langsam vor (siehe dazu auch den Abschnitt »Iteratives und inkrementelles Vorgehen« auf Seite 122). Nach der Implementierung auf Bereichsebene kann die Skalierung auf Unternehmensebene stattfinden.

Schritt 5: Skalierung auf Unternehmensebene

Die unternehmensweite Skalierung sollte mit Rückenwind erfolgen: Es sollten bereits mehrere Use Cases erfolgreich auf Bereichsebene umgesetzt worden sein und Erfolgsgeschichten erzählt werden können. Gelungene Anwendungsfälle könnten z.B. Predictive Analytics im Controlling sein, Data Science im Customer Relationship Management, oder es gibt bereits einzelne Geschäftsmodelle, die wir mit Data Science auf- und ausgebaut haben. Zwar sind umgesetzte Anwendungsfälle keine Notwendigkeit, erhöhen aber die Glaubwürdigkeit und schaffen eine Basis für die nächsten Schritte. Konkret fällt in diese Phase (bzw. in diesen Reifegrad) auch, dass wir bereits einen geordneten Umgang mit Metadaten haben, dass wir Datenqualität im gesamten Unternehmen ernst nehmen, dass wir uns daran messen lassen, wie wir mit Big Data und mit anderen innovativen Technologien umgehen und dass wir eine konkrete Strategie vorweisen können – spätestens jetzt. Immer mehr Mitarbeitende in vielen Abteilungen des Unternehmens sollten in Richtung Data Science denken und Datenkompetenz aufgebaut haben. Im besten Fall gibt es in diesem Schritt auch eine Art von Community oder ein Center of Excellence, die im gesamten Unternehmen den Austausch fördert, und Botschafter, die hinter Data Science stehen. Wir versuchen, das ganze Unternehmen darauf vorzubereiten, dass wir in Zukunft mehr mit Data Science arbeiten und dass dies keine kurzfristige Idee ist, sondern hier wirklich die Zukunft des Unternehmens liegt. Das klingt zwar sehr groß gedacht, aber genauso pathetisch kann man die Erfolgsgeschichte erzählen. Denn es gilt, eine große Zahl an Mitarbeitenden mitzunehmen und sie davon zu überzeugen, dass Data Science eine Technologie ist, die sich weiterentwickelt und das Unternehmen verändern wird.

Es wird in dieser Phase, wenn nicht schon vorher, viele Menschen geben, die nicht daran glauben, dass Data Science für das Unternehmen funktioniert. Man muss aber versuchen, diese mitzunehmen, indem man zum einen rationale, datenbasierte Argumente vorbringt (siehe hierzu auch den Abschnitt »Change Management« auf Seite 245). Zum anderen braucht es positive Ansprachen und gute Erzählungen, um auch die Emotionen der Belegschaft zu erreichen.

Schritt 6: Verstetigung

Sollte die Skalierung gelingen, folgt genau genommen kein Schritt, sondern ein stetiger Prozess. Denn die Entwicklung einer datengetriebenen Kultur bzw. sogar Data-Science-Kultur ist kein Meilenstein, sondern ein fortlaufendes Bemühen. Dies beinhaltet ein Umdenken, Mitdenken und auch eine ganze Menge technisches Know-how. Weil dieses Thema so wichtig ist, gehen wir in Kapitel 23, *Digitale Kompetenzen und Data-Science-Kultur*, im Detail hierauf ein.

Die Implementierung von Data Science in einem Unternehmen basiert häufig auf der zunehmenden Digitalisierung von Unternehmen. Je mehr Daten hierbei entstehen, desto größer wird der Wunsch, sie auszuwerten und daraus Wettbewerbsvorteile und einen Mehrwert zu entwickeln. Die Implementierung sollte deshalb begleitet und evaluiert werden, insbesondere in Hinblick auf diese drei Aspekte[1]:

- Machbarkeit
- Wirtschaftlichkeit
- Erwünschtheit

Die Machbarkeit wird maßgeblich im Proof-of-Concept und bei der technischen Implementierung beleuchtet. Die Wirtschaftlichkeit sollte kontinuierlich betrachtet werden. Dabei ist es wichtig, keine falschen Erwartungen zu haben, die Kosten von Anfang an großzügig zu kalkulieren und den Return on Invest realistisch zu bewerten. Die Erwünschtheit muss sich aus der Marktkenntnis und damit der Information darüber ergeben, ob das datengetriebene Produkt überhaupt nachgefragt oder gewünscht wird. Hier spielen auch ethische Fragen eine Rolle, die wir im Abschnitt »Ethische Aspekte und Corporate Responsibility« auf Seite 263 betrachten werden. Die Erwünschtheit bedeutet aber auch, dass die Mitarbeitenden die Veränderungen mittragen oder sogar anstreben. Wie das gelingen kann, schauen wir uns im nächsten Abschnitt an.

Change Management

Im Zuge der digitalen Transformation, aber auch anderer gesellschaftlicher und betrieblicher Veränderungen, gewinnt das Change Management zunehmend an Bedeutung. Dies liegt zum einen daran, dass es Mitarbeitenden immer wichtiger wird,

---

1 W. Brenner et al. (2021). *Bausteine eines Managements Künstlicher Intelligenz*. Springer Gabler.

mitbestimmen zu können und einen Sinn in ihrer Arbeit zu sehen (siehe hierzu auch den Abschnitt »New Work« auf Seite 270). Darüber hinaus verändert sich die Arbeitswelt immer schneller, sodass die Menschen teilweise von der Digitalisierung abgehängt werden, da der Erwerb der erforderlichen Fähigkeiten aufwendig ist und Zeit benötigt. Eine erfolgreiche Veränderung von Unternehmen oder Prozessen bedeutet deshalb auch immer, dass die Menschen, die daran beteiligt oder davon beeinflusst sind, integriert und informiert werden.

Alles ist Change Management

Menschen sind Gewohnheitstiere – so sagt man. Das bedeutet, dass viele von uns nach Regelmäßigkeit streben und nach Mustern und Strukturen suchen. Jede Veränderung und Neuerung erfordert von uns eine kognitive Anstrengung, um das Neue zu lernen und zu verinnerlichen. Selbst in der heutigen flexiblen Arbeitswelt und auch bei neugierigen und anpassungsfähigen Menschen gilt dies im Grundsatz. Damit ist jedes neue Thema, jede neue Software und jeder neue Anwendungsfall eine erneute Herausforderung für unser Gehirn.

Change Management bedeutet, Menschen zu begleiten, um die Veränderungen für sie möglichst angenehm und effektiv zu gestalten. Das gilt auch für Data Scientists und in der IT, wenn sie Software entwickeln, um sie anschließend anderen zur Verfügung zu stellen. Wir sollten versuchen, uns hierfür in die Nutzenden hineinzuversetzen, um möglichst gut zu verstehen, wie sie die Software einsetzen werden. So vermeiden wir, dass die Software bereits nach kurzer Zeit abgelehnt wird und damit die mühevolle Entwicklung umsonst war.

Bei der Entwicklung von Data-Science-Lösungen sollten wir darauf achten, dass durch Überforderung auch Data Scientists eine ablehnende Haltung einnehmen können. Wenn wir versuchen, alles Neue möglichst intelligent einzuführen, zu kontextualisieren und Raum zu schaffen, sich mit der Thematik zu befassen, verliert das Neue an Schrecken. Die Herausforderung kann dann leichter angenommen und damit auch bewältigt werden. In einem komplexen Arbeitsumfeld, wie es die Data Science bietet, bringt mitunter jeder Tag eine veränderte Situation mit sich. Um als Data-Science-Manager gut darauf reagieren zu können, ist fast alles als Change Management zu betrachten.

Zunächst ist es eine zentrale Aufgabe im Change Management, zu identifizieren, was sich ändern wird und worin der Veränderungsbedarf besteht. Vor allem ist dies wichtig in der Kommunikation mit den Menschen, die die Veränderung betreffen könnten. Beispielsweise könnte die unternehmensinterne Kommunikation digitalisiert werden (müssen), wie es vielfach während der Coronapandemie der Fall war. Für das Unternehmen bedeutet dies manchmal nur die Einführung einer neuen Technologie, die zum Beispiel durch die IT-Abteilung durchgeführt wird. Für die Mitarbeitenden bedeutet es allerdings teilweise eine gravierende Veränderung in einem wichtigen sozialen Gefüge des Arbeitens und des Selbstverständnisses, da sich die Art und Weise, wie miteinander kommuniziert wird, drastisch verändert. Darüber hinaus sind die Fähigkeiten im Umgang mit neuen Technologien ganz unterschiedlich ausgeprägt. So kann es passieren, dass einzelne Mitarbeitende von der Kommunikation ausgeschlossen werden.

In den Köpfen von Mitarbeitenden können sich Schreckensszenarien entwickeln, wie etwa der Verlust des Jobs oder des Ansehens im Team, wenn sie nicht mit den neuen Technologien umgehen können. Dies führt zu Ängsten und infolgedessen zu einer Ablehnung einer neuen Technologie. Dieses Szenario (und andere) muss also von den Entscheidern antizipiert werden, um Mitarbeitenden Ängste zu nehmen, sie für Veränderung zu gewinnen und dadurch eine erfolgreiche Veränderung auf den Weg zu bringen. Zuerst müssen sich also die Menschen, die eine Veränderung anstoßen, darüber bewusst werden, dass Ängste und Ablehnung entstehen können. Dazu gehört auch, zu fragen, warum diese Ängste entstehen. Antworten hierzu kann man beispielsweise in den persönlichen Fähigkeiten oder der Situation der Betroffenen oder in organisatorischen oder kulturellen Barrieren finden.

Im nächsten Schritt geht es darum, diesen Ängsten vorzubeugen, sie abzufedern oder sie zu verringern. Sie zu verhindern, wird meist nicht möglich sein, insbesondere bei größeren Gruppen. Angelehnt an den Golden Circle von Sinek (siehe Abbildung 20-2), ist es in der Kommunikation auch hier sinnvoll, mit dem Warum zu starten, bevor man erklärt, wie und was verändert werden wird. Man erklärt also, warum es einen Veränderungsbedarf gibt, z.B. dass sich die wirtschaftlichen Rahmenbedingungen geändert haben oder die technischen Ressourcen zu alt oder unsicher sind. Ein positiv konnotierter Veränderungsgrund kann natürlich auch sein, dass man mit datengetriebenen Geschäftsmodellen das Kundenerlebnis verbessern möchte oder Ähnliches. Man überzeugt damit nicht alle, aber hoffentlich die meisten.

In jedem Fall sollte bei technologischen Veränderungen ausreichend Raum für Weiterbildung eingeplant werden. Darüber hinaus sind Vertrauenspersonen (*Change Agents*) hilfreich, die die Veränderung bereits durchlaufen haben und positiv davon berichten können. Sie dienen als Anlaufstelle für Unsichere und können diese zum Teil auffangen. Sie haben die Rolle von Botschaftern mit Strahlkraft. Change Agents fungieren oft auch als Friendly User, sind also jene Mitarbeitenden, die gerne mal etwas Neues ausprobieren. Diese lässt man möglichst als Erstes auf die neue Software oder das neue Tool zugreifen – mit zwei Effekten: Wie bereits erwähnt, können sie als Botschafter dienen. Sie können aber auch Fehler frühzeitig erkennen, ansprechen und so die Möglichkeit schaffen, diese noch vor dem Ausrollen zu beseitigen. Denn wenn ein unsicherer Mitarbeiter die neue Software doch ausprobiert und diese nicht richtig funktioniert, hat man ihn möglicherweise endgültig verloren. Oft ist das verbunden mit einer Trotzreaktion und einem »Habe ich doch gesagt«. Dieser Effekt strahlt wiederum negativ auf das gesamte Unternehmen aus.

Moderne Organisationsformen wie Netzwerkstrukturen und damit verbunden Ansprechpersonen, die gut erreichbar sind, können dabei helfen, Ängste frühzeitig abzufangen. Zudem können klare Strukturen und Verantwortlichkeiten von Vorteil sein, da sie Sicherheit geben. Das bedeutet allerdings nicht, dass starke Hierarchien Sicherheit geben, eher im Gegenteil. Starke Hierarchien setzen die Mitarbeitenden möglicherweise unter Druck, lösen dadurch Ängste aus und sind deshalb auch nicht mit klaren Strukturen zu verwechseln. Wir haben ebenfalls schon gesehen, dass ein iteratives Vorgehen von Vorteil sein kann, da kleinteiligere Schritte, die man gemeinsam im Unternehmen geht, für den Einzelnen leichter verdaulich sind.

Sowohl die klare Formulierung einer Vision als auch die persönlichen Fähigkeiten der Mitarbeitenden sind entscheidend, um konstruktiv mit Veränderungen umzugehen. Darüber hinaus finden wir im *Lippit-Knoster-Model for Managing Complex Change* (basierend auf den Arbeiten von Timothy Knoster[2] und Mary Lippitt[3]) eine Orientierungshilfe, die Verständnis, Incentivierung (also Motivierung), angemessene Ressourcen und einen Umsetzungsplan als Voraussetzung für gutes Change Management nennt. Der Kernpunkt des Modells: Wenn eine der Komponenten fehlt, kann dies zu Verwirrung, Angst, Widerstand, Frustration oder zu einem Fehlstart führen. Wir würden noch hinzufügen, dass eine Evaluation der Veränderung notwendig ist, um eine kontinuierliche Verbesserung im Sinne des agilen Management zu unterstützen.

Ein ähnliches Change-Management-Modell wird unter dem Akronym ADKAR zusammengefasst (siehe Abbildung 21-2). Es steht dafür, dass ein Bewusstsein geschaffen werden muss (*Awareness*), ein Verlangen (*Desire*) erzeugt wird, das Wissen (*Knowledge*) vermittelt wird und die Menschen befähigt werden (*Ability*). Der Prozess wird dadurch abgerundet, dass die Veränderung in den Menschen bestärkt (*Reinforcement*) wird.

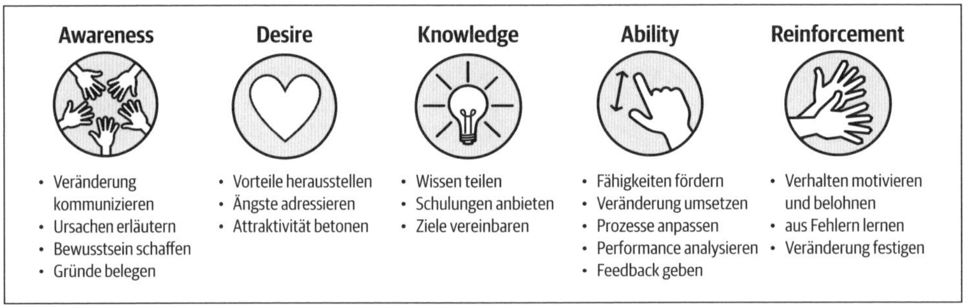

Awareness
- Veränderung kommunizieren
- Ursachen erläutern
- Bewusstsein schaffen
- Gründe belegen

Desire
- Vorteile herausstellen
- Ängste adressieren
- Attraktivität betonen

Knowledge
- Wissen teilen
- Schulungen anbieten
- Ziele vereinbaren

Ability
- Fähigkeiten fördern
- Veränderung umsetzen
- Prozesse anpassen
- Performance analysieren
- Feedback geben

Reinforcement
- Verhalten motivieren und belohnen
- aus Fehlern lernen
- Veränderung festigen

Abbildung 21-2: Change-Management-Modell ADKAR zum Vorgehen in Change-Prozessen. (Verändert nach J. Hiatt [4])

Den Modellen gemeinsam ist der Gedanke, dass man die Menschen im Unternehmen bei einer Veränderung mitnehmen und ihnen vermitteln muss, worum es geht. Dabei ist es wichtig, sowohl Fähigkeiten zu fördern, Ressourcen bereitzustellen und Wissen zu teilen, als auch den Wunsch nach Veränderung zu wecken und den Sinn

2 T. Knoster, R. Villa und J. Thousand (2000). »A Framework for Thinking About Systems Change«. In: R. Villa and J. Thousands (Eds.) *Restructuring for Caring and Effective Education: Piecing the Puzzle Together* (2nd Edition). Baltimore: Paul H. Brookes.

3 M. Lippitt (1987). »The Managing Complex Change Model«. In: R. Villa and J. Thousands (Eds.) *Restructuring for Caring and Effective Education: Piecing the Puzzle Together* (2nd Edition). Baltimore: Paul H. Brookes.

4 J. Hiatt (2006). *AKDAR: A Model for Change in Business, Government and Our Community*. Prosci Learning Center Publications.

des Wandels herauszustellen. Nur so können Veränderungen sinnvoll gestaltet werden und zum Erfolg führen.

Datenmanagement

In jedem Unternehmen, das heute mit Daten sinnvoll arbeiten möchte, ist Datenmanagement notwendig. Datenmanagement ist dabei, angelehnt an Gartner[5], »eine integrative Disziplin zur Strukturierung, Beschreibung und Governance von Informationen über organisatorische und technische Grenzen hinweg, um die Effizienz zu verbessern, Transparenz zu fördern und Einblicke in das Geschäftsgebaren zu ermöglichen.«

Datenmanagement und Data Governance

Datenmanagement umfasst alle methodischen, konzeptionellen, organisatorischen und technischen Maßnahmen und Verfahren, um Daten mit Mehrwert in Geschäftsprozesse einzubringen und deren Nutzung im laufenden Betrieb zu gewährleisten.[6]

Data Governance ist die »Planung, Überwachung und Kontrolle der Verwaltung von Daten und der Nutzung von Daten und datenbezogenen Quellen«[7]. Data Governance regelt, »wer innerhalb einer Organisation die Autorität und Kontrolle über Datenbestände hat und wie diese Datenbestände verwendet werden dürfen.«[8]

Datenmanagement ist ein umfangreicher Prozess, der verschiedene Schritte und damit Stellschrauben hat. Diese Schritte sind für sich genommen von unterschiedlicher Bedeutung für die oben genannten Ziele des Datenmanagements. Während beispielsweise die Transparenz der Herkunft von Daten beim Sammeln und Erheben eine große Rolle spielt, ist bei der gemeinsamen Nutzung und Bereitstellung die Effizienz ein wichtiger Aspekt (siehe hierzu Abbildung 21-3). Beim Datenmanagement geht es also nicht nur darum, Daten zu verwalten, sondern auch darum, die Effizienz der Prozesse zu steigern, um die Nutzung der Daten für den Geschäftserfolg zu optimieren.

Die Schritte, in denen Datenmanagement stattfindet, verlaufen zunächst einmal linear – von der Quelle der Daten bis hin zur Senke, also dem Ort, an dem die Daten genutzt werden. Die Senke kann ein Frontend wie z.B. ein Dashboard sein, auf dem Menschen die Daten besser konsumieren können. Allerdings ist dies nur eine vereinfachte Darstellung. Wie zu sehen ist, gibt es bereits innerhalb des linearen Prozesses Kreisläufe, die eine Wiederverwendung und das Teilen von Daten ermöglichen. Die Wiederverwendung von Daten hat den Zweck, über verschiedene Use Cases hinweg

5 *https://www.gartner.com/en/information-technology/glossary/enterprise-information-management-eim*

6 N. Deistlers. »Datenmanagement – Definition, Elemente und Vorteile kennenlernen«, *https://neoverv.com/definition-vorteile-datenmanagement*

7 Data Management Association (DAMA)

8 Th. Olavsrud, B. Seebacher. »Was ist Data Governance?«, *http://www.cowo.de/a/3551050*

Daten zu nutzen. Dadurch erhöht sich deren Wert für das Unternehmen und rechtfertigt auch die Kosten für die Erschließung und Aufbereitung. Das Teilen der Daten dient dazu, dass unterschiedliche Geschäftseinheiten und Abteilungen auf die Daten zugreifen können. Der Zugriff wird dabei durch die Data Governance geregelt. Diese ist somit ein integraler Bestandteil des Datenmanagements.

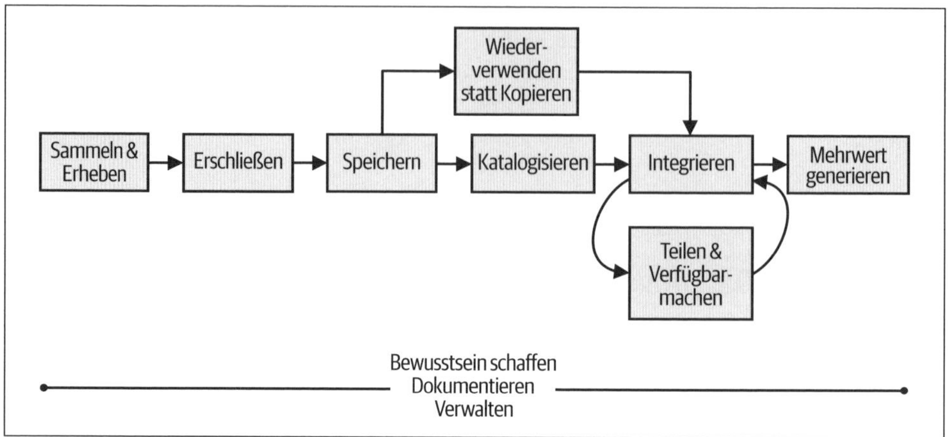

Abbildung 21-3: Prozess des Datenmanagements in Unternehmen

Während des gesamten Prozesses ist es in unterschiedlichem Ausmaß notwendig, Daten und Prozesse zu verwalten und zu dokumentieren, was warum und wie geschieht. Das sind die Kernaufgaben von Datenmanagerinnen und -managern. Darüber hinaus gilt es, als Botschafter für diesen Prozess in das Unternehmen hineinzuwirken. Denn heutzutage ist es immer weniger sinnvoll, den Datenmanagementprozess in einer einzelnen Abteilung zu verorten, die dadurch mit Anfragen und Aufgaben überhäuft wird. Businessmanager sollten genauso wie User verstehen, wie dieser Prozess funktioniert und welche Aufwände an welcher Stelle entstehen. Das hat mehrere Gründe, die wir uns im Folgenden anschauen.

Wie Abbildung 21-4 zeigt, glauben zwar etwa zwei Drittel der technischen Führungskräfte, dass auf Basis der von ihnen kuratierten Daten Entscheidungen getroffen werden, was angesichts des Aufwands, der betrieben wird, ausbaufähig ist. Allerdings ist bei den Geschäftsführerinnen und -führern sowie den leitenden Angestellten nur jeder Fünfte tatsächlich von der Qualität der Daten überzeugt und vertraut diesen. Wir haben also ein offensichtliches Problem mit der wahrgenommenen Vertrauenswürdigkeit der Daten in Unternehmen. Dies kann man zu einem großen Teil ändern, indem man für das Management transparent macht, wie die Daten entstehen und wo sie herkommen, wie sie verarbeitet werden und wie sie genutzt werden können.

Bei den Usern und Mitarbeitenden kann Transparenz über den Prozess des Datenmanagements ein Verständnis und Bewusstsein fördern, was im besten Fall dazu führt, dass diese aktiv am Datenmanagement teilnehmen. Dies kann beispielsweise so aussehen, dass sie sich für die Verbesserung der Datenqualität einsetzen und eventuelle Fehler selbst finden und beseitigen. Auf diese Weise kann Ownership, also die Übernahme von Verantwortung erzeugt werden. Wie im Abschnitt »Data Mesh« auf Seite 209 beschrieben, kann nach dem Prinzip des Data Mesh die Verantwortung für Datenquellen über Fachabteilungen verteilt werden. Ein Datenmanagement wird dadurch aber nicht obsolet, da z. B. die Data Governance weiterhin aus einer Hand kommen sollte.

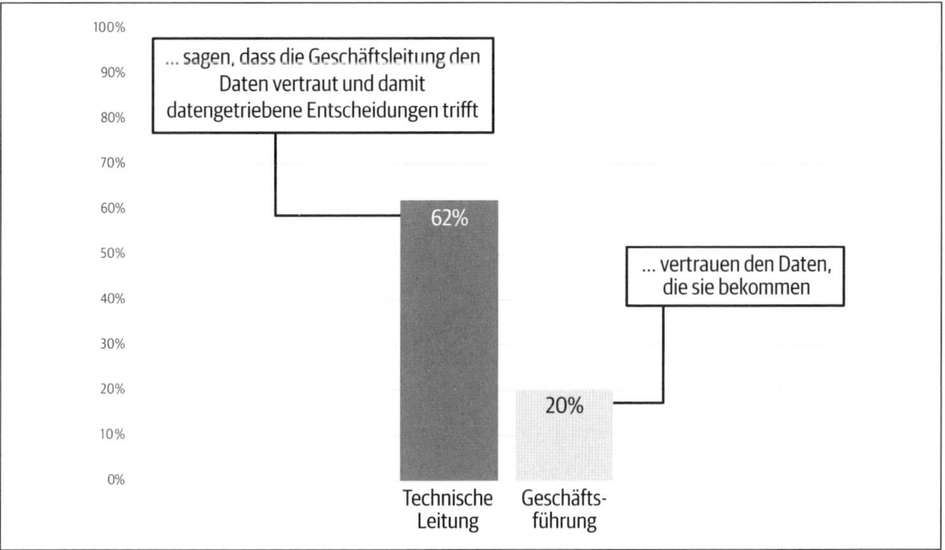

Abbildung 21-4: Gegenüberstellung des Vertrauens in Daten für Entscheidungen aus Sicht der technischen Leitung und der Geschäftsführung. (Quelle: Capgemini Research Institute (2020), Data-powered enterprises survey. N = 500 technische Leiterinnen und Leiter, n = 504 Geschäftsführerinnen, Geschäftsführer und leitende Angestellte.)

Das Datenmanagement hat, auch wenn die Verantwortung für einzelne Datenquellen in die Fachabteilungen verlagert wird, immer auch die Aufgabe, den Überblick über die Daten des Unternehmens zu behalten. Hierbei kann die Katalogisierung der Daten helfen. Das bedeutet auch, dass Metadaten, also die Daten über die Daten, verwaltet und organisiert werden müssen. Allein das ist häufig sehr aufwendig, zahlt sich aber in der Regel aus. Durch diese Maßnahmen kann eine Datendemokratisierung angestoßen werden, die wiederum viele Vorteile mit sich bringt (siehe Abschnitt »Literacy, Enablement und Citizen Data Science« auf Seite 282).

Weitere wichtige Themen des Datenmanagements sind die Datenqualität und die Datenintegrität. Wie wir zuvor gesehen haben, kommt diesen Aufgaben eine besondere Bedeutung zu. Denn ohne eine entsprechende Datenqualität können Datenanalysen kaum und kann Data Science nur sehr eingeschränkt betrieben werden. Während bei der Datenanalyse, also beispielsweise der deskriptiven Analyse, fehlende und falsche Werte noch handhabbar sind, ist spätestens bei prädiktiven Datenanalysen ein fundierter Datenbestand von hoher Qualität unabdingbar. Das bedeutet auch, dass die Daten korrekt und zuverlässig sein müssen. Mitarbeitende, die sich um diese Aufgaben kümmern, werden oft auch als Data Stewards bezeichnet. Gemeinsam mit Datenarchitekten entwerfen sie Datenarchitekturen, die die Datenqualität und -integrität sichern sollen, und lassen ihr Wissen in Datenstrategien einfließen, um holistische Konzepte für Unternehmen zu etablieren.

Zudem kümmern sich das Datenmanagement um die Datensicherheit und den Datenschutz. Häufig handelt es sich dabei jedoch um unterstützende Tätigkeiten, da es meist einen Datenschutzbeauftragten gibt oder die Datensicherheit in das Konzept der IT- und Cybersecurity eingebettet ist (siehe hierzu auch Kapitel 22, *Sicherheit und Datenschutz*).

John Edwards hat im Magazin CIO[9] Trends beschrieben, die für das Datenmanagement in den nächsten Jahren prägend sein werden. Wir betrachten diese abschließend, um einen Ausblick zu geben:

- **Echtzeitdaten:** Sowohl die Integration als auch die Verarbeitung von Daten in Echtzeit werden in den nächsten Jahren eine Herausforderung für das Datenmanagement darstellen. Softwarekomponenten, Datenarchitektur, Rechenleistung, Warnsysteme für die Datenqualität sowie Data Lineage[10] müssen sich diesen Umständen anpassen.
- **Datendemokratisierung:** Die Bereitstellung von Daten und die damit einhergehende Befähigung der Mitarbeitenden zur Nutzung der Daten stellen eine Herausforderung dar, da sowohl professionelle Werkzeuge (oft codebasiert) als auch leicht zugängliche Werkzeuge (oft Low-Code- oder No-Code-Programmierung) zum Einsatz kommen müssen. Ihre Harmonisierung ist nicht trivial.
- **Data-as-a-Product:** Daten, insbesondere wertvolle und qualitativ hochwertige Daten, werden zunehmend selbst zu einem vermarktbaren Produkt. Das Handeln mit Daten zwischen Unternehmen wird attraktiver, bedeutet aber auch, dass Datenintegrität und -qualität eine noch größere Rolle spielen. Die Schnittstellen zu den Daten sind architektonisch zu bedenken und können auch ein Sicherheitsrisiko darstellen.
- **Data Fabric und Data Mesh:** Dezentrale Lösungen wie das Data Mesh spielen in Zukunft eine immer größere Rolle. Mehr dazu finden Sie im Abschnitt »Data Mesh« auf Seite 209.
- **Data Observability[11]:** Observability basiert auf dem Konzept des Monitorings, beschreibt jedoch nicht den Vorgang, sondern die Eigenschaft eines Assets, beispielsweise eines Containers oder einer Datenbank, messbar zu sein. Als Datenmanager wird man durch Data Observability in die Lage versetzt, Messungen, beispielsweise zur Datenqualität, durchzuführen.
- **Crossfunktionale Datenteams:** Daten werden immer mehr als integraler Bestandteil und sogar als Abteilung des Unternehmens gesehen werden, »nicht

9 J. Edwards (2022). »7 Enterprise Data Strategy Trends«. CIO, *https://www.cio.com/article/412908/7-enterprise-data-strategy-trends.html*

10 Data Lineage ist ein Prozess, der beispielsweise durch Visualisierungen dabei unterstützen soll, den Fluss der Daten von der Quelle bis zur Senke nachzuvollziehen. Dies hilft, Ursachen für Fehler in der Senke schneller zu finden und zu beseitigen.

11 Mehr zum Thema bei A. Petrella (2023). *Fundamentals of Data Observability*. O'Reilly.

anders als HR oder die Finanzabteilung«, wie Traci Gusher im Artikel von John Edwards[12] sagt. Eine Voraussetzung dafür sieht sie in funktionsübergreifenden Teams mit unterschiedlichen Kompetenzen.

Daten sind ein immaterielles Gut, sehr mobil und wenig greifbar. Beim Datenmanagement reden wir deshalb meist über ein softwarebasiertes Management. Doch die Daten befinden sich natürlich auf materiellen Gütern, auf Hardware – selbst dann, wenn sie in der Cloud liegen. Wir greifen auf die Daten mit Endgeräten zu, die ebenfalls eine Verwaltung benötigen. Die IT, die es überhaupt ermöglicht, Daten zu managen, muss selbst auch gemanagt werden, wie wir im nächsten Abschnitt sehen.

IT-Management

Das IT-Management in Unternehmen umfasst die Organisation jedweder Informationstechnologie (IT), die notwendig ist, um den Unternehmenserfolg sicherzustellen. Zur IT gehören demnach folgende Komponenten:[13]

- **Hardware** – wie beispielsweise Laptops, Smartphones und Server, die den Mitarbeitenden bereitgestellt werden, um ihre Arbeit erledigen zu können.
- **Betriebssysteme** – Software, die es ermöglicht, mit Computern zu interagieren, beispielsweise Windows, Linux oder macOS.
- **Anwendungssysteme** – Software, die spezielle Aufgaben erfüllen kann, beispielsweise Datenanalyse oder Visualisierung. Hierzu zählen Business-Intelligence-Software wie Tableau oder Power BI, aber auch Programme wie Excel, Word oder PowerPoint.
- **Datenverwaltungs- und -speichersysteme** – Datenbanken sowie Managementsoftware für Datenbanken und Data Lakes.
- **Netzwerk- und Telekommunikationssysteme sowie Internetplattformen** – umfassen alles, was eine Kommunikation innerhalb des Unternehmens und nach außen ermöglicht.

Um es an dieser Stelle ganz explizit zu machen: Bei den beschriebenen Komponenten des IT-Managements handelt es sich auch um solche, die ausschließlich in der Cloud genutzt werden. Denn selbst wenn die Komponenten nicht physisch im Unternehmen vorhanden sind (nicht on-premises), müssen sie trotzdem als Teil der IT verstanden werden. Die Cloud und die Ressourcen, die man darin nutzt, sind ebenso physische Geräte, die nur an einem anderen Ort stehen. Deren Management ist genauso wichtig wie die Hardware und die Geräte, die im Unternehmensgebäude eingesetzt werden.

Wie wir in Teil III, *Infrastruktur und Architektur* dieses Buchs erörtert haben, können die zu verwaltenden Komponenten vielfältig sein. Auch wenn Unternehmen bereits ein IT-Management haben, kommt es mit der Einführung von Data Science zu

12 J. Edwards (2022).

13 M. Seiter (2019). *Business Analytics – Wie Sie Daten für die Steuerung von Unternehmen nutzen*. Vahlen.

Veränderungen und Erweiterungen der IT-Landschaft. Der Managementaufwand steigt damit und muss an die neuen Anforderungen angepasst werden.

Die Verwaltung der IT-Systeme ist nur sinnvoll möglich, wenn die Bedarfe des Unternehmens und der Kunden in regelmäßigen Abständen geprüft werden. Man versucht also, die IT so aufzustellen, dass sie möglichst unterstützend wirkt und dazu beiträgt, die Geschäftsabläufe so gut wie möglich durchzuführen. Da es sich hierbei um einen Servicegedanken handelt, wird dieser Ansatz auch häufig als *Information Technology Service Management* (ITSM) bezeichnet.

Ein Best-Practice-Ansatz für ITSM und im Prinzip der Standard zur Durchführung von ITSM in Unternehmen ist ITIL[14], die *Information Technology Infrastructure Library*. Dies sind keine Normen, sondern eine Sammlung von Prozessen, Maßnahmen und Methoden, die sich in der Praxis bewährt haben. Hierzu zählen beispielsweise die Entwicklung einer Servicestrategie, der Betrieb von Services, der Umgang mit Problemen und die Vertragsgestaltung (*Service Level Agreement*, SLA). Vor dem Hintergrund, dass Algorithmen und KI auch Software sind und als Service angeboten werden können, ist dies Teil der Arbeit von Data Scientists und Data-Science-Managern.

Zum IT-Management gehört auch, dass Budgets verwaltet und Kosten geplant werden müssen, sowie das Controlling für die gesamte IT. Um Kennzahlen zu erhalten, sollte eine Strategie für den Bereich entwickelt werden, die die Leitlinien des IT-Managements für das Unternehmen formuliert. Zudem müssen neue Assets (Vermögenswerte) evaluiert und implementiert oder ältere Assets ausgemustert werden.

Eine der wichtigsten Aufgaben des IT-Managements ist die Überwachung und Einhaltung der Sicherheit der IT. Dieses Thema ist umfassender, weshalb wir uns im nächsten Kapitel ausführlich damit beschäftigen.

14 AXELOS (2019). *ITIL Foundation – ITIL 4 Edition*. Stationary Office Books.

KAPITEL 22

Sicherheit und Datenschutz

Neben der Datenqualität sind der sichere Betrieb (*Safety*) und dabei der Schutz von Informationen (*Security*) vermutlich die wichtigsten Themen, die einen Einfluss auf die Arbeit von Data Scientists und Unternehmen, die Data Science betreiben, haben. Die Sicherheit und der Schutz von Informationen und Infrastruktur wird dabei immer wichtiger. Das liegt zum einen daran, dass die Unternehmen immer mehr Informationen in Form von Daten sammeln und diese auf unterschiedliche Systeme verteilen. Damit steigt die Zahl der möglichen Einfallstore und auch die Attraktivität für Cyberkriminalität. Zum anderen steigen die Fälle von Cyberkriminalität, was zu einer erhöhten Sensibilisierung für das Thema geführt hat. Immer mehr Unternehmen sind in den letzten Jahren Opfer von Cyberangriffen geworden. Doch nicht nur Unternehmen werden Ziel der Attacken, auch die kritische Infrastruktur von Staaten, öffentlichen Verwaltungen oder anderen Institutionen wird gehackt, was sich negativ auf die Arbeit auswirken kann und häufig zu Verlust von Vertrauen und Reputation führt.

Um sich dem Thema anzunähern, wollen wir zunächst grundlegende Begriffe unterscheiden, die Ihnen helfen, das Thema besser zu verstehen. Die Begriffe sind zwar verwandt, weisen aber einige Unterschiede auf.

IT-Sicherheit bzw. IT-Security umfasst den Schutz von Infrastruktur. Dabei ist es unerheblich, ob diese im eigenen Unternehmen betrieben wird (on-premises) oder in der Cloud. Der Begriff Infrastruktur umfasst die Computer und andere Endgeräte der Mitarbeitenden sowie die Server, Netzwerke und die Kombination aus den genannten. Wir versuchen also sicherzustellen, dass diese physischen Geräte vor Angriffen von außen geschützt sind. Das bedeutet zum Beispiel auch, dass, wenn wir ein Endgerät verlieren, nicht jeder darauf zugreifen kann, sondern dass es durch Passwörter oder Zwei-Faktor-Authentifizierung geschützt ist.

Internet und Cyberspace

Das Internet ist ein globales Netzwerk aus Computern bzw. Servern, die als Infrastruktur die Nutzung von Diensten wie etwa das World Wide Web (WWW), E-Mail, FTP und anderen ermöglichen. Die Standardisierung erfolgt über Internetprotokolle wie etwa HTTP.

Der Cyberspace ist ein virtueller Raum, der durch Computer erzeugt wird. Das Internet wird als Teil der Infrastruktur des Cyberspace betrachtet. Der virtuelle Raum kann beispielsweise durch Virtual-Reality-Brillen erzeugt werden und die Nutzenden in das sogenannte Metaversum versetzen.

Häufig sind die oben genannten Geräte mit dem Internet verbunden. Wenn sich Personen und Unternehmen konkret vor Angriffen aus dem Internet schützen wollen, sprechen wir von Internet-Security. Die Kombination aus IT- und Internet-Security können wir dann als Cybersecurity verstehen. Dies ist der Schutz aller Geräte, egal ob in der Cloud oder vor Ort im Unternehmen, vor Zugriffen, die auch aus dem Cyberspace kommen können.

Betrachten wir über die physischen Geräte und Netzwerke hinaus auch die Informationen, die auf ihnen gespeichert sind, begeben wir uns in den Bereich der Informationssicherheit. Informationssicherheit umfasst die Vertraulichkeit, Integrität und Verfügbarkeit (Datensicherheit[1]) von Informationen. Sie geht über den Schutz vor Diebstahl hinaus und bezieht auch den Missbrauch von Informationen bzw. Daten – im eigenen Unternehmen oder durch Dritte – mit ein.

Ein hundertprozentiger Schutz ist heutzutage im Prinzip nicht möglich, da es viele verschiedene Arten von Angriffen gibt, die durch Schutzmaßnahmen nicht vollständig abgedeckt werden können. Deshalb ist das Ziel oft nicht, die Systeme und Daten komplett abzuschotten, denn dann wären sie zwar recht gut geschützt, aber kaum mehr zugänglich. Vielmehr besteht das Ziel darin, die Systeme so gut wie möglich zu schützen und mit Angriffen umgehen zu können. Diese Angriffe finden statt, sollen aber erfolgreich abgewehrt werden. Dabei sollten sowohl Safety als auch Security aufrechterhalten werden. In diesem Fall spricht man von *Cyberresilienz*.

In der deutschen Sprache haben wir leider das Problem, dass wir für Safety und Security meist das Wort Sicherheit verwenden. Im Folgenden wollen wir uns daher anschauen, was die beiden englischen Begriffe konkret unterscheidet und wie wir mit diesen Konzepten arbeiten können.

Safety

Nicht nur im Bereich von Data Science oder allgemein der Informationstechnik müssen wir uns um Safety kümmern. Bildlich gesprochen, können wir Safety so verstehen: Wenn wir ein tiefes Loch graben, in das Menschen hineinfallen könnten, haben wir die Pflicht, dafür zu sorgen, dass das nicht passiert. Wir können also ein Brett darüberlegen oder den Bereich einzäunen und absperren. Das Gleiche gilt, wenn wir zum Schweißen eine Schutzbrille aufsetzen oder in der Lagerhalle Arbeitsschuhe mit Stahlkappen tragen müssen.

1 Eine gute Erklärung gibt es auf der Homepage der Firma Greenbone: *https://www.greenbone.net/it-sicherheit-informationssicherheit-datensicherheit/*

Auf den IT-Bereich übertragen, wären Safety-Maßnahmen also solche, die durch physikalische oder bauliche Veränderungen sowie durch Ge- und Verbote IT-Systeme schützen sollen. Es kann also z.B. sein, dass Serverräume vor Umwelteinwirkungen wie Hochwasser geschützt sein müssen. Wenn mithilfe von Data-Science-Algorithmen mehr oder weniger autonom handelnde Maschinen betrieben werden, ergeben sich Safety-Risiken für die Menschen, die mit ihnen arbeiten oder sie nutzen, wie wir anhand der folgenden Beispiele genauer evaluieren wollen.

In der modernen Fertigung, beispielsweise nach dem Vorbild von Industrie 4.0, kommen Menschen häufig in Kontakt mit Robotern, die auf künstlicher Intelligenz basieren. Ganz praktisch kann das so aussehen, dass Menschen an einem Fließband gemeinsam mit Industrierobotern (sogenannten Cobotern) an Werkstücken arbeiten. Um diese Arbeit sicher zu gestalten, werden häufig geschützte Räume geschaffen, in denen Menschen mit diesen Industrierobotern abgesichert zusammenarbeiten können. Da hier der Arbeitsschutz, und damit Safety, höchste Priorität hat, müssen wir das Thema mit einer Data-Science-Brille betrachten, denn die Industrieroboter arbeiten mit Algorithmen, die von Data Scientists (mit-)entwickelt wurden.

Ein immer wichtiger werdendes Thema sind selbstfahrende Autos. Die in diesen Fahrzeugen eingebauten Autopiloten basieren maßgeblich auf Data Science: Während der Fahrt werden in Echtzeit Daten erhoben und ausgewertet, beispielsweise aus Radar-, Lidar[2]- und Videosystemen. Diese Datenmengen sind für eine Echtzeitauswertung sehr groß und erfordern deshalb Data Science. Zudem benötigen wir Algorithmen, die aus dieser Menge an Daten auch sinnvolle Rückschlüsse für das Fahren selbst ziehen können. Oft wird hier ein Ansatz verfolgt, der auf Wahrscheinlichkeiten basiert und damit wiederum auf Data Science. Entscheidend unter den Gesichtspunkten der Safety ist, dass die Ausfallwahrscheinlichkeit dieser Systeme gering sein muss. Eine Safety-Maßnahme wäre also in diesem Fall, dass die Fahrerin oder der Fahrer noch selbst, also manuell, das Steuer übernehmen und somit das Fahrzeug kontrollieren kann. Die Maßnahme besteht also darin, weiterhin ein Lenkrad, Pedale und alle weiteren Bedienhilfen in die Autos einzubauen, auch wenn diese bereits in der Lage sind, selbst zu fahren.

Safety-Maßnahmen sind oft statische Maßnahmen, wie im obigen Bild das Aufstellen von Schutzzäunen. Sie sind in der Regel verpflichtend und durch normative Vorgaben beschrieben. Security-Maßnahmen sind dagegen oft als Richtlinien formuliert.

Security

Unter Security versteht man meist die Sicherheit der Informationen und den Schutz von Daten. Im weitesten Sinne geht es darum, durch Maßnahmen den Zugriff auf Informationen zu reglementieren. Dies kann durch Authentifizierung und Autorisie-

2 Light Detection and Ranging; Methode zur optischen Abstands- und Geschwindigkeitsmessung mit Licht (Laser) im dreidimensionalen Raum.

rung geschehen. Es kann zum Beispiel bedeuten, dass nur bestimmte Personen mit einem Sicherheitsausweis Zugang zu Serverräumen haben, da sie speziell ausgebildet und autorisiert sind. Es kann aber auch bedeuten, dass wir eine Zwei-Faktor-Authentifizierung auf Endgeräte einfordern, die durch das Unternehmen bereitgestellt werden. In jedem Fall wollen wir, dass nur Personen auf die Informationen zugreifen können, die wir autorisiert haben.

Authentifizierung und Autorisierung

Bei der Authentifizierung handelt es sich um einen Prozess, bei dem Personen, aber auch Geräte, nachweisen, dass sie eine bestimmte Eigenschaft erfüllen. Bei Menschen ist dies in der Regel der Nachweis ihrer Identität, beispielsweise durch einen Personalausweis. Eine Nutzerin authentifiziert sich beispielsweise durch ein Passwort oder durch biometrische Merkmale an einem Server, der bei einem positiven Ergebnis wiederum die Nutzerin authentifiziert.

Die Autorisierung folgt oft auf die Authentifizierung. Sie umfasst, dass Personen oder Geräte bestimmte Rechte oder Zugänge zugeordnet wurden, die diese dann nutzen können. Dabei kann es sich beispielsweise um Zugriffsrechte auf Dokumente handeln oder um die Unterscheidung zwischen Lese- und Schreibrechten.

Ein Beispiel: Bei einem Arztbesuch nutzen wir unsere Krankenversichertenkarte, um uns gegenüber der Praxis auszuweisen und damit den Nachweis zu erbringen, dass wir grundsätzlich behandelt werden können. Wir authentifizieren uns als Patienten gegenüber der Praxis. Nach erfolgreichem Einlesen der Karte sind wir authentifiziert. Je nach Krankenkasse können wir dann unterschiedliche Behandlungen in Anspruch nehmen. Manche Patienten haben die Autorisierung für besondere Behandlungen durch ihre Krankenkasse, andere wiederum nicht.

Welche Personen worauf Zugriff haben, regelt meist ein Berechtigungskonzept. Die Mitarbeitenden eines Unternehmens haben, wenn sie Zugriff auf digitale Ressourcen haben, eine Identität. Dies ist heute häufig die Mailadresse verknüpft mit einem Log-in, also der Kombination aus Mailadresse und Passwort. Zum Verständnis: Die Mitarbeitenden haben mehrere Identitäten wie etwa einen Personalausweis, einen Führerschein, eine Mitgliedskarte aus dem Fitnessstudio usw. Diese spielen aber im Unternehmenskontext für ein Berechtigungskonzept eine untergeordnete Rolle.

Damit nicht für jede einzelne Person geregelt werden muss, auf welche Ressourcen sie zugreifen darf, sind Identitäten in Berechtigungskonzepten häufig Rollen zugeordnet, um diese zu bündeln (siehe Abbildung 22-1). Dies wird auch als *Role Based Access Control* (RBAC) bezeichnet. Administratorinnen und Administratoren haben meist sehr weitreichende Rechte, können also Tabellen in Datenbanken erstellen oder löschen, Dienste in der Cloud verwalten und anderen Rollen Rechte geben und nehmen.

Entwicklerinnen und Entwickler wie auch Data Scientists haben häufig die Befugnis, viele Datenquellen zu lesen und zu bearbeiten (Schreibrechte). Sie können in Datenbanken beispielsweise auch neue Tabellen oder Views erstellen und diese bearbeiten. Es ist jedoch sinnvoll, ihnen keine Rechte zum Löschen von Tabellen oder Usern einzuräumen, wenn dies nicht unbedingt notwendig ist. Sofern es nicht zu den Aufgaben des Data Scientists gehört, User zu verwalten, sollten die Rechte hierfür nicht gewährt werden. So geht man sparsam mit Berechtigungen um und behält den Überblick.

Normale Business-User haben hingegen oft nur Leserechte, können sich also beispielsweise Tabellen in einer Datenbank ansehen, Daten herunterladen, aber nichts verändern (und damit auch nichts »kaputt machen«). Ist dies gegeben, können IT-Verantwortliche ruhig schlafen. Business-User können sich mit ihren eingeschränkten Rechten recht frei auf den Plattformen bewegen, da wenig schiefgehen kann. Im Bereich Business Intelligence gibt es hingegen oft Power-User, die in entsprechenden Self-Service-BI-Tools durchaus etwas verändern können. Es hängt also sehr stark vom Anwendungsfall ab, wem man was anvertraut bzw. welche Rechte man einräumt.

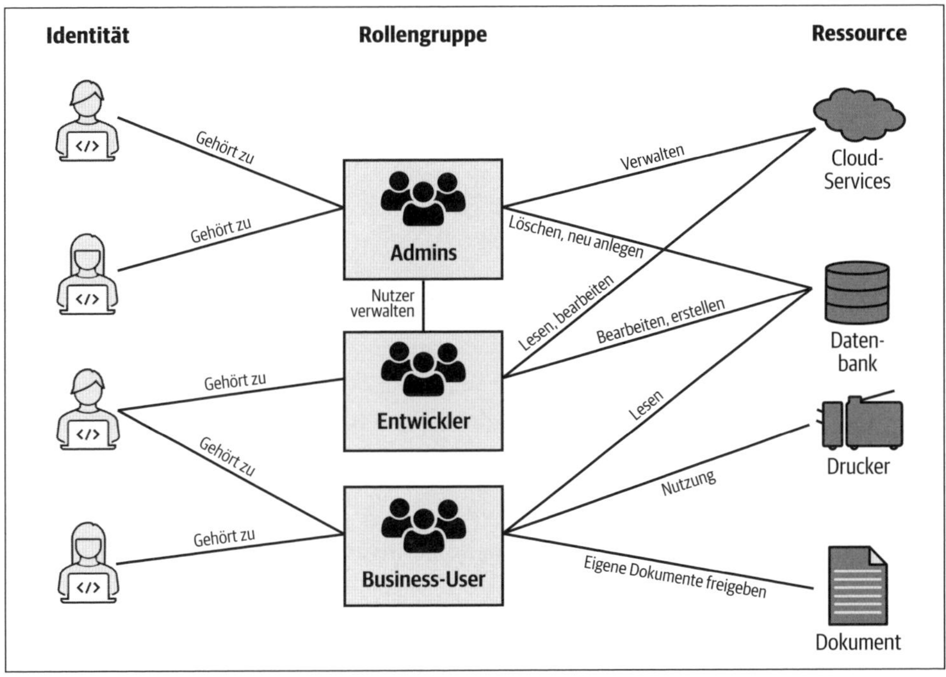

Abbildung 22-1: Beispielhaftes Berechtigungskonzept für Personen, die einer oder mehreren Rollengruppen angehören können. Die Rollengruppen haben dabei unterschiedliche Rechte und können deshalb auf unterschiedliche Ressourcen zugreifen und sowie Rechte wahrnehmen – also etwa lesen, schreiben oder löschen.

Die Vergabe von Identitäten und die damit verbundene Zuweisung von Berechtigungen wird heute häufig als *Identity and Access Management* (IAM) bezeichnet. Die vereinfachte Darstellung in Abbildung 22-1 entspricht nicht der Realität in Unternehmen, wo es häufig mehrere Hundert Identitäten, viele Rollen und diverse Softwarelösungen gibt. Auch hier muss ein Gleichgewicht zwischen Sicherheit und Komfort gefunden werden. So wird versucht, mit nur einer Identität, also z.B. der Kombination aus Mailadresse und Passwort, auf möglichst viele Systeme zugreifen zu können. Das ist allerdings auch eine potenzielle Gefahr, da ich auf diese Weise mit einer gestohlenen Identität auf viele Systeme zugreifen könnte.

Neben diesen Security-Maßnahmen kann man auch allgemeinere Ansätze verfolgen. Hierzu zählt die Verschlüsselung von Daten. Bei der Verschlüsselung werden Daten so verändert, dass sie ohne den entsprechenden Schlüssel nicht identifiziert und damit entschlüsselt werden können. Die Daten ergeben also ohne Schlüssel keinen Sinn. Moderne Verschlüsselungen sind so aufgebaut, dass es nur mit sehr großem Aufwand möglich ist, die Daten ohne diesen Schlüssel zu entschlüsseln, was theoretisch möglich wäre. Somit ist die *Kryptografie*, die Wissenschaft von der Verschlüsselung von Informationen, heute ein wichtiges Mittel zum Schutz von Daten und Informationen und wird oftmals standardmäßig eingesetzt, beispielsweise bei Cloud-Speicherdiensten. Die Bedeutung von Kryptografie nimmt stark zu, da durch die zunehmende Datafizierung immer mehr Informationen potenziell zugänglich sind.

Darüber hinaus ist es notwendig, Daten so zu speichern, dass sie im Fall eines Verlusts wiederherstellbar sind. Dies geschieht in der Regel durch Backups und Redundanzen. Viele Cloud-Anbieter haben dies bereits implementiert, und je nach Sicherheitsvorgabe oder -bedürfnis kann man mehrere Backup-Möglichkeiten nutzen, die entsprechend mehr kosten. Die Möglichkeit zur Wiederherstellung von Daten ist wichtig, weil es keine perfekte Sicherheit gibt. Doch auch wenn diese Backups existieren, kommen Unternehmen nicht umhin, sich um die Sicherheit ihrer Netzwerke und Geräte zu kümmern. Denn selbst wenn es möglich ist, die Daten wiederherzustellen, können durch Sicherheitslücken und Leaks enorme wirtschaftliche Schäden und ein Reputationsverlust entstehen.

Eine zunehmend etablierte Methode zur Wahrung der Sicherheit besteht darin, niemandem zu vertrauen. Das Prinzip des *Zero Trust* fußt darauf, dass keiner Person, keinem Gerät, keinem Dienst und keiner Transaktion innerhalb und außerhalb des Unternehmens vertraut werden kann. Alle genannten Komponenten müssen sich authentifizieren, Datenströme müssen verschlüsselt sein und protokolliert werden. Außerdem müssen die Geräte im Unternehmen inventarisiert und mit Zugriffsrechten versehen werden.

Security ist im Gegensatz zur Safety eher fluide. In den deutlich dynamischeren IT-Systemen ergeben sich häufiger Lücken, die es zu schließen gilt. Daher ist es schwieriger, gesetzliche Vorgaben zu machen. Sinnvoller ist es, Richtlinien herauszugeben und Vorgaben zu machen, wie was geschützt werden soll. Diese Richtlinien können von den Unternehmen sogar übertroffen werden, um besonders schützenswerte Daten abzusichern. Während niemand auf die Idee käme, aus Safety-Gründen Stahlkappenschuhe gegen Ritterrüstungen auszutauschen, weil das noch sicherer ist, könnte man sich durchaus vorstellen, aus Security-Gründen die Daten mit einer stärkeren Verschlüsselung zu sichern, als es notwendig wäre. Die Beweggründe für diese unterschiedlichen Entscheidungen sind klar: Ritterrüstungen für Mitarbeitende kann man nur schwer argumentativ begründen, und sie schränken die Arbeit enorm ein. Mehr Security, beispielsweise durch eine komplexere Verschlüsselung, die im Prinzip nur wenig Mehraufwand bedeutet, lässt sich einfacher integrieren – getreu dem Motto: Better safe than sorry.

Governance, Compliance und rechtliche Aspekte

Je nach Branche unterliegen Unternehmen mehr oder minder starker normativer Regulierung. Banken und Finanzinstitute sind beispielsweise stark regulierte Bereiche. Darüber hinaus gibt es noch viele weitere Branchen, die entweder technisch anspruchsvoll sind wie die Luftfahrt, kritische Infrastruktur darstellen wie Kraftwerke oder mit sensiblen Daten arbeiten wie Krankenkassen. Diese letztgenannten datenintensiven Branchen werden immer zahlreicher, denn Unternehmen erheben immer mehr Daten über ihre Mitarbeitenden, Kunden oder Geschäftspartner. Allen genannten sowie weiteren Branchen ist allerdings gemeinsam, dass sie Daten erheben. Daraus ergeben sich rechtliche Rahmenbedingungen, die eingehalten werden müssen.

Die wohl bedeutendste Rechtsvorschrift für Data Scientists in Deutschland ist die Datenschutz-Grundverordnung (DSGVO). Sie regelt die Verwendungsmöglichkeiten von personenbezogenen und personenbeziehbaren Daten und schränkt damit den Handlungsspielraum für Datenanalysen mitunter erheblich ein. Aus Sicht der Bürgerinnen und Bürgern und damit auch Kunden ist diese Regelung allerdings notwendig und richtig, da sie vor Datenmissbrauch schützt. Anders als bei ethischen Aspekten, mit denen wir uns im nächsten Abschnitt beschäftigen, sind die Unternehmen hier bereits rechtlich eingeschränkt und müssen somit keine eigenen Standards festlegen, die das Verhältnis zwischen Überwachung und Datenfreiheit regeln. Die DSGVO ist so gestaltet, dass die Datennutzung zweckgebunden sein muss und so weit wie möglich minimiert werden sollte. Die Privatsphäre wird besonders geschützt und von Anfang an mitgedacht.

Viele Unternehmen unterliegen noch weiterer Gesetzgebung wie etwa dem IT-Sicherheitsgesetz. Dieses regelt beispielsweise, dass Unternehmen mit hoher volkswirtschaftlicher Bedeutung ihre IT-Infrastruktur besonders schützen müssen. Es regelt auch die Arbeit des *Bundesamts für Sicherheit in der Informationstechnik*, das unter anderem für die Abwehr von übergreifenden Cyberrisiken wie dem Ausspähen von Geschäftsgeheimnissen, der Erpressung mit Datenverlust oder der Überlastung von internetfähigen Geräten zuständig ist. Gesetze wie das IT-Sicherheitsgesetz sind im Zusammenhang mit Data Science wichtig, da die Anwendung einer skalierbaren Softwarelösung im gesamten Unternehmen nur möglich ist, wenn eine Infrastruktur vorhanden ist, die kollaborativ genutzt werden darf. Datenaustausch sowie die Datenverarbeitung müssen sicher nutzbar sein. Dies gelingt oft nur in der Cloud, die meist von Anbietern aus Drittstaaten – außerhalb der EU – stammt. Die Cloud muss durch Gesetze reguliert und durch staatliche Institutionen kontrolliert werden, da dies nicht jedes Unternehmen für sich leisten könnte.

Unternehmen müssen nicht nur staatliche Gesetze befolgen und einhalten. Es besteht auch die Möglichkeit, Zertifizierungen anzustreben, deren Einhaltung und praktische Umsetzung Unternehmen vor potenziellen Gefahren schützt. Eine wichtige Zertifizierung ist die nach der Norm ISO 27001. Sie spezifiziert die Anforderungen an IT-Systeme und die Implementierung von Sicherheitsmaßnahmen, die die »Einrichtung, Umsetzung, Aufrechterhaltung und fortlaufende Verbesserung« der Systeme sicherer gestaltet. Wenn Unternehmen diese Zertifizierung erhalten, wappnen sie sich aus eigenem Antrieb gegen Risiken und können diese, auch transparent für Kunden, minimieren. Die Standardisierung ermöglicht dabei ebenfalls eine Steigerung der Effektivität und Effizienz bei der Implementierung und der Einhaltung dieser Sicherheitsmaßnahmen.

Governance, also die Steuerung von und der Zugriff auf Daten und Prozesse, steht oft im Zusammenhang mit Compliance. Compliance, die Einhaltung von Regeln oder Regelkonformität, ist dabei direkt von der Governance beeinflusst. Die Governance eines Unternehmens umfasst die Sicherstellung der unternehmensexternen rechtlichen Aspekte, also beispielsweise Bundesgesetze oder Verordnungen sowie Normen, die innerhalb des Unternehmens von Bedeutung sind. Diese Rahmenbedingungen müssen im Sinne der Governance transparent gemacht werden, damit sie verstanden und umgesetzt werden können. Gleichzeitig müssen sie in Prozesse und Arbeitsabläufe eingebunden und überwacht werden. Governance ist somit ein kontinuierlicher Prozess.

Compliance beschreibt in diesem Zusammenhang die Einhaltung der Normen und Richtlinien, die durch die Governance etabliert wurden. Beispielsweise gibt es im Bankensektor internationale Richtlinien, die Korruption und Geldwäsche vorbeugen sollen. Im Rahmen der Governance unternehmen wir Schritte, damit diese Richtlinien im Unternehmen bekannt sind und in Prozesse eingebunden werden. Dies kann zum Beispiel dadurch geschehen, dass Mitarbeitende mit einem Häkchen bestätigen müssen, dass sie die rechtlichen Bedingungen oder ordnungsgemäßen Abläufe kennen. Die Compliance, also auch die tatsächliche Einhaltung dieser Richtlinien, erfolgen dann auf der Ebene der Mitarbeitenden. Natürlich ist aber auch die Compliance des gesamten Unternehmens von großer Bedeutung, da bei Regelverstößen meist Strafen beispielsweise durch Behörden drohen.

Eine Möglichkeit, die Compliance zu gewährleisten, besteht beispielsweise darin, die Zustimmung der Mitarbeitenden oder Teammitglieder aktiv einzuholen. In Form eines *Code of Conduct* oder eines *Working Agreement* halten Teams fest, wie sie zusammenarbeiten möchten, welche Situationen sie vermeiden oder gegenüber welchen Themen sie besondere Sensibilität zeigen möchten.

Im Rahmen von Data Science ist die Einhaltung von Vorschriften von großer Bedeutung.[3] Data Scientists und damit verwandte Berufe haben oft einen weitreichenden Zugriff auf IT-Systeme und vor allem auf Daten. Neben den rechtlichen Rahmenbe-

3 Die rechtlichen Aspekte in diesem Abschnitt stellen nur einen Überblick über die Thematik und keine Rechtsberatung dar. Zur Beantwortung konkreter und umfassender Rechtsfragen sollten entsprechende Expertinnen und Experten hinzugezogen werden.

dingungen, beispielsweise im Kontext der DSGVO, gilt es auch, ethische Aspekte bei der Nutzung von Daten miteinzubeziehen und sich im Interesse des Unternehmens und auch des Kundenkreises hiermit zu befassen. Data Science ermöglicht es oft, schon mit wenigen Datenpunkten Rückschlüsse auf Personen zu ziehen. Diese Informationen dürfen nicht missbraucht werden, und die Arbeit mit ihnen erfordert ein sensibles Vorgehen. Klare Vorschriften und ethische Richtlinien – und insbesondere deren motivierte Einhaltung (Compliance) – sind im Bereich von Data Science von hoher Relevanz. Das Wissen darüber und die Sensibilisierung für das Thema können in einem Code of Conduct festgehalten werden. In Gruppen erzeugt dies oft auch einen Gemeinschaftssinn, sodass gemeinsam auf diese Aspekte geachtet und der Missbrauch durch Einzelne reduziert wird. Ausschließen kann man dies jedoch nie.

Ethische Aspekte und Corporate Responsibility

Beim zunehmenden Einsatz von Data Science und künstlicher Intelligenz spielen auch ethische Aspekte eine immer größere Rolle. Dies hat unterschiedliche Gründe: Zum einen stellen komplexe Modelle, die etwa auf künstlichen neuronalen Netzen basieren, Black Boxes dar. Das heißt, wir können nur mit sehr großem Aufwand nachvollziehen (was faktisch niemand tut), warum sich Algorithmen für einen bestimmten Weg entscheiden. Wenn wir Modelle bauen, die beispielsweise über die Vergabe von Krediten entscheiden, kann eine solche Black Box ein Problem darstellen. Bewerten die Algorithmen Menschen im Hinblick auf ihre Kreditwürdigkeit (sogenanntes *Social Scoring*), ohne dass diese Menschen Transparenz darüber erhalten können, warum sie einen potenziell negativen Score bekommen haben, kann dies zu Kritik am Verfahren oder gar zu rechtlichen Schritten gegenüber dem Anbieter der Software führen.

Eine ethische Dimension beim Scoring kann sich auch in etwas Unscheinbaren verbergen, beispielsweise wenn wir bei der Bewertung von Kreditrisiken auf die Postleitzahl zurückgreifen. Die Postleitzahl und damit der genaue Wohnort einer Kreditnehmerin wird vom Algorithmus dazu genutzt, zu überprüfen, ob andere Kreditnehmer mit derselben Postleitzahl Zahlungsverzögerungen oder -ausfälle aufweisen. Ist das der Fall, ist für den Algorithmus die Wahrscheinlichkeit hoch, dass es bei weiteren Kreditnehmern ebenfalls Zahlungsausfälle geben wird, was zu einem negativen Scoring führt. Dadurch könnten Menschen diskriminiert werden, was rechtlich problematisch oder sogar illegal sein kann. Dies ist besonders in den USA ein Thema, wo das feinmaschige Netz der Postal Codes zur Prüfung von Kreditvergaben genutzt wird.

Wenn wir diesen Ansatz übertragen, sind wir auch sehr schnell bei der Diskriminierung aufgrund von Ethnie, sozialer Herkunft, Religion, Geschlecht und anderen Merkmalen. Obwohl dies von den Programmierinnen und Programmierern bzw. den Unternehmen meist nicht gewollt ist, können die Algorithmen durch ihre Trainingsdaten ethisch (und rechtlich) inakzeptable Situationen für die Unternehmen und unsere Gesellschaft schaffen. Laut einem Report von Capgemini haben 60% der befragten Organisationen aus unterschiedlichen Ländern, darunter auch Deutschland, eine rechtliche Prüfung durch Ermittlungsbehörden aufgrund ihrer KI-Algorithmen erhalten, 22 % haben sogar Kunden verloren.[4] Deshalb ist es wichtig, dass die Menschen in Unternehmen sich dessen bewusst sind, dass Unternehmen verantwortungsvoll handeln und dass wir Black Boxes, die durch KI zwangsläufig entstehen, so weit wie möglich öffnen. Inzwischen haben sich große Tech-Unternehmen zusammengeschlossen, um Best-Practice-Ansätze für Responsible AI[5] zu verfolgen und umzusetzen.

Responsible AI

Durch die Möglichkeiten der künstlichen Intelligenz und die für die Allgemeinheit im Detail nur schwer nachvollziehbaren Funktionsweisen von KI macht sich auch eine Technikskepsis bemerkbar. In Kombination mit dystopischen Filmen entstehen Bilder in den Köpfen, die sogar Ängste vor KI auslösen können, beispielsweise, dass Roboter unsere Welt übernehmen.

Verantwortungsvolle KI (Responsible AI) fasst Bestrebungen zusammen, die dieser Skepsis vorbeugen sollen. Dabei geht es darum, die KI-Systeme so zu gestalten, dass sie

- Erklärbarkeit (Explainable AI) gewährleisten,
- Vertrauenswürdigkeit (Trustworthy AI) schaffen,
- den Datenschutz beachten und
- Verlässlichkeit und Sicherheit bieten.[6]

Explainable AI bedeutet dabei, dass wir die Black Box von komplexen Methoden wie künstlichen neuronalen Netzen, genetischen Algorithmen oder Reinforcement Learning öffnen, sodass die Ergebnisse und der Weg dahin nachvollziehbar sind.

Vertrauenswürdigkeit bezieht sich in diesem Zusammenhang darauf, dass die KI-Systeme nachhaltig und robust die Privatsphäre schützen und nicht diskriminieren.

Um ein Unternehmen robust aufzustellen und ethische Aspekte zu adressieren, bietet es sich an, das Thema offen zu handhaben und sich damit auseinanderzusetzen. Dies kann mit dem Ziel geschehen, ein Regelwerk zu erstellen, also beispielsweise einen sogenannten *Code on Ethics in AI*, wie er in angloamerikanischen Unternehmen teilweise eingesetzt wird. Damit erzielt man mindestens drei Effekte:

- Mitarbeitende und Führungskräfte beschäftigen sich mit dem Thema, lernen dazu und entwickeln ein Bewusstsein.

4 Capgemini Research Institute (2020). »AI and the Ethical Conundrum – How Organizations Can Build Ethically Robust AI Systems and Gain Trust«.

5 S. Voeneky, P. Kellmeyer, O. Mueller und W. Burgard (Eds.) (2022). *The Cambridge Handbook of Responsible Artificial Intelligence: Interdisciplinary Perspectives* (Cambridge Law Handbooks). Cambridge: Cambridge University Press. DOI: 10.1017/9781009207898.

6 Gabler Wirtschaftslexikon, *https://wirtschaftslexikon.gabler.de/definition/responsible-ai-123232/version-384809*

- Entwicklerinnen und Entwickler sowie Data Scientists haben Richtlinien, an denen sie sich orientieren können.
- Ein fertiges Konzept kann auf der Unternehmenswebsite veröffentlicht werden und bietet Transparenz gegenüber Kunden, Investoren usw.

Darüber hinaus ist es möglich (siehe Abschnitt »Rollen von Data Scientists« auf Seite 150), einen Model-Risk-Manager einzustellen oder auszubilden, um Risiken für Unternehmen und Kunden möglichst schon bei der Modellentwicklung zu antizipieren und zu vermeiden. Da diese Rolle eher auf der Ebene der Teams zu verorten ist, könnte man auch eine Beauftragte für ethische Fragen, einen Ethics Leader, einführen, der oder die sich dieses Themas auf Unternehmensebene annimmt.

Insbesondere wenn Unternehmen mit KI arbeiten, wird es immer wichtiger, das Vertrauen der Endkunden in Produkte aufzubauen, die auf KI basieren. Doch auch auf Data Science basierende Produkte, die transparenter als KI-Produkte sind, können ethische Fragestellungen aufwerfen. Daten als Produkt werden perspektivisch immer wichtiger, daher müssen sich Unternehmen, die Datenprodukte verkaufen, darüber klar sein, welche Daten ethisch vertretbar weitergegeben werden dürfen und eventuell auch an wen.

Auch die Erhebung von Daten, die genutzt werden sollen, stellt Unternehmen vor ethische Fragen. Was erst einmal trivial erscheint, birgt viele Fallstricke. Wer sich im Internet bewegt, hinterlässt bekanntermaßen eine Vielzahl von Metadaten, die in der Kombination sehr viel über das Nutzungsverhalten verraten, aber auch über persönliche Vorlieben und Gewohnheiten. Rechtlich mag es vielleicht klar sein, dass diese Daten genutzt werden dürfen, weil Nutzungsklauseln – vergraben in umfassenden, wenig verständlichen allgemeinen Geschäftsbedingungen – nicht unbedingt wahrgenommen werden. Was Data Scientists aus diesen Daten für Informationen gewinnen können, ist den Endkunden aber oft nicht klar.[7] Finden sie heraus, in welchem Umfang Nutzerprofile erstellt und für Unternehmenszwecke verwendet werden, kann dies zu einem Reputationsverlust führen. Schon aus diesem Grund, aber auch aus Gründen verantwortungsvollen Unternehmertums, sollten diese Fragen intern zumindest diskutiert werden.

Es ist zu beobachten, dass gesamtgesellschaftlich immer mehr ethische Fragen im Zusammenhang mit KI diskutiert werden. Die technische Möglichkeit und fehlende Gesetze reichen nicht immer aus, um die Nutzung von KI zu legitimieren. Wir müssen diskutieren, ob wir beispielsweise medizinische Operationen von KI oder aufgrund von Entscheidungen von KI durchführen wollen und ob wir rechtliche Entscheidungen einer KI überlassen können usw. Unternehmen sollten diese Diskussion schon aus Eigeninteresse begleiten. Data Scientists können sich wiederum mit ihrem Wissen einbringen, um den Diskurs weiterzuentwickeln.

Ethische Entscheidungen sind mitunter sehr individuell geprägt, und es obliegt derzeit den Unternehmen, ob und wie intensiv sie sich mit dem Thema auseinanderset-

7 Einen spannenden Einblick bietet David Kriesels Vortrag auf dem 33c3 »SpiegelMining« vom 28.12.2016, *https://dkriesel.com/spiegelmining*

zen. Sie können sich also auch entscheiden, sich damit nicht zu beschäftigen. Denn Unternehmen sind umsatzgetrieben und unterliegen Sachzwängen, auch wenn sie ethische Diskussionen zulassen und fördern. Aufgrund wirtschaftlicher Abwägungen können ethische Aspekte deshalb in den Hintergrund treten, obwohl sie aus gesellschaftlicher Sicht von Bedeutung sind. Mittelfristig können wir deshalb nicht alle Fragen den Unternehmen überlassen, insbesondere nicht die Entscheidung, ob sie sich damit beschäftigen wollen oder nicht. Manche Themen sind von so großer Tragweite, dass sich die Politik diesen Themen annehmen muss.

Digitalpolitik

Neben den zuvor betrachteten rechtlichen Rahmenbedingungen sind auch politische Entwicklungen für die Arbeit mit Data Science und künstlicher Intelligenz entscheidend. Gerade in den letzten Jahren haben immer mehr Parteien bzw. Politikerinnen und Politiker Zugang zu der Thematik gefunden und verstehen den Regulierungsbedarf einiger Aspekte von künstlicher Intelligenz. Dabei sind insbesondere zwei politische Ebenen von Bedeutung: die Bundesregierung und der Deutsche Bundestag sowie die Europäische Kommission, das Europäische Parlament und der Ministerrat. Teilweise wird KI auch auf Landesebene thematisiert, das spielt aber für unsere Betrachtung eine untergeordnete Rolle.

Auf nationaler Ebene im Bundestag, im Bundesrat und in der Bundesregierung werden Themen wie Datenschutz und der Ausbau der digitalen Infrastruktur verhandelt. Kenntnisse der digitalen Infrastruktur, der rechtlichen Rahmenbedingungen sowie die Beobachtung der politischen Auseinandersetzungen sind unabdingbar für Data Science und KI in Unternehmen, da sie bestimmen, was möglich ist und was eventuell eingeschränkt wird. Darüber hinaus sind alle politischen Themen, die auf der Agenda der EU stehen und zu Richtlinien werden, ab dem Zeitpunkt ein Thema für die nationalen Parlamente, wenn sie diese in nationale Gesetze gießen müssen. Verordnungen wie beispielsweise die Datenschutz-Grundverordnung (DSGVO – General Data Protection Regulation, GDPR), die 2018 in Kraft getreten ist, gelten wiederum mit unmittelbarer Wirksamkeit in allen Mitgliedsstaaten. Im politischen Prozess haben diese Mitgliedsstaaten allerdings einen Einfluss auf die Entscheidungsfindung.

Das ist insbesondere vor dem Hintergrund der aktuellen Entwicklungen in der EU spannend. Der Anspruch dieses Buchs ist natürlich nicht, sich mit Tagespolitik zu beschäftigen. Dennoch müssen wir uns, unabhängig vom konkreten Ergebnis, mit den Tendenzen auseinandersetzen, die sich derzeit zeigen. Denn auf EU-Ebene werden gleich mehrere Verordnungen (*Acts*) mit Bezug zu Data Science und KI auf den Weg gebracht. Bereits 2022 trat das Gesetz über digitale Märkte[8] (*Digital Markets Act*, DMA) in Kraft. Diese Verordnung soll die große Marktmacht von Digitalkonzernen wie Google, Meta, Amazon, Apple usw. regulieren. Diese Gatekeeper müs-

8 Europäische Kommission (2020). Vorschlag für eine Verordnung des Europäischen Parlaments und des Rates über bestreitbare und faire Märkte im digitalen Sektor (Gesetz über digitale Märkte).

sen nun mehr Konkurrenz zulassen und die Abhängigkeit ihrer User und Kunden abbauen, um insgesamt einen faireren Wettbewerb zu ermöglichen.

Ebenfalls 2022 in Kraft getreten ist das Gesetz über digitale Dienste[9] (*Digital Services Act*, DSA). Dieses stärkt den Schutz der User von Onlineplattformen, indem es z. B. regelt, dass die EU Einblick in die Algorithmen bekommt, dass Plattformen eine Möglichkeit zur Meldung illegaler Inhalte anbieten müssen und dass das Profiling und das Targeted Marketing an Bedeutung verlieren, da beides eingeschränkt wird.

Beide Gesetze, Digital Markets Act und Digital Services Act, haben insofern eine Bedeutung, die über die von Privatpersonen hinausgeht. Sie erlaubt es anderen Unternehmen, innovative Ideen zu entwickeln und diese auch gegenüber der Marktmacht der großen Digitalkonzerne zu positionieren. Zudem erlauben sie den Unternehmen, sich freier auf den Plattformen zu bewegen. Wettbewerbsvorteile, die im Kern auf Algorithmen beruhen, werden damit in Zukunft reduziert – zumindest ist das die Intention.

Darüber hinaus ist in der EU ein *Artificial Intelligence Act* (AI Act) in Planung. Diese Verordnung soll regeln, was KI-basierte Systeme dürfen. Dabei geht es beispielsweise darum, aktive und passive User vor Diskriminierung zu schützen und sie darüber hinaus vor negativen Auswirkungen auf ihre Sicherheit, Gesundheit und ihre Grundrechte[10] zu bewahren. Dazu werden die Systeme mit einem unterschiedlichen Risikostatus versehen, was zur Folge hat, dass bestimmte Algorithmen verboten und andere stark reguliert werden. Unternehmen, deren Geschäftsmodell (teilweise) auf einer hochriskanten KI basiert, müssen also vermutlich bald tätig werden.

Eine EU-Verordnung, die die Entwicklung von künstlicher Intelligenz erleichtern soll, ist der Data-Governance-Rechtsakt (*Data Governance Act*, DGA). Dieser beinhaltet unter anderem die Erleichterung des branchenweiten Datenaustauschs, von Datenspenden durch Bürgerinnen und Bürger sowie den Zugang zu öffentlichen Daten.

Eine weitere geplante Verordnung ist das Europäische Chip-Gesetz (*EU Chip Act*). Dieses Maßnahmenpaket steht zwar nur indirekt mit Data Science und KI in Verbindung, ist aber von großer Bedeutung. Hiermit wird versucht, die Halbleiterindustrie in der Europäischen Union zu stärken, was einen mittelbaren Einfluss auf die Rechenkapazität hat, die für die Berechnung großer KI-Modelle wie Sprachmodelle zur Verfügung steht.

---

9 Europäische Kommission (2022). Verordnung (EU) 2022/2065 des Europäischen Parlaments und des Rates über einen Binnenmarkt für digitale Dienste und zur Änderung der Richtlinie 2000/31/EG (Gesetz über digitale Dienste).

10 N. Aszódi, A. Müller (2022). »Ein Leitfaden zum AI Act: Wie die EU KI regulieren will und was das für uns alle bedeutet«. Blog von Algorithm Watch, *https://algorithmwatch.org/de/ai-act-erklaert/*

KAPITEL 23

Digitale Kompetenzen und Data-Science-Kultur

Kultur lässt sich nicht diktieren. Sie muss sich im Unternehmen oder in der Organisation entwickeln und gelebt und gepflegt werden. Kultur wird von den Menschen getragen, die sie leben. Aus diesem Grund betrachten wir in diesem Kapitel die Menschen und ihre Fähigkeiten zusammen mit der Entwicklung einer Data-Science-Kultur und machen einen Vorschlag, wie eine solche Kultur aussehen kann.

Die Basis für eine Data-Science-Kultur ist ein gemeinsames Verständnis großer Teile der Belegschaft für Daten und deren Mehrwert. Dazu zählen auch digitale Kompetenzen und der Umgang mit den Werkzeugen. Der Hintergrund hierfür ist, dass es nicht ausreicht, Data Scientists einzustellen und dann darauf zu hoffen, dass sich eine Kultur von selbst etabliert. Data Scientists arbeiten in vielen Fällen in der Mitte oder am Ende der Datenwertschöpfungskette, zumindest nicht am Anfang. Die qualitativ hochwertige Datenerhebung im Unternehmen steht am Anfang, und diese wird oft von Menschen betrieben und verantwortet, die eben keine Data Scientists sind.

Mitarbeitende, die in der Lage sind, die Bedeutung und den Wert der Daten zu erfassen, fallen nicht vom Himmel. Gerade heute, in Zeiten des Fachkräftemangels und eines War-on-Talents, ist es immer schwieriger, über Recruiting neue Talente zu gewinnen. Damit ist gemeint, dass sich die Unternehmen eine regelrechte Schlacht um Talente liefern, die digitale Kompetenzen mitbringen. Deshalb wollen wir uns diesem Thema in einem eigenen Kapitel widmen, um herauszuarbeiten, wie das Recruiting von geeigneten Fachkräften dennoch gelingt.

Für viele Unternehmen wird es aus den genannten Gründen immer attraktiver, das bestehende Personal weiterzubilden oder neu auszubilden. Die Weiterbildung wird dabei heute häufig als Upskilling bezeichnet, die Ausbildung von Menschen, die bereits im Beruf sind, als Reskilling (siehe auch unten). In diesem Kontext sprechen wir davon, sogenannte *Data Literacy* herzustellen. Literacy (deutsch Alphabetisierung) meint ursprünglich die Fähigkeit zum Schreiben und Lesen, wird heute aber oft in Zusammenhang mit Daten gebracht und als die Fähigkeit definiert, Daten und deren Derivate zu lesen und zu verstehen.

Darüber hinaus blicken wir im Folgenden auf Möglichkeiten im Umfeld von Unternehmen, Unternehmertum und kreatives Denken zu fördern. Wir setzen uns damit auseinander, welche weiteren Wege es gibt, Unternehmen zu attraktiven Arbeitsplätzen für Data Scientists zu machen und zu einer Umgebung zu formen, die datengetriebene Entscheidungen zulässt und ermöglicht. Hierzu zählt auch, dass wir Hürden abbauen und Daten sowie Data Science demokratisieren, also einen umfassenden Zugang schaffen, um viele Menschen im Unternehmen zu befähigen, Daten zu analysieren.

Die Entwicklung einer Data-Science-Kultur ist dabei ein hohes Gut und ein übergeordnetes Ziel. Die Unternehmenskultur spielt bei 75% der Befragten[1] die größte Rolle bei der Wahl des neuen Arbeitgebers, was die Bedeutung des Themas noch mal unterstreicht. Ein Trendwort, das wir dabei immer wieder hören, ist *New Work*. Aus diesem Grund beginnen wir im Folgenden mit der Betrachtung, was New Work ist und was sie ausmacht.

New Work

Die digitale Ökonomie hat Berufsbilder verändert und neue hervorgebracht. Vor den 1980er-Jahren gab es faktisch keine Softwareentwicklerinnen und -entwickler. Heutzutage gehören sie ganz selbstverständlich zu unserem Verständnis von Berufen, die erstrebenswert oder lohnend sind. Dazu gehört auch, dass es entsprechende Berufsausbildungen gibt und Informatik Einzug in die Curricula der Hochschulen gefunden hat. Eine ähnliche Entwicklung können wir bei Data Scientists beobachten: Die Anzahl der Personen, die als Data Scientists arbeiten, ist in den letzten Jahren exponentiell angestiegen. Und auch hier sehen wir, dass die Lehre an Hochschulen der Nachfrage folgt. Darüber hinaus gibt es eine große Zahl an Weiterbildungsmöglichkeiten, insbesondere in Form des (autodidaktischen) Lernens im Internet (E-Learning). In der Einleitung haben wir ebenfalls festgehalten, dass »Data Scientist« als »the sexiest job of the 21st century« beschrieben wird.

Softwareentwickler oder Data Scientist ist mutmaßlich jedoch kein Beruf, von dem bereits Kinder träumen, wie etwa Tierarzt oder Astronautin. Es gibt garantiert Menschen, die früh den Wunsch hegen, mit Computern zu arbeiten, dies ist vermutlich aber eine Minderheit. Die schiere Zahl an Menschen, die diese und ähnliche IT-Berufe wählen, kommt eher dadurch zustande, dass Arbeitsbedingungen und Entlohnung attraktiv sind. Dies wiederum lässt sich maßgeblich darauf zurückführen, dass es in vielen Unternehmen in den letzten Jahrzehnten einen sehr großen Bedarf an Menschen mit diesen Fähigkeiten gibt.

Die hohe Nachfrage führt seit einigen Jahren dazu, dass sich die Unternehmen sehr genau überlegen müssen, wie sie Talente für sich gewinnen können. Somit sind sie eher gewillt, auf die Forderungen und Bedürfnisse bereits vorhandener und neuer Talente einzugehen. Diese wiederum setzen sich zunehmend kritisch mit dem Unternehmen, für das sie arbeiten, auseinander. Sie streben danach, eine Tätigkeit mit Bedeutung zu machen, also *Purpose-driven* zu arbeiten. Wenn der Unternehmens-

1 Manager Barometer 2021–2022 von Odgers Berndtson, *https://www.odgersberndtson.com/de-de/insights/neues-manager-barometer-2021-2022*

zweck diesen tieferen Sinn nicht bieten kann, wie es beispielsweise der Arbeitsplatz in einem Krankenhaus kann, in dem Menschenleben gerettet werden, müssen die Unternehmen einen anderen Weg finden.

Vor diesem Hintergrund möchten wir New Work betrachten. Der Begriff wurde in den 1980er-Jahren von Frithjof Bergmann geprägt, was einen Zusammenhang mit dem Aufstieg der digitalen Ökonomie erkennen lässt. Seine Thesen fußen maßgeblich auf einer kritischen Auseinandersetzung mit dem Kapitalismus und der Dysfunktionalität des real existierenden Sozialismus, die er auf seinen Studienreisen beobachtete und in seine Forschung einbezog. Er setzte sich dafür ein, dass Menschen selbstbestimmter und freier agieren und sich Arbeit suchen können, »die man wirklich, wirklich will« (F. Bergmann). Im Vergleich zu den Phasen vor der digitalen Revolution, bei der Menschen vorwiegend als Erfüllungsgehilfen für eine Aufgabe fungierten und ausschließlich für diesen Zweck entlohnt wurden, sollten die Menschen seiner Auffassung nach fortan vorwiegend zur Selbstverwirklichung und Selbsterhaltung sowie zum Erlangen von Freiheit arbeiten.

Die Geschichte der digitalen Ökonomie und die Theorie Bergmanns passen insofern zusammen, dass sich die Berufsbilder beispielsweise von Fließbandarbeit in Fabriken hin zu kreativer Arbeit in Bürogebäuden verändert haben. Somit änderte sich die Ausdrucksform des Kapitalismus in Form von Arbeit in dieser Zeit, wozu die Thesen Bergmanns passten.

Die heutige Lesart von New Work und deren praktische Umsetzung ist sehr vielfältig. Kritisch betrachtet, könnte man sagen, dass heute viele Maßnahmen als New Work bezeichnet werden, die nicht unbedingt zum Anspruch passen, dass die Menschen Arbeit finden, »die sie wirklich, wirklich wollen«. Allerdings ist auch festzustellen, dass einzelne Maßnahmen in einem Gesamtkonzept dazu führen können, dass Menschen größere Freude an der Arbeit haben und einen Sinn in ihr sehen. Das Beratungsunternehmen Kienbaum[2] hat zur Umsetzung dieser Maßnahmen 2017 eine Studie durchgeführt (siehe Abbildung 23-1). Deren Ergebnis zeigt, wie groß die tatsächliche Bereitschaft deutscher Unternehmen zu dem Zeitpunkt war, New-Work-Maßnahmen umzusetzen. Hier kann man auch erkennen, dass Maßnahmen zur Flexibilisierung der Arbeit und des Arbeitsorts eher umgesetzt wurden als organisatorische Veränderungen wie flache Hierarchien, ein Kulturwandel oder eine Demokratisierung. Im Selbstverständnis von New Work gehören aber sicher alle Maßnahmen zu einem konsistenten Konzept.

New Work ist für viele Unternehmen eine Chance. Wenn man sich als Unternehmen verändern möchte und auch bereit ist, dafür organisatorische Anstrengungen zu unternehmen (siehe Abbildung 23-1) und Investitionen zu tätigen, kann man sich mit New Work auf eine Zukunft vorbereiten, die ganz gewiss kommen wird. Eine Studie von Bitkom Research[3] fand beispielsweise eine sehr hohe Zustimmung unter Erwerbstätigen zu New-Work-assoziierten Aussagen:

2 Kienbaum (2017). *New Work Pulse Check.*

3 Bitkom Research (2022). »New Work – die neue Arbeitswelt nach der Pandemie.«

- 95 % möchten ihre Arbeitszeit frei einteilen können.
- 95 % möchten ihre Leistungs- und Lernziele selbst festlegen.
- 92 % ist es wichtig, dass ihr Arbeitgeber Wert auf Gleichstellung und Diversität legt.
- 91 % ist es wichtig, dass ihr Arbeitgeber gesellschaftliche Verantwortung übernimmt.
- 91 % ist es wichtig, einer sinnstiftenden Tätigkeit nachzugehen.
- 82 % sind der Ansicht, dass es normal sein sollte, dass auch Führungskräfte in Teilzeit arbeiten.

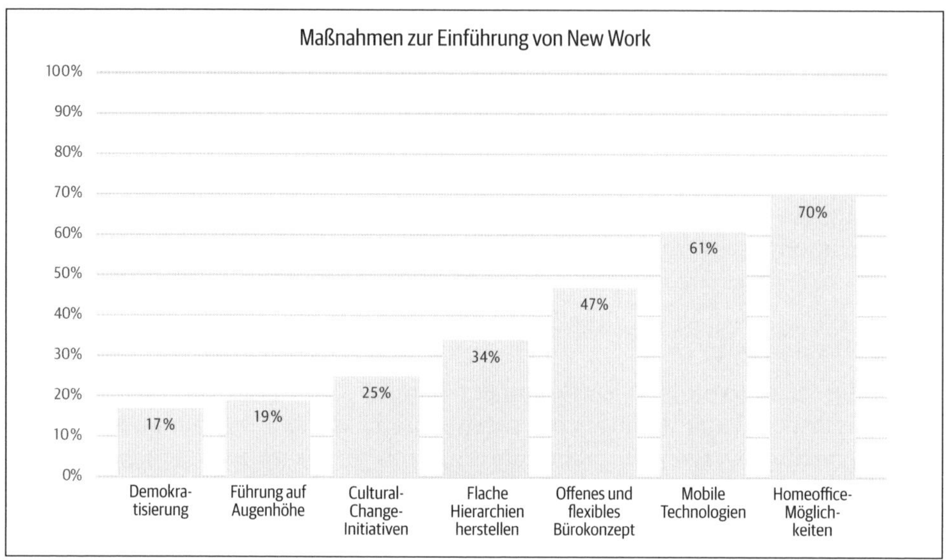

Abbildung 23-1: Anteil der befragten Unternehmen, die mindestens eine der angegebenen Maßnahmen zur Einführung von New Work im Unternehmen umsetzen. (Verändert nach Kienbaum 2017, New Work Pulse Check.)

Die Zahlen zeigen, welches Potenzial die Adaption von Maßnahmen einer New-Work-Kultur bietet. Dies gilt insbesondere für den Data-Science-Bereich, da es für die Unternehmen immer schwieriger wird, geeignete Talente zu finden. Auf Deutschland bezogen, haben wir es mit einem demografischen Wandel in der Gesellschaft zu tun, der sich auch auf die Demografie in den Unternehmen niederschlägt. In den nächsten Jahren werden immer mehr Menschen in den Ruhestand gehen und dabei zum Teil wertvolles Fachwissen mitnehmen. Auf der anderen Seite ist es für Unternehmen, insbesondere im IT-Bereich, immer schwieriger, Menschen für ihre Unternehmung zu begeistern. Das führt dazu, dass sich die Unternehmen vermehrt selbst bei den Menschen bewerben, um Talente zu gewinnen. Damit ist gemeint, dass sie sich beispielsweise durch gute Arbeitsbedingungen gegenüber anderen Unternehmen hervortun wollen. Ein weiterer Weg ist das interne Recruiting. Dies geht oft einher mit umfangreichen Aus- und Weiterbildungsprogrammen. Die Unternehmen versuchen somit, die aufkommenden Lücken bei den IT-Skills zu schließen. Daraus lässt sich ableiten, dass Bewerberinnen und Bewerber ganz explizit darauf achten, wie sie sich in den Unternehmen weiterentwickeln können, da sie um diese Umstände wissen. Für Unternehmen bedeutet dies, dass sie Angebote schaffen müssen, die sowohl ihren internen Bedarf abbilden als auch die Wünsche der Bewerber.

Ein Fehler, den viele dabei machen, liegt in einer vereinfachten Vorstellung von New Work. In der Praxis liegt der Fokus häufig auf Homeoffice und mobilem Arbeiten sowie der Umgestaltung von Büroräumen. Dies sind sicher entscheidende Schritte, insbesondere zur Flexibilisierung der Arbeitszeit und des Arbeitsorts, da die Menschen hierdurch mehr Freizeit gewinnen, z. B. durch die Einsparung von Pendelzeiten oder den Wegfall von Umzügen. Auch die attraktive Gestaltung von Büroflächen, um beispielsweise das kollaborative Arbeiten und den Austausch zu fördern, machen die Arbeit insgesamt angenehmer. Allerdings gehören noch viele weitere Bausteine zu New Work, vor allem vor dem Hintergrund der sich schnell verändernden Umweltbedingungen für die Unternehmen. Die Bausteine stellen wir im Folgenden vor.

Flexibilisierung der Arbeitsorganisation

Homeoffice wird nicht der letzte Schritt zur Flexibilisierung der Arbeit[4] sein, denn Arbeitnehmerinnen und Arbeitnehmer streben nach neuen Arbeitsformen und wollen sich stärker selbst verwirklichen. Hierzu gehört, dass man nicht immer der gleichen Tätigkeit nachgehen möchte, sondern diese häufiger wechselt (*Job Rotation*). Das kann auch für Unternehmen von Vorteil sein, denn dadurch entstehen neue Kooperationen innerhalb des Unternehmens. Die durch Homeoffice und mobiles Arbeiten entstandene Flexibilität äußert sich in Unternehmen auch darin, dass Menschen keinen festen Schreibtisch zum Arbeiten mehr haben (*Desk Sharing*). Was ein Einsparpotenzial für die Unternehmen bietet, kann allerdings auch zu einer verminderten Zufriedenheit bei sicherheitsbedürftigen Mitarbeitenden führen und Stress verursachen. Deshalb sollten die Bedürfnisse verschiedener Menschen betrachtet und keine Einheitslösung etabliert werden, die dann kontraproduktiv wirkt. Das Gleiche gilt für fluide Teams, also solche, die beispielsweise nur projektbezogen zusammenkommen und sich anschließend wieder auflösen. Diese Teams können sehr kreativ und effizient sein, auch können durch die Diversität der Teammitglieder Vorteile entstehen (siehe unten).

Neben dem physischen Arbeitsplatz kann auch die Stelle selbst geteilt werden (*Job Sharing*). So können beispielsweise zwei Menschen in Teilzeit eine Vollzeitstelle besetzen und diese ausfüllen. Der Vorteil liegt sicherlich in der Ausgewogenheit der Entscheidungen, doch diese Modelle können auch Zielkonflikte hervorrufen, da es mitunter unterschiedliche Vorstellungen über den Weg zum Erreichen des Ziels oder über das Ziel selbst gibt. Letztlich ist das digitale Nomadentum eine weitere Stufe der Flexibilisierung. Digitale Nomaden sind Menschen, die im Prinzip ohne festen Arbeitsplatz

---

4 Clevis Consult. »New Work: Wie funktioniert der Megatrend?«, *https://www.clevis.de/ratgeber/new-work/*

irgendwo auf der Welt arbeiten – ganz so, wie sie es für ihre Selbstverwirklichung vorsehen. Doch bei allen Chancen müssen die Herausforderungen für Mitarbeitende ebenfalls betrachtet werden: Nicht alle Menschen wünschen eine Flexibilisierung.

Diversität und Kreativität

New Work bedeutet auch, dass die Unternehmen sich öffnen müssen – für neue Ideen, Konzepte und Menschen. Kaum ein größeres Unternehmen kommt heute noch ohne eine Strategie zur Förderung der Diversität aus. Und das ist durchaus eine gute Idee: Diverse Teams sind oft kreativer und denken in viel mehr Richtungen. Sie sind mitunter sogar Impulsgeber für Innovationen. Ganz praktisch kann das bedeuten, dass diese Teams bei der Produktentwicklung Aspekte mitdenken, die inklusiv sind, oder sie finden Probleme, die exkludierend sind. Somit erschließt man sich eventuell neue Kundengruppen oder Produkte und umgeht potenziell ein negatives Image durch die Vermarktung eines exkludierenden Produkts. Die Diversität kann sich dabei in Ethnien, Geschlechtern, Sprachen, aber auch in Rollen, Abteilungen, technischen Hintergründen oder vielen weiteren Aspekten äußern.

Netzwerkorganisationen und Leadership

Die wenigsten Menschen finden Erfüllung in ihrem Beruf, wenn sie nur Befehle befolgen, die sie nicht verstehen. New Work beinhaltet deshalb, dass Prozesse im Unternehmen partizipativer werden und Entscheidungen zunehmend eine Demokratisierung erfahren. Das bedeutet, dass die Mitarbeitenden an Entscheidungen beteiligt werden, diese dann aber auch mittragen müssen. Dies kann zu Ownership führen, also zur Identifizierung mit einem Produkt oder einer Aufgabe, was einerseits den Mitarbeitenden helfen kann, da sie hinter ihrer Aufgabe stehen. Andererseits hilft es den Unternehmen, weil mehr Verantwortung übernommen wird. Diese Vorgehensweise kann auch in der Etablierung einer Netzwerkstruktur statt eines Top-down-Ansatzes münden (siehe hierzu auch den Abschnitt »Teamstrukturen« auf Seite 140). Das fordert allerdings von den Unternehmen und allen Beteiligten enorme Zugeständnisse, denn dieser Ansatz ist mit größeren Veränderungen in der Arbeitsweise verbunden. Nicht nur die Verantwortung der Mitarbeitenden steigt, Führungskräfte müssen teilweise ihre Rolle vollkommen neu definieren (siehe hierzu auch den Abschnitt »Modernes Leadership« auf Seite 164). Es ist im Rahmen von New Work notwendig, den Mitarbeitenden gegenüber Vertrauen zu haben, Aufgaben abzugeben und empathisch zu sein. Dazu gehört auch, dass Feedback aktiv eingeholt und natürlich wohlwollend aufgenommen wird.

Achtsamkeit und Gesundheit

Immer mehr Menschen beschäftigen sich mit Achtsamkeit. Sie achten auf ihre Gesundheit und Ernährung, bewegen sich viel und versuchen, Stress zu vermeiden. Dies ist auch im Rahmen von New Work ein Thema. Viele begrüßen es, dass es Angebote für Sport oder Yoga gibt, dass die Arbeit nicht nur vor dem Computer stattfindet und dass es Ausgleichsräume gibt. Hierzu gehört auch eine ergonomische Arbeitsumgebung, also etwa höhenverstellbare Tische oder Bürostühle mit diversen Einstellungsmöglichkeiten. Ganz besonders zählt in diesem Bereich aber auch, dass die Menschen darauf achten, dass sie eine gute Balance zwischen Arbeit und Privatleben finden. Die Bereitschaft zu einer Arbeitswoche, die über 40 Stunden hinausgeht, wird immer geringer. Dies müssen Unternehmen, aber auch Projektleitungen einpreisen und antizipieren.

Die oben genannten Bausteine haben sich nicht aus der New-Work-Bewegung heraus entwickelt, sondern waren teilweise schon deutlich vorher bekannt bzw. wurden praktiziert. Doch werden diese Praktiken heute immer häufiger adaptiert, um ein modernes und gutes Arbeitsklima zu erzeugen. Manchmal wird Agilität im selben Atemzug mit New Work genannt, zumindest wenn man auf Trends in der Arbeitswelt blickt. Da das agile Management für Data Science von besonderer Bedeutung ist, haben wir diesem Thema einen eigenen Abschnitt (»Agiles Management und Lean Mindset« auf Seite 120) gewidmet. Ursprünglich aus der Softwareentwicklung kommend, spielt agiles Management heute auch außerhalb der IT eine immer größere Rolle. Dabei geht es darum, Prozesse möglichst schlank zu halten und sich im Projektverlauf iterativ fortzubewegen. Diese Prinzipien spielen für Data Scientists eine große Rolle und haben auch Einzug in das Verständnis von New Work gehalten.

Recruiting

Eine naheliegende Methode, um digitale und Data-Science-Kompetenzen im Unternehmen aufzubauen, ist die Gewinnung von neuem Personal – das Recruiting. Dieses Recruiting wird jedoch immer schwieriger, da der sogenannte *War-on-Talents* in vollem Gange ist. Die Lücke zwischen gut ausgebildeten Fachkräften und dem Bedarf scheint dabei immer größer zu werden. Wir können hier nicht die Lösung für dieses Problem liefern, aber aufzeigen, was man beim Recruiting im Bereich Data Science besser machen kann.

Eine Herausforderung ist die Auswahl geeigneter Kandidatinnen und Kandidaten. Häufig legen die Recruiter oder in einigen Fällen auch die Auswahlsoftware zu viel Wert auf akademische Abschlüsse und geradlinige Lebensläufe, was manchmal auf Voreingenommenheiten und kognitive Verzerrungen (Bias) zurückzuführen ist (siehe die Infobox unten). Aber gerade im Bereich Data Science sind die ersten Studiengänge noch sehr neu. Biografien verlaufen deshalb weniger geradlinig, und die entsprechenden Fähigkeiten werden meist an unterschiedlichen Stellen erworben. Insbesondere bei Data Science und verwandten Datenthemen finden sich Zertifikate von E-Learning-Anbietern, die natürlich keinem Universitätsabschluss entsprechen, aber oft ausreichen, um nachzuweisen, dass sich jemand intensiv mit dem Thema beschäftigt hat. Hierbei ist besonders darauf zu achten, dass der zeitliche Umfang ein Indikator für die Intensität des Lernens ist.

Kognitive Verzerrungen im Recruiting

Bei der Auswertung von Lebensläufen können folgende Verzerrungen auftreten:[5]

- Beim **Lookismus** bewerten wir Menschen positiv oder negativ aufgrund ihres Aussehens. Dies kann zur Bevorzugung von Kandidatinnen und Kandidaten führen, die vermeintlich gut aussehen. Dadurch kann aber auch eine Diskriminierung anderer Menschen einhergehen.
- Der **Halo-Effekt** ist ein Heiligenschein, den wir Menschen zuschreiben, wenn sie zum Beispiel an einer Elite-Universität studiert haben und wir deshalb glauben, dass diese Person besonders klug und deshalb für das Unternehmen auch besonders geeignet ist. Wir schließen von bekannten auf unbekannte Eigenschaften.
- **Bestätigungsfehler** (*Confirmation Bias*) kommt dann zum Tragen, wenn wir ein bestimmtes Profil für eine Stelle suchen und dabei Informationen herauspicken, die unsere Erwartung bestätigen, andere aber ausblenden.
- **Gruppendenken** zeigt sich zum Bespiel, wenn wir die Bewerbung mit einer positiven Empfehlung weitergeleitet bekommen. Wir tendieren dazu, uns der Meinung der »Gruppe« anzuschließen.
- **Verzerrungsblindheit** (*Bias Blind Spot*) tritt auf, wenn wir glauben, unvoreingenommen zu sein und neutral entscheiden zu können.
- **Affinitätsverzerrung** (*Affinity Bias*) liegt vor, wenn wir im Lebenslauf einer Person Eigenschaften oder Lebensstationen ausmachen, die unseren eigenen ähneln, und wir diese Person deshalb bevorzugen.
- **Gender Bias oder Stereotype Bias** kann auftreten, wenn wir Vorurteile gegenüber Geschlechtern, Religionen, Weltanschauungen oder der Herkunft haben, die nichts mit dem Jobprofil zu tun haben.

In vielen Stellenausschreibungen für Data Science wird häufig zu viel von den Bewerbenden erwartet. Sie sollen unterschiedliche Programmiersprachen und -frameworks beherrschen, mehrere Datenbanksysteme kennen und möglichst mehrjährige Berufserfahrung haben. Kurzum: Diese Menschen gibt es gar nicht. Bei einer Stellenausschreibung sollte man darauf achten, sich auf wenige, aber wichtige Skills zu fokussieren. Es gilt also zu überlegen, welcher Skill (Singular!) auf gar keinen Fall fehlen sollte. Wenn diese Hauptanforderung das Beherrschen der Programmiersprache Python ist, dann wird dies in der Ausschreibung herausgestellt. Alle anderen Skills, die eventuell zusätzlich wünschenswert wären, können genannt werden, aber es sollte auch explizit so formuliert werden: Wünschenswert wären Kenntnisse in SQL, einem Self-Service-Tool und Erfahrung im Umgang mit einem Cloud-Dienst. Allein dieses Skillset ist schon umfangreich. Wenn man die richtige Person gefunden hat, die beispielsweise Python sehr gut beherrscht, ist sie oft in der Lage, sich schnell die

5 Verändert nach E. Voß, S. Würtemberger (2023). *Vielfalt im Employee Lifecycle – Diversity Management in HR-Prozessen.* Springer Gabler.

zusätzlich benötigten Fähigkeiten anzueignen. Das gilt insbesondere, wenn sie bei der Einstellung ein gutes Mentoring und Onboarding im Unternehmen erfährt. Wenn sie diese Flexibilität nicht mitbringt, sich in neue Tools einzuarbeiten, ist es zweifelhaft, ob sie die richtige Person ist.

Stellenausschreibungen, die zu viel abverlangen, wirken auf Bewerber oft abschreckend. Somit entgehen dem Unternehmen vielleicht Menschen, die gut gepasst hätten. In den meisten Fällen wird ohnehin eine Person eingestellt, die dem Anforderungsprofil nicht vollständig entspricht. Eine Stellenausschreibung ist ebenfalls unglücklich formuliert, wenn sie dazu führt, dass die Nichterfüllung der überzogenen Stellenausschreibung einen Ausschlussgrund darstellt.

Stellenausschreibungen und Recruiter müssen zukünftig auch eine andere Geschichte erzählen. Natürlich müssen sie kommunizieren, was die Stelle ausmacht und welche Aufgaben es zu erfüllen gilt. Es wird aber immer wichtiger, zu formulieren, was die Unternehmen den Bewerberinnen und Bewerbern zu bieten haben. Hier geht es nicht darum, Obstkörbe und einen Kühlschrank bereitzustellen, was selbstverständlich sein sollte. Vielmehr wird es wichtig, Bewerber davon zu überzeugen, dass die Aufgaben und der Kontext, in dem das Unternehmen agiert, zu ihnen passen. Bewerber schauen immer stärker nach Purpose, also nach sinnstiftenden Unternehmungen (siehe Abschnitt »New Work« auf Seite 270). Wenn ein Unternehmen also beispielsweise grüne Mobilität für den Weg zur Arbeit und auf Dienstreisen anbietet, wird dies sicher einige Menschen positiv ansprechen. Aber die monetäre Vergütung wird natürlich auch immer eine wichtige Rolle spielen.

Darüber hinaus können überzeugende Argumente für die Arbeit in einem Unternehmen sein, dass eine flexible Arbeitszeitregelung vorhanden ist (Homeoffice, Teilzeit, Vier-Tage-Woche usw.), Wunschendgeräte zur Verfügung gestellt werden, mehr Urlaub gewährt wird und ein üppiges Weiterbildungsbudget vorhanden ist. Die Arbeitsbedingungen werden also immer wichtiger und können potenzielle Bewerber anziehen. Diese achten mehr darauf, dass die Arbeit sie nicht überfordert und krank macht (Stichwort Mental Health) und gut in ihr Leben integriert werden kann. Wichtig hierbei ist, dass das Unternehmen ein Gespür dafür entwickelt, welche Menschen sie ansprechen. Junge Bewerberinnen und Bewerber können andere Dinge präferieren als Menschen, die schon länger im Berufsleben stehen, Eltern haben gegebenenfalls andere Präferenzen als Kinderlose usw. Wenn unterschiedliche Gruppen als Mitarbeitende angesprochen werden sollen, muss die Ansprache dementsprechend ausdifferenziert werden. Die Gruppe der Menschen, die schon länger im Berufsleben stehen, gewinnt dabei an Bedeutung, da sie Erfahrung mitbringen, aber in den letzten Jahren weniger Aufmerksamkeit am Arbeitsmarkt erfahren haben. Das gilt auch für Mütter und Väter, die eine längere Auszeit genommen haben und wieder in Berufe einsteigen wollen. Für diese Menschen, aber auch für Quereinsteiger, ist die (Re-)Integration in das Unternehmen und in die Branche von großer Bedeutung – man spricht in diesem Zusammenhang von Reskilling.

Upskilling und Reskilling

Upskilling kann man auch als Weiter- oder Fortbildung verstehen. Somit ist das Thema an sich nicht neu, gewinnt aber im Lichte des Fachkräftemangels und der rasant voranschreitenden Digitalisierung an Bedeutung. Beim Upskilling geht es darum, eine höhere oder eine weitere Qualifizierung zu erlangen. Ein Beispiel hierfür ist, dass man Kenntnisse über eine neue Software erwirbt, eine neue Sprache lernt oder ein Führungskräfteseminar besucht. Das Upskilling ist für viele Unternehmen heute deshalb so wichtig, weil es sich immer mehr lohnt, passende Talente im Unternehmen zu halten. Aus betriebswirtschaftlicher Sicht ist der Weggang eines Mitarbeiters viel teurer als die Bereitstellung von Weiterbildungsmaßnahmen. Und natürlich ist mit einer Weiterbildung meist auch verbunden, dass durch die neuen oder ausgebauten Fähigkeiten ein Mehrwert für das Unternehmen entsteht.

In Abbildung 23-2 sehen Sie verschiedene Rollen und Skills im Umfeld von Data Science, wie Sie sie bereits in Kapitel 12, *Data-Science-Teams*, kennengelernt haben. Die Rollen in den durchgezogenen Rahmenlinien sind bei größeren Data-Science-Vorhaben und in großen Unternehmen von besonderer Bedeutung und sollten besetzt sein (auch wenn die Rollenbezeichnungen möglicherweise anders lauten können). Die gestrichelten Linien weisen auf Rollen hin, die in ihrem Spezialisierungsgrad nicht in allen Data-Science-Projekten bzw. -Abschnitten benötigt werden. Wir sehen auch, dass unten im Bild Data Literacy nicht fehlen darf. Der Anteil der Mitarbeitenden in einem Unternehmen, die grundlegende Kenntnisse im Bereich der Daten haben, ist oft ein entscheidendes Kriterium für den Erfolg von Data Science im Unternehmen. Das hängt damit zusammen, dass Anwendungsfälle und auch das Wissen über die Daten selbst in den Fachbereichen liegen. Je mehr Fachkolleginnen und -kollegen im Bereich Data Science mitdenken können, desto wahrscheinlicher ist die erfolgreiche Umsetzung von Data Science. Somit ist es sinnvoll, vielen Mitarbeitenden grundlegende Data-Science-Kompetenzen zuteilwerden zu lassen. Ganz konkret bedeutet das natürlich nicht, dass jeder im Unternehmen Data Scientist werden sollte. Aber Personalerinnen, Controller oder Marketeers mit statistischen Kenntnissen und den Fähigkeiten, entsprechende Tools zu bedienen, können besser mitdenken, was Data Science angeht. Sie sind dann sogar selbst in der Lage, kleinere Analysen zu erstellen und diese sinnvoll einzusetzen.

Für Data Scientists sehen die Weiterbildungen allerdings manchmal etwas anders aus, als man auf den ersten Blick vermuten würde. Zwar gibt es auch fachliche Weiterbildungen, doch oft eignen sich Data Scientists neue Kompetenzen autodidaktisch an. Das Upskilling kann dann bedeuten, dass man Data Scientists vor allem Zeit gibt, sich weiterzubilden. Da viele Inhalte kostenlos verfügbar sind, ist dies eine gute Option. Eine weitere Möglichkeit ist, dass man keinen klassischen Frontalunterricht zu einem Thema hört, sondern dass ein spezialisiertes Unternehmen eine Weiterbildung anbietet, die eine Mischung aus Theorie, Praxis und Coaching ist. Wenn man sich beispielsweise als Unternehmen einen Themenkomplex wie MLOps erarbeiten will, der an sich noch recht neu ist, hat man sich dies nicht in wenigen Workshops erarbeitet. Vielmehr erstreckt sich die Weiterbildung über Wochen und enthält einen ausführlichen Praxisteil und viel Austausch mit Fachleuten. Data Scientists fragen allerdings häufig auch nach Weiterbildungen, die der Persönlichkeitsentwicklung oder der Selbstorganisationen dienen. Diese Möglichkeit ist ebenfalls förderungswürdig, da Data Scientists oft eine hohe theoretische Kompetenz mitbringen, aber gern ihre sozialen Fähigkeiten ausbauen wollen, um ihr Wissen »auf die Straße zu bringen«.

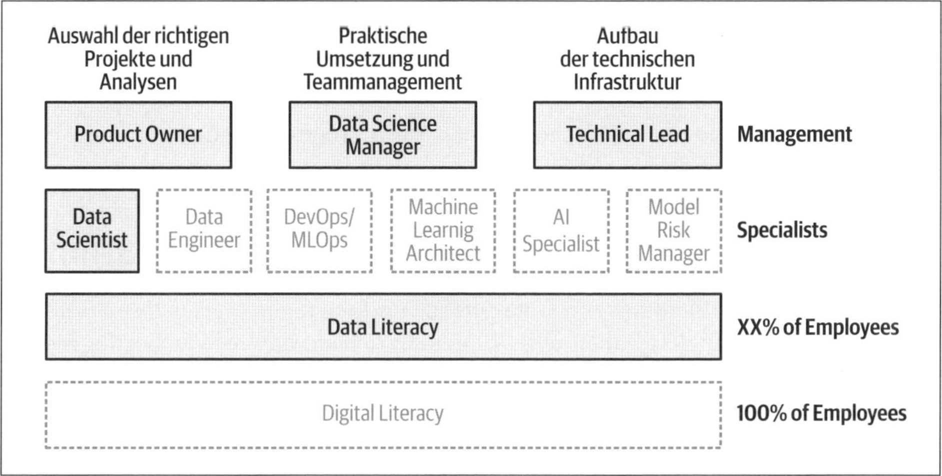

Abbildung 23-2: Überblick über Rollen und Aufgaben, die für Data Science notwendig sind (durchgezogener Rahmen), und solche, die zunächst optional sind (gestrichelter Rahmen). Mit fortschreitendem Reifegrad des Unternehmens gewinnen die Rollen mit gestricheltem Rahmen an Bedeutung.

Reskilling ist eine weitere Form der Weiterbildung. Allerdings liegt hier der Fokus auf Menschen, deren Berufsbild sich ändert. Konkret bedeutet dies, dass Mitarbeitende ein Arbeitsfeld haben, dass sukzessive wegfällt oder sich so stark verändert, dass eine Umschulung notwendig wird. Reskilling umfasst beispielsweise das Erlernen von digitalen Fähigkeiten, den Umgang mit Tools, aber auch mit digitalen Geschäftsmodellen. Mitarbeitende könnten z. B. Self-Service-Analytics-Tools wie PowerBI, Qlik oder Tableau erlernen. Immer wichtiger wird auch der Umgang mit sprachbasierter KI wie ChatGPT oder Bard. Grundlegende Weiterbildung im Bereich des Prompt Engineering ist also auch ein Weg, Reskilling voranzutreiben.

Unternehmen tragen gesellschaftliche Verantwortung, beispielsweise als Arbeitgeber und damit auch für das Einkommen der Arbeitnehmer. Es ist deshalb von großer Bedeutung, dass Menschen weitergebildet werden, anstatt sie einfach auszutauschen. Im Zuge der digitalen Transformation gewinnt das Reskilling eine noch größere Bedeutung, da sich hierdurch Berufsbilder schneller wandeln als zuvor. Dies kann für die Unternehmen auch eine Chance sein, da die Menschen, die bereits in einem Unternehmen sind und Bereitschaft zeigen, Veränderungen mitzumachen, großes Potenzial haben. Sie bringen jahrelanges Wissen mit und können dieses perspektivisch in ihre zukünftige Arbeit einfließen lassen. Wenn sich die Unternehmen sozial zeigen und mit ihren Mitarbeitenden gemeinsam den Weg der digitalen Transformation meistern, kann dies die Mitarbeitenden an das Unternehmen binden. Auch das ist im Lichte des Fachkräftemangels ein positiver Aspekt.

Reskilling und Upskilling bedeuten für viele Mitarbeitende aber nicht nur eine Chance, sondern auch immer eine Veränderung. Veränderung ist in vielen Köpfen nicht nur etwas Positives, sondern bedeutet auch Arbeit und kann Ängste hervorrufen (siehe auch Abschnitt »Change Management« auf Seite 245). Es kann durchaus Vorbehalte gegenüber Daten und damit in Verbindung stehenden Themen geben sowie gegenüber dem Wandel des Unternehmens selbst. Deshalb müssen Weiterbildung und Umschulungen auch immer auf die Menschen zugeschnitten sein und im besten Fall mit ihnen gemeinsam gestaltet werden. Menschen lernen ganz unterschiedlich, insbesondere unterscheidet sich die Lerngeschwindigkeit. Dies sollte mitgedacht und antizipiert werden, um Mitarbeitende nicht zu verlieren.

Entrepreneurship, Intrapreneurship und Innovation

Die Einführung und Nutzung von Data Science und die digitale Transformation sind Prozesse, die nicht eingleisig ablaufen. Wenn man sich auf diesen Weg begibt, geschehen an vielen Ecken mitunter Dinge, die förderlich sind und den Prozess vorantreiben. Beispielsweise entstehen neue Kollaborationsmöglichkeiten im Kollegenkreis, oder man belebt die Motivation bei den Mitarbeitenden. Es passieren aber auch Dinge, die im Sinne des Unternehmens gesteuert werden müssen. So ist Eigeninitiative wünschenswert, allerdings sollte beispielsweise die Beschaffung und damit die Auftragsvergabe zentral verantwortet werden. Da es allerdings wünschenswert ist, dass Neues entsteht, digitale Geschäftsmodelle erdacht und alte Geschäftsmodelle innoviert werden, lohnt es sich, Aktivitäten und Initiativen laufen zu lassen, auch wenn diese potenziell scheitern. In diesem Abschnitt ordnen wir ein, wie Innovation organisatorisch begünstigt wird.

Innovation bedeutet im weitesten Sinne, dass etwas Neues geschaffen wird. Im Sinne einer Unternehmung ist aber meist gemeint, dass neue Produkte oder Dienstleistungen entstehen, die einen Mehrwert generieren. Somit ist aus betriebswirtschaftlicher Sicht nicht jede noch so gute Idee gleich eine Innovation. Oft muss sie noch den Test bestehen, ob sie als Geschäftsmodell funktioniert. Oder es muss geprüft werden, ob diese Idee nicht bereits patentiert ist. Falls nicht, sollte man als Unternehmen auch den Weg der Patentierung in Betracht ziehen.

Innovationen können dann entstehen, wenn es Raum für Kreativität gibt (siehe Abschnitt »Grundpfeiler einer kreativen Umgebung« auf Seite 284) und die Mitarbeitenden neugierig sind. Die einfachste Möglichkeit ist hier, zeitliche Freiräume zu schaffen, damit Menschen überhaupt über neue Ideen nachdenken können. Natürlich kann dieser Prozess auch getriggert werden, beispielsweise durch Design-Thinking-Workshops[6] oder durch ein Innovationsmanagement. Darüber hinaus ist es aber hilfreich, dass die Mitarbeitenden verstehen, wann eine Idee zu einer unterneh-

6 T. Kelley, J. Littman (2002). *Das IDEO Innovationsbuch: Wie Unternehmen auf neue Ideen kommen.* Econ.

merischen Innovation wird. Hierbei hilft beispielsweise der *Business Model Canvas* (siehe Abschnitt »Business Model Canvas« auf Seite 287). Mit dem BMC kann man auf schnelle und didaktisch leicht zugängliche Weise erörtern, ob die Innovation auch betriebswirtschaftlich tragfähig ist, wem sie überhaupt dient usw.

Dieses unternehmerische Denken innerhalb des Unternehmens und die Erarbeitung von Innovationen und neuen Geschäftsmodellen nennt man auch *Intrapreneurship*. Mitarbeitende des Unternehmens denken also (teilweise) wie Unternehmer und bringen Ideen für neue Produkte und Dienstleistungen auf den Weg. Auch hierfür müssen natürlich Weichen gestellt werden: Es braucht Freiräume, Entscheidungspartizipation, Möglichkeiten für das Übernehmen von Verantwortung, Vertrauen in die Mitarbeitenden und ein umfangreiches Verständnis des Unternehmenszwecks, der Vision und der Ziele. Mit Data Science können so digitale Geschäftsmodelle auf den Weg gebracht werden, die das Unternehmen für die kommenden Jahre rüsten. Die Mitarbeitenden haben im besten Fall eine intrinsische Motivation, das Unternehmen auf dieser Reise zu begleiten bzw. die Reise zu ihrer zu machen (Ownership).

Ähnlich verhält es sich mit dem *Entrepreneurship*. Unternehmerisches Denken muss nicht nur innerhalb der Unternehmensgrenzen stattfinden, um für das Unternehmen dienlich zu sein. Es ist auch denkbar, dass man aus dem Unternehmen heraus ein Spin-off gründet. Ein Start-up, das in einem anderen organisatorischen Kontext mit anderen Mitteln, anderen Menschen und einem anderen Geist arbeitet, kann die Innovationskraft vielleicht besser entfalten, als eine interne Entität zu gründen, die sich mit Datenanalysen beschäftigt. Durch die Arbeit auf dem freien Markt kann ein Start-up möglicherweise Erfahrungen sammeln, die in dieser Form im Unternehmen nicht möglich wären. So erhöht sich auch das Wissenskapital des beteiligten Stammunternehmens. Es ist jedoch ebenfalls denkbar, Entrepreneure zu akquirieren. So könnte ein Unternehmen beispielsweise in ein Start-up investieren oder dieses mehrheitlich übernehmen. Dies birgt, wie bei jeder Investition, natürlich ein gewisses Risiko. Allerdings besteht auch die Chance, wertvolles Wissen von außen in das Unternehmen zu holen – und das auf einen Schlag. Dieses Venturing, also das Wagnis zu einer Investition, ist derzeit ein beliebtes Mittel, um sich schnell und effektiv im digitalen Bereich und in der Data Science Expertise aufzubauen. Es ist eine Chance für Entrepreneure, aber auch für etablierte Unternehmen, Data Science in das Unternehmen zu integrieren.

Auch bei der Ad-hoc-Akquise von Kompetenzen durch Externe bleibt die Herausforderung, dass innerhalb des Unternehmens Wissen zu Daten und Ergebnissen von Analysen aufgebaut werden muss. Es nützt nichts, wenn Datenanalysen vorliegen, die nicht richtig interpretiert werden können. Die Abhängigkeit von Externen ist in vielen Fällen jedoch kontraproduktiv. Deshalb sollten alle Anstrengungen auch immer dadurch flankiert werden, dass man die Mitarbeitenden intern befähigt. Wie das aussehen kann, sehen wir im nächsten Abschnitt.

Literacy, Enablement und Citizen Data Science

Wenn im Unternehmen immer mehr datengetriebene Entscheidungen getroffen werden und Geschäftsmodelle auf der Nutzung von Daten basieren, ist nicht nur das aktive Datenhandling durch die Data Scientists von Bedeutung, sondern auch der passive Umgang mit Daten, also das Konsumieren von Datenanalysen. Dazu gehört, dass ein entsprechendes Bewusstsein für die Datenerstellung bzw. -erhebung entwickelt wird.

Data Literacy

Im Rahmen der digitalen Transformation ist Datenkompetenz (*Data Literacy*) eine Schlüsselfähigkeit und wird auch häufig als *Future Skill* bezeichnet. Beim Erwerb von Datenkompetenz muss an unterschiedlichen Punkten angesetzt werden, um datenbezogene Fähigkeiten zu vermitteln. Fortan sollte Datenkompetenz beispielsweise an Schulen, Hochschulen, aber auch in der beruflichen Weiterbildung Eingang in die Curricula finden.

Unter Data Literacy wird oftmals eine Reihe von Kompetenzen subsumiert, was den Begriff und seine Bedeutung etwas schwer fassbar macht. Das Hochschulforum Digitalisierung[7] hat zum besseren Verständnis eine Einordnung vorgenommen. Demnach besteht ein Teil der Data Literacy aus dem Codieren von Daten, also aus dem Bereitstellen und Auswerten von Daten, sowie aus dem Etablieren einer Datenkultur. Auf der anderen Seite stehen das Decodieren, die Interpretation von Daten und Analyseergebnissen sowie das Ableiten von Handlungen.

Darüber hinaus ist es von Bedeutung, dass wir im Rahmen der Datafizierung (abgeleitet vom englischen *Datafication*), also der stark zunehmenden Erfassung und Auswertung von Daten, auch immer mehr über rechtliche Fragen und ethische Aspekte der Datennutzung reflektieren. Das gilt insbesondere für Personen, die Verantwortung tragen.

In vielerlei Hinsicht ist deshalb eine Datendemokratisierung in den Unternehmen ein Prozess, der angestoßen und begleitet werden muss. Datendemokratisierung bedeutet, dass möglichst viele Menschen im Unternehmen Daten nutzen können, diese zugänglich sind und auch die richtigen Werkzeuge zur Verfügung stehen, um die Daten auszuwerten. Es bedeutet ebenfalls, dass die Menschen befähigt werden sollen (*Enablement*), selbst Datenanalysen zu erstellen (*Self Service*).

Zum Enablement gehört, dass sich die Mitarbeitenden weiterbilden können und die Führungsebene sie darin unterstützt. Es wird immer schwieriger, Talente in diesem Bereich zu gewinnen, was die interne Ausbildung wichtiger macht. Beim Enablement geht es nicht darum, dass alle zu Data Scientists ausgebildet werden müssen.

7 K. Schüller, P. Busch, C. Hindinger. »Future Skills: Ein Framework für Data Literacy«. Hochschulforum Digitalisierung NR. 47, 2019.

Vielmehr besteht das Ziel darin, ein Verständnis für die Bedeutung von Daten zu schaffen, den Mehrwert aufzuzeigen und zu erarbeiten und Hürden abzubauen, die eine Nutzung von Daten eventuell blockieren. Hierzu gehört auch, dass eine datengetriebene Kultur entwickelt wird.

Um Self-Service-Analytics zu realisieren, müssen einerseits die Datenspeicher, also meist das Data Warehouse, so aufgebaut sein, dass auch Menschen, die keine Fachleute sind, damit arbeiten können. Hilfreich hierfür ist beispielsweise die Gliederung der Datenspeicher in Data Marts, also Teildatenbestände in einem Data Warehouse, die sich an den Geschäftsbereichen orientieren. Dabei ist darauf zu achten, dass die Nomenklatur, also die Benennung von Tabellen, nicht ausschließlich einer technischen Logik folgt, sondern möglichst allgemeinverständlich ist. Allein dies ist in vielen Unternehmen bereits ein zeitaufwendiger Schritt, denn historisch gewachsene Nomenklaturen zu ändern, ist für die Entwicklerinnen und Entwickler ein bisweilen nervenaufreibender Schritt. Hierbei kann aber helfen, einen Datenkatalog einzuführen. Das ist eine Metadatenbank, die Tabellen in Datenbanken verschlagwortet und somit leichter auffindbar macht – etwa wie eine Suchmaschine für Unternehmensdaten. Ein Datenkatalog ist ein sehr nützliches Werkzeug für das Wissensmanagement in Unternehmen, das für größere und global agierende Unternehmen immer wichtiger wird.

Im Bereich der Self-Service-Werkzeuge gibt es für die Datenanalyse eine große Auswahl, die ganz unterschiedlichen Ansprüchen gerecht werden kann. Oft sind diese so aufgebaut, dass sie mit wenig (Low-Code-) oder ohne (No-Code-)Programmierung auskommen. Man nutzt dann Funktionen wie Drag-and-drop, was viele durch die Betriebssysteme bereits kennen, um Datenanalysen, -visualisierungen und Daten-Pipelines zu bauen. Die Werkzeuge sind also sehr intuitiv und können für grundlegende Fragestellungen eingesetzt werden. Wenn diese Art von Software auch im Bereich von Data Science eingesetzt wird, spricht man häufig von *Citizen Data Science* – frei übersetzt »Data Science für alle«. Was einerseits sehr attraktiv klingt, da viele Menschen befähigt werden, statistische Analysen zu erstellen, kann mitunter auch gefährlich sein. Denn ganz ohne statistische Kenntnisse, analytische Fähigkeiten und kritisches Denken kommen diese Werkzeuge nicht aus und können im Zweifelsfall sogar dazu führen, dass Entscheidungen auf Basis falscher Analysen getroffen werden. Konkretes Wissen, das für Analysen mit diesen Tools vorhanden sein sollte, haben wir in Teil I, *Data-Science-Grundlagen*, erörtert.

Eine weitere Möglichkeit ist deshalb, Data Science im Unternehmen als Dienstleistung (Data-Science-as-a-Service) anzubieten bzw. zu nutzen. Innerhalb des Unternehmens gibt es Menschen oder Abteilungen, an die sich die Fachbereiche wenden können, um gemeinsam ein Analyseproblem zu lösen. Diese Abteilungen sind darauf spezialisiert, Data-Science-Fragestellungen zu bearbeiten. Oder man arbeitet mit externen Anbietern zusammen, die es den Unternehmen abnehmen, technische Infrastruktur und Data Scientists bereitzustellen. Auch auf diese Weise können Fach- und Data Science-Kompetenz zusammengebracht werden. Das schließt den vorher genannten Ansatz der Self-Service-Analytics nicht aus, denn auch Data-Science-as-a-Service ist mit Self-Service-Analytics schneller und führt oft schon früh zu Prototypen, die genutzt werden können und einen Mehrwert generieren. Es ist ebenfalls denkbar, dass die Fachbereiche selbst bereits anfangen, Analysen zu erstellen, und diese anschließend vom Data-Science-Team abnehmen und auf Korrektheit prüfen lassen.

Neben allen Tools und Möglichkeiten, die man als Unternehmen bereitstellen kann, gilt aber, dass die Menschen sich im besten Fall aus eigenem Antrieb mit Datenanalysen auseinandersetzen wollen. Dies kann durch eine kreative Umgebung gefördert werden.

Grundpfeiler einer kreativen Umgebung

Eine kreative Arbeitsumgebung kann dazu beitragen, den Menschen im Unternehmen ein gutes Gefühl zu vermitteln. Dies kann sich positiv auf die Leistungsfähigkeit, die Identifikation mit dem Arbeitgeber und die mentale Gesundheit auswirken. Wenn Menschen Freiräume haben und Wertschätzung für ihre Arbeit erfahren, machen sie die Arbeit gern. Eine intrinsische Motivation ist nicht käuflich und gerade deshalb so wertvoll. Die kreative Umgebung setzt sich dabei insbesondere aus zwei Bereichen zusammen: der Kultur und dem Miteinander sowie den Räumlichkeiten und Veranstaltungen.

Eine kreativitätsfördernde Kultur ist oft leichter beschrieben als umgesetzt. Die Aspekte, die wir betrachten möchten, sind deshalb nicht als Checkliste zu verstehen, die man abhakt. Vielmehr haben wir gesammelt, was uns aufgefallen ist und was für andere gut funktioniert hat. Dazu zählt zum Beispiel, dass in Teams und Unternehmen eine Mentalität vorherrschen sollte, die es erlaubt, Fehler zu machen. Noch größer gedacht, sollte insbesondere im Rahmen von Data-Science-Projekten und -Teams ein gewisser Forschergeist vorherrschen. Forschung selbst ist schon ein Prozess, der mit Ungewissheiten arbeitet, diese zu ergründen versucht und bei dieser Exploration ganz sicher auch Fehler zulässt. Denn Fehler sind eine sehr gute Quelle, um zu lernen. Das funktioniert besonders gut, wenn man sich nicht darauf beschränkt, Fehler zu machen und diese dann so schnell wie möglich wegzuwischen. Aus Fehlern sollte man als Individuum, Team und Unternehmen versuchen, so viel wie möglich zu lernen. Das bedeutet, dass man durch Selbstreflexion, aber auch durch Reflexion im Projekt oder im Team auf die Fehler hinweist, sie analysiert und das Gelernte dann möglichst verinnerlicht. Das kann zum Beispiel durch Dokumentation oder durch mündliche Kommunikation des Gelernten geschehen. Das Ganze ist, wie gesagt, leichter gesagt als getan. Eine positivistische Betrachtung von Fehlern erfordert auch eine gewisse Kritikfähigkeit der Individuen – insbesondere derer, die Fehler machen.

Forschergeist kann sich auch darin äußern, dass man frühzeitig versucht, neue Themen, Tools und Entwicklungen zu identifizieren. Dieses sogenannte *Scoping* kann dabei helfen, dem Mainstream immer einen Schritt voraus zu sein und somit auch einen Wettbewerbsvorteil zu erzielen. Dies erfordert jedoch eine progressive Denkweise und vor allem Zeit, sich mit Neuem zu beschäftigen. Forschung und Exploration können nicht unter Zeitdruck stattfinden. Drastischer gesagt, ist Zeitdruck sogar ein Hemmnis für Kreativität. Zudem bedeutet Forschung, dass Hypothesen manchmal nicht bestätigt werden können. Der Mut zum Scheitern und der daraus resultierende Erkenntnisgewinn sind ebenfalls von großer Bedeutung und sollten nicht unterdrückt werden.

Inspirierend kann das Miteinander sein, wenn es Menschen im Team und im Unternehmen gibt, die unterschiedliche Blickwinkel und Einstellungen haben. Oft wird dies auch unter der Überschrift der Diversität verortet. Diversität kann hier neben der üblichen Verwendung des Begriffs bedeuten, dass wir Menschen mit ganz unterschiedlichen fachlichen Hintergründen oder auch Quereinsteigerinnen und Quereinsteiger ins Team holen. Anders zu denken, die gewohnten Strukturen zu verlassen, kann andere dazu veranlassen, in neuen Wegen zu denken und damit Prozesse und Produkte zu verbessern. Gerade die Komplexität von Data Science ist hier ein willkommenes Spielfeld. Aber auch hier halten wir wieder fest, dass dies den Individuen eine Offenheit gegenüber Neuem abverlangt, egal ob sie in Projekten oder in der Geschäftsführung arbeiten.

Kreative Ideen entstehen nicht immer am Schreibtisch. Somit ist es wichtig, dass die Unternehmen ihren Data Scientists Räume bieten, die sie kreativ werden lassen. Dies betrifft sowohl physische als auch zeitliche Räume. Bei der Raumgestaltung der Büros bietet es sich an, sofern dies möglich ist, viel Tageslicht reinzulassen. Zudem sind lebendige und bunte Farben kreativitätsfördernd. Allerdings sollte es auch nicht übertrieben werden, da eine Überladung und Unordnung wiederum zu einer Überlastung führt und damit das Gegenteil bewirkt.

Entgegen der gängigen Praxis sind offene Räume und flexible Arbeitsplätze an wechselnden Schreibtischen nicht unbedingt kreativitätsfördernd. Viele Menschen wünschen sich Sicherheit, zum Beispiel in Form eines festen Arbeitsplatzes. Um kreativ zu arbeiten und zu denken, können sie immer noch in offen gestaltete Räume gehen. Denn etwas, das sich sehr positiv auswirkt, ist der Ausbruch aus der Arbeitsroutine. Das kann zum Beispiel auch so gestaltet werden, dass das ganze Team aus den Büroräumen herausgeht und an einem anderen Ort zusammenkommt. Hier haben sich bereits Angebote wie die Workation etabliert, eine Mischung aus Freizeit und Arbeit. Die Kombination aus einem möglichst ungezwungenen Beisammensein und einzelnen Arbeitsabschnitten kann insbesondere beim Programmieren oder bei der Produktentwicklung hilfreich sein, wenn man es schafft, den Alltag wie Mails und Meetings hinter sich zu lassen.

Zeitliche Freiräume, die wir für Kreativität schaffen können, ergeben sich zum Beispiel aus der Förderung von Weiter- und Fortbildung. Es kann für das ganze Unternehmen einen Mehrwert liefern, wenn eine Person oder mehrere Teammitglieder sich weiterbilden und ihr Wissen dann teilen. Gerade im Bereich Data Science sollte man dabei nicht immer streng auf traditionelle Zertifikate und Abschlüsse schauen, sondern den allgemeinen Nutzen für das Unternehmen miteinbeziehen.

KAPITEL 24

Hands-on: Toolkit für Strategie und Governance

Die Entwicklung einer datenfokussierten Strategie und die damit oft in Verbindung stehende Governance umfasst vielen Schritte und beinhaltet ganz unterschiedliche Komponenten, die berücksichtigt werden müssen. Ein strategisches Vorgehen ist dabei immer dann besonders wirksam, wenn die einzelnen Komponenten der Strategie sinnvoll umgesetzt werden, um im Zusammenspiel die Strategie zu erfüllen. Um dieser Komplexität gerecht zu werden, gibt es ein umfangreiches Angebot an Tools, die dabei helfen können, eine Strategie zu entwickeln, diese umzusetzen und zu monitoren.

Wir stellen unseren Leserinnen und Lesern an dieser Stelle eine Auswahl zur Verfügung, die sich in unserer Arbeit bereits bewährt hat. Ganz sicher gibt es noch weitere Tools und Methoden, die in unterschiedlichen Kontexten oder für andere Menschen besser funktionieren. Dennoch führen wir diese Tools beispielhaft ein, um Ihnen einen ersten Überblick zu bieten. Die konkrete Benutzung der Tools würde den Umfang dieses Buchs sprengen, deshalb bieten wir zusätzliche weiterführende Literatur an, die die Anwendung erläutern.

Business Model Canvas

Der *Business Model Canvas* (BMC) des Schweizers Alexander Osterwalder[1] unterstützt dabei, Geschäftsmodelle zu entwickeln. Anhand mehrerer Schritte bzw. Themen arbeitet man sich vor, um die wichtigsten Aspekte einer Geschäftsidee abzuklopfen. Das BMC ist sehr einfach aufgebaut und bietet so nach einer kurzen Einführung jedem die Möglichkeit, mitzudenken und sich einzubringen. Es ermöglicht, strukturiert zu diskutieren, und bietet genug Freiräume, um sowohl Ideen innerhalb eines Unternehmens als auch für ein ganzes Start-up abzubilden.

Der Business Model Canvas stellt dabei die Value Propositions in den Vordergrund (siehe Abbildung 24-1 in der Mitte). Dieses Werteversprechen ist der Punkt, an dem wir formulieren müssen, welchen Mehrwert wir unseren Kunden und Usern eigent-

1 A. Osterwalder, Y. Pigneur (2011). *Business Model Generation: Ein Handbuch für Visionäre, Spielveränderer und Herausforderer*. Campus Verlag.

lich bieten. Das heißt, die Kundenzentrierung ist hier fest verankert. Zudem beschäftigt man sich im Laufe der Bearbeitung damit, wer eigentlich die Kundinnen und Kunden sind, wie man sie erreicht und wie man eine Beziehung zu ihnen aufbaut (rechte Seite). Außerdem werden die notwendigen Akteure, Aktivitäten und Ressourcen benannt, die man benötigt, um die Geschäftsidee umzusetzen. Füllt man das BMC gemeinsam aus, hilft die Schwarmintelligenz an dieser Stelle, an sehr viele Aspekte zu denken. Der untere Teil des BMC umfasst dann die Kosten und den Erlös – die Grundlage des wirtschaftlichen Denkens.

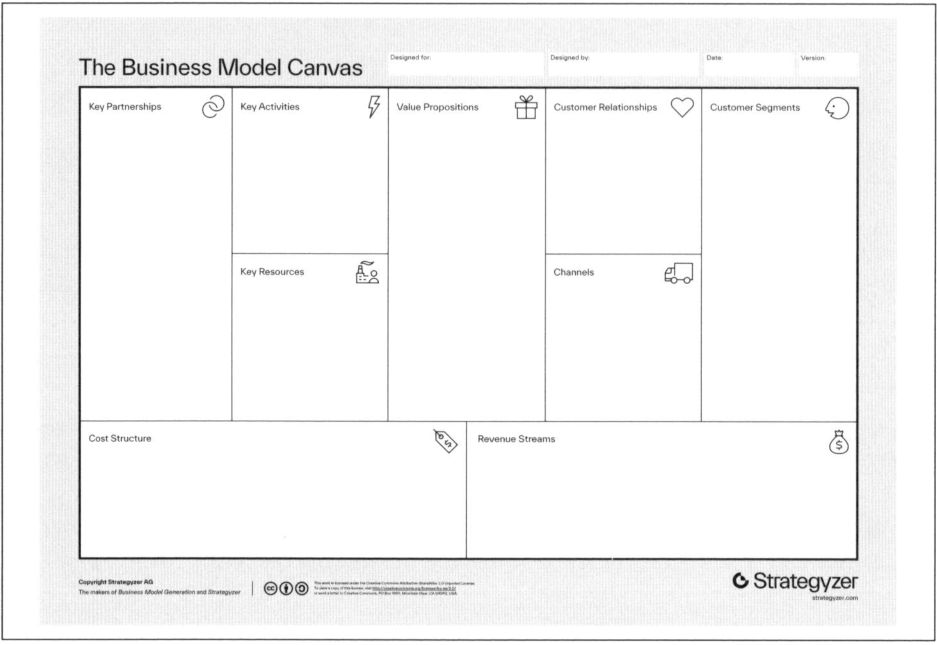

Abbildung 24-1: Vorlage zum Befüllen des Business Model Canvas. Strategyzer[2] bietet diese kostenlose Vorlage sowie weitere nützliche Tools rings um das BMC an.

Das BMC ist sehr hilfreich, um erste Ideen zu verifizieren und zu diskutieren. Wenn man geübt ist, schafft man es in wenigen Stunden, zu einem Ergebnis zu kommen. Mit Haftnotizen oder einer digitalen Vorlage kann man hier sehr gut kollaborativ arbeiten.

AI Canvas

Im Teil II dieses Buchs haben wir im Hands-on-Kapitel bereits den AI Project Canvas von Jan Zawadzki kennengelernt (siehe Abschnitt »AI Project Canvas« auf Seite 181). Während der AI Project Canvas, wie der Name bereits sagt, eher für einzelne Projekte geeignet ist, bezieht sich der *AI Canvas*[3] auf die strategische und damit Unternehmensebene. Mitarbeitende des Unternehmens Merantix Momentum und der

2 Abrufbar unter: *https://www.strategyzer.com/canvas/business-model-canvas*

Universität St. Gallen haben diesen Canvas entwickelt, um die Implementierung und den Betrieb von künstlicher Intelligenz gedanklich zu strukturieren (siehe Abbildung 24-2). Wie beim AI Project Canvas, der auf den Gedanken des Business Model Canvas basiert, arbeitet man sich Schritt für Schritt durch die vier Themenblöcke Business, Organization, Technology und AI Life Cycle.

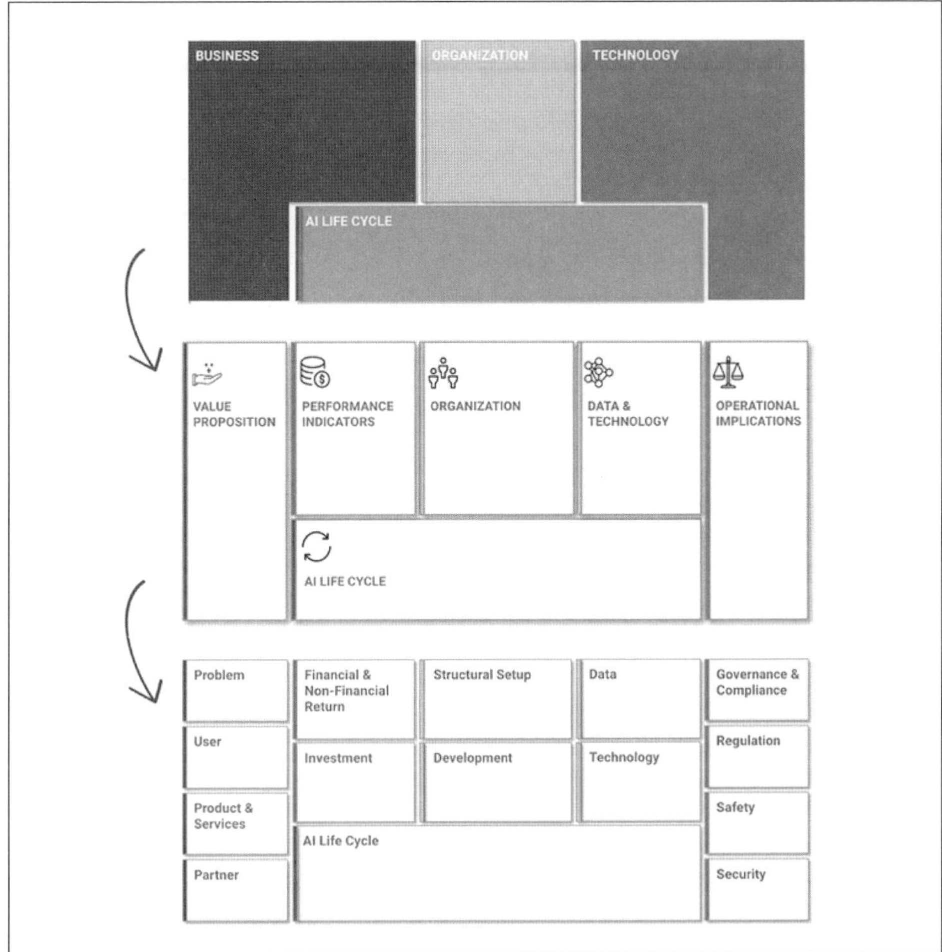

Abbildung 24-2: Hierarchische Gliederung des AI Canvas – ausgehend von den vier thematischen Blöcken hin zu den Details[4]

Unter dem Punkt *Business* werden, wie bei den anderen Canvases, Werteversprechen und Erfolgskennzahlen abgefragt. Auch hier geht man auf die Probleme ein, die

3 N. Büttner, A. Fecke, M. Schröder, D. Borth (2022). *A Holistic Approach to Value-driven AI – The AI Canvas Methodology*. Merantix Momentum.

4 P. J. Rupprecht (2021). »The AI Canvas: A methodology for successful AI transformations«, *https://medium.com/merantix-labs-insights/the-ai-canvas-a-methodology-for-successful-ai-transformations-3053c0d78a82*

die Kunden haben, und wie und mit wem man diese adressiert. Geschickt ist hier, dass man bei den Erfolgskennzahlen ganz explizit macht, dass der Erlös aus einer KI auch nicht monetär sein kann.

Unter dem Punkt *Organization* wird betrachtet, wie man sich strukturell aufstellen will, also beispielsweise ob die Teams zentral, dezentral oder hybrid verortet werden (siehe hierzu den Abschnitt »Team of Teams und New Work« auf Seite 143). Aber auch Fragen nach Rollen und Fähigkeiten werden gestellt.

Im Block *Technology* geht es um Governance und Compliance, regulatorische und rechtliche Aspekte sowie Safety und Security. Es werden also Fragen dazu gestellt, wer letztlich für die AI Software verantwortlich ist, welche ethisch sensiblen Daten benutzt werden oder welchen Gesetzen man unterliegt. Es wird aber auch gefragt, wie dokumentiert wird, wie robust die Modelle sind oder wer Zugang zum Code hat.

Die Stärke des AI Canvas liegt im Themenblock *AI Life Cycle*. Dieser soll die Herausforderungen des Betriebs von KI adressieren (siehe hierzu Teil III, *Infrastruktur und Architektur*, insbesondere Kapitel 18, *DevOps und MLOps: Entwicklung und Betrieb*). Die Autorinnen und Autoren des Canvas gehen ganz explizit darauf ein, dass Modelle trainiert, deployt und dann reevaluiert werden, um sie gegebenenfalls erneut zu trainieren, wenn sich die Datenlage verändert hat (Stichwort *Model Drift*).

Der AI Canvas eignet sich insbesondere für Unternehmen, die datengetrieben arbeiten wollen. Die Bearbeitung des AI Canvas erfordert deutlich mehr Zeit und Kompetenzen als die des Business Model Canvas oder des AI Project Canvas (siehe Abschnitt »AI Project Canvas« auf Seite 181), um die Themenblöcke zu erarbeiten. Er ist aber ein sehr nützliches Werkzeug, um sich strategisch gut aufzustellen und dabei die Übersicht zu behalten.

Datenstrategie-Designkit

Eine Datenstrategie kann sehr viele Aspekte umfassen. Beim Entwickeln einer Datenstrategie kommt es auch darauf an, wo das Unternehmen gerade steht, wie dessen »Reifegrad« ist. Denn es ist ein Unterschied, ob ich eine neue Datenstrategie für ein Unternehmen entwickle oder eine bestehende erneuere. Darüber hinaus gibt es Branchenunterschiede, unterschiedliche Unternehmensgrößen und unterschiedliche Unternehmenskomplexität – denken wir hier nur an den Unterschied zwischen einem kleinen mittelständischen Betrieb und einem international agierenden Konzern.

Das Beratungsunternehmen *Datentreiber* bietet gleich mehrere kostenlose Canvases[5] (siehe Abbildung 24-3) an, die dabei helfen, eine Datenstrategie zu erarbeiten. Die Canvases gliedern sich nach Aufgabenbereichen (*Daten*, *Strategie* und *Design*) sowie nach Phasen (*Analysieren*, *Priorisieren*, *Konzipieren* und *Konkretisieren*). Somit hat man für insgesamt zwölf Situationen das jeweils richtige Tool, um an verschiedenen Fragestellungen zu arbeiten.

---

5 *www.datentreiber.de*

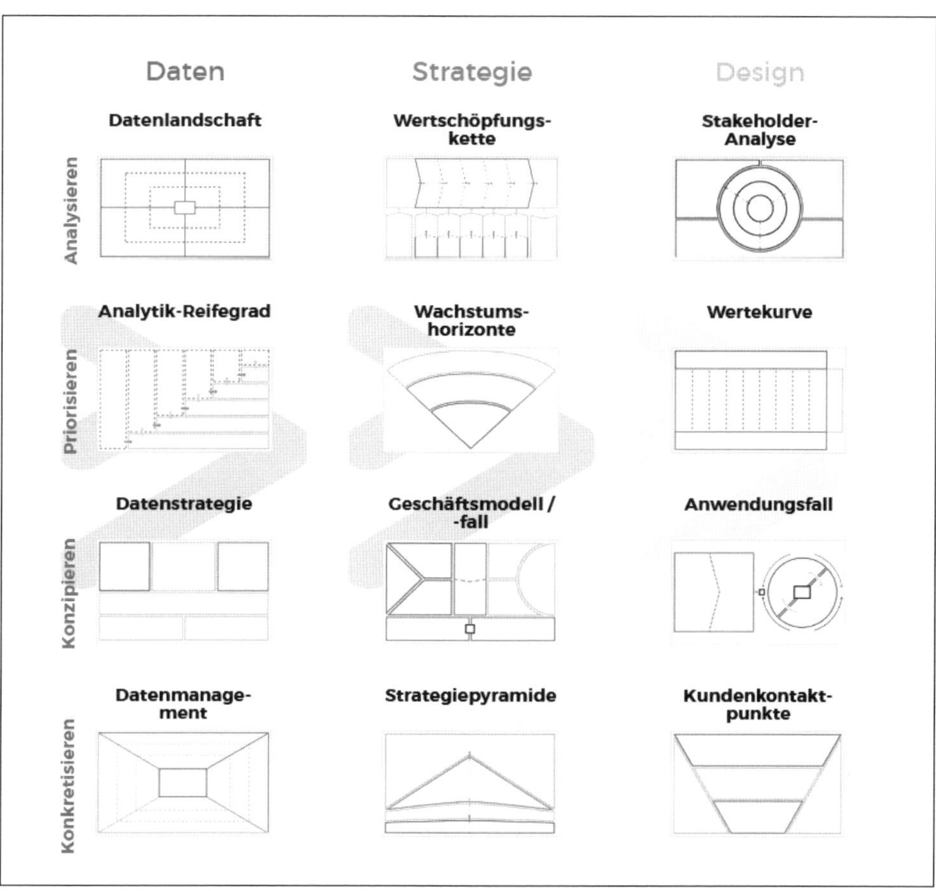

Abbildung 24-3: Angebot an Canvases der Datentreiber GmbH im Rahmen ihres Datenstrategie-Designkits

Obwohl es in diesem Modell einen Canvas gibt, das explizit Datenstrategie heißt, sind wir dennoch der Meinung, dass das Zusammenspiel aus den verschiedenen hier angebotenen Werkzeugen hilfreicher ist, um eine fundierte Strategie zu erarbeiten. Denn wie wir bereits gelernt haben, hat eine Strategie für Data Science viele Aspekte und reicht über die Betrachtung der Daten hinaus.

KAPITEL 25

Schlüsselfaktoren für erfolgreiches Data-Science-Management

Um erfolgreich zu sein in dem, was man mit Data Science erreichen will, gibt es Faktoren, auf die man ein besonderes Augenmerk legen sollte. Aus unserer Perspektive sind dies:

- Wirtschaftlichkeit
- Governance
- Kultur
- Infrastruktur

Diese Faktoren haben auf unterschiedlichen Ebenen Einfluss auf den Erfolg von Data Science. Um es greifbarer zu machen, nehmen wir folgende – nicht immer trennscharfe – Zuordnung vor: Wir betrachten die Faktoren auf der individuellen Ebene, also auf der Ebene der einzelnen Menschen, die Data Science in unterschiedlichen Rollen und Aufgaben ausführen (siehe hierzu den Abschnitt »Rollen und deren Aufgaben in Data-Science-Teams« auf Seite 147). Außerdem betrachten wir sie auf der Organisationsebene der Teams, um dann auf die Gesamtorganisation bzw. das Unternehmen zu kommen.

Das Ziel dieses Kapitels ist es, einen Überblick über wichtige Faktoren zu vermitteln, die in diesem Buch ausführlich beschrieben wurden. Somit können Sie als Leserin oder Leser in Themen hineinspringen und sie bei Bedarf vertiefen. Diese Auflistung dient als Inspiration für Data-Science-Manager, um einen Überblick über die Themen des Managements von Data Science zu bekommen. Unter Beachtung dieser Punkte, der Vertiefung der Inhalte mithilfe dieses Buchs und anderer Literatur sowie mit der Adaption an die individuelle Situation des Unternehmens kann Data Science sinnstiftend und gewinnbringend eingesetzt werden.

Data Scientists als Individuen

Die Mitarbeitenden sind als Individuen in Organisationen oft die kleinstmögliche Betrachtungsebene. Das hat keinesfalls damit zu tun, dass sie von geringerer Bedeutung sind, sondern vielmehr damit, dass mit zunehmend ausgeprägter Organisation, beispielsweise in Teams, die Betrachtung komplexer wird (siehe hierzu auch die Infobox »Komplexe adaptive Systeme« auf Seite 159). Die Individuen, die für unser Thema von besonderer Bedeutung sind, sind Data Scientists. Hiermit sollen aber auch alle anderen Menschen gemeint sein, die an den Herausforderungen beteiligt sind, die mit Data Science gelöst werden sollen, also beispielsweise Data Engineers, Analysten und andere Expertinnen.

Wirtschaftlichkeit

Obwohl die wirtschaftliche Betrachtung eines Projekts nicht die primäre Aufgabe von Data Scientists ist, ist es von großem Vorteil, wenn sie ein betriebswirtschaftliches Grundwissen haben und dieses auch im Projekt anwenden. Konkret bedeutet dies:

- Data Science nicht als Selbstzweck verstehen, sondern als Teil des wirtschaftlichen Erfolgs des gesamten Unternehmens wahrnehmen.
- Bereits im Kleinen betriebswirtschaftlich mitdenken, um unnötige Ausgaben einzusparen.
- Effizient und zielgerichtet kommunizieren und handeln.

Governance

Die Governance eines Unternehmens wird zwar auf einer übergeordneten Ebene formuliert, jedoch muss sie auf individueller Ebene gelebt und umgesetzt werden. Unter diesem Punkt fassen wir deshalb die Aspekte zusammen, die die individuelle Ebene betreffen und vom Einzelnen aktiv mitgestaltet werden können.

- Stellenbeschreibungen eindeutig definieren, abweichende Aufgaben individuell klären und festhalten.
- Stellenausschreibungen ohne unrealistische Forderungen formulieren (z.B. drei Programmiersprachen auf Expertenniveau).
- Persönliche Weiterentwicklung ermöglichen, zeitliche Freiräume hierfür schaffen und gegebenenfalls anregen, diese zu nutzen bzw. einzurichten.
- Nicht nur Spezialistinnen und Spezialisten fördern, sondern auch technische Generalistinnen und Generalisten integrieren.
- Mentoring einführen, um den Einstieg für andere zu erleichtern und sich selbst als Mentor anbieten.

Kultur

Bei der Etablierung und Entwicklung einer Kultur verhält es sich ähnlich wie bei der Governance. Eine Kultur kristallisiert sich eher auf der Ebene der Teams und der gesamten Organisation heraus. Allerdings ist jedes einzelne Individuum Teil der Kultur und muss diese verinnerlichen, leben und fördern. Folgende Aspekte können auch individuell angegangen werden:

- Pair Programming etablieren – gemeinsam am Code arbeiten, voneinander lernen, Fehler vermeiden und Wissenstransfer ermöglichen. Dies sollte aktiv durch Data Scientists betrieben und passiv durch das Team und die Organisation ermöglicht werden.
- Austausch mit anderen Entwicklerinnen und Entwicklern suchen, um Unterstützung bitten und Unterstützung anbieten. Darüber hinaus sollte es auch etablierte Austauschmöglichkeiten geben, die über den informellen Austausch hinaus Wissenstransfer ermöglichen.
- Austausch mit Fachanwendern so oft wie nötig suchen und die Projekte und Vorhaben zur gemeinsamen Aufgabe machen.
- Kundenzentrierung etablieren und immer wieder ins Gedächtnis rufen, für wen die Lösungen letztlich gebaut werden und wer sie nutzt.
- Klare und allgemeinverständliche Kommunikation fördern, indem Fachwörter auf ein Minimum reduziert werden, da diese exkludierend wirken. Besser ist es, Metaphern zu nutzen, da diese Bilder im Kopf entstehen lassen und inkludierend wirken.
- Einfach mal beginnen! Jedes Vorhaben bedarf einer sorgsamen Planung. Ab einem gewissen Zeitpunkt muss man aber starten und mit Ungewissheiten leben lernen.
- Scheitern zelebrieren! Einer der effektivsten Arten zu lernen entsteht durch Scheitern und Misserfolge – aber nur, wenn daraus Rückschlüsse für das zukünftige Tun gezogen und diese geteilt werden.

Infrastruktur

Die Infrastruktur wird je nach Tool mitunter täglich genutzt. Fehlende Möglichkeiten oder Restriktionen können daher zu Frustration führen. Auf der anderen Seite sollen Werkzeuge die individuelle Arbeit auch erleichtern, weshalb die Infrastruktur ebenfalls ein Schlüsselfaktor ist. Folgende Punkte helfen bei der konkreten Arbeit:

- Ein umfangreiches Set an Tools und Frameworks, damit sich Data Scientists ihre bevorzugten Tools auswählen können.
- Ein großes Portfolio an Methoden, um die heraussuchen und anwenden zu können, die für die jeweilige Aufgabenstellung am besten funktionieren.
- Methoden und Tools ändern sich mit hoher Frequenz, deshalb sollten Fortbildungen ermöglicht und ein Bewusstsein geschaffen werden, dass Veränderungen möglich sind.
- Transformation hin zu Softwareentwicklung aufzeigen. Data Scientist sind meist nicht als Softwarespezialistinnen oder -spezialisten ausgebildet, deshalb ist die Weiterentwicklung ihrer Fähigkeiten in diesem Bereich in Zukunft immer wichtiger.
- Dokumentation als Standard etablieren und damit selbstverständlich machen.

Projekte und Teams

Erfolgsfaktoren für Data Science lassen sich insbesondere auf der Ebene der Teams und der Projekte verorten. Dies liegt, wie wir bereits festgestellt haben, daran, dass Data Science ein Teamsport ist. Individuen sind also für sich genommen wirkmächtig, entfalten ihr volles Potenzial aber erst im Zusammenspiel mit anderen. Auf diese Weise lassen sich Synergien nutzen. Die Ebene der Teams und Projekte ist auch wichtig, um Standards festzulegen, Kultur zu fördern und Bewusstsein zu schaffen und damit den Erfolg des gesamten Unternehmens zu fördern. Im Detail betrachten wir dafür erneut die vier Bereiche.

Wirtschaftlichkeit

Je nach Unternehmen sind Teams und Projekte bereits eigene Kostenstellen, weshalb sich eine Überlegung zur Wirtschaftlichkeit lohnt. Insgesamt betrachtet, ist vernünftiges wirtschaftliches Denken auf der Ebene von Teams und Projekten natürlich unumgänglich. Hier sind einige Faktoren, die dabei helfen können, die Wirtschaftlichkeit zu erhöhen:

- Transparenz über Ziele, beispielsweise Gewinnerwartungen, Einsparungen oder Erhöhung der Qualität helfen den Teams, sich daran auszurichten und das eigene Handeln zu planen.
- Immer wieder hinterfragen, welchen Mehrwert Data Science im konkreten Fall bringt, beispielsweise für die Kundinnen und Kunden, aber auch im Vergleich zu anderen Methoden wie der klassischen Datenanalyse.
- Klarheit und Transparenz über interne und externe Personalbedarfe und benötigte Ressourcen schaffen, um planen und kalkulieren zu können.
- Finanziellen und zeitlichen Aufwand für Aufgaben wie Datenaufbereitung oder -bereitstellung nicht unterschätzen und lieber großzügig kalkulieren.

Governance

Die Governance-Aspekte, die Teams und Projekte im Rahmen von Data Science betreffen, sind insbesondere im Datenmanagement und der Datenstrategie zu finden. Aber auch die Datenkultur wirkt sich sehr stark auf das Funktionieren und die erfolgreiche Arbeit der Teams aus.

- Daten sollten im besten Fall bereits vorliegen. Ist dies nicht der Fall, sollte deren Beschaffung großzügig kalkuliert werden (siehe Wirtschaftlichkeit unten).
- Frameworks und Standardprozesse für Data Science und die Entwicklung von KI nutzen und nicht immer das »Rad neu erfinden«, was viel Zeit und Geld kosten kann.
- Frameworks und Standardprozesse sollten zugänglich und bekannt sein, damit sich die Teams daran orientieren können. Im besten Fall entwickelt man diese

Standards auch gemeinsam mit den Teams, da sie dann die größte Wirkung entfalten.

- Klare Projektdefinition mit erreichbaren, messbaren und abgrenzbaren Zielen formulieren, zum Beispiel nach den SMART-Goals von George Doran (siehe Kapitel 10, *Fallstricke für Data-Science-Projekte*).
- Ein realistisches Erwartungsmanagement gegenüber Kunden, aber auch gegenüber den Team- und Projektmitgliedern etablieren.
- Kreativitätsförderndes Anforderungsmanagement: Anforderungen für Projekte sollten bei der Aufnahme nicht zu eng gefasst sein, damit noch Raum für Verbesserung und Kreativität bleibt. Somit fördert man die Eigenständigkeit des Teams und nutzt sogar noch die Schwarmintelligenz, die eventuell bessere Lösungen bereithält.
- Interdisziplinäre Teams aufstellen: Sowohl für Teams als auch für Projekte ist es von Vorteil, interdisziplinäre Teams zusammenzustellen, da diese Aufgaben aus verschiedenen Blickwinkeln betrachten können und somit im besten Fall holistische Ansätze entwickeln.

Kultur

Wenn viele Menschen zusammenarbeiten und sich in einer Organisation zusammenfinden, entwickelt sich eine spezifische Kultur. Im besten Fall ist diese Kultur sinnstiftend und trägt dazu bei, dass die Teammitglieder gern zusammenarbeiten und Projekte zu einem positiven Ergebnis führen. Eine Kultur kann man nicht diktieren, man kann aber Prozesse in Gang setzen, die eine angenehme und produktive Arbeit begünstigen. Folgende Aspekte sind dabei von Bedeutung:

- Austausch mit anderen Projekten fördern, Unterstützung suchen und anbieten und zu starkes Konkurrenzverhalten verhindern. Wenn das Bewusstsein vorhanden ist, dass mehrere Teams und Projekte gemeinsam auf die übergeordnete (wirtschaftliche) Vision des Unternehmens hinarbeiten, kann ein motivierendes Umfeld für alle entstehen.
- Mehr Wissenstransfer ermöglichen und »Wissensinseln« sukzessive verbinden. Neben dem informellen Austausch bieten sich hier lockere Abendveranstaltungen, Vortragsreihen, Learning Sessions oder Ähnliches an. Wichtig ist, dass der Wissenstransfer mittelfristig für alle Teilnehmenden einen spürbaren Mehrwert bringt, damit die intrinsische Motivation zur Teilnahme bestehen bleibt.
- Agiles Vorgehen, das einerseits am Kunden orientiert ist, andererseits aber auch dem Forschungscharakter von Data-Science-Projekten gerecht wird.
- Von Anfang bis Ende denken: Aspekte wie der Business Case, die Fachlichkeit und die Fähigkeiten, Entwicklungsstandards und Tools, der Betrieb und die Nachnutzung von Software sollten bei Projekten und der Arbeit in Teams immer mitgedacht werden, damit die Arbeit effizient ist und nicht das Gefühl aufkommt, dass Arbeitskraft unnötig aufgewendet wird.

Infrastruktur

In den meisten Organisationen ist es sinnvoll, Infrastruktur projekt- und teamübergreifend zu nutzen, um ihren Funktionsumfang allen zugänglich zu machen, aber auch um ihre oft kostspielige Implementierung möglichst effizient zu nutzen. Wir betrachten in diesem Zusammenhang auch Daten als Infrastruktur. Deren Qualität und Zugänglichkeit ist ebenfalls ein über Teams und Projekte hinweg sehr wichtiges Thema.

- Verbesserung der Datenqualität als Gemeinschaftsprojekt sehen! Wenn alle darum bemüht sind, Qualitätsmängel in den Daten zu finden und diese zu beheben, verbessert sich die Datenlage für alle im Unternehmen.
- Kollegiale Zugänglichkeit zu Daten ermöglichen, wenn eine unternehmensweite Datenstrategie dies nicht regelt.
- Möglichst vorhandene und skalierbare Infrastruktur nutzen und nicht das »Rad neu erfinden«.
- Wo es geht, Automatisierung ausbauen und Daten-Pipelines aufbauen, die auch von mehreren genutzt werden können.
- Code teilen und zugänglich machen, zum Beispiel über Repositorien.
- Dokumentationen so pflegen, dass Kolleginnen und Kollegen im besten Fall autonom darauf zugreifen können und diese gut verstehen.

Unternehmen und Strategie

Die Unternehmen und deren Führung sind natürlich in besonderem Maße daran interessiert, dass Data Science erfolgreich eingesetzt wird, zumindest sollten sie das. Um dies umfassend zu gewährleisten, ist es oft sinnvoll, die eigenen Vorstellungen und Wünsche in eine Strategie zu gießen, die kommuniziert, was man mit Data Science erreichen will. Hier listen wir einige Punkte auf, die auf Unternehmensebene beachtet werden sollten, um das Unternehmen mit Data Science strategisch zum Erfolg zu führen.

Wirtschaftlichkeit

Jedes Unternehmen denkt betriebswirtschaftlich – das gilt auch für die Entscheidung, ob man mit Data Science arbeiten möchte. Denn Data Science ist mehr als die Anschaffung einer Software. Dennoch gibt es oft falsche Vorstellungen von der Wirtschaftlichkeit des Einsatzes.

- Mit Data Science sollten eher langfristige Ziele verfolgt werden. Die Bewertung der Wirtschaftlichkeit sollte sich hieran orientieren.
- Kurzfristige Einsparungen sollten realistisch eingeschätzt werden, da diese in vielen Fällen nicht realisiert werden. Die Kosten für Einstellungen, Weiterbildungen und die Implementierung sowie anfängliche Fehler verschlingen oft die Einsparungen.

- Data Science sollte nicht als das Werkzeug betrachtet werden, mit dem sich Geld verdienen lässt. Es ist ein Werkzeugkoffer, der in Kombination mit Menschen, strategischen Entscheidungen und den Märkten zu Gewinn führen kann, aber nur, wenn viele Faktoren zusammenkommen.

Governance

Auf der Ebene der Unternehmen müssen die Weichen so gestellt werden, dass es den Teams und Individuen möglichst einfach gemacht wird, Data Science in ihren Arbeitsalltag zu integrieren. Obwohl einige Punkte trivial klingen mögen, haben wir die Erfahrung gemacht, dass sie manchmal nicht beachtet werden, was zum Scheitern führen kann.

- Commitment des C-Levels: Die Führung sollte im besten Fall selbst davon überzeugt sein, dass datengetriebene Entscheidungen und eine digitale Zukunft der richtige Weg für das Unternehmen sind. Fehlt dieses »Executive Sponsorship«, fehlt auch oft das Durchhaltevermögen, wenn die Umsetzung zeitweise ins Stocken gerät.
- Insbesondere die Unternehmensführung sollte sich im Klaren darüber sein und dies auch transparent machen, was sie vom Einsatz von Data Science und KI erwartet. Diese Ziele oder eine Vision helfen den Mitarbeitenden, zu verstehen, wofür sie die Arbeit machen (Purpose) und in welche Richtung sie sich bestenfalls bewegen sollen.
- Oft sind nicht alle Daten, die zur Lösung eines Problems beitragen, im Unternehmen verfügbar. Deshalb sollte man sich frühzeitig und langfristig Zugang zu Daten von Drittanbietern sichern, damit Lücken gefüllt werden können.
- Datensilos schaden der Innovationskraft, die durch die Nutzung von Daten entstehen könnte. In manchen Situationen ist es deshalb notwendig, mit Autorität und notfalls top-down Datensilos aufzubrechen und damit die Nutzbarkeit zu ermöglichen.
- Sowohl die Datenqualität als auch die Etablierung und Einhaltung von Standards in Bezug auf Daten müssen ein unternehmensweites Thema sein und auf allen Ebenen berücksichtigt werden. Die Verbesserung der Datenqualität ist die entscheidende Grundlage für erfolgreiche Data Science.

Kultur

Die meisten Unternehmen haben auch ohne Data Science bereits eine spezifische Kultur etabliert – bewusst oder unbewusst. Der Einsatz von Data Science und KI kann diese Kultur ändern. In manchen Fällen sollten sogar Anreize geschaffen werden, sich hin zu einer dateneinbindenden Kultur zu entwickeln.

- Das Unternehmen sollte die Implementierung von Data Science selbst steuern, nicht die externe Beratung. Externe Berater können jedoch, insbesondere anfänglich, wertvolle Impulse und Unterstützung liefern.

- Die Implementierung von Data Science und KI ist kein singulärer Meilenstein, sondern ein Prozess. Langfristiges Denken, strategische Entscheidungen und Durchhaltevermögen sind auf dem Weg zum Erfolg angebracht!
- Open Data Culture ermutigen – die Daten, die unter rechtlichem Vorbehalt allen verfügbar gemacht werden können, sollten auch möglichst einfach zugänglich sein.
- Analytisches Denken, digitale Fähigkeiten und der Umgang mit den entsprechenden Tools sollten in die Kultur des Unternehmens einfließen. Dabei ist das Angebot der Hilfe zur Selbsthilfe ein langfristiges, erstrebenswertes Ziel.
- Unternehmen sollten Data-Science-Lösungen und KI nicht nur verkaufen oder vermarkten, sondern auch selbst nutzen. Das fördert Verständnis, verbessert die Produkte und verschafft den Unternehmen Kredibilität.
- Um Kreativität und Intrapreneurship zu fördern, ist es sinnvoll, der Belegschaft »mehr Beinfreiheit« zu ermöglichen. Das heißt, dass Bottom-up-Ansätze gefördert und Top-down-Entscheidungen vermindert werden sollten.
- Auch traditionelle Unternehmen sollten ausprobieren und ausloten, wie ihr Verhältnis zu Entrepreneurship, Digital Hubs, Start-ups und Venturing ist. Nicht alles muss in-house entwickelt werden. Zukäufe oder Erweiterungen könnten ein Mittel sein, um Data Science erfolgreich ins Unternehmen zu integrieren.

Infrastruktur

Für Unternehmen zeigt sich bei der Auswahl von Infrastruktur ein großer Markt mit vielen Ungewissheiten. Auch der Betrieb von Infrastruktur schluckt mitunter viele Ressourcen. Investitionen in Infrastruktur sind kostspielig und erfordern einen gewissen Grad an Erfahrung. Die folgenden Punkte können diese Probleme nicht aus der Welt schaffen, sie können aber als Denkanstöße dienen.

- Safety und Security beachten und sehr ernst nehmen. Der Einfluss von Cyberkriminalität auf die Unternehmen wird immer größer. Sichere Infrastruktur, zum Beispiel in der Cloud, und geschultes Personal sind unabdingbar.
- Nachhaltige und veränderbare Infrastrukturen aufbauen. Vendor-Lock-ins, bei denen man den Softwareanbieter nur schwer wieder wechseln kann, und zu starke Abhängigkeiten von einzelnen Softwareanbietern können Unternehmen langfristig schaden.
- Open-Source-Software nutzen und fördern, da diese kostengünstig ist und oft eine langfristige Perspektive hat.
- Abwägungen treffen, ob eine Migration in die Cloud sinnvoll ist. In vielen Fällen können hierdurch langfristig Einsparungen erzielt und skalierbare Lösungen implementiert werden.

Index

C

D

E

F

N

O

P

Q

R

S

T

U

V

W

Über die Autoren

Marcel Hebing ist Professor für Data Science an der Digital Business University of Applied Sciences (DBU), Gründer der Impact Distillery (mStats DS GmbH) und assoziierter Forscher am Alexander von Humboldt Institut für Internet und Gesellschaft (HIIG). Sein fachlicher Hintergrund in der Informatik, Soziologie und Statistik gibt ihm eine besondere Perspektive auf Fragen der Datenqualität in der Statistik, der Interpretation von Daten und der Anwendung von Machine-Learning-Methoden.

Martin Manhembué ist Professor für Data Science Management an der Digital Business University of Applied Sciences (DBU) und Gründer. In den letzten Jahren arbeitete er in der Beratung und im agilen Management eines Konzerns. Martins Interesse gilt der Organisation und dem Management von Data Science in Unternehmen und den Menschen, die daran beteiligt sind. Er wurde mit einer Arbeit zur Modellierung von stofflichen und energetischen Gradienten an Ökosystemgrenzen an der Universität Potsdam promoviert.

Kolophon

Das Pferd auf dem Cover von *Data Science Management* ist ein Trakehner. Der Trakehner ist ein mittelgroßes bis großes Warmblutpferd, das für seine Eleganz und Schönheit bekannt ist. Diese Rasse zeichnet sich durch eine schlanke, wohlproportionierte Statur aus. Die Schulter des Trakehners ist schräg, was ihm eine ausgezeichnete Beweglichkeit verleiht. Die Farben des Trakehners sind vielfältig und reichen von Fuchs über Schimmel bis hin zu tiefdunklen Braun- und Schwarznuancen.

Trakehner haben typischerweise einen athletischen Körperbau mit einem Stockmaß von 160 bis 170 Zentimetern. Ihre Beine sind kräftig und gut bemuskelt, was ihnen Stabilität und Kraft verleiht. Bekannt sind sie für ihren raumgreifenden, eleganten Trab, der in der Dressur und im Springreiten sehr geschätzt wird. Sie sind in der Regel temperamentvoll, intelligent und lernwillig, was sie zu hervorragenden Sport- und Freizeitpferden macht. Aufgrund ihrer Energie und Ausdauer sind sie auch für lange Distanzritte und Vielseitigkeitsreiten geeignet.

Die Zucht der Trakehner begann ursprünglich auf dem Gestüt Trakehnen im historischen Ostpreußen, heute in Russland gelegen. 1732 gründete der preußische König Friedrich Wilhelm I. das »Königliche Trakehner Stutamt« in der Nähe der Ortschaft Trakehnen zur Zucht von Kutschpferden. Die Anfänge der Zucht reichen aber bereits bis ins 13. Jahrhundert zurück, als diese Rasse vom Deutschritterorden als Militärpferde eingesetzt wurde. Nach dem Zweiten Weltkrieg wurde die Trakehner-Zucht mit wenigen überlebenden Tieren neu aufgebaut, heute werden Trakehner in vielen Ländern der Welt gezüchtet. Seit 2022 gehört die Trakehner-Zucht zum Immateriellen Kulturerbe der UNESCO.

Viele der Tiere auf den O'Reilly-Covern sind vom Aussterben bedroht, doch jedes einzelne von ihnen ist für den Erhalt unserer Erde wichtig.

Die Umschlagillustration zu diesem Buch stammt von Karen Montgomery, sie basiert auf einem Stich aus dem Buch *Meyers Kleines Lexicon*. Den Umschlagsentwurf haben Karen Montgomery und Michael Oréal erstellt. Auf dem Cover verwenden wir die Schriften Gilroy Semibold und Guardian Sans, als Textschrift die Linotype Birka, die Überschriftenschrift ist die Adobe Myriad Condensed, und die Nichtproportionalschrift für Codes ist LucasFont's TheSans Mono Condensed.